역경학 개론

프라즈냐 총서
14

역경학 개론

| 불전佛典의 성립과 전승 |

최종남 외 著

운주사

책머리에

붓다의 사상과 철학은 경·율·론 삼장에 담겨 있다. 삼장은 음성경音聲經시대, 송경(誦經, 혹은 口傳經)시대, 그리고 문자경文字經시대를 거쳐 성립되었다. 문자경시대부터 성문화된 삼장은 붓다의 입멸 후인 95일부터 입멸 후 450년까지 4차에 걸쳐 불설을 공인하고, 불설의 유실을 염려하고, 그리고 교학적인 혼란과 분규를 방지하기 위하여 승려들에 의해 결집(結集, Saṃgīti)된 불전이다.

삼장은 불교의 전래와 함께 각국에서 자국의 언어로 역경譯經되었다. 한역은 2세기부터, 티벳어역은 7세기 후반부터, 그리고 한글번역은 15세기경부터이다.

역경은 1차 자료인 산스크리트(Sanskrit, 梵語), 빠알리어(Pāli) 원전에서 자국의 언어로, 그리고 2차 자료인 역경된 한역본, 티벳어역본, 또는 중국 찬술본 등에서 자국의 언어로 옮기는 것을 의미한다.

역경에 대해서 찬녕(贊寧, 930~1001)은 『송고승전』「역경편」(大正藏 50, p.725中)에서 "……역경은 불법의 근본이다. 근본이 확립된다면 도는 살아난다(譯經是佛法之本 本立則道生)"라고 언급하고 있다.

이와 같이 불법의 근본이라고 할 수 있는 붓다의 원의原意를 잃지 않기 위하여 중국과 티벳에서는 다양한 제안과 논의·논쟁이 있었다.

중국에서의 역경은 중앙아시아 출신 승려들과 이들에게서 지도받은 중국인 승려들에 의해 시작되었다. 이로써 역경시대 초기인 고역시대 古譯時代에는 불교교학에 대한 이해, 용어 등이 부족하였고, 도가사상에 대해 익숙한 승려들이 역경에 참가하고, 중국의 사대부에 맞는 역경방법을 중시하고, 그리고 일부 중앙아시아인 승려들은 한역에 호어를 쓰기도 하고(得胡語), 번잡하고 무거운(煩重) 문체로 문장들을 구성하여 역경들을 하였다.

이로 인하여 고역시대 후반기에 들어 역경의 질적인 면에 대한 문제의 표출로서 지겸支謙과 유기난維祇難의 문文·질質 논쟁이 시작되었다.

이러한 문제점들을 감안하여 동진東晉시대의 석도안(釋道安, 312~385)은 입적 3년 전인 382년경에 『마하반야바라밀경초서摩訶鉢羅若波羅密經抄序』에서 오실본五失本·삼불역三不易이라고 하는 역경론을 제시하였다. '오실본'에서는 산스크리트어와 중국어의 어순, 문체, 그리고 문장의 구조 등이 많이 달라 한역 과정에서 원의를 잃어버릴 가능성이 있다는 점을 다섯 가지 예로, '삼불역'에서는 이와는 반대로 역경자가 원전의 형태를 바꾸어서는 안 된다는 것을 세 가지 예로 각각 언급하고 있다.

석도안의 오실본·삼불역 역경론은 후대의 역경자들에게 많은 영향을 주었다. 수시대의 언종(彦琮, 557~610)은 석도안의 역경론에 이어 『속고승전續高僧傳』에서 역경자가 갖추어야 할 덕목과 규범에 대해서 팔비八備를 제시하였다.

이와 같이 중국의 역경사에서는 붓다의 원의를 잃지 않기 위하여 오랜 기간 동안 역경의 질적인 문제 및 문체, 그리고 역경자의 자세 등에 대해서 다양한 의견과 제안들이 제시되었다.

티벳어 역경은 축어적逐語的, 혹은 기계적인 역경이라고 할 정도로 원전의 내용에 충실한 직역 중심이다. 그러나 티벳에서도 초기인 전전기前傳期에 역경하는 과정에서 불전에 대한 이해와 불교용어 불일치 등으로 역경용어 및 어휘에 있어서 혼란이 야기되어 오역 및 오류의 폐해가 지적되었다. 이에 대한 해결방법이 절실히 요구되어 814년에 티 데쏭짼 왕의 칙명에 의해『어합이장語合二章』이 편찬되었고, 그리고 824년에 티 랠빠짼 왕에 의해『번역명의대집(飜譯名義大集, Mahāvyutpatti)』이 각각 편찬되었다.

후전기後傳期에는 싸꺄 빤디따 뀐가 갤챈(1182~1251)에 의해 승려의 자질과 역경의 구체적인 문제점들을 제시한『학자입문學者入門』이 편찬되었다.

이와 같이 역경하는 과정에서 불법의 근본을 지키고 전하기 위하여 많은 노력들이 있었다. 역경된 불전들이 수행자들에게 있어서는 깨달음을 얻기 위한 지침서가 되고, 학자들에게 있어서는 학술연구의 자료들이 되고, 불자들에게 있어서는 신행활동의 나침반으로 각각 이용되기 때문이다.

본서의 편찬목적은 이와 같이 역경이 갖는 사명과 중요성의 의미를 재인식·점검하고, 그리고 2,500여 년 동안에 있었던 불전의 성립과 전개, 중앙아시아·중국·티벳·스리랑카·미얀마·태국·한국·일본 등의 각국의 역경사, 역경과정, 역경방법, 역경승, 대장경 편찬들에 대해서 종합·정리 및 연구를 하여 역경학 연구의 새로운 지평을 열고자 함이다.

　본서의 내용은 7장으로 구성되어 있다. 1장 '인도 불전 성립과 체제'에서는 인도에서의 불전 결집의 역사를 개관하고, 그리고 삼장의 구성과 체재 등에 대해서 자세히 언급하고 있다. 2장 '테라와다(上座部) 불교국가의 역경'에서는 상좌부 불교국가들 중에서 스리랑카, 미얀마, 태국을 중심으로 하여 각국의 역경사례 및 역경방법, 그리고 편찬 등에 대해서 관련 자료들을 토대로 하여 구체적으로 서술하고 있다. 3장 '중앙아시아 출토 산스크리트 불교문헌'에서는 중앙아시아 타림분지에서 출토된 산스크리트 문헌들을 중심으로 하여 서술하고, 이와 함께 최근 중앙아시아 관련 연구현황에 대해서도 자세히 소개하고 있다. 4장 '중국역경사'에서는 시대별 역경승譯經僧, 역경방법·자세 및 대장경의 형성 등에 대해서 관련문헌들을 중심으로 하여 간명하게 종합·정리하고, 그리고 중국의 역경론에 대해서 필자의 견해를 함께 기술하고 있다. 5장 '한국의 불전 번역과 불서간행'에서는 한글 역경사에 대해서 전체적으로 조명하고, 그리고 20세기에 들어서 이루어진 다양한 한글 번역서들에 대해서 자세히 소개하고 있다. 6장 '일본의 대장경'에서는 일본에서 제작된 여러 대장경들, 그리고 언어별 대장경 및 불전들을 일본어로 번역된 현황에 대해서 시대별 순으로 자세히 소개하고 있다. 7장 '티벳불교의 역경사적 이해'에서는 티벳불교의 시대별 역경과 대장경에 대해서 이해하고, 나아가 티벳불교의 문헌에 대한 전반적인 이해를 도모할 수 있도록 관련 티벳문헌들을 중심으로 하여 자세히 소개하고 있다.

　이러한 내용들에 의해 본서가 미래의 역경, 역경학 및 불교학 연구에 단초가 되었으면 하고, 아직까지 많은 연구가 되지 않은 분야들인 중국의 역경시대별 역경용어·음사표기, 성훈학, 운율, 자형학, 역경승의 사상과 철학 등에 대한 폭넓은 연구로 이어졌으면 하는 바람이다.

끝으로 그동안 역경과 역경학에 대한 고민을 함께해주시고, 본서가 편찬될 수 있도록 옥고를 집필해주신 고영섭, 이병욱, 정준영, 정진일, 조준호, 최로덴 선생님들께 머리 숙여 감사를 드린다. 그리고 불전의 성립 및 각국의 역경사에 대해서 연구할 수 있도록 도움을 주신 '대한불교조계종 봉은사 학술지원사업'에 깊은 감사를 드린다. 또한 역경학 연구와 발전을 위하여 본서의 간행을 허락해주시고, 그리고 '프라즈냐 총서' 시리즈의 한 자리를 내어주신 운주사 김시열 사장님에게도 감사를 드린다.

2011년 초하初夏
필자들을 대표하여
청백당淸白堂에서 최종남崔鍾男 삼가 씀

책머리에 · 5

1 인도 불전佛典 성립과 체제   조준호 · 19

1. 들어가는 말 · 19
2. 인도불교의 언어와 전승방식 · 20
    1) 불설佛說의 언어 · 20
    2) 불설의 전승 방식 · 23
    3) 인도불교의 경전어 · 28
    4) 경전의 문자화 · 32
3. 불전 결집의 역사 · 33
    1) 결집이란 · 33
    2) 제1차 결집 · 36
    3) 제2차 결집 · 42
    4) 제3차 결집 · 46
    5) 제4차 결집 · 50
    6) 대승의 결집 · 50
    7) 결집의 의의 · 51
4. 삼장三藏의 구성과 체제 · 54
    1) 경전의 형식으로 삼분과 육성취 · 54
    2) 구분교와 십이분교 · 56
        ① 구분교(九分敎, navaṅga-buddha-sāsana) · 56
        ② 십이분교(十二分敎, dvādaśaṅga-buddha-vacana) · 57
    3) 삼장 · 58
    4) 대승경전의 성립 시기와 내용상 분류 · 62

①시기별 · 64

②내용별 · 64

2 테라와다 불교국가의 역경　　　　　　　　　　정준영 · 69

1. 들어가는 말 · 69
2. 빠알리 삼장의 성립과 발전 · 70
3. 테라와다 빠알리 삼장의 번역 · 79
   1) 스리랑카의 역경 사례 · 79
      ①특별위원회의 설립 · 80
      ②편집위원회의 선정 · 81
      ③번역 작업의 진행 · 82
      ④출판과 판매 · 85
      ⑤붓다자얀띠판의 반응 · 87
   2) 미얀마의 역경 사례 · 88
      ①특별위원회의 설립 · 91
      ②번역위원회의 설립 · 92
      ③번역 작업의 진행 · 93
      ④결과와 반응 · 95
   3) 태국의 역경 사례 · 95

3 중앙아시아 출토 산스크리트 불교문헌　　　　정진일 · 107

1. 불교사적 배경 · 107
   1) 지리적 여건 · 107
   2) 불교의 전래 · 110
   3) 서역구법승과 역경사 · 112

2. 전적 출토의 발단 · 114
   3. 전적수집 및 연구 · 117
      1) 조사단의 파견 · 117
      2) 수집전적의 연구 · 118
   4. 연구현황 및 전망 · 121

4 중국역경사   이병욱 · 129

   1. 들어가는 말 · 129
   2. 역경승의 소개 · 135
      ① 안세고 · 136
      ② 지루가참 · 137
      ③ 지겸 · 138
      ④ 축법호 · 139
      ⑤ 구마라집 · 141
      ⑥ 진제 · 144
      ⑦ 현장 · 146
      ⑧ 불공 · 151
   3. 역경론: 경전번역의 방법과 자세 · 153
      1) 직역과 의역의 문제 · 153
      2) 범어의 음사문제 · 157
      3) 역경자가 갖추어야 할 자세와 능력 · 159
   4. 대장경의 형성 · 161
      1) 경전목록의 작성 · 161
         ①『종리중경목록』· 163
         ②『출삼장기집』· 164
         ③『역대삼보기』· 165
         ④『중경목록』· 167

⑤『대당내전록』• 167

⑥『개원석교록』• 169

2) 대장경의 조판 • 170

① 대장경의 출현: 촉판蜀版대장경 • 170

② 대장경의 사판私版 제작 • 172

③ 방책方册대장경의 등장 • 174

5. 중국의 역경과 대장경 문화의 의의 • 175

5 한국의 불전번역과 불서 간행　　　　　　고영섭 • 181

1. 불교 전래와 불전 수용 • 181

2. 향찰 향가와 한역 향가 • 185

1) 향찰시 • 188

2) 한역시 • 192

3. 불전 목록과 불전 편집 • 198

1) 장경 목록 • 199

① 개원석교록 • 200

② 대장목록과 대장교정별록 • 202

③ 영인본 고려대장경총목록 • 208

2) 소초 목록 • 210

① 신편제종교장총록 • 210

② 한국불교찬술문헌총록 • 211

3) 전서와 총서 • 212

① 초조본 고려대장경 • 214

② 고려교장 • 217

③ 재조본 고려대장경 • 218

④ 영인본 고려대장경 • 225

⑤ 한국불교전서 • 227

4. 불전 언해와 한글 번역 · 231

　1) 순한문과 현토 구결 · 231

　2) 선한 호용문 · 232

　　① 불경 언해본 · 233

　　② 삼장역회 번역본 외 · 242

　　③ 법보원 번역본 외 · 254

　　④ 화엄학연구소 번역본 · 259

　3) 순언문과 한글 옮김 · 262

　　① 한글대장경 · 264

　　② 선역본 팔만대장경 · 279

　　③ 한글본 한국불교전서 · 286

　　④ 백련선서간행회 번역본 · 288

　4) 우리말 옮김 · 291

　　① 팔리본 · 292

　　② 범어 티베트본 · 294

5. 담당 기관과 역경 주체 · 296

　1) 도감과 역경원 · 296

　2) 연구원과 역주단 및 개인 · 297

6. 불전번역과 불서 간행 · 299

---

6 일본의 대장경　　　　　　　최종남 · 305

1. 들어가는 말 · 305

2. 불교의 전래 · 309

3. 일본의 장경류 · 310

　1) 관영사판대장경 · 310

　2) 황벽사판대장경 · 312

　3) 대일본교정축쇄대장경 · 313

4) 만자장경 · 314

　　5) 대일본속장경 · 315

　　6) 대일본불교전서 · 316

　　7) 일본대장경 · 317

　　8) 대정신수대장경 · 318

4. 일본어 번역본 장경류 · 327

　　1) 국역대장경 · 327

　　2) 소화신찬국역대장경 · 328

　　3) 국역일체경 · 329

　　4) 남전대장경 · 331

5. 일본의 장경류가 주는 시사점 · 338

---

7 티벳불교의 역경사적 이해　　　　　　　최로덴 · 343

1. 들어가는 말 · 343

2. 티벳불교의 전래 · 347

　　1) 불법의 전기 전파(前傳佛敎, bstan pa snga dar) · 348

　　2) 불법의 후기 전파(後傳佛敎, bstan pa phyi dar) · 353

　　3) 티벳불교의 역경사적 전개 · 359

3. 경전번역의 과정과 의의 · 368

　　1) 고전티벳어와 번역용어 · 368

　　2) 경전 번역의 학적 의의 · 380

　　3) 티벳대장경의 편찬 과정 · 389

　　　① 깐규르(bKa' 'gyur, 佛說部) · 392

　　　② 땐규르(bsTan 'gyur, 論疏部) · 395

　　　③ 장외문헌과 돈황문헌 · 397

4. 티벳문헌문학 개관 · 399

　　1) 티벳의 종교문헌문학 · 403

①종교문학 – 기원별 분류・403

　　　②종교문학 – 주제별 분류・419

　2) 티벳의 세속문헌문학・422

　　　①역사・422

　　　②문법・423

　　　③시작, 운문학과 사전류・424

　　　④논리학・427

　　　⑤점성학・428

　　　⑥수학・429

　　　⑦의학・430

　　　⑧지리학과 천문학・431

　　　⑨법・432

　　　⑩정치서・432

　　　⑪음악, 무용, 연극, 미술, 공예・433

　3) 문헌연구와 역경자세・433

찾아보기・445

역경학 개론_1

인도 불전佛典 성립과 체제

조준호(고려대학교 철학과 연구 교수)

1. 들어가는 말

인도에서 불전佛典은 성립되었고, 그 성립된 불전들이 중앙아시아, 중국, 한국, 일본, 동남아시아, 티벳 등지로 전해지고 역경譯經되어 현재에 이르고 있다. 마찬가지로 근현대에는 서구유럽어로도 불전이 번역되고 있다. 한역본과 티벳어 역본을 위시한 과거는 물론 현대의 모든 불전번역의 1차 원전자료는 빠알리와 산스크리트어 등으로 전해진 인도불전이다. 이러한 인도불전의 역사에 있어 인도불교사는 네 차례에 걸친 불전의 편집 또는 편찬회의가 있었다. 즉 불멸 후 처음으로 라자가하Rājagaha에서 500아라한에 의한 제1차 결집, 불멸 100년 후 웨살리Vesalī에서 계율상의 문제가 쟁점이 된 제2차 결집, 이후 마우리야Maurya 왕조의 아쇼까왕 때 적주비구賊住比丘 축출이라는 교단 정화적 차원의 제3차 결집이 그것이다. 그리고 쿠샤나 왕조의 까니쉬까왕 때에 교법의 해석상의 이견異見을 정리할 목적으로 열린 제4차 결집이 그것이다.

이 가운데 상좌불교(Theravāda)의 빠알리Pāli 전승문헌에서는 제3차 결집까지 언급되지만 한역된 산스크리트 계통의 다른 불교부파의 문헌에서는 제4차의 또 다른 결집을 전하고 있다.

불교 공부는 불전佛典에 대한 이해가 기본 바탕이다. 때문에 불전을 정확히 이해하는 문제는 오랜 불교사에 있어 무엇보다도 중요하게 여겨왔다. 하지만 현대적인 의미에서 불전을 좀 더 정확히 이해하려면 불전의 성립과 체제 그리고 전승의 역사를 또한 잘 알아야 한다. 이러한 점에서 인도불교경전의 성립과 전승의 역사, 경전 언어와 전승방식, 주요 경전어, 경전의 문자화, 삼장三藏의 구성과 체제 그리고 대승경전의 성립 시기와 내용상 분류 등을 살펴본다. 다시 이러한 인도불전이 중앙아시아, 동아시아(중국, 한국, 일본 등), 동남아시아, 티벳 등에서 어떻게 역경되고 활용되었는지에 관한 전반적인 흐름, 즉 역경지도, 대장경 지도를 개괄할 수 있는 안목을 갖출 수 있다.

2. 인도불교의 언어와 전승방식

1) 불설佛說의 언어

붓다의 설법어는 대중 지향적이다. 이를 알 수 있는 중요한 전거가 있는데, 한번은 바라문 출신의 야메루와 테쿨라라고 하는 두 비구가 붓다에게 다음과 같이 제의하였다.

세존이시여, 세존에게는 다양한 종류의 이름과 성과 집안, 그리고
다양한 부류의 사람들이 출가해 있습니다. 그리고 이 사람들이 제각기
자신들의 말을 써서 붓다의 가르침을 배우고 있어 성스러운 붓다의
가르침을 더럽히고 있습니다. 그러하오니 세존이시여, 저희가 붓다
의 가르침을 『베다』의 시구(詩句, chando)로 옮겨드리도록 하겠습
니다.[1]

그러자 붓다는 이는 더 많은 사람들을 기쁘게 하거나 이익 되게
할 수 없는 것으로 두 비구를 꾸짖고 난 후 다음과 같이 말씀하신다.

비구들이여, 깨달은 자의 가르침을 '『베다』의 시구'로 가르쳐서는
안 된다. 누구든지 『베다』의 시구로 깨달은 자의 가르침을 가르치면
돌길라突吉羅 죄를 범한 것이 된다. 비구들이여, 나는 깨달은 자의
가르침은 각각 자신들의 언어(sakāya niruttiyā)로 배우도록 한다.[2]

'『베다』의 시구'는 베다Veda에 쓰여진 언어인 산스크리트를 뜻한다.
산스크리트는 일반 대중의 언어가 아니다. 바라문을 중심으로 하는
상층계급만이 이해할 수 있는 언어이다. 이처럼 붓다는 일찍이 특수집
단에서만이 이해가 가능한 언어의 사용을 거부하고 각기 다른 지방의
다양한 부류의 사람들이 모두 알아듣고 이해할 수 있는 언어를 사용하도

---

[1] Vinaya-Piṭaka vol. Ⅱ, p.139.
[2] Vinaya-Piṭaka vol. Ⅱ, p.139: "Na bhikkhave buddhavacanaṁ chandaso āropetabbaṁ. Yo āropeyya āpatti dukkaṭassa. Anujānāmi bhikkhave sakāya niruttiyā buddhavacanaṁ pariyāpuṇitunti."

록 했다. 이는 불교가 언어의 문제에서부터 얼마나 대중 지향적인 입장에 서 있는가를 잘 보여주는 것으로, 이는 동체자비 정신에 바탕을 두고 있기 때문일 것이다. 이러한 점 때문에 불교가 다른 인도 종교에 비해 상대적으로 짧은 시간에 넓은 지역에 전파되고 결국에는 인도아대륙의 지리적 한계를 뛰어넘을 수 있었던 결정적인 힘이 되었던 것으로 볼 수 있다.

초기경전의 많은 곳에서 붓다와 그의 제자들은 다른 출가 비구(니) 무리는 물론 "세속의 대중 무리에 둘러싸인"[3] 가운데 가르침을 베푸는 사회적 실현의 모습으로 나타나 있으며, 모두 일반 대중이 알아듣는 언어로 대중과 교류하였던 것이다. 이러한 이유 때문에 일반 사람들이 알아들을 수 없는 언어로 불교를 전하는 것은 계율 상에 있어 돌길라突吉羅 죄를 범하는 것으로 간주되었다. 따라서 인도불교의 전래사는 지역에 따라 불설을 그 지방어로 옮겨 전해진 것이다.

인도불교에서 부파의 전개는 18부 혹은 20부파로 전개되는데 지역적 분포상황은 아대륙 전역에 중첩되어 있다. 그렇지만 지역에 따라 큰 세력의 부파는 그 부파가 형성되었던 지방의 말이 사용되었다. 18부 가운데 4대 부파인 설일체유부, 정량부, 상좌부, 대중부는 각각의 지방어로 삼장을 전했다고 한다. 예를 들면, 서북 인도에 번창한 설일체유부는 산스크리트 혹은 산스크리트에 가까운 지방어로, 중인도의 정량부는 슈라세나Śūrasena의 아빠브람샤Apabhraṁśa어를 사용하였다. 서인도의 상좌부는 빠이샤짜Paiśāca어로, 남인도의 대중부는 마하

---

3 "mahātīyā gihiparisāya parivuto."라는 경구(예를 들면, Saṁyutta Nikaya vol. I, p.111 ; Aṅguttara Nikaya vol. III, p.184에서는 제자인 Udāyin의 경우에서도 같은 표현이 쓰이고 있다.)

라슈뜨라Maharaṣṭra어를 사용하였다.[4] 또한 중앙아시아 지역에서는 간다라Gāndhara어가 사용되었으며, 현재 많은 양의 오래된 사본이 발견되어 연구 중에 있다. 이처럼 인도불교는 지역적 전개에 따라 각각 독자적인 지역어로 불전을 전해왔음을 알 수 있다.

2) 불설의 전승 방식

석가모니 재세 시 불설佛說의 유통 방식을 알 수 있는 경전이 있다. 즉 다섯 니까야Nikāya 가운데 마지막인 꾸닷까 니까야Kuddhaka Nikāya의 우다나(Udāna; 自說語)와 위나야 삐따까Vinaya Piṭaka(律藏)에 나타난다. 우다나는 꾸다까 니까야의 15개 경전 가운데 하나로 대체로 초기 경전 가운데에서도 그 성립 시기가 빠른 것으로 이야기된다. 불설의 유통방식을 잘 보여주는 우다나의 『소나경(Soṇa Sutta)』을 소개하면 다음과 같다.

붓다 재세 시 마하깟짜나Mahākaccāna 장로는 불교 발상지에서 멀리 떨어진 서인도의 아완띠Avanti에서 전법을 하고 있었다. 그때 소나 코티칸나라는 우바새가 마하깟짜나 장로를 스승으로 모시고 불교에 귀의하였다. 그는 고요한 곳에서 홀로 선정에 잠겨 있다가 출가하고픈 생각이 일어나 스승이 있는 곳으로 가서 출가를 허락해주기를 소원한다. 하지만 마하깟짜나 장로는, 일생 동안 오직 하루에 한 끼만을 먹고 홀로 지내야 하는 청정행淸淨行은 결코 쉽지 않기에 일단 재가자로서 하루 한 끼의 식사와 홀로 지내는 청정행을 실천해보도록 권유한다. 이에 소나는 출가하려던 생각을 단념하고 스승의 가르침대로 살다가,

---

4 佐佐木敎悟 외 저, 권오민 역, 『인도불교사』(경서원, 1989), pp.86-88.

다시 출가하고 싶은 마음이 일어나 스승에게 말씀드렸으나 이전과 같은 대답을 듣는다. 그래서 소나는 출가하려던 생각을 단념하고 있다가, 어느 때 다시 출가를 허락해주기를 스승에게 청할 때에야 결국 마하깟짜나 장로는 우바새인 소나 코니칸나의 출가를 허락한다. 하지만 당시 아완띠는 불교 발상지로부터 멀리 떨어져 있어 비구가 거의 없었다. 마하깟짜나 장로는 3년간 여기저기에서 10인의 비구승을 모아 소나 장로에게 구족계를 주었다. 왜냐하면 구족계는 삼사칠증三師七證[5]이라 해서 10명의 비구가 충족되어야 하기 때문이다.

이렇게 출가하여 수행을 하던 소나비구는 어느 때 그의 직접적인 스승으로부터 말로만 전해만 듣던 석가모니 붓다를 직접 친견하고 싶은 마음이 일었다. 이에 소나는 붓다를 친견할 수 있는 여행을 다시 허가해주기를 그의 스승에게 청한다. 마하깟짜나 장로 또한 소나의 소원을 기특하게 여기고 허락하자, 소나는 아완띠로부터 먼 여행을 시작하여 사위성에 머물고 있는 붓다가 계신 곳에 이른다.

이때 붓다는 시자인 아난다를 시켜 멀리서 온 손제자孫弟子에게 모든 가능한 편의시설을 제공하도록 부촉한다. 아난다는 소나를 붓다와 가까이 머물도록 소나를 챙겨준다. 이때 붓다는 밤 깊도록 밖에 앉아 시간을 보내다 승방에 들어가자 소나 또한 붓다를 따라 들어간다. 그리고 붓다는 새벽에 일어나 소나에게 그동안 배운 법을 설해 보도록 하자 소나는 주저하지 않고 긴 게송을 독송한다.[6] 이때 붓다는 소나가

---

[5] 구족계를 줄 때에, 계화상·갈마사·교수사의 스승 세 명과 증인으로 초대된 일곱 명의 덕 높은 입회 비구를 통틀어 이르는 말.

[6] 초기교단에 있어 출가자들의 하루는 대략 다음과 같은 일과로 구성되어 있다. 아침 6시부터 오후 2시까지는 세면과 주변정리, 그리고 탁발, 오후 2시부터 저녁

자신의 가르침을 틀리지 않고 잘 기억하여 암송을 해내자 대단히 기뻐했다고 한다. 이때 멀리서 온 소나가 마하깟짜나 장로로부터 전해들은 석가모니 붓다의 가르침은 현존하는 『숫따니빠타Sutta Nipāta』의 제4장인 「앗타까왁가Aṭṭhakavagga」이다. 이 경은 쿠다까 니까야의 15개 경전 가운데 하나로 초기불교경전 가운데 가장 오래된 층으로 평가된다. 그리고 문헌성립사를 다루는 현대 학자들에 의하면 이구동성으로 이 경의 제4장과 제5장은 언어나 내용면으로 볼 때 불교 최고最古의 경전이라 한다.

이를 통해 알 수 있는 것은 붓다 재세 시부터 불설佛說은 이미 일정한 형태로 편집 정리되어 출가와 재가 사회에 널리 유통되고 있었다는 것이다. 현재와 같이 필기구가 용이하지 않는 사회에서 스승의 가르침을 깊이 새겨듣고 이를 일정한 형식으로 재구성하여 여러 사람들이 수지독송授持讀誦하였음을 알 수 있다.

여기서도 『숫따니빠타』의 제4장의 불설佛說은 석가모니 붓다의 10대 제자로 이야기되는 다문多聞의 마하깟짜나 장로에 의해 아완띠국에서 소나 비구에게 송출誦出되었고, 다시 소나 비구는 붓다를 친견하는 면전에서 불설을 증명하였던 것이다.

이처럼 일정한 형식과 내용을 갖춘 최초의 불설은 이미 석가모니 붓다의 출세出世 기간에 유통되고 있음을 알 수 있다. 일종의 불교경전의 원형이라 해도 좋을 것이다. 초기경전에 이미 출가자들이 불설에

6시까지는 법에 대한 논의와 좌선 그리고 설법, 저녁 6시부터 밤 10시까지는 주로 좌선, 밤 10시부터 새벽 2시까지는 취침, 새벽 2시부터 아침 6시까지는 좌선. 따라서 붓다가 소나에게 자신의 가르침을 마하깟짜나 장로로부터 들은 바를 암송해 보도록 한 시간은 새벽 2시 이후의 시간대이다.

대한 암송 정도를 경쟁하는 장면이 여러 곳에 나타난다.[7] 이러한 불설의 원형은 다시 제자들에 의해 분업식으로 수지독송하는 방법으로 나아갔다. 이는 초기경전에서 위나야다라(Vinayadhara, 持律師)와 담마다라(Dhammadhara, 持法師)라는 말의 사용으로 나타난다. 즉 dhara는 '갖고 있는', '마음에 새기고 있는'의 의미를 가진 말로 위나야다라는 교단의 수칙을 분업적으로 그리고 전문적으로 맡아서 암송하여 전하는 사람을, 담마다라는 붓다의 철학적·실천적 가르침을 마찬가지로 암송하여 전하는 사람을 지칭한다. 다시 말해, 담마다라는 교단 수칙이 아닌 경전(sutta)을 주로 전문적이고 분업적으로 수지독송했던 사람들이다.

이러한 전문적이고 분업적인 암송 전수자 집단의 존재는 후대 아쇼까왕의 비문碑文에서도 증명된다. 아쇼까 비문에서는 숫딴띠까Suttantika는 '경經을 수지授持한 사람', 담마까티까Dhammakathika는 '경을 구송口誦하는 설법사', 그리고 뻬따낀Peṭakin은 '율장律藏이나 경장經藏을 가진 사람', 빤차 네까이까Panca-nekāyika는 '다섯 니까야를 가진 사람'이라는 용례가 사용되었다.

이 같은 전문적인 불설 전수자 집단의 명칭에 이어 바나까(Bhāṇaka, 通誦者)라는 전문용어가 다시 등장한다. 이전보다 더 세분화된 암송 전문 집단으로 예를 들면, 초기경전의 주석서(Aṭṭhakathā)에 의하면 경장인 다섯 니까야에 있어 디가 니까야Dīgha Nikāya를 전문적으로 암송하여 전수하는 집단을 디가 바나까Dīgha-bhāṇaka라고 부르며, 이는 맛지마Majjhima, 상윳따Saṁyutt, 앙굿따라Aṅguttara에서도 마찬가지이다. 다섯 번째인 꾸닷까 니까야Kuddhaka Nikāya는 각각의 15개

---

[7] 예를 들면, Saṁyutta-nikāya vol. Ⅱ, p.202와 『증일아함』과 『잡아함』과 『별잡아함경』 등에 나온다.

경전에 따라, 예를 들면 자따까 바나까Jātaka-bhāṇaka나 담마빠다 바나까Dhammapada-bhāṇaka 등으로 각각 호칭되었다.

흥미롭게도 바나까bhāṇaka라는 말은 대승경전에서도 법사(法師: Dharmabhāṇaka)라는 말로 나타난다. 이는 시기적으로 대승경전의 성립 시기와 초기경전의 주석서의 성립 시기가 관련되어 있는 시대적 상황을 의미할 것이다. 예를 들면,『법화경法華經』에 사용되는 법사法師라는 말은 대승경전을 수지하여 전승하는 사람을 말한다.

흔히 사람들은 필기구가 발달하지 않았던 고대 인도에서 가르침을 기억하여 암송한다는 것이 무척 어려운 일이었을 것으로 상상한다. 그러나 생각 외로 그것은 그들에게 있어 그리 어려운 일이 아니었다. 불교 이외의 다른 인도종교에서도 마찬가지이지만 그들은 많은 분량의 경전을 순전히 암송에 의존하여 유통시키고 전승시켰다. 요즘의 상상력으로는 가늠하기 어려울 수 있지만 소위 삼장법사三藏法師란 삼장을 통 털어 암송하는 사람을 지칭하는 것이고, 이러한 전통이 버마Burma(미얀마)에도 이어져 1970년도만 해도 버마에는 8명의 삼장법사가 있었고 2000년경에는 3명이 생존한다고 했다. 이는 국가에서 공식적으로 확인한 법계法階라고 한다. 현대 문헌학자들에 의하면 불교경전을 포함하여 다른 고대 문헌에 있어 암송으로 전해져 오던 형태가 더욱 더 정확하다고 한다. 오히려 필사하면서부터 오자와 탈자 등이 많이 발생하여 이러한 여러 판본이나 필사본을 비교하여 교정하는 것이 현재 문헌학의 중요한 일이라는 것이다.

이처럼 이미 석가모니 붓다 시대부터 일정한 형식과 내용을 갖춘 불설의 원형이 성립되어 전승되다가 제1차 결집과 같은 종합적인 공인절차를 통해 합법적인 정전화正典化가 이루어졌음을 알 수 있다.

그리고 제2차 결집에서와 같이 단일한 불교교단이 최초로 상좌부와 대중부로 갈라지는 근본분열을 통해 각 부파마다 제각기 독자적인 불설의 체제를 갖추게 되었고, 이후 두 개의 부파에서 18개 내지 20여 개로 다시 지말 분열한 부파마다 각각 독자적인 삼장三藏을 소지하고 있었음은 인도를 찾은 중국의 구법승의 여행기에도 보고 되어 있다. 이 가운데 현재까지 가장 완전한 형태로 전승되고 있는 것이 다름 아닌 현재 논의의 대상인 상좌부의 삼장이다.[8]

인류의 가장 오래된 종교인 불교가 그것도 오랫동안 구전口傳된 형태로서의 경전이 현재와 같은 정도로 전해지고 있음은 대단히 놀라운 일이다. 다른 종교나 사상에 비하면 너무나도 충실한 전승이라 할 수 있다. 그렇다고 해서 불설이 일점일획도 변함없이 고정되어 전승되고 있다는 의미는 아니다. 현재에 있어 빠알리 삼장을 중심으로 부분적으로 남아 있는 다른 부파의 경전들을 비교해 보면 부파간의 입장에 따라 가감첨삭加減添削과 같은 재편집이 끊임없이 있어 왔다. 불설이 화석화되어 전승된 것이 아니라 부파 간 정도의 차이는 있지만 시대와 상황에 따라 끊임없이 재해석하는 변화과정이 있었다. 사실 대승불교의 경전은 이러한 인도불교의 경전관經典觀의 정점에 이른 결정판이라 해도 과언이 아니다.

3) 인도불교의 경전어

붓다는 과연 어떤 언어로 설법을 하였을까에 관한 문제는 오랫동안 논란이 되어 왔다. 현존하는 불교경전들은 초기불교의 경전은 주로

---

[8] 나머지 다른 부파의 삼장은 부분적으로 남아 있다.

빠알리로, 대승경전은 주로 산스크리트로 남아 있기 때문에 인도학 관계 분야의 학자나 불교학자들마저 자연스럽게 대승 이전의 초기불교의 경전은 빠알리로, 대승경전은 산스크리트로 쓰여졌다고 이야기하는 경우를 볼 수 있다.

그러나 사실은 이 또한 단순하지 않은 문제 중의 하나이다. 초기경전으로 분류되는 한역 아함경은 그 원전이 캐쉬미르와 간다라, 그리고 중앙아시아에서 번성했던 부파의 산스크리트나 지방어였으며, 각 부파마다 제각기 그 지역의 언어를 사용했다는 티벳의 기록 또한 이를 증명한다.

그렇다면 과연 2,500년 전의 붓다가 실제로 사용했던 언어는 무엇이었을까? 남방의 빠알리 경전을 주축으로 하는 불교국에서는 의문의 여지없이 붓다가 사용했던 언어는 빠알리라고 주장한다. 그러나 이 빠알리라는 언어는 서북인도, 지금의 웃자인 일대의 지방어였던 것이 현재의 남방 불교국으로 전해진 것이 아닌가 추정하고 있다. 이는 이 지역에서 발견된 아쇼까 금석문에 나타난 문자들을 토대로 빠알리와 다른 지역어의 비교 연구에 따른 것으로 현대의 학자들이 주장하는 바이다. 현재에도 인도의 언어상황은 실로 복잡한데 이는 고대에도 마찬가지였을 것이다. 이러한 언어적 상황에서 붓다는 주로 마가다 및 코살라 지방, 현재의 비하르와 유피의 동북부에서 활동하였다. 따라서 붓다가 주로 활동했던 지역의 언어가 설법어였을 것으로 생각해 볼 수 있다. 그렇지만 현재로서 확정적으로 어떠한 언어였을 것이라고 판정하기는 어렵다. 하지만 앞서 언급한 대로 바라문 출신의 두 제자와 관련한 일화를 통해서 알 수 있듯이 붓다는 산스크리트를 사용하지는 않은 듯하다. 오히려 붓다는 '그 자신의 가르침 속에는 성스러운 말도 성스럽지 않은 말도 있을 수 없다'라고 강조하면서 특수집단에게서만 이해가 가능한 '산스크리트의 권위'를 배척하고, 그 자신의 가르침은 모두가 알아듣고 이해할 수 있는 각 지역의 말로써 전하도록 부촉한다. 그리고 이러한 것이 인도불교사에 있어 대체로 잘 지켜져 불교가 많은 지역에 광범위하게 전파될 수 있는 힘이 되었던 것이다.

반면 시대적 또는 지역적 상황에 따라 불교의 여러 부파 가운데는 불교경전을 산스크리트화하는 경향도 없지 않았다. 예를 들면, 서북인도에서의 설일체유부와 대승경전에서 그러한 방향으로 나아갔다. 이러한 산스크리트화 경향은 진정한 의미에서 붓다의 뜻과는 다른 것이며 한편으로는 불교를 쇠퇴하게 한 큰 요인으로도 간주되고 있다.

아무튼 현재까지 남아 있는 불교경전의 주요 언어는 빠알리와 산스크리트이다. 하지만 앞서 살펴본 바와 같이 불교의 교단에는 다양한 지역으로부터 출신 성분이 제각기 다른 많은 제자들이 모여 있었다. 그리고 두 바라문의 말처럼, 그들은 붓다의 거룩한 가르침을 각기 자신들의 말로 받아들여 불설을 더럽히고 있다고 한 말을 통해 알 수 있는 것은 불교교단 내의 복잡한 언어적 상황이다.

산스크리트나 빠알리는 인도-유럽어족에 속하는 것으로 인도 유럽 어족에 속한 언어들은 동으로는 인도와 중앙아시아, 서로는 유럽 전역과 오늘날에는 아메리카 대륙과 오세아니아 대륙 등에서 사용되고 있다. 여기서 인도-유럽 어족의 지파인 인도 아리아어만을 중심으로 살펴보면 다음과 같다.

ⓐ 고대 인도 아리아어 : Vedic Sanskrit, Classic Sanskrit로서 크게 기원전 2000년에서 기원후 500년에 이르는 기간

ⓑ 중기 인도 아리아어
ⓒ 근대 인도 아리아어

　고대 인도불전과 관련하여 주목해야 하는 것이 중기 인도 아리아어이다. 이는 기원전 500년~기원후 1000년 가량을 그 사용 시기로 잡고 있는데 불교의 경전에 사용된 언어인 빠알리와 불교 혼성 혹은 혼효 산스크리트라 불리는 Buddhist Hybrid Sanskrit가 여기에 속해 있다. 빠알리는 역사적으로 스리랑카, 버마, 타이, 라오스, 방글라데시 등 초기불교 전통의 불교권에서 경전과 주석서들을 기록하는 데 사용된 언어이다. 빠알리경전은 오랫동안 구전으로 전해오다가, 스리랑카에서 대략 기원전 1세기경에 문자로 기록하기 시작하였다. 이 말은 중기 인도 아리안의 한 언어이며 여러 지역의 언어가 섞인 것으로 '인공어'의 성격을 띠고 있음이 거론되고 있다. 우리나라에서 번역에 사용했던 불교경전은 같은 초기불교 전통의 불교권이라도 빠알리가 아니라 산스크리트나 이에 가까운 언어로 쓰여진 것이었다.
　다음으로 에져톤Edgerton에 의해 명명된 '불교 혼성 산스크리트'는 산스크리트를 주축으로 여러 다른 언어들의 요소들이 수입된 언어로서 대승불교의 경전은 이러한 요소들의 정도에 따라 대략 세 가지 층으로 분류되고 있다. 따라서 불교의 대승경전을 이해하기 위해서는 고전 산스크리트뿐만 아니라 이 불교 혼성 산스크리트(Buddhist Hybrid Sanskrit)에 대한 지식이 필요하다.
　현재 대승과 대승 이전의 불교경전은 크게 빠알리 삼장과 불교 혼성 산스크리트 경전으로 크게 나눌 수 있으며, 불교가 동북아로 전파되면서 중국과 우리나라와 같은 한역 대장경이 성립하였고, 티벳에서는 티벳의 대장경이 번역되었으며, 근래에는 빠알리성전협회(Pali Buddhist Society)에서 영어로 번역하는 작업을 하고 있다.

다음으로 산스크리트는 원래 바라문교의 성전의 베다나 우빠니샤드 등에 사용되는 말이다. 산스크리트가 불교의 경전어로 수용되기 시작한 것은 제4차 결집에 즈음한 시기로 본다. 그 후 대승경전을 비롯한 불전들이 산스크리트화가 진행되었다. 이러한 산스크리트 불전은 불교의 전파와 더불어 중앙 및 동아시아로 전하여져서 한문으로, 티벳어로 번역되어 소위 대승불교권의 불전의 원전이 된 것이다.

4) 경전의 문자화

빠알리 전승의 경우, 본격적인 불교경전의 문자화는 기원전 1세기경 스리랑카에서 패엽貝葉으로 문자화하였다고 한다. 이는 남인도의 잦은 침입으로 인해 불교가 사라질 위험을 막기 위하여 문자로 결집을 행한 것이다. 마찬가지로 아대륙의 본토에서도 거의 비슷한 시기로 간주한다. 이는 기원후 1~2세기경의 까니쉬까왕 때의 제4차 결집을 통해서도 알 수 있다. 제4차 결집의 중요한 결과물은 삼장三藏의 주석이었다. 그리고 율장, 경장, 논장의 주석을 각각 10만송씩, 모두 30만송을 적동판赤銅版에 문자로 새겼다고 한다. 하지만 이러한 결집 이전에 인도 본토에서도 이미 어느 정도 문자화가 진행된 것으로 본다. 왜냐하면, 제4결집이 개최된 아대륙 서북부나 가까운 중앙아시아 지역에서 발견되는 많은 불교 사본들이 제4차 결집이 행해진 시기보다도 오래된 연대로 간주되기 때문이다. 이처럼 제4차 결집에 즈음하여 서북인도에서는 불교경전의 대대적인 문자화가 진행되고 있었음을 추측할 수 있다. 이러한 경향은 경전의 사서寫書를 강조하는 대승경전의 출현

시기인 기원전 1세기와 기원후 1세기와도 일치한다. 대승경전의 성립과 유통이 문자화와 관련한다는 점은 그 이전에 이미 문자화가 상당히 진척되었음을 보여준다 하겠다. 이에 대해서는 깊이 연구된 바가 없지만 앞으로 상당히 기대가 되는 분야이다.

3. 불전 결집의 역사[9]

1) 결집이란

결집(結集: Saṁgīti)이라는 말은 빠알리 또는 산스크리트의 상기띠 Saṁgīti라는 말의 한역이다. 어원적으로 Saṁgīti는 '노래하다', '합창하다'의 의미를 가진 동사 Saṁgāyati(sam+gāyati)에서 명사화된 말이다.

---

9 제1차 결집과 제2차 결집에 대한 문헌적인 연구는 Louis Dela Vallee Poussin과 N. Dutt, 그리고 국내에서는 호진 스님 등의 논의가 정교한데 전거를 소개하면 다음과 같다.

Louis Dela Vallee Poussin(1916), 「The Buddhist Councils」, K. P. Bagchi & Company, Calcutta; Nalinaksha Dutt(1984), 「The First Buddhist Council」, Buddhist Studies in Hounor of H. Saddhatissa, Nugegoda: Hammalava Saddhatissa Felicitation Volume Committee; Nalinaksha Dutt(1978), 「Buddhist Sects in India」, Delhi: Motilal Banarsidass; 윤호진, 「初期佛典의 成立研究(Ⅰ)」, 『불교학보』 30집(불교문화연구원, 1993); 「初期佛典의 成立研究(Ⅱ)」, 『불교학보』 32집(불교문화연구원, 1995).

그리고 제1차 결집과 제2차 결집은 위나야 삐따까Vinaya-Piṭaka(律藏)에서 교단敎團 생활의 규칙을 설하고 있는 Khandaka(犍度部)의 끝부분에 부수된 2장에 기술되어 있다. 그리고 제3차 결집은 스리랑카 전승의 『디빠왐사Dīpavaṁsa』, 『마하왐사Mahāvaṁsa』 그리고 『사만따빠사디까Samantapāsādikā』에 나타난다. 『사만따빠사디까Samantapāsādikā』는 위나야 삐따까Vinaya-Piṭaka의 주석서적인 성격으로 동아시아는 『선견율비바사善見律毘婆沙』로 한역되어 내려오고 있다.

Saṁgīti는 상가야나Saṁgayana와 동의어인데 현재 빠알리 전통의 불교권에서는 일반적으로 Saṁgīti보다는 Saṁgayana라는 말을 더 많이 사용한다. Saṁgīti에 대한 한역은 결집 이외에 합송合誦, 집법集法, 등송等誦 등으로 옮겨졌다. 영어로는 Rehearsal, Song, Proclamation, Chorus, Music 그리고 Council 등으로 옮겨지나 주로 Council이라는 말이 많이 사용된다. 결집은 경전편찬회의라고 할 수 있다. 특정한 시기에 특정한 장소에서 자격을 갖춘 사람들이 모여 석가모니 붓다의 가르침을 종합하고 교정하는 편집과정을 말한다. 다시 말해서 확인된 불설은 참석자들이 이구동성으로 합창하는 공인의 절차를 말한다. 즉 불교교단 내에서 공식적인 회합을 통해 당시에 유통되었던 불설佛說을 만장일치로 승인하는 합법적인 정전화正典化 절차나 형식이라 할 수 있다.

초기경전에 의하면 결집은 이미 석가모니 붓다 재세 시에 부촉되고 또한 부분적으로 행해진 것으로 나타난다. 예를 들면, 디가 니까야 Dīgha Nikāya의 『빠사디까 숫따Pāsādika Sutta』[10]에 의하면 붓다의 제자들은 자이나교의 지도자 니간타 나따뿟따Nigaṇṭha Nātaputta가 임종하자 자이나 교단은 둘로 갈라져 자이나의 법法과 율律에 대한 문제로 분규가 일어나고 있음을 붓다에게 보고한다. 이에 붓다는 자이나교의 분규를 교훈 삼아 자신이 설한 법을 모두가 평등하게 함께 모여 의미(attha)에서 의미를, 자구(字句: vyañjana)에서 자구를 서로 비교해 보고 함께 합송合誦해야지 자이나 교단처럼 다투는 분규가 일어나서는 안 된다고 당부한다. 계속해서 결집의 목적은 세상의 이익과 행복을 위한

---

[10] Dīgha Nikāya vol. III, p.127ff.

청정행清淨行의 가르침이 계속 이어지고 오래 머무를 수 있게 하는 것이라고 설해진다.

다음으로 같은 니까야의 『상기띠 숫따Saṁgīti Sutta』[11]는 경명 자체가 '결집경結集經'이라는 표현을 사용하고 있다. 앞에서 말한 경과 같이 이 경에서도 자이나교의 마하위라Mahāvīra의 임종 후의 교단 분규를 교훈 삼아 불설이 온전히 보존되어 후세까지 전하도록 사리뿟따의 지도에 의한 결집이 나타난다. 그리하여 정법正法으로서 230여 가지의 불설을 법수法數로 재정비하고 있음을 보여준다. 더 나아가 이 결집은 현존하는 붓다의 감독 아래 이루어졌으며, 경의 마지막은 붓다의 인가로 마감하고 있다. 이 경에 상응하는 한역 아함은 바로 장아함의 『중집경衆集經』이다. 즉 중집衆集은 상기띠Saṁgīti에 대한 한역으로 합송을 위한 대중집회의 의미로 옮긴 것이다. 이 경전은 이미 붓다 재세 시의 가장 원시적인 형태의 결집이 있었음을 보여주는 것으로 불멸 후 회의체 성격의 결집과 연결되어 있음을 알 수 있다.

불설을 법수에 따라 재정비하였던 원시적인 의미의 결집에서 다시 더 발전적인 차원으로 전개되었던 것은 불설에 대한 구분교九分敎와 십이분교十二分敎적인 정리이다. 이는 이미 초기경전 자체에서 불설을 형식과 내용적인 면으로 범주화하여 제시하고 있다.[12] 이 같은 구분교와 십이분교는 당연히 수기설법隨機說法하였던 붓다의 면모를 보여주는 것으로 이해할 수 있다. 하지만 이것이 시사하는 바는 현재와 같은

---

11 Dīgha Nikāya vol. Ⅲ, p.207ff.
12 구분교는 주로 상좌부의 Pali 전적과 대중부大衆部의 『마하승기율摩訶僧祇律』에 나타나고, 십이분교는 법장부法藏部의 장아함이나 『사분율四分律』과 유부有部의 『중아함』과 『잡아함』, 그리고 화지부化地部의 『오분율五分律』 등에 나타난다.

경전의 체계로 결집이 이루어지기 전에는 아마 구분교나 십이분교와 같은 형식과 내용으로 불설이 수지독송되었을 가능성을 나타낸다. 그러던 것이 현재와 같은 빤짜 니까야Pañca Nikāya(五部)나 사아함(四阿舍)으로 재정비되다가 결국 삼장(三藏: Ti-Piṭaka)의 기본 틀에 따라 방대한 양의 불설이 완성되고 종결되었을 것이다.

2) 제1차 결집

제1차 결집(Paṭhama Saṁgīti)은 붓다가 열반에 든 해에 라자가하(王舍城)에 500명의 비구가 모인 가운데 행해졌다고 한다. 때문에 '왕사성 결집'이나 '오백집법五百集法'이라 불린다. 제1차 결집을 전하는 문헌은 율장은 물론 경장의 경經과 논서 그리고 율장의 주석 문헌 등에 나타난다. 예를 들면, 경으로는 『비니모경毘尼母經』, 『반니원경般泥洹經』, 『불반니원경佛般泥洹經』, 『가섭결경迦葉結經』, 『아육왕경阿育王經』 등이고, 율장으로는 위나야 삐따까Vinaya-Piṭaka[13], 『사분율四分律』, 『오분율五分律』, 『십송율十誦律』, 『마하승기율摩訶僧祇律』, 『근본설일체비나야잡사根本說一切毘奈耶雜事』, 『마하와스뚜Mahāvastu』 등이다. 그리고 논서로는 『대지도론大智度論』, 『분별공덕론分別功德論』 등이다. 율장의 주석 문헌으로는 『사만따빠사디까Samantapāsādikā』와 이에 대한 한역본으로 『선견율비바사』 등이다. 제1차 결집을 언급한 각 문헌들의 성립 시기는 경장의 경우 대체적으로 빠알리의 숫따 삐따까 Sutta-piṭaka(經藏)나 한역 아함경 이후로 볼 수 있고, 율장의 경우 경장과 같은 초기불교 범위로 볼 수 있다. 또한 이러한 율장과 경전은 초기불교

---

13 Cullavagga XI.

전통의 여러 부파 소전所典이다. 나아가 논서는 흥미롭게도 용수龍樹의 저술로 알려진 초기 대승경전 『대품반야경大品般若經』의 주석서에 제1차 결집이 나타난다. 이외에도 스리랑카 불교역사서인 『디빠왐사 Dīpavaṁsa』, 『마하왐사Mahāvaṁsa』나 중국 구법승의 여행기인 『법현전法顯傳』이나 『대당서역기大唐西域記』 등에서도 나타난다. 이러한 역사서나 인도를 여행했던 구법승들의 기록에도 나타나는 것을 보면 인도불교에 있어 제1차 결집에 관한 전승의 이야기는 오래전부터 상당히 널리 퍼져 있었음을 알 수 있다. 하지만 각각의 문헌들에 따라 이야기 구성이 전적으로 일치하지는 않는다. 때문에 여기서는 빠알리 소전인 위나야 삐따까Vinaya-Piṭaka의 쭐라왁가Cullavagga에 나타난 결집 기사를 중심으로 결집과정을 재구성해 본다.

먼저 제1차 결집을 결행하게 된 계기는 나이 들어 출가한 수밧다 Subhadda의 망언으로 시작한다. 마하까싸빠(摩訶迦葉, Mahākassapa)은 제자들과 함께 유행하는 도중에 한 외도外道로부터 석가모니 붓다의 반열반般涅槃 소식을 듣게 된다. 마하까싸빠와 함께한 대부분의 비구들이 붓다의 반열반을 슬퍼했지만 수밧다 비구는 다음과 같은 충격 발언을 한다.

존자들이여, 이것으로 충분하오. 울지도 슬퍼하지 마시오. 우리는 드디어 대사문大沙門으로부터 벗어났다. 우리는 이제까지 대사문으로부터 '이것은 하라, 이것은 하지 말라'와 같은 말을 들을 때 편하지 않았다. 그러나 이제부터는 우리가 좋아하는 것은 하고, 좋아하지 않는 것은 하지 않을 수 있게 되었다.[14]

마하까싸빠는 이 같은 말을 듣고 내심 붓다 이후의 교단 상황에 대해 염려를 하게 되고 '결집'을 단행하여 교단의 기강을 공고히 하고자하는 계획을 세우게 됐다고 한다. 곧바로 붓다의 장례식을 마치자 모든 대중들에게 다음과 같은 말로 결집의 당위성을 긴박하게 호소하였다.

존자들이여, 우리는 마땅히 법法과 율律을 결집해야 합니다. 비법非法이 정법正法을 가리고 드세어지기 전에, 계율이 아닌 것이 계율을 가리고 드세어지기 전에, 비법을 설하는 자가 힘을 얻고 정법을 설하는 자가 힘을 잃기 전에, 계율이 아닌 것을 설하는 자가 힘을 얻고 계율을 설하는 자가 힘을 잃기 전에 결집을 합시다.[15]

때에 자리에 모인 모든 대중은 마하까싸빠의 호소에 찬동하여 본격적인 결집 준비에 들어갔다. 먼저 결집 개최를 위한 적절한 장소는 당시 최고 강국이었던 마가다의 수도인 라자가하(Rājagaha, 王舍城)가 선정되었다. 이유는 많은 대중이 일정 기간 함께 머물 수 있는 적당한 곳이라는 것이다. 최대 강국의 수도답게 물자가 풍부한 곳이어서 음식물과 생활필수품을 쉽게 공급받을 수 있는 요충지이다. 그리고 다시 왕사성에서도 칠엽굴(七葉窟, Sattapaṇṇiguhā)이라는 특정한 장소로 더 좁혀졌다. 칠엽굴은 왕사성 가까이에 있는 웨바라(Vebhāra, 毗訶羅)산 정상에 커다란 두 개의 동굴을 말한다. 이곳은 초기경전에서 먼 유행 길에 있는 비구들의 거처로도 나타나며, 붓다도 종종 머물던 장소로 반열반 전에 시자 아난다에게 붓다로 하여금 이 세상에 1겁을

---

14 Cullavagga XI(Vinaya-Piṭaka vol. II, pp. 283~284)
15 Cullavagga XI(Vinaya-Piṭaka vol. II, p. 284)

더 머물러주시기를 청하도록 하였던 장소이기도 한다.[16] 무엇보다도 칠엽굴은 큰 도시 가까이 있어 탁발이 용이했던 점과 함께, 특별히 결집장소로 채택된 또 다른 이유는 오래 머물면서 필요한 물품의 용이한 구입과 함께 산과 동굴이어서 외부와 차단할 수 있는 독립공간이라는 점이다. 즉 오랫동안 결집에 집중할 수 있는 환경이었기 때문으로 볼 수 있다. 현재 이곳을 찾아 다시 지리적 상황을 살펴보아도 경사가 급한 산 중턱에 두 동굴 밖이 멀리 트여 있어 전망이 좋다. 이 결집을 굴외결집窟外結集과 비교해서 굴내결집窟內結集이라 하지만 500명의 인원이 동굴 내에 머물기는 비좁은 장소처럼 느껴진다. 이러한 이유 때문인지 후대 율장 주석서나 스리랑카 역사서는 당시 결집을 후원하였던 마가다의 왕인 아자따삿뚜(Ajātasattu, 阿闍世)가 칠엽굴 밖에 설치해 준 회의장에서 회의를 개최하였다고 한다.

결집 장소가 결정되자 다시 40일 뒤에 마가다국의 칠엽굴에 집결集結하기로 하고 마하깟싸빠와 아누룻다의 인도 하에 장례식 장소인 꾸시나라Kusinārā의 말라Malla국을 떠났다. 당시 교단의 제도는 3개월 안거(安居, Vassa) 기간이 있었다. 인도에서 안거는 비가 부정기적으로 계속되는 몬순 기간에 출가자들이 유행하지 않고 일정한 장소에 머물며 수행하는 기간이다. 때문에 결집 시기와 기간을 안거 기간으로 보는 것은 당시 교단 상황으로 볼 때 적절하다. 그리고 마가다 지역의 몬순 기간은 대략 6월부터 9월에 걸친 3개월 동안이다. 이는 불교사에서 또 다른 중요한 의미를 가지고 있는데 불기佛紀의 시작이 바로 그것이다. 즉 불기의 첫 해는 위대한 스승과 함께하지 못한 첫 안거의 해부터 산정하

---

16 Dīgha Nikāya vol. II, p.116

게 되었다.[17]

다음으로 결집에 참석할 수 있는 자격으로 500명의 아라한이 선출되어 후에 500결집이라고도 한다. 마하까싸빠가 사회자가 되고 이발사 출신의 우빨리(優波離, Upali)존자가 율律을, 아난다(阿難, Ananda)가 법을 암송하여 그 내용이 불설佛說임을 승인받았다고 한다. 마하까싸빠가 먼저 우빨리에게 어느 장소에서, 누구에게, 어떠한 이유로, 계율이 제정되었는지를 질문하면 이에 답변으로 송출한 것이 바로 빠띠목카(Pātimokha, 波羅提木叉)라는 율(律, Vinaya)이다. 마찬가지로 아난다에게 붓다가 어느 곳에서 누구에게 무엇을 설하였는가를 묻는 것에 대해 아난다는 '여시아문如是我聞'으로 시작하여 송출한 것이 바로 경(經, Sutta)이다. 붓다가 계戒를 주고 삭발할 때 이발사 출신인 우빨리가 맡았기 때문에 계율을 많이 들을 수 있었고, 아난다의 경우 오랫동안 붓다를 시봉하면서 설법을 많이 들을 수 있어 각각 율과 경을 송출하는 역할을 맡게 되었다고 한다. 다시 우빨리와 아난다에 의해 송출된 율과 경은 참가한 아라한들에게 진위의 심의를 거친 후 참가자 전원이 합송하는 형식을 거쳤기에 결집의 다른 말이 합송合誦인 것이다. 즉 상기띠saṁgīti는 당시에 유통되었던 불설을 참가한 500명의 아라한 전체가 합창하는 것으로, 율과 경을 교정하여 공인한 정전화正典化 작업이었음을 의미한다. 상좌부의 위나야 삐따까Vinaya-Piṭaka를 포함한 초기불교 전적은 이때 결집된 것이 현재의 율장과 경장(Pañca

---

17 때문에 불기의 계산은 부처님께서 반열반에 드신 해부터 계산한다. 이는 큰 스승을 추념하는 의미에서 부처님과 함께 하지 못한 안거安居의 해부터 계산한 것이다. 현재 우리가 채택한 2555년(서기 2011년 현재)은 부처님의 탄생과 입멸을 기원전 624~544년으로 보는 것으로 스리랑카 불교역사서에 근거한다.

Nikāya)이라고 한다.

제1차 결집이 끝난 후 부수적으로 아난다의 5가지 과실에 대한 문책이 마하까싸빠에 의해 거론되는데 다음과 같다. 첫째 붓다가 직접 불멸 후 만약 교단이 원한다면 소소계小小戒를 버려도 좋다는 유언에 대해 구체적인 내용을 묻지 않은 점, 둘째 부처님의 가사를 밟은 허물, 셋째 여성을 먼저 조문하게 하여 눈물자국을 붓다의 유체에 남기게 한 허물, 넷째 1겁 동안 머물기를 청하지 않은 점, 다섯째 여성 출가를 허락하도록 한 점 등이다. 이 모두는 아난다의 참회와 함께 나름의 변호가 수용되는 것으로 나타난다.

이같이 마하까싸빠에 의한 아난다의 문책은 아난다가 아라한이 아니기에 결집에 참석할 수 없는 상황에서 가까스로 아라한 경지를 성취하고 나서야 참석할 수 있었다는 이야기와 함께 붓다 반열반 후의 교단의 상황을 보여주는 재미있는 대목이다. 그렇지만 이렇게 아난다가 문제시되는 분위기는 제1차 결집이 경장에 초점이 맞추어져 있음을 또한 반증하는 것으로 볼 수 있다.

다음으로 붓다의 마부출신으로 출가하여 포악한 성격 때문에 화합하지 못했던 찬나(Channa, 車匿)에 대한 제재조치이다. 붓다의 유훈에 따라 찬나는 범단벌(梵檀罰, Brahma-daṇḍa)이 적용되자 이후 참회하고 개과천선하였다고 한다. 이러한 이야기들이 역사적인 사실이든 아니면 뒤늦게 만들어진 이야기이든 붓다와 가까이 있었던 사람들이 불멸 후 힘의 이동을 보여주는 것으로도 해석할 수 있다. 다시 말하면, 아난다와 찬나는 붓다와 가까이 있었기에 경우에 따라서는 행실에 있어 교단 구성원들이 비난을 사는 일이 있었을 것이고, 이를 불멸 후 교단의 기강 차원에서 정리한 것으로 판단된다.

마지막으로 마하까싸빠의 주도로 이루어진 결집이 끝났을 때, 뒤늦게 뿌라나Purāna존자가 500명의 비구들과 함께 닥키나기리Dakkhiṇāgiri 로부터 라자가하의 죽림정사에 당도하였다고 한다. 하지만 이미 결집 이 끝난 상황이어서 마하까싸빠 주도의 결집을 수용할 것을 제의했지만 뿌라나는 붓다로부터 직접 들은 가르침이 있다며 결집의 수용을 거부했 다고 한다.[18] 또 다른 전승은 굴외결집窟外結集이라 하여 미처 참여하지 못한 비구들이 나중에 도착하여 굴 밖에서 따로 왓시까(Vassikā, 婆師迦) 를 중심으로 결집을 행했다고 한다.

이 같은 이야기는 교단의 위계적 주도권을 넘겨달라는 데와닷따의 요구를 거부한 사례, 그리고 붓다의 마지막 유훈이 자등명自燈明·법등 명法燈明의 가르침으로 볼 때에도, 붓다의 교단은 위계적 차원의 단일한 교주나 후계자를 인정하지 않았던 상황에 연유하고 있음을 보여준다. 즉 마하까싸빠 주도의 결집이 결코 대표성을 갖는다고 보지 않으려는 집단도 있었음을 알 수 있다.

3) 제2차 결집

제1차 결집에 이어 제2차 결집(Dutiya Saṁgīti)은 위나야 삐따까 Vinaya-Piṭaka의 쭐라왁가Cullavagga와 함께 『사분율』, 『오분율』, 『십송 율』, 『비모니경』과 율장의 주석서인 『사만따빠사디까Samantapāsādikā』 와 역사서인 『디빠왐사Dīpavaṁsa』, 『마하왐사Mahāvaṁsa』 등에도 나타 난다. 제2차 결집은 제1차 결집 때보다 많은 수의 700아라한이 참여했기 에 '칠백집법七百集法' 또는 '칠백결집七百結集'이라고 하고, 결집장소는

---

[18] Cullavagga XI(Vinaya-Piṭaka vol. II, pp.288~289)

웨살리에서 열렸기에 '웨살리 결집'이라고도 한다. 여기서도 제1차 결집과 같이 위나야 삐따까Vinaya-Piṭaka의 쭐라왁가Cullavagga를 중심으로 살펴보면 다음과 같다.[19]

제2차 결집은 불멸 후 대략 100년 후, 시수나가Sisunāga 왕조의 까라소까Kālāsoka 왕의 치세 때에 일어난 일로 이야기된다. 계기가 된 것은 계율에 철저한 서인도 출신의 야사(Yasa: 耶舍)라는 이름의 비구가 동인도의 웨살리Vesali로 유행할 때 그곳 비구들이 재가자들로부터 편법으로 금은金銀을 보시받는 광경을 목격하고서 정사正邪의 시비是非를 따지는 것으로 시작한다. 즉 그들은 물을 담은 구리 그릇을 비구 승가의 중앙에 두고 금은을 받고서 야사에게도 분배받을 것을 권유했지만 야사는 거부하고, 그것은 계율상 비법非法이라고 비판했다. 더 나아가 야사는 재가자에게 계율을 들어 금전을 보시하지 못하도록 말렸다. 그러자 웨살리 비구들은 오히려 야사를 힐난하고 그에게 적법하지 않게 하의갈마下意竭磨를 적용하려 하였다.[20] 이에 야사는 그들에게 계율 상 하의갈마를 받은 비구는 수반隨伴 비구를 동행시켜야 한다는 원칙을 들어 자신에게 수반 비구를 줄 것을 요구했다. 그는 웨살리의 재가신자들에게 "나는 비법非法을 비법이라고 하며, 법을 법이라고 하며, 율이 아닌 것을 율이 아닌 것이라고 하며, 율을 율이라고

---

19 Cullavagga XI(Vinaya-Piṭaka vol. II, p.294ff)
20 갈마(kamma)는 교단 내부의 의식과 작법을 말하기도 하지만 출가자가 계를 받거나 참회하거나 할 때의 작법을 말할 때도 사용된다. 화합승가를 강조하는 교단은 원만하게 승가를 유지하기 위해 교단이나 교구(sīma) 내에 어떤 쟁론이 발생하면 이를 원만하게 해결하기 위해 공적 기관인 승가갈마(saṁga kamma)의 성립을 요청하였다.

한다"고 하며, 금은을 보시하는 것이 비법非法임을 말하였다. 이에 재가자들은 웨살리 비구들보다는 야사의 진정성을 이해하고 받아들이게 되었다. 그러자 웨살리 비구들은 분개하며 야사에게 거죄擧罪갈마를 다시 행하려고 하였다.

이 같은 시시비비로 인해 궁지에 몰린 야사는 서인도 등의 다른 비구들의 도움을 요청하였다. 결국 교단의 구성원 사이에 큰 쟁점으로 발전하게 되어 웨살리에 동인도와 서인도 등지로부터 700명의 비구들이 모여 율에 대한 논쟁을 벌이게 되었다. 그리고 그 기간으로는 8개월이 소요되었고 그 결과로 경과 율을 결집하는 제2차 결집이 결행되게 된 것이다.[21]

당시 고명한 장로들을 중심으로 양측에 4명의 단사인斷事人을 각각 선출하였고, 사회는 레와따Revata 장로가 맡아 갈마가 이루어졌다고 한다. 레와따 장로는 십사의 항목 하나하나를 묻는 데에 대해 삿바까미 Sabbakami 장로가 질문에 답변하는 형식으로 진행하였다. 계율 상 문제가 된 십사(十事: dasavatthuṇi)의 각 항목마다 설명을 한 후에 율에 저촉되는 근거를 심의하는 방식이었다. 십사의 내용은 전하는 문헌에 따라 다소 차이는 있지만 율의 해석을 둘러싼 대립과 논쟁이 일어난 사실은 분명하다. 실제로 금은의 수수뿐만 아니라 동인도의 비구가 관행처럼 저촉했던 다른 비법을 포함한 십사는 선출된 장로들의 심의 끝에 결국 모두 비법非法 또는 불법不法으로 판정하였다.

---

21 Vinaya-Piṭaka의 Cullavagga에는 제1차 결집과 같은 결집 과정과 구체적인 내용은 없고, 십사비법에 대한 심의만 나타난다. 이에 반해 『마하왐사Mahāvaṁsa』(4. 61-65)와 Dīgha Nikaya-Aṭṭhakathā(Ⅰ. p.34), 그리고 『사만따빠사디까 Samantapāsādikā』는 십사의 심의 후 율과 경을 합송하는 결집을 단행했다고 한다.

여기서 비법으로 판정받은 십사는 다음과 같다.[22] 첫째 뿔로 만든 용기에 소금을 축적하는 것, 둘째 정오가 넘은 뒤라도 해 그림자가 손가락 두 마디를 넘기기 전에는 식사를 할 수 있다는 것, 셋째 한 번 탁발해서 충분한 식사를 했음에도 불구하고 또다시 다른 마을에 들어가 새로 음식을 탁발하는 것, 넷째 동일한 계(界: sīma)에서 따로 포살을 행하는 것, 다섯째 교단의 문제를 결정하는 데 있어 참석하지 않은 비구의 동의를 예상하여 먼저 결정한 후 나중에 온 비구에게는 사후 승낙을 구하는 것, 여섯째 붓다나 아사리(阿闍梨, ācariya) 관행을 자기도 행하는 것, 일곱째 식사 후에 소유·석밀을 또다시 우유에 타서 마시는 것, 여덟째 아직 술이 안 되었다고 생각된 발효한 야자즙을 마시는 것, 아홉째 테두리가 없는 헝겊을 방석으로 쓰는 것, 마지막 열째는 금은을 보시 받는 것 등이다.

이러한 십사에 대해 비법이라고 판정하였으나 금은을 받았던 비구들은 불만을 품고 1만 명이 모여 또 다른 대규모의 결집(Mahāsaṃgīti)을 행하였다고 스리랑카 불교역사서인 『디빠왐사Dīpavaṃsa』, 『마하왐사Mahāvaṃsa』는 전한다.[23] 이로 인해 그때까지 단일한 교단이 최초로 상좌부上座部와 대중부大衆部로 분열되었고, 이를 인도불교사에서 근본분열根本分裂이라고 한다.

이처럼 제2차 결집은 주로 계율 상의 문제가 중심이었고 그 가운데 금은을 보시 받아 배분하는 것이 가장 큰 쟁점이었다. 기본적으로

---

22 Cullavagga XI(Vinaya-Piṭaka vol. II, p.297)
23 이 때문인지 재미있게도 대중부 소속 율장인 『마하승기율摩訶僧祇律』에서는 십사에 대한 구체적인 언급이 없고 다만 야사가 포살일에 금은을 보시 받은 것에 대해 비난했다는 이야기만 간략하게 언급된다.

출가 비구의 계율정신이 무소유無所有에 바탕하고 있는 입장에서 출가자가 재가자로부터 금은을 받을 수 없었다. 하지만 일부에서는 이러한 보시물을 개인 소유재산으로 삼는 행태로까지 율律을 저촉하자 이에 대한 바른 계율에 대한 수지를 종용한 사건이었다. 이는 현재 한국불교의 출가사회에 있어서도 관행화된 사안이라서 중요한 시사점이 된다. 그렇지만 현대 학자들 가운데는 십사 논쟁은 시대 변화에 따른 계율 해석과 적용이라는 점을 들어 대중부를 진보적으로, 그리고 계율을 엄격하게 고수하려 했던 상좌부를 보수적인 것으로 규정하기도 한다.

4) 제3차 결집

인도불교사에서 제3차 결집(Tatiya Saṁgīti)은 제1차·제2차 결집과 달리 위나야 삐따까Vinaya-Piṭaka에 나타나지 않는다. 이는 율장 성립이 이루어진 한참 후의 일이어서 제1차 결집이나 제2차 결집과 달리 율장 본문 등에 싣는 것이 불가능했을 것이다. 대신 율장의 주석 문헌인 『사만따빠사디까Samantapāsādikā』와 역사서인 『디빠왐사Dīpavaṁsa』, 『마하왐사Mahāvaṁsa』 등에 나타난다. 제3차 결집은 마우리야 왕조의 수도인 빠딸리뿟따(Pataliputta, 華氏城)에서 이루어져서 '화씨성결집華氏城結集'이라 하거나 1,000명의 아라한이 참여하였기에 '천인집법千人集法' 또는 '일천결집一千結集'이라고도 한다. 여기서도 『사만따빠사디까Samantapāsādikā』와 역사서인 『디빠왐사Dīpavaṁsa』, 『마하왐사Mahāvaṁsa』 등에 나타난 바를 정리해 보면 다음과 같다.

결집의 계기가 된 것은 불멸 후 대략 200년 후,[24] 마우리야 왕조의

---

24 이는 『디빠왐사Dīpavaṁsa』, 『마하왐사Mahāvaṁsa』 등의 스리랑카 전승 문헌에 따른 연대이다. 북전北傳의 아쇼까 시대는 불멸 후 약 100년으로 보는 것으로

아쇼까(Aśoka, 阿育王)왕 때 불교를 깊이 신앙하게 된 아쇼까왕은 불교교단에 대대적인 지원을 아끼지 않았다. 많은 절과 탑을 세우고 승려를 잘 공양하자 6만의 외도가 들어와 7년 동안이나 포살(布薩, Uposatha)과 자자(自恣, Pavarana)를 시행하지 않는 등 불교교단이 크게 타락하였다. 이에 이를 시정하기 위해 왕은 당시의 고승인 목갈리뿟따 띠사(Moggaliputta-Tissa, 帝順)와 상의하여 교단정화를 위한 결집을 단행하였다고 한다.

당시 많은 수의 외도外道들이 불교승려로 가장하고 교단 내에 머물면서 교단의 화합을 깨뜨리고 있었다. 이러한 비구를 적주비구(賊住比丘, theyyasaṁvāsaka)라고 하는데, 적주비구란 진실한 수행에는 마음이 없고 이득이나 생존의 방편으로 또는 불교를 도둑질하기 위해 불교교단에 출가한 자를 말한다. 즉 불교 승복은 입고 있으되 출가자 본연의 생활을 하지 않고 생존의 수단으로 위장 출가한 자를 말한다. 왕은 그들을 축출하기 위해 목갈리뿟따 띠사를 중심으로 교설의 확정과 승가의 화합을 도모하는 방안을 세우도록 하였다. 이에 목갈리뿟따는 천 명의 아라한 승려를 선출하여 스스로 상수上首가 되어 결집을 행했는데, 아쇼까왕 즉위 18년에 시작하여 9개월이 소요되었다고 한다. 결집 과정은 모든 비구 상가를 소집하여 왕이 참관하는 가운데 교리문답을 통해 적주비구를 색출했다고 한다. 면전에서 불교의 대요를 묻고 답하는 방식으로서, 비구들 가운데 불교의 참된 가르침을 이해하지 못하고 외도의 신앙이나 영혼론 등과 혼돈하여 답하는 자를 색출한 것이다.[25]

남전과 북전은 약 100년의 차이가 있다.
25 이때 참된 가르침의 불교에 있는 이를 분별설부(分別說部; Vibhajja-vādin)라 규정하였다.

이때 결집을 거부하는 몇몇 사문들은 왕명에 의해 처형당하기도 하였다. 그리고 무려 6만의 비구가 적주비구로 판정되어 불교교단으로부터 추방되었다. 일종의 교단정화작업敎團淨化作業 차원이었다. 불교교단이 자체적으로 정화능력이 없을 때 인도불교사에 있어 왕권이 불교교단에 적극적으로 개입한 첫 사례로 간주할 수 있다. 이렇게 적주비구를 정화하고 1,000명의 아라한에 의해 삼장三藏을 합송하는 결집이 이어졌다.

그리고 이러한 교단정화작업 차원의 결집으로 가장 중요한 결과물은 아비담마 삐따까(Abhidhamma-piṭaka, 論藏) 7론 가운데 『까타왓투 Kathāvatthu』라고 한다. 『까타왓투』의 내용은 당시 비구들에게 교리문답을 통해 심사를 했던 것으로 당시의 이단적인 견해를 종합적으로 비판 정리하고 있는 논서이다. 이로써 제3차 결집에 이르러 경經과 율律과 함께 논論도 결집되어 비로소 삼장이 완성되고 확정되었다 한다.[26] 제3차 결집 이후 회의의 결정에 따라 아직 불교가 미치지 않은 인도아대륙과 해외에 포교사 파견이 이루어졌다. 이는 현재 발견된 아쇼까왕의 마애법칙磨崖法勅 제13장에도 아쇼까왕이 인도 변경지와 다른 나라에 불교전도단을 파견한 비문이 남아 있다. 아쇼까왕이 불교교단의 화합에 힘을 기울였던 사실은 현재 남아 있는 비문 가운데 사르나뜨, 산찌, 꼬삼비에서 화합중和合衆이 되지 못하고 교단의 분열 현상이 일어나자 승가를 파괴하는 일을 경고하는 문구를 통해서도 알 수 있다.

---

26 국내 많은 불교서적에서 제3차 결집을 문자화한 결집으로 보는데 이에 대한 근거는 없다. 나아가 3차 결집의 논쟁을 중심으로 상좌부불교와 대승불교가 갈라지게 된 연원으로 보는 것 또한 옳지 않다.

5) 제4차 결집

빠알리의 상좌부가 전하는 인도불교사의 삼장 결집의 완성은 이상과 같이 제3차 결집만을 전한다. 하지만 다른 부파인 설일체유부의 소전에 의하면 기원후 2세기경에 또 다른 제4차 결집(Catuttha Saṁgīti)이 인도 아대륙 본토에서 있었다. 즉 중앙아시아 신장 지역에서 흉노匈奴에 쫓기어 인도로 이주한 쿠샤나 왕조의 호불왕인 까니시까Kanisika왕의 후원으로 이루어진 제4차 결집은 흥미롭게도 제3차 결집에 의해 완성된 삼장에 대한 주석서 성립이라는 일련의 맥락을 보여준다. 불교에 귀의한 까니시까왕은 매일 한 스님씩 입궁하게 하여 불교를 공부하는 과정에서 불교경론의 교설이 교설하는 자마다 같지 않음을 알고 협존자脇尊者 빠르스와Parsva에게 물었다. 이에 협존자는 불교교단 내에 여러 부파가 있고 각 부파마다 그 교의를 달리하게 되었음을 알게 되었다. 왕은 협존자와 상의하여 이설異說을 통일하여 정법을 드러내고자 캐쉬미르의 환림사環林寺에서 결집을 단행하였다고 한다. 때문에 제4차 결집을 캐쉬미르의 한역어인 '가습미라성결집迦濕彌羅城結集'이라 부르기도 한다. 현장의 『대당서역기』 등은 당시 인도에 전해오는 캐쉬미르 결집에 대한 이야기를 잘 채록하고 있다.

이에 따르면 세우世友를 상수上首로 하여 500여 명의 논사가 모여 20년 동안 삼장 가운데 먼저 경장經藏의 주석인 우빠데사Upadeśa 10만송을 결집한 후, 다시 율장律藏의 주석인 비나야비바샤Vinaya-vibhāṣā 10만송과, 마지막으로 논장論藏의 주석인 아비달마 비바샤Abhidarma-vibhāṣā 10만송을 완성했다고 한다. 이것들을 모두 합하면 30만송이 되는데, 이것들의 영구보존을 위해 적동판赤銅版에 문자를 새겨 베끼고, 석함石函에 넣어 탑에 봉안하였다고 한다. 이 가운데 『발지론發智

論』의 주석서인 『아비달마대비바사론阿毘達磨大毘婆沙論』만이 전하고 있다.

현재 제4차 결집이 개최되었던 지역에서 많은 불교 사본들이 발견되어 미국과 영국 등에서 연구가 진행되고 있다. 사본의 연대가 제4차 결집이 행해진 시기보다도 이른 오래된 사본으로 현재까지 발견된 불교 사본 가운데 가장 오래된 것으로 평가되고 있다. 제4차 결집은 삼장三藏에 관한 결집보다는 이설異說의 통일을 위한 삼장의 주석에 중점이 놓여 있다. 나아가 제4차 결집은 대대적인 문자화를 알려준다.

여기서 한 가지 언급할 필요가 있는 점은 인도아대륙 본토를 벗어나서도 결집이 행해졌는데, 빠알리의 상좌부는 기원전 1세기경의 스리랑카에서 결집을 행하였고, 이것을 제4차 결집으로 간주하기도 한다. 흥미로운 점은 스리랑카에서의 첫 결집 또한 삼장을 온전히 패엽貝葉에 문자화했다는 대목이다. 이러한 사실을 통해 대승불교경전에서 사경寫經을 강조하는 맥락과 함께 인도아대륙에 있어 불교경전의 문자화는 상당한 수준으로 정착되어 있었음을 추정할 수 있다.

6) 대승의 결집

• 제5결집: 대승결집 또는 철위결집

인도불교의 결집사의 연장선상에서 대승경전을 제6결집의 결과로 논의되기도 한다. 하지만 대승경전 결집의 정확한 시기와 연도 그리고 장소는 논란이 분분하다. 인도불교의 역사를 담고 있는 구법승 현장의 기록(『西域記九』) 등에 의하면 불멸 후 마하까싸빠 주도의 왕사성 칠엽굴 결집을 굴내窟內결집이라 하고 동시에 가까운 곳에서 또 다른 결집을 하였음을 말하는데 이를 굴외窟外결집이라 한다. 대승경전의 출현을 굴외결집의 결과로 보는 경우도 있으나 논란의 여지가 있다. 하지만 『보살처태경菩薩處胎經』이나 『대지도론』 등에 의하면 대승 이외의 3장은 기사굴산에서 결집한 반면 대승경전은 문수, 미륵 등과 같은 대보살이 아라한과 함께 철위산鐵圍山에서 대승 3장을 결집하였다고 주장한다. 때문에 대승경전의 결집을 '철위결집鐵圍結集'이라 이름하기도 한다. 여기서 경전은 보살장菩薩藏, 성문장聲聞藏, 계율장戒律藏의 3부로 분류되었고, 대승경전을 의미하는 보살장은 모두 8장으로 편찬되었다고 한다.

- 제6결집: 진언(다라니)결집

시기와 연도 그리고 장소는 알려지지 않았지만 『육바라밀경』은 밀교경전의 결집과 그 결과를 전하고 있다. 이를 '진언(다라니)결집'이라 하고 인도불교의 결집사의 연장선상에서 제6결집으로 분류하는 경우도 있다. 제6결집은 8만 4천 법장을 5분으로 나누어 결집하였다고 주장한다. 대승경전의 결집과 분리하는 것은 밀교의 출현이 시기적으로 대승 이후의 전개로서 스스로 구분하고 있으며 사상적으로도 차별이 있음을 시사하고 있기 때문이다.

7) 결집의 의의

인도불교사에 있어 결집을 전체적으로 평가해 보면, 제1차 결집은 경장經藏과 관련된 문제에 중점이 놓여 있다. 교단의 수칙인 계율 조항의 문제보다는 교조가 부재함에 따라 불설이 유실될 것을 염려하고, 또한 사람마다 제각기 잘못된 이해로 인한 혼란과 분규를 방지하고자 하였다. 이는 서로 간에 상충된 교리적 이해로 분규가 일어난 자이나

교의 선례를 교훈삼고 있음을 초기경전에서 이미 말하고 있다. 따라서 붓다의 직제자들은 불멸 후 급선무로 스승의 가르침부터 정리하여 교단을 지속적으로 안정시킬 필요를 느꼈을 것이다. 그렇기에 제1차 결집은 경전을 구술한 아난다와 관련한 논란이 문제로 나타난다.

다음으로 제2차 결집은 율장律藏과 관련된 문제에 초점이 놓여 있다. 이는 십사十事와 같은 계율상의 문제가 쟁점이 된 것으로도 알 수 있다. 마지막으로 제3차 결집은 삼장 가운데 추가되어 성립한 논장論藏과 관련된 문제에 초점이 맞추어져 있다. 즉 교단정화라는 차원에서 적주비구의 축출과 함께 결집에서 쟁점이 된 것은 당시 여러 부파의 217가지 이설異說에 대한 상좌부의 비판적 검토였다. 그래서 아비담마 삐따까(논장)의 7론 가운데 『까타왓투Kathāvatthu』는 제3차 결집의 교리적 측면의 결과물이라고 주장하고 있다. 이로써 인도불교사의 결집은 삼장의 완성으로 귀결된다. 즉 율장과 경장經藏에 이어 논장論藏이 최종적으로 추가된다.

이상과 같이 인도불교사에 있어 네 차례의 결집의 의의를 정리하면 제1차 결집은 삼장 가운데 율장과 함께 경장이 중심이 된 결집이었고, 제2차 결집은 율장이 쟁점이 된 율장과 경장의 결집이었고, 제3차 결집은 논장의 추가로 삼장이 완성된 결집이다. 그리고 흥미롭게도 제4차 결집은 삼장에 대한 주석서라는 불교전적의 순차적인 정합성을 보여준다.

인도불교사에 있어 학자들에 따라 엄격한 학문적 잣대로 이 같은 제4차 결집의 역사성에 대해서 의문을 제기하는 경우가 있다. 더 나아가서는 이후의 대승결집에 대해서 그 역사성을 더욱 의심하기도 한다. 하지만 인도불교는 물론 인도고대사가 자료의 미비한 이유와 함께 그 기술방식이 종교적이라는 이유에서 기인할 수 있다. 따라서 인도불교의 고대문헌에서 전하는 결집의 역사는 수용할 필요가 있다.

마찬가지로 현대의 지리적 구분에 의하면 인도 본토를 벗어난 인도불전의 결집이 계속 진행되었다. 즉 마우리야 왕조의 아쇼까왕 시대의 '제3차 결집' 이후, 스리랑카에서 기원전 1세기경과 기원후 12세기경, 그리고 19세기 중반에 각각 결집이 행해졌다. 같은 빠알리 전통인 버마Burma(미얀마)에서도 또한 영국 식민지하에 불법의 소멸을 막기 위해 1868년부터 4년간 경전을 돌에 새기는 석경石經의 결집이 있었고, 그리고 다시 제2차 세계대전 직후인 1954년부터 3년간에 걸친 결집이 개최되었다. 버마의 이러한 결집을 '제6차 결집'이라 하여 현재에 출간되어 유통되고 있으며, 이는 다시 불교 발상지인 인도에서 인도문자(Devanagari)로 다시 빠알리 삼장을 출간할 때 그 저본이 되어 현재 날란다 에디션Nalanda Edition이라 불리며 유통되고 있다.

결론적으로 결집이란 불설을 올바르게 평가하고 편찬하는 일로서 교법教法의 합송合誦을 의미하며, 대중 집회에서 공인된 성전을 같이 외움으로써 불설佛說로서 위치를 갖는 것이다. 상기띠Saṃgīti의 한역이 결집으로 옮겨진 것은 '불설을 묶어 모은 것'을, 합송은 '인정된 불설을 공인하는 의미에서 다 함께 독송하는 것'을, 그리고 집법集法은 '불설의 모음'을, 등송等誦은 '평등한 위치에서 함께 수지독송受持讀誦하는 것'을 각각 의미하는 말로 해석할 수 있다.

이상과 같이 살펴볼 때 일차적으로 결집은 석가모니 붓다 가르침의 유실 방지와 왜곡방지가 목적이다. 이로써 교단이 안정되게 유지될 수 있기 때문이다. 나아가 제2차 결집과 제3차 결집은 시간이 흐름과 함께 발생한 계율과 교법상의 문제를 해결하기 위한 처방이었다.

궁극적으로 불제자들에 있어 결집은 진리로 간주한 불설을 오랫동안 보존하고 계속 전수하려는 데 그 목적이 있다. 그들은 불교야말로 시간과 공간을 초월한 진리라는 확신이 있었기 때문에 스승의 말씀에 대한 온전한 전수는 지상과제였다. 이 같은 확신은 불멸 후 현재에 이르기까지 불교경전을 온전하게 보존하고 계승되어야 한다는 사명감에 따라 대단히 지성적인 활동을 펼칠 수 있었던 동력이었다. 초기교단은 암송을 통해 많은 경전을 전문적인 집단으로 분업하여 보존하고 전수하는 데 열과 성의를 바치는 집요한 힘을 발휘했고, 이후 이러한 결집의 정신에 따라 경전 보존이 더욱 견고하게 이루어질 수 있도록 심사숙고하여 가능한 모든 방법을 동원하였다. 예를 들면, 동남아시아와 동아시아 불교권의 패엽경, 목판경, 석경, 그리고 동판에 불설을 새기는 것은 물론, 복장이나 석탑 안에 불설을 안치하는 것 등이다. 더 나아가 동아시아 불교사에 있어 대대적인 대장경 간행과 결사結社라고 하는 신앙 또는 수행의 쇄신운동이 바로 인도불교사의 결집정신이 이어지고 있다고 이해할 수 있다.

4. 삼장三藏의 구성과 체제

1) 경전의 형식으로 삼분과 육성취

일반적으로 불교경전에는 일정한 형식이 있다. 예를 들면, "如是我聞 一時 佛住舍衛國祇樹給孤獨園 爾時 世尊告諸比丘 當觀色無常時 …… 諸比丘聞佛所說 歡喜奉行"이다. 이를 동진의 도안스님은 삼분三分으로 서분序分, 정종분正宗分 그리고 유통분流通分으로 구분하였다.

서분: "如是我聞 一時 佛住舍衛國祇樹給孤獨園 爾時 世尊告諸比丘
정종분: "當觀色無常時 ……"
유통분: "諸比丘聞佛所說 歡喜奉行" 또는 "聞佛所說 皆大歡喜 信受
奉行."

삼분은 요즘에 있어 서론·본론·결론에 해당된다 할 수 있다. 경전의 시작인 '서분'은 그 경이 설해진 때의 장소나 청중 등을 열거한 부분으로 경을 설하게 된 배경을 말한다. 이를 여섯 항으로 구분하는데 종밀에 따르면 육성취六成就 또는 육사성취六事成就라 한다. 다음으로 '정종분'은 설법의 주된 내용을 이루는 본문으로 많은 분량을 차지하고 있으며, 경전에 따라 정종분만 있는 경우도 있다. '유통분'은 경전의 마지막에 가르침을 듣는 사람의 감동과 경을 읽는 사람의 공덕 등을 언급하는 마지막 부분에 해당된다. 여기서 육성취는 다음과 같다.

① 신성취信成就: 여시如是, 석존의 가르침이 틀림없다는 것을 확인한다.
② 문성취聞成就: 아문我聞, 내가 직접 들었다는 증명하는 말로서 전통적인 해석에 따르면 제1차 결집 시의 아난阿難존자를 의미하는 경우가 많다.
③ 시성취時成就: 일시一時, 설법의 때를 밝히다.
④ 주성취主成就: 불佛 또는 세존世尊, 설법을 한 사람이 부처님이었음을 밝힌다.
⑤ 처성취處成就: 사위성舍衛國, 설법한 장소를 밝힌다.
⑥ 중성취衆成就: 많은 비구〔諸比丘〕 또는 위대한 비구〔大比丘〕, 어떤

사람이 설법을 들었는가를 밝힌다.

2) 구분교와 십이분교

경전의 서술형식과 내용에 따라 구분교九分敎와 십이분교十二分敎로 분류한다. 이에 반해 경장은 석존(및 그 제자)이 그때그때 언급한 설법을 집성한 것으로, 현재와 같은 형태로 종합되기 이전에 먼저 제자들에 의해 기억하기 편리한 형태로 정리되었을 것이다. 즉 석존이 자신의 교설을 필사筆寫하였다고 하는 기록은 전하고 있지 않기 때문에 현재 남아 있는 교설은 모두 그 제자들에 의해 전해진 것이며, 그것은 모두 개략적인 줄거리의 형태로서 정리된 것이다.

이러한 개관의 형태는 시구라든가 짧은 산문과 같은 여러 가지 형식으로 전승되었으며, 그 가운데 가장 조직적인 형식으로 나타난 것이 '구분교九分敎', 혹은 '십이분교十二分敎'라고 하는 분류이며 '구분교'는 다음과 같다.

① **구분교**(九分敎, navaṅga-buddha-sāsana)

(1) 경(經: sūtra, sutta): 계경契經으로 의역되거나 수다라修多羅로 음역되기도 하였다. 본래 숫딴따suttānta라고 하여 '가르침의 정수精髓'를 나타내어 사상적으로 그 뜻을 완전히 갖춘 간결한 경문을 말한다.

(2) 송(頌: gāthā): 가타伽陀, 게송偈頌, 고기송孤起頌 등으로 옮겨졌다. 산문에 대응하는 음율音律을 갖춘 운문의 가르침을 말한다.

(3) 중송(重頌: geyya, geya): 응송應頌으로 의역되거나 기야祇夜로 음역되었다. 산문으로 설명한 내용을 다시 운문으로 반복하여 강조하는 양식이다.

(4) 기답(記答: veyyākaraṇa): 화가라나和伽羅那, 수기授記, 수결授決 그리고 기설記說로 옮겨졌다. 질문에 대한 붓다의 답변으로 산문과 운문이 두루 쓰인 간결한 문답체이다.

(5) 무문자설(無問自說: udāna): 우타나優陀那, 자설自說, 감흥어感興語로 옮겨졌다. 대중의 물음에 관계없이 붓다가 스스로 발한 운문의 시를 말한다.

(6) 여시어(如是語: itivuttaka): 이제목다가伊帝目多伽, 본사本事 등으로 옮겨졌다. 송(頌: gāthā)의 특수한 형식으로서, '이와 같이 나는 들었다'로 시작하는 산문의 가르침을 운문으로 다시 반복하면서 마지막으로 '또한 이렇게 세존이 설하셨다고 나는 들었다'라고 종결하는 정형적인 형식이 사용된다.

(7) 본생(本生: jātaka): 생생이라 번역하며, 붓다가 보살로 있을 때의 전생에 관한 이야기를 담고 있다.

(8) 방광(方廣: vedalla): 비불략毘佛略, 비타라毘陀羅, 방등方等이라 번역되며, 앞의 기답記答에서 발전한 중층적인 교리문답의 양식이다. 때문에 법이 깊고 넓게 설해지기에 방광이나 방등이라 이름한다.

(9) 미증유법(未曾有法: abbutadhamma): 아부달마阿浮達磨, 희법希法으로 번역되기도 하였다. 불가사의한 일들을 모아서 엮은 내용을 말한다.

②십이분교(十二分教, dvādaśaṅga-buddha-vacana)

십이분교는 앞의 구분교에 인연因緣, 비유譬喩, 논의論議와 같이 세 가지를 더한 것이다.

(10) 인연(因緣: nidana): 이타나尼陀那로 옮겨지기도 했으며, 경이

나 계율 조항이 설해지고 제정되게 된 유래를 설한 것이다.

(11) 비유(譬喩: avadana) : 아파타나阿波陀那, 해어解語로도 번역되었다. 주로 제자들의 과거세 인과업보에 대한 이야기를 비유를 들어 설한 것이다. 비유의 이야기가 우화적인 가운데 교훈적이며 경전의 비유는 매우 다양하고 풍부하게 나타난다.

(12) 논의(論議: upadesa) : 우바제사優波提舍, 축분별소설蓫分別所說 그리고 의의義로 옮겨지기도 했는데, 교리에 대한 논술 형식의 설명이나 해석 등을 말한다.

'구분교'는 주로 빠알리의 초기불교경전과 대중부大衆部의 『마하승기율摩訶僧祇律』에 언급되고, '십이분교'는 법장부法藏部의 『장아함長阿含』이나 『사분율』, 설일체유부의 『중아함中阿含』과 『잡아함雜阿含』, 화지부化地部의 『오분율』, 그리고 『근본유부율根本有部律』 등에 나타난다. 여기서 일반적으로 '구분교'는 십이분교보다 더 오래된 분류라고 본다. 또한 구분교는 경장(經藏, Sutta-piṭaka)의 오부(五部, Pañca Nikāya)와 사아함四阿含의 분류보다도 이전 단계로 본다. 하지만 '구분교'와 '십이분교'는 주로 경전의 서술형식과 내용에 따라 분류한 것이고 그 다음에는 '오부'와 '사아함'으로 편입되어 오늘날과 같이 삼장(三藏, Ti-Piṭaka) 속에 완전한 경장으로 정착된 것으로 볼 수 있다. 따라서 모든 불교전적을 개괄하는 용어로 쓰이는 삼장 속에서 경장經藏을 살펴볼 필요가 있다.

3) 삼장

삼장은 기본적으로 불전佛典의 구성과 조직을 나타내는 총칭이다.

삼장의 원어는 띠 삐따까ti-piṭaka로 띠ti는 3을 삐따까piṭaka는 원래 '바구니', '상자', '그릇', '창고'를 의미한다. 어떤 것을 담는 용기를 의미하는 말이기에 한문으로는 장藏으로 옮겼다. 즉 '3개로 분류된 불전의 창고'로서 각각 율장(律藏, Vinaya-Piṭaka), 경장(經藏, Sutta-piṭaka), 그리고 논장(論藏, Abhidhamma-piṭaka)을 의미한다. 우리나라에서는 주로 경經·율律·논論의 순서로 삼장을 열거하고 있지만 원래는 율·경·논의 순서이다. 붓다의 철학적이고 실천적인 설법으로 조직되고 구성되어 있는 것이 경장이고, 수행공동체가 따라야 할 규칙과 규정을 체계적으로 모은 율장, 그리고 교리에 관한 분석적인 연구를 모은 것을 논장이라 한다. 이러한 삼장은 한때 인도불교 부파가 거의 모두 소지했던 것으로 이야기되나 현재까지 온전하게 전승되는 것은 빠알리 삼장이다. 따라서 여기서는 빠알리 전승의 삼장을 중심으로 살펴보면 다음과 같다.

1) 율장(律藏; Vinaya-Piṭaka): 3부분으로 구성
   (1) 숫따위방가(Suttavibhanga, 經分別)
   (2) 칸다까(Khandaka, 犍度部)
   (3) 빠리와나(Parivāna, 附錄)
2) 경장(經藏; Sutta-piṭaka): 5개 니까야로 구성
   (1) 디가 니까야Dīgha Nikāya: 34개 경전 모음
   (2) 맛지마 니까야Majjhima: 154개 경전 모음
   (3) 쌍윳따 니까야Saṁyutta: 56품 2,872개 경전 모음
   (4) 앙굿따라 니까야Aṅguttara: 2,308개 경전 모음
   (5) 쿠다까 니까야Kuddhaka: 15개 경전 모음; ① 쿳다까 빠타

Khuddaka-Pāṭha, ② 담마빠다(Dhammapada, 『法句經』), ③ 우다나 Udāna, ④ 이띠붓따까Itivuttaka, ⑤ 숫따니빠따(Suttanipāta, 『經集』), ⑥ 위마나왓투Vimānavatthu, ⑦ 뻬따왓투Petavatthu, ⑧ 테라가타Theragāthā, ⑨ 테리가타Therīgāthā, ⑩ 자따까(Jātaka, 『本生經』), ⑪ 니데사Niddesa, ⑫ 빠띠상비다맛빠Paṭisaṁbhidāmappa, ⑬ 아빠다나Apadāna, ⑭ 붓다왐사Buddhavaṁsa, ⑮ 짜리야삐따까Cariyāpiṭaka

3) 논장(論藏; Abhidhamma-piṭaka): 7론으로 구성
① 담마상가니Dhammasaṅgani, ② 위방가Vibhaṅga, ③ 뿟갈라빤냣띠Puggalapaññatti, ④ 까티왓투Kathīvatthu, ⑤ 다투까타Dhātukathā, ⑥ 야마까Yamaka, ⑦ 빳타나Paṭṭhāna

빠알리 삼장은 근대 이전에는 극히 부분적으로 동아시아 대승불교권에서 한역되었다. 예컨대, 『사만따빠사디까Samantapāsādikā』는 위나야 삐따까Vinaya-Piṭaka의 주석서로 중국에서 『선견율비바사善見律毘婆沙』로 번역되었다. 전통적인 불교권을 넘어 빠알리 전적이 번역되기 시작한 것은 19세기에 유럽 학자들이 연구·출판하면서부터이다. 특히 T.W. 리스 데이비스가 1881년 영국 런던에서 빠알리성전협회(Pali Text Society)를 설립하여 많은 학자들의 참여하에 원전의 로마자 출간과 영어 번역을 현재 완료하였다. 더 나아가 삼장에 포함되지 않은 장외의 전적도 출간하고 있다. 이 외에도 독일어와 프랑스어 등과 같은 유럽어의 번역 또한 진행되고 있다. 일본은 1935~1941년 사이에 '남전대장경'이란 이름으로 번역하였다. 국내에서는 현재 '한국빠알리성전협회'와 '초기불전연구원', 그리고 중앙승가대학교의 '불전국역연구원' 등에서

빠알리 경전 번역을 진행하고 있다.

여기서 빠알리 삼장과 상응하는 다른 현존 불전을 대비하여 살펴보면 다음과 같다. 율장은 빠알리 위나야 삐따까Vinaya-Piṭaka와 함께 법장부 소전의 『사분율四分律』 60권, 화지부 소전의 『오분율五分律』 30권, 대중부 소전의 『마하승기율摩訶僧祇律』 40권, 유부의 『십송율十誦律』 61권 그리고 근본설일체유부의 율律 등이 한역으로 남아 있다. 한편 대승불교권인 우리나라 불교의 율장은 법장부의 『사분율』을 바탕하고 있다.

다음으로 빠알리 경장에 상응하는 다른 부파의 현존 경장은 아함경阿含經인데 다음과 같다.

『장아함長阿含』: 30개 긴 길이의 경전 모음; 법장부 소속으로 디가 니까야Dīgha Nikāya에 상응한다.
『중아함中阿含』: 222개 중간 길이의 경전 모음으로 맛지마 니까야 Majjhima Nikāya에 상응한다.
『잡아함雜阿含』: 1,362개 짧은 길이의 경전 모음으로 쌍윳따 니까야 Saṁyutta Nikāya에 상응한다.
『증일아함增一阿含』: 471개의 법수法數에 따른 경전 모음으로 앙굿따라 니까야Aṅguttara Nikāya에 상응한다.

여기에서 빠알리의 다섯 번째에 해당하는 쿠다까 니까야Kuddhaka Nikāya의 15개 경전은 부분적으로 한역되어 전하여 오고 있다. 예를 들면, 『법구경』이나 『본생경』 등이 그것이다.

마지막으로 빠알리 논장論藏에 상응하는 설일체유부의 7개 논장은

『발지론發智論』,『품류족론品類足論』,『식신족론識身足論』,『법온족론法蘊足論』,『시설론施設論』,『계신족론界身足論』 그리고『집이문족론集異門足論』이다.

4) 대승경전의 성립 시기와 내용상 분류

대승경전大乘經典이 출현하면서 그 이전의 경전을 성문장聲聞藏이라 하고 스스로는 보살장菩薩藏으로 구분하였다. 대승경전은 시기적으로 불멸 후 오랜 시간이 지난 후에 편찬된 것으로 고증되고 있다. 때문에 학계에서는 '대승비불설大乘非佛說' 논의가 있어 왔다. 즉 대승경전은 역사적인 석가모니 붓다가 직접 설한 것이 아니라는 것이다. 하지만 이제는 과거와 같이 문헌성립의 시기를 중심으로 '불설'과 '비불설'을 따지는 논쟁보다는 사상사적인 측면에서 불교경전의 연속성을 논의하는 방향에 있다. 이러한 논의과정에서 대승불교는 이전 불교의 연장선상에서 충실하게 붓다의 가르침을 선양하고 있는 것으로 평가받고 있다.

먼저 대승경전의 성립사를 이해하기 위해서는 먼저 인도불교 전통에서 불설佛說의 범위를 어떻게 보아 왔는가를 살펴볼 필요가 있다. 대승불교 흥기 이전에도 불설의 범위는 석가모니 붓다만의 교설로 한정하고 있지 않았다는 사실이다. 초기경전에서부터 이미 붓다뿐만이 아니라 출가제자나 재가제자의 가르침 또한 경전의 본문 내용을 이루고 있다.

초기경전에서는 붓다의 권유 아래 사리불이나 아난다 등의 유명한 제자들이 붓다를 대신하여 스승의 면전에서 설한 가르침이 경전의 전체 내용을 구성하기도 한다. 이 밖에도 제자들의 법담과 붓다와 그의 제자들과 다른 존재들과의 문답도 또한 불설의 권위로 인정받고 있는 것이다. 이는 붓다의 인가를 받은 가르침은 불설과 동일시한 것으로 알 수 있으며 동시에 불설 또는 경전이 붓다가 직접 설한 것이 아니더라도 불교의 취지에 맞으면 마찬가지로 경전 또는 불설로 간주한 경전관을 보여준다. 이러한 경전관은 뒷날 대승경전의 성립으로 귀결된다. 때문에 어떠한 대승경전이든 간에 스스로 불설임을 강하게 표방하고 있다. 이러한 불교의 탄력적인 경전관은 일찍이 『대지도론大智度論』에서는 경율오종별經律五種別 또는 오인설경五人說經에 정리되어 있다. 즉 '경율오종별'은 금구설金口說, 제자설弟子說, 선인설仙人說, 제천설諸天說 그리고 화인설化人說과 같이 불설의 범위를 다섯 종류로 설명하고 있는데 그 내용은 다음과 같다.

(1) 금구설: 금구는 부처님의 입을 말하는 것으로 붓다가 직접 설한 가르침으로 금구직설金口直說 또는 금구성언金口聖言이라고도 한다.
(2) 제자설: 스승인 붓다에게 가르침을 받은 사람의 가르침을 말한다.
(3) 선인설: 산스크리트로 리쉬rṣi라 하는데 고대 인도의 성자나 수행자의 가르침을 말한다.
(4) 제천설: 범천, 제석천, 야차와 같은 귀신의 입을 통해 설해진 붓다의 가르침이나 또는 붓다와 제자들과의 문답을 말한다.
(5) 화인설: 불·보살이 중생을 교화하기 위하여 근기에 맞추어 일부러 형체를 바꾸어 나타나 설한 가르침을 말한다.

이처럼 대승경전은 인도불교의 경전관에 따라 깨달음을 얻은 사람의 가르침이라면 석가모니 붓다의 인가를 받은 직설과 다름없다는 것이다. 이는 불교도라면 의지해야 할 네 가지(四依)의 가르침에도 잘 나타나 있다. 즉 『열반경』의 유명한 '사의'의 가르침은 첫째, 불도를 닦는 사람은 그 가르침을 따를 것이며, 그 가르침을 설하는 사람을 따라서는 안 된다(依法不依人). 둘째, 가르침의 뜻에 따라야하며 표현한 말이나 문장에 따라서는 안 된다(依義不依語). 셋째, 참 지혜에 따를 것이며 미혹된 인간의 정식情識을 따라서는 안 된다(依智不依識). 마지막으로 가르침을 완전히 나타내고 있는 '요의경'에 따를 것이며 '불요의경'에 따라서는 안 된다(依了義經不依不了義經)라는 것이다. 이러한 대승경전의 성립과 전개는 다음과 같이 시기별 그리고 내용별로 대별해볼 수 있다.

① 시기별

(1) 초기 대승경전: 반야부般若部 계통의 경전, 『화엄경華嚴經』 종류, 정토淨土 경전, 『유마경維摩經』, 『법화경法華經』 등

(2) 중기 대승경전: 유식唯識 계통의 경전(『해심밀경解深密經』, 『능가경楞伽經』 등)과 여래장 계통의 경전(『대방등여래장경大方等如來藏經』, 『열반경涅槃經』, 『금광명경金光明經』, 『승만경勝鬘經』 등)

(3) 후기 대승경전 – 밀교密敎 경전류: 『대일경大日經』, 『금강정경金剛頂經』 등

② 내용별[27]

(1) 삼매수행경전: 『수행도지경修行道地經』, 『반주삼매경般舟三昧經』, 『관불삼매경觀佛三昧經』, 『금강삼매경金剛三昧經』, 『능가경楞伽

---

27 불교신문사 편, 『불교경전의 이해』(불교시대사, 1997)의 편집체제를 참고.

經』, 『해심밀경解深密經』 등

(2) 반야경전(주로 초기대승경전): 『반야심경般若心經』, 『금강경金剛經』, 『팔천송반야경八千頌般若經』, 『십만송반야경十萬頌般若經』, 『문수반야경文殊般若經』, 『대품반야경大品般若經』, 『대승이취육바라밀다경大乘理趣六波羅蜜多經』 등

(3) 방등경전: 『대집경大集經』, 『대보적경大寶積經』, 『대방등여래장경大方等如來藏經』, 『유마경維摩經』, 『승만경勝鬘經』, 『원각경圓覺經』, 『능엄경楞嚴經』 등

(4) 법화·열반·화엄경전: 『법화경法華經』, 『열반경涅槃經』, 『십지경十地經』, 『화엄경華嚴經』 등

(5) 밀교경전: 『대일경大日經』, 『금강정경金剛頂經』, 『유희야경蕤呬耶經』, 『천수경千手經』 등

(6) 계율경전: 『우바새계경優婆塞戒經』, 『범망경梵網經』, 『보살영락본업경菩薩瓔珞本業經』, 『보살지지경菩薩地持經』 등

(7) 신앙찬탄경전: 『정토삼부경淨土三部經』, 『미륵삼부경彌勒三部經』, 『지장보살본원경地藏菩薩本願經』, 『약사여래본원경藥師如來本願經』, 『비화경悲華經』, 『금광명경金光明經』, 『인왕반야경仁王般若經』 등

지금까지 인도불교경전의 성립과 구성 그리고 분류를 살펴보았다. 초기불전에서 대승경전에 이르기까지 인도불전의 종합적 평가에 있어 동아시아 불교의 경전이해를 비판적으로 점검해야 할 점이 있다. 그것은 인도불교전적의 성립과 전개를 이해하는 데 있어 동아시아에서 가장 큰 영향을 끼쳤던 것은 바로 교상판석敎相判釋의 사상이기 때문이

다. 이는 교판이라 줄여서 말하기도 하는데, 중국에서 불교가 전래된 이후에 중국불교의 교학전개에 있어 각기 종파적 입장에 따라 인도불교 전적을 시기별로 내용별로 순서와 수준 그리고 성격을 분류하고 판별하였다. 대표적으로 천태 지의에 의한 오시팔교五時八敎가 가장 정교한 교판으로 유명하다. 천태 지의는 붓다의 성도하신 직후 최초 3·7일간의 가르침을 화엄시華嚴時, 이후 12년간의 아함부의 가르침을 녹원시鹿苑時로, 다시 8년간의 『유마경維摩經』, 『승만경勝鬘經』 등의 대승大乘 가르침으로 방등시方等時, 22년간의 반야부般若部 계통의 가르침을 반야시般若時로, 그리고 최종적으로 8년간 설하신 『법화경法華經』과 『열반경涅槃經』의 가르침을 법화열반시法華涅槃時라고 하고 있다. 이와 같은 교상판석은 현대 불교학에 있어 어떻게 이해해야 하는가는 문제이다. 분명한 것은 인도불교의 역사적인 전개를 그대로 반영하고 있다고 볼 수 없다. 하지만 중국불교의 전개과정에 있어 많은 인도불전을 역사적으로 체계적으로 이해해 보려 했던 중요한 시도로서 종학적이고 신앙적인 맥락에서 큰 의미가 있다.

참고문헌

원전

아래의 Pāli Text는 Pāli Text Society본에 의거함.

Aṅguttara Nikaya, Dīgha Nikāya, Dīgha Nikaya-Aṭṭhakathā, 『디빠왐사 Dīpavaṁsa』, 『마하왐사 Mahāvaṁsa』, 『사만따빠사디까 Samantapāsādikā』, Saṁyutta Nikaya, 위나야 삐따까 Vinaya-Piṭaka.

아래의 한역 경전 자료는 大正新修大藏經에 의거함.
『마하승기율』, 『별잡아함경』, 『선견율비바사』, 『잡아함』, 『장아함』, 『중아함』, 『증일아함』.

논문 및 저서

불교신문사, 『불교경전의 이해』, 불교시대사, 1997.
윤호진, 「初期佛典의 成立硏究(Ⅰ)」, 『불교학보』 30집, 불교문화연구원, 1993.
윤호진, 「初期佛典의 成立硏究(Ⅱ)」, 『불교학보』 32집, 불교문화연구원, 1995.
佐佐木敎悟 外 著, 권오민 역, 『인도불교사』, 경서원, 1989.
Nalinaksha Dutt(1978), *Buddhist Sects in India*, Delhi : Motilal Banarsidass.
Nalinaksha Dutt(1984), "*The First Buddhist Council*", *Buddhist Studies in Hounor of H. Saddhatissa*, Nugegoda : Hammalava Saddhatissa Felicitation Volume Committee.
Louis Dela Vallee Poussin(1916), *The Buddhist Councils*, K. P. Bagchi & Company, Calcutta.

역경학 개론 _ 2

테라와다 불교국가의 역경

정준영(서울불교대학원대학교 불교학과 교수)

1. 들어가는 말

테라와다(Theravāda, 上座部) 불교는 대승불교, 금강승불교와 더불어 현존하는 삼대불교의 하나로 현재 스리랑카와 동남아시아 지역에서 유지되고 있는 불교이다. 보다 구체적으로는 스리랑카, 미얀마, 태국, 캄보디아, 라오스 등의 국가들 사이에서 붓다의 가르침을 고스란히 유지하고자 하는 보수적 성향의 불자모임이라고도 볼 수 있다. 테라와다 불교는 지리적 위치 때문에 '남방南方불교'라고 불리기도 하며 한역하여 '상좌부上座部불교'라고 부르기도 한다.

테라와다 국가들 사이에서 스리랑카, 미얀마 그리고 태국은 대표적인 불교국가이다. 이들 세 나라는 불법의 전래 이후부터 오늘날까지 불교와 문화 등에 커다란 영향을 주고받으면서 긴밀한 관계를 유지해왔다. 이들 불교국가들 사이에서 스리랑카는 테라와다 불교전개의 발원지라고 볼 수 있으며, 태국과 미얀마 역시 실천과 보전을 통하여 테라와다 불교를 꽃피우고 있다.

부처님께서 열반하신 후 약 230년이 지나, 인도의 아쇼까Ashoka왕은 부처님의 가르침을 널리 알리기 위해 그의 아들 마힌다Mahinda 장로를 스리랑카에 보내고 현재 미얀마와 태국의 위치인 수완나부미 Suvaṇṇabhūmi에도 비구들을 보낸다. 스리랑카의 역사서인 『디빠왐사(Dīpavaṁsa, 島史)』와 『마하왐사(Mahāvaṁsa, 大史)』는 인도를 통한 불교전래의 전통성을 상세히 설명하고 있다.[1] 스리랑카의 불교역사는 2,500여 년의 불교역사 중에 2,300여 년에 해당하는 것으로 스리랑카의 역사가 곧 오늘날 테라와다 불교의 역사와 같다고 봐도 과언이 아닐 것이다. 따라서 본서는 인도를 시작으로 스리랑카와 미얀마, 태국으로 이어지는 경전의 결집과정과 테라와다 불교의 보전과 대중화를 위해 스리랑카, 미얀마, 태국 안에서 진행된 역경의 사례들을 살펴보고자 한다.

2. 빠알리 삼장의 성립과 발전

붓다의 입멸 이후 약 100년이 지나 테라와다 불교는 발생한다.[2] 테라와

---

[1] Hermann Oldenberg(2001), p.117ff, Wilhelm Geiger(1986), p.88ff 참고) Richard F. Gombrich(1988), p.148ff.

[2] 마성은 테라와다 불교의 기원에 대해 불멸 직후에 개최되었던 제1결집 시기라고 설명한다. 그는 『디빠왐사Dīpavaṁsa』(島史, 4세기)와 『마하왐사Mahāvaṁsa』(大史, 5세기) 및 『사만따빠사디까Samantapāsādikā』(一切善見律註, 율장의 주석서)를

다 불교는 최초의 상가분열이라고 불리는 근본분열을 통하여 시작되는데, 주요 원인은 경율론經律論의 삼장(三藏, Ti-piṭaka) 중 율장(律藏, Vinaya-piṭka)에 대한 해석과 수용의 문제라고 볼 수 있다. 최고의 지도자가 사라진 후, 승려들은 시대와 지역에 따라 율장을 다르게 이해하기 시작했다. 이 과정에서 '제1차 결집'의 내용을 통해 율장을 이해하고, 보전하려는 성향을 지닌 승려들의 모임이 테라와다 불교의 배경이다. 이들의 역사적인 상황을 간략히 살펴보면 다음과 같다.

붓다의 입멸 후에[3] 마하까싸빠(Mahākassapa, 摩訶迦葉)는 붓다의 가르침이 어떠한 규칙적인 암송 없이 방치되면 조속히 인멸할 것이라는 우려로 교법의 결집을 진행한다. 마하까싸빠는 붓다의 제자 500명과 함께 라자가하(王舍城, Rājagaha)에 모여 붓다의 설법을 모아 확인한다. 이것을 '제1차 결집'이라고 한다. 결집을 나타내는 '상기띠saṁgīti'는 함께 노래한다는 의미로 '합송合誦'이라고 번역되며 제자들이 서로 기억하고 있는 붓다의 교법을 함께 합송하여 틀린 부분을 수정하고 맞춰보는 것을 말한다. 테라와다 전통에서는 지금까지 6회에 걸쳐

통하여 'Theravāda', 'Theriya', 'Therika'라는 용어가 1차 결집에서부터 사용되었다고 설명하는 월폴라 라훌라Walpola Rahula의 주장을 수용하고 있다. 마성(2007), Walpola Rahula(1982), pp.41~44.

3 1956년 스리랑카, 인도, 미얀마, 태국 그리고 많은 남아시아 국가들에서 붓다의 대반열반 2,500주년 기념행사를 정부적인 차원에서 대대적으로 행하였다. 따라서 테라와다 전통에 따르면 붓다는 오늘(2011년) 기준으로 2555년(기원전 544년) 전에 입멸했다고 볼 수 있다. 〔2500년~1956년=544년, 2011년+544년=2555년〕 하지만 여기에는 다양한 이견들이 있다. ―Hajime Nakamura(1996), p.12 외에 곰브릿지는 정확한 시기를 알 수 없다고 밝히고 있으며〔Richard Gombrich(1984), p.11〕, 다스굽타는 기원전 560년에 붓다가 룸비니에 태어났다고 기록하고 있다.〔Surendranath Dasgupta(1992), p.81〕

결집이 진행되었다.[4] '제1차 결집'에는 아난다(Ānanda, 阿難)가 경經을, 우빨리(Upāli, 優波離)가 율律을 송출했다고 한다. 붓다의 가르침은 붓다의 입멸 이후 경과 율의 합송을 통하여 최초로 모아진다. 그리고 이들 법과 율은 기억하기 편리하도록 중요한 교설을 간단한 단문이나 노래의 형식으로 만들어 전승되었다고 보고 있다.

하지만 시간이 지남에 따라 경과 율을 이해하는 출가자들의 입장은 달라졌다. 이러한 견해의 차이는 교단의 분열로 이어진다. '제1차 결집' 이후, 약 100년이 지난 까라소까Kālāsoka왕의 재임시절, 야사Yasa 장로는 우연히 마하와나Mahāvana의 꾸따가라살라Kūṭāgārasālā를 방문하였다가 왓지족Vajjian 출신의 비구들이 '열 가지 대상(十事, dasavatthu)'을 시행하고 있는 것을 알게 되었다.[5] 왓지의 승려들은

---

[4] 테라와다 전통에 따르는 불교의 결집 : 결집 도표는 보리수선원 「우실라난다 사야도 아비담마 초청강연」

결집	시기	장소	왕조	지도자	참여승려	기간	사건	참고
1	불멸후 95일	라가가하 (인도)	아잣따사뚜	마하까사빠	500명	7개월	구전되던 가르침 수집	CV 479f Dip 1, 24f
2	불멸후 100년	베살리 (인도)	까라소까	야사테라 레와따테라	700명	8개월	1차 결집본 재정비-율장	CV 479f Mv 3,26f
3	불멸후 234년 기원전 310(326)년	파탈리푸타 (인도)	아소까	목갈리뿟따 띳싸	1,000명	9개월	2차 결집본 재정비-논장	Dip 7.34f Mv 3,26f
4	불멸후 450년 기원전 94(29)년	알루위하라 (스리랑카)	와따가마니	·	500명	7년	삼장의 기록 (패엽경)	Mv 33, 1, 101
5	1871. 4. 15	만달레이 (미얀마)	민돈	자가라테라	2,400명	5개월	원본재정비 729개 대리석	버마사
6	1954~1956	양곤 (미얀마)	우누 (국무총리)	레와따테라	2,500명	2년	원본재정비 주석, 소주서	상가야나선집

[5] 10가지 대상(十事, dasavatthu)—① 角鹽淨(kappati siṅgiloṇakappo): 일반적으로 먹을 것을 다음 날까지 비축해서는 안 되지만, 부패하지 않은 식염은 후일까지 소지하여도 무방하다. ② 二指淨(kappati dvaṅgulakappo): 비구들은 태양이 남중하

기존의 율을 완화시켜 재가신도들로부터 음식뿐만 아니라 돈을 요구하기도 하였다. 야사는 이러한 행실이 붓다의 가르침에 어긋난다고 생각했다.[6] 결국 야사는 레와따Revata 장로를 만나 문제의 해결방안을 상담하고, 다른 승려들과 함께 율장을 재정비할 것을 다짐한다. 이에 야사와 레와따 장로는 그 당시 가장 고승인 삽바까미Sabbakāmī 장로를 중심으로 여러 승려들과 함께 율장에 대해 토론하고, 왓지의 승려들이 행하는 '열 가지 대상의 율'이 붓다의 가르침과 다르다는 결론을 내린다. 1차 결집에 의해 정의된 붓다의 율장을 철저하게 이행해야 한다고 믿는 비구들은 율장을 재정비하는 차원에서 다시 결집을 하게 된다. 역사서에 따르면 700명의 비구들이 모여 약 8개월간 율장을 시작으로 합송이 이루어졌고, 이 과정에서 경장 역시 다시 확인하게 되었다. 이것을 '제2차 결집'이라고 부른다.

는 정오까지 식사할 수 있지만, 태양이 손가락 두 마디 정도 넘어갈 때까지는 먹어도 무방하다. ③他聚落淨(kappati gāmantarakappo): 탁발하여 한 번 식사를 마친 후라도 오전 중이라면 다른 마을에 가서 다시 탁발을 할 수 있다. ④住處淨(kappati āvāsakappo): 동일 지역의 비구들은 한 달에 두 번 반드시 한곳에 모여 포살(참회의 식)을 행해야 하지만 사정에 따라 두 곳으로 나누어 시행해도 무방하다. ⑤隨意淨(kappati anumatikappo): 정족수에 미치지 않더라도 곧 도착할 비구의 동의에 예상하여 의결한 후, 사후에 승낙 받아도 무방하다. ⑥久住淨(kappati āciṇṇakappo): 율 규정에 없는 것은 스승의 관례에 따른다. ⑦生和合淨(kappati amathitakappo): 식사 이후라도 응고하지 않은 우유는 마셔도 무방하다. ⑧無緣坐具淨(kappati adasakaṃ nisīdanaṃ): 비구가 사용하는 방석의 크기는 결정되어 있지만, 테두리 장식이 없는 것이라면 크기에 제한이 없다. ⑨飮闍樓伽酒淨(kappati jalogi pātuṃ): 비구는 술을 마셔서는 안 되지만, 발효하지 않은 야자즙과 같은 술은 약용으로 마실 수 있다. ⑩金銀淨(kappati jātarūparajatan ti): 출가자는 금이나 은을 가져서는 안 되지만, 부득이한 경우 이를 수납하여도 무방하다.

[6] Malalasekera. G. P(1997), p.687.

이러한 '제2차 결집'은 전통을 고수하는 승려들에 의해 행해진 것이다. 따라서 이들과 다른 해석을 지닌 왓지의 비구들도 지지 세력을 얻어 자신들의 회합을 열었으며 문제가 되었던 '열 가지 대상'을 합법화시킨다. 이를 위해 일만여 명이라는 많은 사람들이 참여했기에 '큰 합송(Mahāsaṅgīti)'이라고 부른다. 율장을 보수적으로 고수하고자했던 승려들이 700명이었던 것에 비해 유연하게 해석하고자 하는 승려들은 일만여 명이 모인 것이다. 이처럼 율장의 해석에 대한 문제로 단일했던 상가는 분열을 일으키게 되었고, 이를 최초의 근본분열이라 부른다. 이와 같은 분열에 의해 불교상가는 전통적 계율을 고수하는 보수적 성향의 테라와다(Theravāda, 上座部)와 계율을 유연하게 해석하려는 진보적 성향의 대중부(Mahāsaṃghika, 大衆部)로 나누어지게 된다.[7]

---

[7] 한편 북방전승에 따르면 부처님이 입멸하시고 116년(또는 160년)이 지나고 파탈리푸트라의 대천(Mahādeva, 大天)은 5가지 이유로 불교의 이상인 아라한을 부정했다. [이러한 내용은 Kathāvatthu(173ff, 187ff, 194, 197)에서도 보인다.] 그리고 이에 반대하는 전통적인 장로들이 대천의 무리에게 배척받아 서북인도로 쫓겨 감으로써 상좌부와 대중부의 근본분열이 일어나게 되었다고 설명한다. 이렇게 근본분열한 불교교단은 그 후에 교법 상의 해석을 놓고 분열의 분열을 거듭한 끝에 불멸 4백년 무렵 마침내 근본 2부를 포함하여 20여파로 지말支末분열하기에 이르렀다. 대천의 5사는 다음과 같다. ①餘所誘: 일체의 번뇌를 소멸한 아라한이라 할지라도 생리적인 욕구가 완전히 없어진 것은 아니므로 천마의 유혹에 의해 몽정하는 경우가 있다. ②無知: 무명을 끊은 아라한이라고 할지라도 번뇌나 열반에 관한 한 어떠한 무지도 없지만 세속에 관해서는 무지한 경우가 있다, ③猶豫: 아라한은 수행과 열반에 관해서는 어떠한 의혹도 없지만, 세속의 일에 관해서는 의혹이 생기는 경우가 있다, ④他令入: 아라한은 스스로 아라한과를 얻은 것을 알지 못하고 부처나 선배의 교시를 받아 비로소 득과의 자각을 획득하게 된다, ⑤道因聲故起: '괴롭도다'라고 외침으로써 세간의 무상, 고, 무아 등을 통감하고 이것에 의해 성도에 들어간다. 참고) 권오민(2004), p.213, Vin. II. 294.

이것이 테라와다 불교의 발생배경이다. 테라와다 불교는 불멸 후 약 100년경, 율장의 해석문제에 의해 발생하였다.

'제2차 결집'을 통해 인도에서 발생한 테라와다 불교는 '제3차 결집'을 통해 인도의 주변국가로 확장된다. 불멸 218년에 즉위한 아쇼까왕의 시대는 불교의 세계적 성장기라고 볼 수 있다. 인도불교 상가는 아쇼까왕의 대폭적인 지원으로 풍요로웠다. 하지만 상가를 향한 아쇼까왕의 애정은 양적팽창이라는 아쉬운 결과를 초래했다. 국가의 전폭적인 지원의 이면은 편안한 삶을 추구하는 출가자들을 양성했고, 이들은 수행과 교리에 있어 상가의 혼란을 야기했다. 이에 아쇼까왕은 상가의 정비를 필요로 했고, 그 당시 가장 명망 높은 목갈리뿟따 띳사Moggalī -putta-tissa 장로를 중심으로 세 번째 결집이 진행된다. 이때 분별설 (Vibhajjavāda)을 설정하여 성립된 것이『논사(論事, Kathāvatthu)』이다.[8] '제3차 결집'은 9개월이란 시간 동안 일천 명이 모여 2차 결집의 내용을 정비하고『논사』를 포함하는 논장論藏을 합송하는 것으로 진행되었다. 또한 목갈리뿟따 띳사는 '제3차 결집'을 마치고 인도에 인접한 주변국가에 불교가 전파될 수 있도록 노력한다.[9] 하지만『논사』의 성립 시기와 '제3차 결집'에 대해서는 여러 이견이 있다.[10]

테라와다 불교가 스리랑카에 도착한 것은 대략 기원전 250년이다.

---

[8] DPPN. II. p.665f, 김종욱 옮김(1996), p.220f.
[9] 불법전파를 위해 9개국에 전도단을 파견했다고 한다. 캐시미르, 간다라, 시리아, 이집트, 마케도니아(그리스), 스리랑카, 미얀마 등.
[10] 논사의 성립이 아쇼카왕의 시대보다 100년 이상 늦은 B.C. 2세기 후반에 성립되었을 것이라고 보는 견해가 있다. 따라서 논사가 제 3결집의 내용을 담고 있다면 이는 B.C. 218년에 있었고 논사가 3차 결집에 만들어진 것이라면 아쇼까왕과의 관계에 있어 모순이 생기게 된다. 참고) 이호근 역(1999), p.115f.

아쇼까왕의 아들인 마힌다 장로는 불멸 후, 236년 되는 해인 음력 6월 보름에 그 당시 땀바빤니 섬(Tambapaṇṇi dīpa)이라고 불리던 스리랑카에 다섯 명의 비구와 함께 도착한다.[11] 마힌다 장로는 스리랑카의 수도인 아누라다뿌라Anuradhapura에서 동쪽으로 십여 킬로 떨어진 미힌딸레 Mihintale에서 사냥을 나온 데와남삐야띳사Devānampiya Tissa 왕과 첫 만남을 가진다. 왕은 마힌다 장로를 통하여 붓다의 가르침을 듣고 불교에 귀의하게 된다.[12] 이것이 스리랑카 불교의 시작이다. 스리랑카의 불교는 국가의 후원과 함께 확고히 뿌리내려 성장했으며, 민중들 역시 경건하고 헌신적인 자세로 불교상가를 지원했다. 특히 수도 아누라다뿌라 Anuradhapura 대사파(大寺派, Mahāvihāra)의 시작은 스리랑카 불교가 테라와다 불교의 중심지로 발전하는 계기를 만들어주었다.

하지만 스리랑카는 지리적 여건 때문에 여러 차례 외세의 침략을 겪게 된다. 기원전 1세기 초, 왓따가마니Vaṭṭagāmaṇī왕의 치세시절은 스리랑카 상가의 역할이 변화되는 커다란 계기를 맞는다. 스리랑카는 인도 남부 촐라Chola의 침략으로 불교 중심지인 수도를 점령당하고 왕 역시 피해 있어야 했다. 국가는 약탈되었고 혼동과 불안 속에서 14년이란 괴로움을 버텨야만 했다. 또한 전례 없는 가뭄과 기근을 통해 민중들은 서로를 잡아먹거나 그들이 존경하는 스님조차 잡아먹는 일까지 발생하게 되었다. 많은 출가자들은 상가를 떠나 도망가거나 기아로 죽어갔다. 이러한 혼란의 시기에 스리랑카 불교 역시 위기를

---

11 마힌다 장로와 함께 스리랑카에 온 비구들은 Ittiya, Uttiya, Sambala, Baddasāla와 Sumana이었다. 참고) Mhv. V. 195, Dvp. Ⅶ. 18, 19 ; Ⅻ. 39
12 마힌다 장로가 소개한 붓다의 가르침은 『Majjhima Nikāya(中部)』의 27번째 경인 『출라핫띠빠도빠마 Cūlahatthipadopama Sutta』라고 한다.

맞이한다. 더 이상 불교상가를 지원할 수 있는 왕도, 민중도 사라진 것이다. 상가는 구전으로 전승하던 부처님 말씀인 빠알리 삼장(Ti-piṭaka)이 더 이상 보전되지 못할 것이라는 위기의식을 느끼게 된다. 결국 상가는 남은 여력으로 불교를 유지하기 위해서 교학(教學, pariyatti)과 수행(修行, paṭipatti) 사이에서 하나에 총력을 기우려야 한다는 선택의 기로에 서게 된다. 스님들은 어려운 상황에 불교를 유지하기 위해서는 부처님의 말씀인 교법을 유지하는 것을 더욱 중요한 사항이라 생각하였고, 이러한 선택은 역사상 처음으로 빠알리 삼장을 문자로 기록하는 '제4차 결집'이 이루어지는 계기를 마련한다. 결집과 더불어 패엽경을 제작한 장소는 스리랑카의 알루비하라Aluvihāra 사원이다. 당시 오백 명의 비구들이 모여 7년에 걸쳐 빠알리 삼장을 싱할리 문자로 기록했다. 구전되어 오던 빠알리 삼장이 최초로 문자로 남게 된 것이다.[13]

그리고 근대에 들어와 미얀마에서 5・6차 결집이 진행된다. '제5차 결집'은 민돈왕의 치세시절에 진행된다. 기존에 보존되어 오던 빠알리 삼장과 주석서의 문자, 용어, 구절 등에 문제가 있으며 일부 훼손되어 분명하지 않은 점 등을 수정하는 의미에서 진행되었다. '제5차 결집'에 있어서의 특징적인 결과는 빠알리 삼장을 대리석판(석장경) 위에 필사한 것이다. 민돈왕은 작업과정에서 작업자가 이전 작업자의 오류나 잘못을 발견하면 발견자에게 상을 주고, 이전 작업자에게 책임을 묻는 형태로 필사의 오류를 줄이기 위해 노력했다. 그리고 작업자들은 12장의 대리석 판에 은전 한 닢을 기준으로 옷, 보석 등의 재물을 대가로

---

[13] 정준영(2009-b), p.218 재인용.

지불했다. 결국 이 작업은 율장 111장, 경장 410장, 논장 208장, 모두 729장의 대리석 판에 삼장을 담아 보존하게 된다. 또한 이 대리석 판은 각각의 탑을 만들어 729개의 탑(Kuthodaw Pagoda)에 안치하게 된다.[14]

빠알리 삼장의 마지막 결집인 '제6차 결집' 역시 미얀마에서 진행되었다. '제6차 결집'은 미얀마 상가와 정부의 절대적인 지지뿐만 아니라, 주변 테라와다 불교국가들과 영국의 지원으로 진행되었다. 이 결집은 빠알리 삼장뿐만 아니라, 주석서와 복주서까지 포함하여 합송을 진행했다. 빠알리 삼장을 위해 5회의 집회가 진행되었고, 주석서를 위해 4회, 그리고 복수서를 위해 2회의 집회가 진행되었다. 이 과정을 통해 기존의 오류를 수정하고, 삼장과 주석서를 비교하였을 뿐만 아니라, 색인 작업까지 진행하였다.[15] 이처럼 테라와다 불교국가는 상가의 노력과 정부의 지원에 의해 붓다의 가르침과 그 해석을 보존하기 위해 노력하여 왔다. 결국 스리랑카, 미얀마, 태국은 오늘날까지도 빠알리 삼장을 통해 테라와다 불교의 맥을 유지하고 있다.

빠알리 삼장 전체의 역사적 진위여부에 대해서는 다양한 이견들이 있다. 현재 'Buddhist and Pali University of Sri Lanka'의 학장인 올리버 아베나야께 교수(Prof. Oliver Abeynayake)는 스리랑카의 역사적 변화뿐만 아니라 편집자들에 의해 경전의 내용에 변화가 생겼으며, 현재의 빠알리 삼장은 초기의 것과 다르다는 주장을 하고 있다.[16] 하지만 이러한 주장 역시 현재 남아 있는 빠알리 경전과 주석서를 바탕으로

---

14 강종미(2006), pp.115~131
15 http://www.tipitaka.org (검색일자: 2011년 1월 21일)
16 Oliver Abeynayake(2000), pp.163~183

연구된 것임에는 변함이 없다. 따라서 빠알리 삼장의 정확성에 대한 연구 역시 현재의 빠알리 삼장과 함께 발견되는 필사본 일부에 의지할 수밖에 없는 것이 사실이다.

3. 테라와다 빠알리 삼장의 번역

빠알리 삼장이 빠알리어를 공부한 출가자의 전유물로부터 벗어나 일반 대중을 위한 가르침으로 확대되기 위해서는 각국의 언어로 번역되는 작업이 필요했다. 테라와다 불교국가들은 각국이 가진 불교의 역사만큼이나 경전을 번역하기 위해 다분히 노력해왔다. 따라서 이 장에서는 테라와다 불교의 대표국가인 스리랑카, 미얀마, 태국에서 진행한 다양한 빠알리 삼장의 정비과정과 역경의 대표적인 사례를 소개하고자 한다.

1) 스리랑카의 역경 사례[17]

스리랑카의 대표적인 역경 사례는 국가의 전폭적인 지원으로 진행된 부처님 성년기념 '붓다자얀띠(Buddha-Jayanti, BJT)' 빠알리 삼장 시리즈이다. 이는 스리랑카에 전통적으로 남아 있는 패엽경을 기반으로 번역되었다. 스리랑카어로 남은 빠알리 삼장은 스리랑카의 문자를 빌어 빠알리 경을 기록한 것이기에 빠알리어를 공부하지 않은 일반 대중은 내용을 이해할 수 없었다.

1956년, 스리랑카는 인도·미얀마·태국 등의 남아시아 국가들과

---

17 스리랑카의 역경 사례는 정준영(2009-a), pp.315~343과 정준영(2009-b), pp.204~245를 중심으로 작성 및 재인용되었다.

함께 부처님의 탄생 2,500주년 행사를 진행키로 결정하였다. 이 행사에 참여하는 국가들은 부처님의 탄생일을 정의하고 불교가 존재한 2,500주년을 기념하기 위해 보다 의미 있는 작업을 찾으려고 노력했다. 스리랑카 정부 역시 이 의미 있는 해를 위해 공헌할 수 있는 일을 찾기 위해 고민하였고, 그 결과 '붓다자얀띠(Buddha-Jayanti, 부처님 聖年)'라고 부르는 위대한 행사를 기념하기 위해 두 가지 주요 사업을 정부 주도하에 진행한다. 이들은 빠알리 삼장을 싱할리어로 완역·출판하는 것과 불교대백과사전(Encyclopedia of Buddhism)을 영문으로 제작하는 것이다.[18] 빠알리 삼장의 번역 계획은 1954년 최초로 논의되어 'Buddha Jayanti Tripitaka Granthamala(BJT)'라는 공식 이름으로 준비되었으며 2년 후인 1956년, '부처님 성년聖年'의 '부처님 오신날(Vesak day)'[19]을 기념으로 국가사업으로 공식 선포되었다. 스리랑카 불자들을 위한 역경사업은 특별위원회를 설립하는 것으로부터 시작되었다.

① 특별위원회의 설립

'붓다자얀띠'와 관련된 모든 역경사업은 정부에서 지원하는 국가사업이었다. 이들을 관리하기 위해서는 법적효력을 지니는 특별위원회(Special Board)가 필요했다. 이에 1954년 스리랑카 국회는 역경사업을 공식적인 정부사업으로 인정하고, 특별위원회를 설립하여 모든 작업

---

[18] 빠알리 경전의 싱할리 번역은 현재 완료가 되었고 불교대백과사전은 아직도 진행 중이다. [2009 현재 vol. VII~Vimānavatthu까지 완료] 빠알리 삼장의 번역은 콜롬보에 최초의 사무실을 만들었고 불교대백과사전은 페러데니아에 사무실을 만들었다. 참고) Malalasekera(1997), p.iii.

[19] Vaiśākha(April-May) day: 부처님 오신날.

이 정부의 지원으로 진행되도록 결정하였다. 이 특별위원회는 '스리랑카 불자회의(Lanka Bauddha Mandalaya-SriLanka Buddhist Council)'라고 불렸으며 빠알리 삼장의 싱할리 번역과 출판에 대한 모든 것을 관리하였다. 하지만 이 위원회가 정부부처의 지속적인 지원만으로 진행된 것은 아니다. 역경작업을 위해서는 예상보다 많은 시간과 지원이 필요했고, 위원회 역시 다양한 부처의 소속으로 옮겨 다니게 되었다. 위원회의 소속은 처음 내무부(Ministry of Home Affairs)를 시작으로 문화부(Ministry of Cultural Affairs)와 교육부(Ministry of Education) 순으로 바뀌어 갔다. 그리고 완역 이후 전질의 출판 시기에는 불교부(Ministry of Buddha Sāsana)에 소속되어 있었다. 이처럼 스리랑카 빠알리 삼장의 역경작업은 철저하게 정부의 관할 하에서 진행이 되었으며 각각의 부처를 주도하는 장관에 의해 그 책임이 전이되었다.

② 편집위원회의 선정

'스리랑카 불자회의'라는 특별위원회의 조정 아래, 빠알리 삼장의 직접적인 번역과 출판을 담당하는 편집위원회와 그 구성원이 선정되었다. 이는 '삼장의 번역과 편집위원회(The Tipitaka Translation and Editorial Board)'라는 이름으로 24명의 위원이 중심이 되어 구성되었다. 하지만 편집위원회를 구성하는 편집위원, 지도부, 번역자 그리고 편집자는 필요와 상황에 따라 변화를 요구했다. 편집위원회는 대표와 편집장이 주축이 되어 필요에 따라 새로운 역할을 만들었다. 예를 들어 고문, 편집운영, 간사 등은 편집위원회 설립시기에는 없었던 역할로 역경의 과정에서 새롭게 추가된 것이다.

번역을 직접 담당하는 편집위원회는 이 시기에 가장 저명하고 박식한 승려들로 구성되었다. 이들은 모두 전통적인 사원교육을 이수한 자들로, 빠알리 삼장과 주석서에 능통하고 아시아 언어에 노련한 전문가들이었다. 이들 중에 몇몇은 미얀마에서 실시한 6차 결집에 초청되어 참여하기도 했다. 빠알리 삼장의 번역을 주도한 편집위원회는 모두 24명의 승려들로 구성되었다.

③ 번역 작업의 진행

최초의 번역은 각각의 승려들이 경전별로 구분하여 개별적으로 진행했다. 편집위원회는 위원들의 특성에 맞춰 적절한 번역자를 선정하고 분량을 할당하였다. 주로 24명의 편집위원들에게 역경 분량이 할당되었고, 필요에 따라 위원회에 속하지 않은 외부의 번역자들 역시 신중히 선별하여 역경 분량을 맡았다.

경전의 번역과 편집을 맡은 승려들은 필사본을 통하여 빠알리어를 재확인하고 이를 싱할리로 번역하는 과정으로 진행했다. 개별적으로 맡은 경전이 완역되면 번역물은 편집위원회에 제출되었다. 편집위원은 제출된 번역물을 숙독하고 문제여부에 따라 편집대표에게 전달했다. 편집대표는 다른 편집위원들이 번역물의 정확도를 확인할 수 있도록 도와주는 역할을 하였으며, 편집대표의 확인을 거친 번역물은 평가와 제언을 위해 마지막 기관인 '(최고)편집심의회'에 보고되었다. 그리고 이곳에서 문제가 없으면 출판으로 이어졌다. 이 과정을 간단히 살펴보면 다음과 같다.

> 편집위원회 분량 설정 → 개별 번역 작업 → 편집위원회, 편집대표 심의 → (최고)편집심의회 → 출판

이와 같은 역경 과정에서 흥미로운 점은 스리랑카불자회의에 소속된 행정직원, 사무원, 그리고 일부 도우미들만이 전임직원으로 일을 했다는 것이다. 실질적인 번역과 편집을 담당한 승려들, 즉 편집위원회의 임원들은 모두 비전임이었다. 역자를 포함한 편집위원회는 일반적으로 격주간의 모임을 가졌고, 상황에 따라 월간모임 등의 모임을 통해 공동역경작업을 진행했다. 한편 임원들과 번역자들에게는 약간의 보수와 교통비가 지불되었는데, 이들을 오늘날의 기준으로 볼 때 작업의 적절한 동기부여가 되기에는 어려운 수준이었다. 결국 분담된 번역분량은 고스란히 개인의 부담이 되는 구조를 지녔었다. 이러한 상황을 살펴보면, 번역을 맡은 승려들은 보수보다는 작업의 의미에 무게를 두었다고 볼 수 있다. 결국 시작에서 완역(1989년)에 이르기까지 33년이라는 오랜 시간이 걸렸으며, 다른 무엇보다도 불교와 국가를 위한 편집위원들의 헌신과 노력으로 가능한 것이었다.[20]

번역과 편집과정에서 어떤 문제가 생기든지 최종결정은 편집위원회에서 다루게 되었다. 모든 참여자들은 빠알리 삼장에 정통한 사람들이었고 특히 빠알리어뿐만 아니라 산스크리트어, 싱할리어 모두에 훌륭한 지식을 가지고 있었기에 대부분의 번역은 개별 작업 이후에 특별한 수정 없이 순조롭게 진행될 수 있었다. 하지만 대부분의 작업이 역자들

---

[20] 번역 및 편집비는 연구모임이 있는 날마다 조금씩 지급되었다. 이 사항에 대해서는 기록이 남아 있지 않고 외부에 공개되지 않아 정확하게 알 수 없으나, 그 당시 관계자의 말을 빌리면 맡은 분량의 번역비는 최고 250루삐의 수준이었다고 한다. 이 액수를 현재 루삐의 가치와 비교하기는 어렵지만 굳이 비교한다면, 이 당시 1갤런(3.785ℓ)의 휘발유가 2루삐 50센트 정도였고(1리터 0.66루삐), 2009년 1리터의 휘발유는 120루삐이므로(1 갤런, 454루삐) 그 당시 250루삐는 현재 45,400루삐와 비교될 수 있다. 대략 한화로 환산하면 약 50만 원 정도의 가치에 해당한다.

각자의 공간에서 진행되었고, 번역물이 완성되면 편집위원회에 제출하는 방식이었기 때문에 작업을 촉진시키기 위한 전체 및 시간계획을 세우기가 어려웠다. 따라서 번역의 속도는 역자들로 구성된 편집위원회의 분위기와 각각의 능력에 의지하는 수밖에 없었다. 평가에 따르면, 정부가 역자들에게 적절하고 규칙적인 번역료를 지급하지 않았기 때문에 적합한 시간구조로 진행되기가 어려웠다고 한다. 뿐만 아니라 역경에 참여한 연구자들이 사회적 인지도가 높은 승려들이었기에 각각의 스케줄에 바쁘고 정부도 이들을 쉽게 조절하기 어려웠다고 한다.

스리랑카 역경 과정을 살펴보면, 스리랑카는 우리와 비교하기 어려울 정도의 유리한 점을 가지고 있었다. 무엇보다 특징적인 사항은 역자들이 전통적으로 빠알리어를 습득한 뛰어난 승려들이었다는 점과 번역용어 선정에 특별히 고민할 필요가 없었다는 점이다. 왜냐하면 스리랑카어인 싱할리가 빠알리어와 산스크리트어를 바탕으로 만들어졌기 때문이다. 따라서 대부분의 빠알리 용어는 번역이 필요 없이 그대로 사용 가능하였으며 그 의미 역시 전달될 수 있었다. 예를 들어, 아빈냐(abhiññā, 神通), 닙바나(Nibbāna, 涅槃), 위따까(vitakka, 尋), 위짜라(vicāra, 伺), 삐띠(pīti, 喜), 수카(sukha, 樂), 둑카(dukkha, 苦) 등 대부분의 불교용어들은 번역할 필요 없이 그대로 써도 싱할리어로 의미가 통하는 것이다.

국내의 번역작업에서 가장 많은 시간을 할애해야 하는 부분이 우리말 번역용어의 선정이라면 스리랑카의 역경사업은 우리의 사정과는 매우 다른 언어적 배경에서 시작된 것이다. 하지만 이처럼 유리한 배경에도 불구하고 현대의 싱할리어로 전환될 수 있는 적절한 번역용어에 심혈을 기울이지 못한 붓다자얀띠 삼장 시리즈는 후에 일반대중의 평가에 의해 소통의 문제점을 드러내게 된다.

④ 출판과 판매

붓다자얀띠의 출판은 전집이 한꺼번에 나온 것이 아니라 번역이 완성되는 대로 경전별로 출판되었다. 무엇보다 붓다자얀띠판이 가지고 있는 특징은 번역서를 펼쳤을 때 한 면에 빠알리 경전과 다른 한 면에 싱할리 번역을 담고 있어 독자가 빠알리어와 번역된 싱할리어를 동시에 비교하며 볼 수 있다는 것이다. 그리고 가능한 원전과 번역의 행간까지 일치하도록 제작되었다. 또한 각각의 경전에는 편집자의 설명과 내용목차가 부가되었다. 이들은 크게 경율론 삼장으로 구분되었고 각각의 장과 부에는 개별적인 소개를 더했다. 붓다자얀띠 최초의 번역은 율장(律藏, Vinaya-Piṭaka)에서부터 시작되었다. 번역 계획이 수립된 후 3년이 지난 1959년, 웨라고다 아마라모리 나야까 테라(Ven. Veragoda Amaramoli Nāyaka Thera)에 의해『빠라지까빠알리(Pārājikapāli, 波羅夷法)』가 처음으로 출판되었다. 그 이후 1989년까지 완성된 붓다자얀띠판의 번역물은 총 59권이다. 그리고 현재 57권으로 합본되어 재출판하고 있다. 최근에 재출판하는 57권은 다음과 같이 구성되어 있다.

위나야 삐따까Vinaya-Piṭaka, 율장律藏(총 9권)
　(1) Pārājika, 바라이, (2-1) Pācittiya I, 파일제, (2-2) Pācittiya II, 파일제, (3) Mahā-vagga, 大品 1권, (4) Mahā-vagga, 大品 2권, (5-1) Cūḷavagga, 小品 1권, (5-2). Cūḷavagga, 小品 2권, (6-1). Parivāra, 附隨 1권, (6-2) Parivāra, 附隨 2권

숫따 삐따까Sutta-Piṭaka, 경장經藏(총 35권)

(7) Dīgha-Nikāya, 長部 1권, (8) Dīgha-Nikāya, 長部 2권, (9) Dīgha-Nikāya, 長部 3권, (10) Majjhima-Nikāya, 中部 1권, (11) Majjhima-Nikāya, 中部 2권, (12) Majjhima-Nikāya, 中部 3권, (13) Samyutta-Nikāya, 相應部 1권, (14) Samyutta-Nikāya, 相應部 2권, (15) Samyutta-Nikāya, 相應部 3권, (16) Samyutta-Nikāya, 相應部 4권, (17-1) Samyutta-Nikāya, 相應部 5권, (17-2) Samyutta-Nikāya, 相應部 6권, (18) Aṅguttara-Nikāya, 增支部 1권, (19) Aṅguttara-Nikāya, 增支部 2권, (20) Aṅguttara-Nikāya, 增支部 3권, (21) Aṅguttara-Nikāya, 增支部 4권, (22) Aṅguttara-Nikāya, 增支部 5권, (23) Aṅguttara-Nikāya, 增支部 6권, (24) Khuddaka Pātha, 小誦經, Dhammapada, 法句經, Udāna, 感興語, Itivuttaka, 如是語, (25) Suttanipāta, 經集, (26, 27) Vimānavatthu, 天宮事, Petavatthu, 餓鬼事, (28, 29) Theragāthā, 長老偈, Therīgāthā, 長老尼偈, (30) Jātaka, 本生談 1권, (31) Jātaka, 本生談 2권, (32) Jātaka, 本生談 3권, (33) Mahā Niddesa, 大義釋, (34) Cūla Niddesa, 小義釋, (35-1) Paṭisambhidā Magga, 無碍解道 1권, (35-2) Paṭisambhidā Magga, 無碍解道 2권, (36) Apadāna, 譬喩經 1권, (37-1) Apadāna, 譬喩經 2권-1, (37-2) Apadāna, 譬喩經 2권-2, (38) Buddhavaṃsa, 佛種姓經, Cariyā Piṭaka, 所行藏經, (39) Nettippakaraṇa, 指導論, (40) Peṭakopadesa, 三藏論

아비담마 삐따까Abhidhamma-Piṭaka, 논장論藏(총 13권)

(41) Dhammasaṅganī, 法集論, (42) Vibhaṅga, 分別論 1권,
(43) Vibhaṅga, 分別論 2권, (44) Kathāvatthu, 論事 1권, (45)
Kathāvatthu, 論事 2권, (46) Kathāvatthu, 論事 3권, (47)
Dhātukathā, 界論, Puggalapaññatti, 人施設論, (48) Yamaka,
雙論 1권, (49-1) Yamaka, 雙論 2권-1, (49-2) Yamaka, 雙論
2권-2, (50) Paṭṭhāna, 發趣論 1권, (51-1) Paṭṭhāna, 發趣論
2권, (51-2) Paṭṭhāna, 發趣論 3권

⑤ 붓다자얀띠판의 반응

붓다자얀띠 싱할리 번역에 대한 평가는 다양하다. 하지만 공통적인 지적사항은 번역에 사용된 언어가 고전 싱할리어라는 것과 번역이 모호한 경우 붓다고사Buddhaghosa의 주석에 의지하고 있다는 것이다.[21] 특히, 고전 싱할리를 사용하는 것은 붓다자얀띠가 번역서임에도 불구하고 일반인이 이해하기에 많은 어려움을 갖게 했다. 부분에 따라 다르겠지만 심한 경우에는 현대어를 사용하는 사람들의 70퍼센트 정도가 이해하기 어려운 부분도 많다고 한다. 사실 번역용어와 문체의 선정은 번역과정에서 편집위원회의 커다란 고민거리였다. 하지만 승려들로 구성된 편집위원회는 빠알리 삼장의 번역을 단순한 현대 싱할리어로 만들어내고 싶지 않았다. 이들은 일반 대중을 위한 현대어의 사용은 부처님 말씀의 권위를 떨어뜨리고 빠알리 삼장이 가지고 있는 진정한 정신을 희석한다고 생각했던 것이다. 결국 번역에 사용된 언어는 싱할리가 맞으나 약 12세기에서 17세기경에 사찰에서 사용하던

---

21 Asanga Tilakaratne(2000), p.42.

오래된 전통적 싱할리어이다. 따라서 붓다자얀띠판은 대중적인 이해보다는 종교적, 학문적인 용도로 사용하는 번역물이 되고 말았다. 이는 2,500주년 부처님 성년기념 빠알리 삼장의 번역이라는 대대적인 국가사업이 대중과 회통하지 못하고 상징적인 번역물로 전락하는 안타까운 결과를 낳은 것이다.

현재 붓다자얀띠판은 대부분 불교에 대해서 연구하는 자들이나 작가 그리고 논문을 쓰기 위한 학자들이 참고하고 있다. 그리고 같은 연구자라도 할지라도 영어를 사용하는 경우에는 PTS(Pali Text Society)의 활용에 더 치중하는 편이다. 물론 PTS본의 확인을 위해 붓다자얀띠 삼장 시리즈를 이용하는 경우도 많이 있다. 하지만 안타깝게도 붓다자얀띠 시리즈는 많은 사람들에게 전법의 용도로 활용되기보다는 도서관 전시용으로 이용되는 실정이다. 각각의 경전들은 대부분 승려들에게 보시하기 위한 보시품으로 인기 있으며, 대중으로부터 멀어진 붓다자얀띠판은 사람들로부터 비난받기 십상이었다. 물론 번역의 정확성을 확인하기 위해 학문적 연구자료로서도 많이 인용되고 있으나, 부분적으로 충분히 고려하여 제작된 번역이 아니기에 학문적 활용 역시 재고의 여지가 있다.

2) 미얀마의 역경 사례[22]

미얀마의 테라와다 불교는 오늘날의 미얀마(구 Burma)라는 나라가 세워지기 이전에 이미 미얀마 전역에 알려져 있었다. 특히 몬Mons족은 일찍이 인도문화의 영향을 받은 민족으로 테라와다 불자들이었다고

---

[22] 미얀마의 역경 사례는 정준영(2009-b), pp.204~245와 강종미(2006), pp.113~143을 중심으로 작성 및 재인용되었다.

예측할 수 있다. 현재의 몬족은 미얀마 몰레미안Moulmein 지역 일부와 태국에 소수로 남았지만, 예전에는 방대한 영역을 차지하고 있었다. 스리랑카 역사서에 따르면 아쇼까왕은 불교를 전파하기 위해 소나Soṇa 와 웃따라Uttara 장로를 '황금의 땅(Suvaṇṇabhūmi)'으로 보냈고,[23] 수완나부미는 몬족과 동일시되고 있다. 따라서 스리랑카와 마찬가지로 미얀마에도 아쇼까왕에 의해 불교가 전래되었다. 하지만 몬족은 모두가 불교로 전향하기보다 기존에 가지고 있던 힌두교 의례나 인도문화와 함께 불교를 소극적으로 받아들였다는 설도 있다.[24]

'제3차 결집' 이후에 미얀마의 불교 전개를 증명하는 고고학적 자료는 찾아보기 어렵다. 다만 기원후 3세기 나가르주나콘다Naagaarjunakoṇḍa 의 비문에 따르면 남인도의 왕이 비구상가를 통하여 불교를 전파한 나라들 중에 스리랑카와 더불어 치라따(Cilatas, Kiratas, Prome)라는 나라가 나오며, 역사가들은 이 나라를 미얀마 남부의 몬 주민들이 살던 곳이라고 보고 있다.[25] 남부 미얀마에는 또 다른 민족이 살고 있었는데 그들은 퓨Pyu족으로 오늘날 현대 미얀마와 밀접한 관계가 있다. 이들은 수도를 스리 세트라Sri Ksetra로 정하고 기원후 3세기 중엽 테라와다 불교를 수용하였다. 하지만 이들의 불교수용에 대한 역사적 증명은 쉽지 않다.

9세기 중반(849~850) 만달레이Mandalay 주변으로 농경사회가 발달되자, 미얀마 퓨족의 거주지인 이라와디 강 유역을 중심으로 빠간Pagan

---

[23] Wilhelm Geiger(1950), p.82.
[24] Heinz Bechert & Richard Gombrich ed(2002), p.147.
[25] Roger Bischoff(1995), p.10.

왕국이 생성된다. 빠간은 아나라타(Anawratha, Anuruddha)왕에 의해 완성된 미얀마 최초의 통일 왕국이다. 이 최초의 통일 왕국은 11세기에 신 아라한Shin Arahan이라는 몬족 출신의 비구를 통해 테라와다 불교를 수용한다. 아나라타Anawratha왕은 불교를 수용하고 신 아라한을 스승으로 모시고 사원을 건립하는 등 불교발전에 크게 이바지한다.[26]

이 시기에 있어 흥미로운 점은 미얀마의 새로운 왕과 스리랑카 왕 사이에 테라와다 불교가 교류된다는 것이다. 스리랑카는 촐라Chola의 반복적인 침략에 의해 반세기 이상 불교가 쇠퇴하게 되었다. 결국 주변국의 도움으로 촐라의 침략을 벗어나고, 위자야바후왕은 다시 왕국을 정비한다. 그는 무엇보다 먼저 불교상가의 정비를 시작하는데, 촐라를 물리치는 데 재정적인 지원을 해준 미얀마의 아나라타왕에게 스리랑카를 위해 청정한 구족계를 내려줄 수 있는 비구상가를 요청한다. 미얀마의 아나라타 왕은 삼장에 능통하고 청정한 삶을 사는 비구들을 스리랑카에 보내어 스리랑카 테라와다 불교의 정비를 돕는다.[27] 또한 스리랑카를 방문한 미얀마의 비구들은 싱할리 삼장을 가지고 돌아와 빠알리 삼장에 대한 연구를 시작한다. 결국 아나라타 왕은 미얀마뿐만 아니라 주변국으로부터 '위대한 불교의 승리자'라고 불리게 된다. 이처럼 아나라타 왕을 통하여 미얀마 테라와다 불교의 발전이 시작된다.

---

26 아나라타왕 이전에도 미얀마에는 불교가 있었다. 왜냐하면 아나라타왕의 즉위 94년 전에 세상을 떠난 Caw Rahan왕은 Sīma와 탑들을 건축하였고, 아나라타왕의 아버지(Kyaung Pyu Min)도 빠간 밖에 흰색의 사원을 지었기 때문이다.
27 Wilhelm Geiger(1996), p.214: 출라왕사에 따르면 미얀마를 라만냐Raamañña라고 부른다.

불교의 성장과 더불어 많은 불자들을 위한 번역작업이 필요하게 된다. 이 장에서 다루고자 하는 미얀마의 역경사례는 우누 수상을 중심으로 정부의 지원에 의해 진행된 '삐따까 빠알리 미얀마 번역(Pitaka Pāli Myanmar Translation)'에 대해서이다. 미얀마 역시 빠알리 경의 미얀마어 번역작업은 일부 사원을 중심으로 시작된다. 몇몇의 사원에서는 빠알리어를 모르는 불자들을 위해 대중적인 경전을 중심으로 미얀마어 번역을 시작한다. 이들 대부분은 『소부(小部, Khuddaka Nikāya)』의 일부로 불자들을 위해 훈계, 처세, 발원 등을 위한 포교 및 교육용으로 번역되었다. 그리고 불교가 발전함에 따라 재가불자들 역시 빠알리 삼장의 내용을 좀 더 깊게 이해하고 싶었다. 그 결과 모라미야 지역의 우쉐웨래라는 거부의 지원으로 새야묘 마하빤디따에 의해 1928년 빠알리 삼장이 최초로 미얀마어로 번역·출판된다. 이와 같은 결과를 접한 레디 사야도와 방갈라 사야도는 보다 전문적이고 체계적인 번역의 필요성을 느끼고 우누U Nu 수상과 함께 빠알리 삼장의 미얀마어 번역에 대해 논의한다. 그 결과 우누 수상은 빠알리 삼장의 미얀마어 번역에 대해 전국가적인 차원에서 진행할 것을 결정하고 1951년부터 그 작업을 시작한다.

①특별위원회의 설립
우누 수상은 1951년 미얀마 불교의 발전을 위해 '빠알리 삼장의 미얀마어 번역'과 붓다의 일대기를 다루는 '붓다왕사', 그리고 '빠알리어-미얀마어사전' 편찬 작업을 시작한다. 미얀마 종교성 장관인 우윈U Win은 정부의 결정에 따라, 빠알리어의 미얀마 번역을 준비하는 특별위원회(Special Association)를 결성한다. 교학과 수행을 겸비한 마하시 사야도

Mahasi Sayadaw를 고문으로, 우린(Dr. U Rin)을 회장으로 하는 특별위원 회는[28] 번역과 저술을 위한 전문가를 선정하기 위해 번역위원회와 선별협회를 구성하였다.

② 번역위원회의 설립

'빠알리 삼장의 미얀마어 번역', '붓다왕사', 그리고 '빠알리어-미얀마어 사전' 편찬을 위해 번역위원회(Pitaka Translation Association)가 만들어 졌다. 번역위원회는 이 작업들을 위해 아홉 가지의 규칙을 마련하였다. 이들은 빠알리 경의 직역에 가까운 번역, 미얀마인들 모두가 읽을 수 있는 번역, 필요에 따라 빠알리 문장형태를 유지, 내용의 이해를 돕기 위해 괄호를 활용, 주석을 이용하여 의미 풀이, 번역이 어려운 단어는 빠알리어 유지, 빠알리어에 대한 미얀마 번역어는 일치, 올바른 미얀마 경어 사용, 장별로 소제를 붙이는 것은 가급적 삼가는 내용이다. 번역위원회는 구체적인 번역절차를 마련하고 대중을 위한 미얀마어 번역을 위해 많은 노력을 기울였다.[29]

---

[28] 종교성 국장인 빠타마쵸 우 찌페를 부회장, 빠알리어 교수 및 교정책임자에 새야 냔, 종교성 특급임원인 우 바스웨를 서기관으로 임원을 선정했다.

[29] 강종미(2006), p.137f의 연구에 따르면 '뼤따까 미얀마어 번역협회'는 출가자인 우린 박사를 최고 편집자로 새야 냔, 우바미, 우 아웅모, 새야 옹을 우 옹쉐를 서기관으로 구성했다고 한다. 번역을 위해서는 우 보마웅, 우 소원, 우 마웅찌, 우 민땡잉, 우 묘민, 우 떤우, 우 항퉁, 우 옹폐, 우 떤민, 새야 띤, 우 땅모, 우 폐민, 우 떤쉐, 우 생잉마웅, 우 뇨미아, 우 윈, 우 퉁찌 등이 참여했고 교열작업은 새야 사인, 우 퉁아웅, 우 생잉, 우 찐마웅, 우 쵸툰, 우 에마웅, 우 상띤이 작업했다고 한다. 또한 교열 이후의 윤문을 위해서 출가자 6명, 재가자 9명이 함께 작업을 했다.

③ 번역 작업의 진행

번역위원회는 '빠알리 삼장의 미얀마어 번역'을 위해 가능한 빠알리어의 의미를 제대로 전달하고, 대중들이 읽을 수 있는 미얀마로 번역하며, 명백하고 간결한 용어를 선정하여 빠알리어를 모르는 미얀마 대중들이 쉽게 이해하는 데 목적을 두고 번역 작업을 진행했다. 특히 번역어의 선정에 있어 가능한 일반적인 용어로 품위 있는 문장을 구성하기 위해 노력했다. 번역과정에 참여한 많은 이들은 번역과정에서 나타난 문제점들에 대해 논의와 토론을 반복하였으며 적절한 미얀마 번역어를 선정하기 위해 59차례에 거쳐 번역어 선정 및 윤문작업을 진행했다. 뿐만 아니라, 이 과정을 거쳐 윤문된 번역서는 다시 출가자들로 하여금 교열과정을 통해 검열되었다.[30]

검열과정을 마친 번역물은 율장 5권, 경장 중 『디가니까야』 3권, 『맛지마니까야』 3권, 『상윳따니까야』 3권, 『앙굿따라니까야』 3권, 『쿳다까니까야』 일부 7권 그리고 논장의 일부가 5권으로 출판되었다. 결과적으로 총 29권으로 출판되었다.[31] 이들의 구성은 다음과 같다.

위나야 삐따까 Vinaya-Piṭaka, 律藏 (총 5권)

　(1) Pārājika 바라이, (2) Pācittiya 파일제 (3) Mahā-vagga, 大品

　(4) Cūḷavagga, 小品 (5) Parivāra, 附隨.

---

30 사실 스리랑카, 미얀마, 태국 등 테라와다 불교국가의 경전번역작업에 대해 기록은 찾아보기 어렵다. 본고를 통해 나타나는 설명은 대부분이 현지조사를 통해 관련자들과의 인터뷰 내용을 참조한 것이다.

31 빠알리 삼장이 모두 출판된 것은 아니며 출판된 순서는 괄호번호 (1)~(29)의 순서와 같다.

숫따 삐따까Sutta-Piṭaka, 經藏(총 19권)

(6) Dīgha-Nikāya, 長部 1권, (7) Dīgha-Nikāya, 長部 2권, (8) Dīgha-Nikāya, 長部 3권, (14) Majjhima-Nikāya, 中部 1권, (15) Majjhima-Nikāya, 中部 2권, (16) Majjhima-Nikāya, 中部 3권, (17) Samyutta-Nikāya, 相應部 1권, (18) Samyutta-Nikāya, 相應部 2권, (19) Samyutta-Nikāya, 相應部 3권, (20) Aṅguttara-Nikāya, 增支部 1권, (21) Aṅguttara-Nikāya, 增支部 2권, (22) Aṅguttara-Nikāya, 增支部 3권, (23) Khuddaka Pātha, 小誦經, Dhammapada, 法句經, Udāna, 感興語, Itivuttaka, 如是語, Suttanipāta, 經集, (24) Vimānavatthu, 天宮事, Petavatthu, 餓鬼事, (25) Theragāthā, 長老偈, Therīgāthā, 長老尼偈, (26) Apadāna, 譬喩經 1권, (27) Apadāna, 譬喩經 2권, (28) Paṭisambhidā Magga, 無碍解道, (29) Millindapanha, 彌蘭陀王問經. 그 밖에 소부에 속하는 Jātaka, 본생담本生談은 이전에 번역된 것이 있기에 다시 번역하지 않았으며 Mahā Niddesa, 대의석大義釋, Cūla Niddesa, 소의석小義釋, Nettippakaraṇa, 지도론指導論 역시 번역하지 않았다. 그리고 Peṭakopadesa, 삼장론三藏論은 경전의 활용도가 적어 번역이 진행되지 않았다고 한다.

아비담마 삐따까Abhidhamma-Piṭaka, 論藏(총 5권)

논장은 다음과 같은 다섯 권으로 출판되었다. (9) Dhammasaṇ-ganī, 法集論, (10) Vibhaṅga, 分別論, (11) Puggalapaññatti, 人施設論 (12) Kathāvatthu, 論事, (13) Kathāvatthu, 論事. 그 밖에 Dhātukathā, 界論, Yamaka, 雙論, Paṭṭhāna, 發趣論은

번역 자체만으로 이해하기가 어렵기에 번역하지 않았으며, 필요한 경우 스승의 가르침과 함께 설명되고 있다.

④ 결과와 반응

빠알리 삼장이 29권의 분량으로 6년 만에 완성될 수 있었다는 것은 대단한 성과이다. 이 과정을 위해서는 정부의 끊임없는 후원뿐만 아니라 다수의 참여자와 노력이 함께 있었기에 가능할 수 있었다. 물론 필요에 의해 번역하지 않은 부분이 있기에 빠알리 삼장의 완역이라고 보기에는 어려움이 있다. 뿐만 아니라 대중들이 느끼는 번역서에 대한 접근성과 평가에 대해서는 논의가 필요할 것이다. 그럼에도 불구하고 출가자 일부에게만 전해지던 붓다의 가르침이 빠알리어를 모르는 사람들에게도 전달될 수 있다는 것은 그 자체만으로도 유의미한 결과라고 볼 수 있다. 이와 같은 출판으로부터 20여 년이 지난 1980년, 미얀마는 다시 '미얀마 삼장 위원회(Burma Pitaka Association)'를 설립하여 빠알리 삼장의 영문번역작업을 시작하였다.[32] 이들은 29명으로 구성되어 있으며 미얀마어로 표기된 52권의 빠알리 삼장을 영문으로 번역하기 위해 노력 중에 있다.

3) 태국의 역경 사례[33]

태국은 아마도 왕으로 즉위하기 위해 불자라는 조건이 필요한 유일한 나라일 것이다.[34] 태국에 거주하던 원주민들 역시 몬족이다.[35] 스리랑카

---

32 http://web.ukonline.co.uk/buddhism/burmatip.htm(검색일자 2011년 1월 21일).
33 태국의 역경 사례는 정준영(2009-b), pp.204~245를 중심으로 작성 및 재인용되었다. 참고) Somparan Promta(2000), pp.1~32.

역사서에 따르면 아쇼까왕은 불교를 전파하기 위해 소나Soṇa와 웃따라 Uttara 장로를 '황금의 땅(Suvaṇṇabhūmi)'으로 보냈고, 이 나라는 몬족의 나라와 동일시되고 있다. 따라서 스리랑카나 미얀마와 마찬가지로 태국에도 3차 결집 이후에 아쇼까왕에 의해 불교가 전래되었다고 볼 수 있다.[36] 하지만 '수완나부미'가 어디인지에 대해서는 이견이 많다. 미얀마의 학자들은 타똔Thaton을 수도로 하는 미얀마라고 하고, 태국의 학자들은 나꼰 빠톰Nakon Pathom을 수도로 하는 태국이라고 말한다. 그리고 캄보디아와 라오스의 학자들은 또한 그들의 땅이라고 주장한다. 따라서 '수완나부미'의 정확한 경계에 대한 역사적인 논의는 의미가 없다고 볼 수 있다. 하지만 이 지역이 미얀마, 태국, 라오스, 캄보디아를 포함하는 남동아시아를 의미하는 것은 분명하다. 따라서 3차 결집 이후에 테라와다 불교가 이 지역에 전해진 것만은 사실이라고 볼 수 있다.

13세기가 되어 수코타이 왕조의 라마캄행Rāma Khamheng왕은 크메르로부터 벗어나 테라와다 불교를 왕국의 공식종교로 삼는다. 라마캄행왕은 스리랑카로 비구들을 보내어 구족계를 받게 하고 테라와다 불교를 연구하기 위해 유학승을 보낸다. 그리고 유학을 마치고 돌아온 비구들은 스리랑카의 불교교리뿐만 아니라 사리, 탑, 불상 등의 테라와다 불교문화를 함께 가지고 돌아온다. 결국 스리랑카의 불교와 문화는 태국 전체에 널리 알려지게 되었고 그 영향에 의해 불교건축물들이 만들어지기 시작했다. 또한 라마캄행왕의 손자인 루타이Lu Thai는

---

34 Karuna Kusalasaya(1965)

35 Jane Bunnag(2002)

36 Wilhelm Geiger(1950), p.82 ; Jane Bunnag(2002), p.4.

태국의 상가를 청정하고 강하게 만들기 위해 스리랑카로부터 교학에 뛰어난 명망 높은 비구들을 초청하여 승려교육을 장려한다.

아윳타야(Ayutthya, Ayudhya, 1350~1767) 왕조는 이러한 역사를 바탕으로 빠알리어에 대한 연구를 보다 활성화시킨다. 아윳타야는 태국 테라와다 불교의 중심으로 발전하게 된다. 특히, 나라야나Narayana왕의 통치시절에는 빠알리어를 태국어로 번역하는 능력에 대해 급수를 정하는 시험과 교육과정을 만들었다. 이를 통해 출가자들에게 빠알리어를 이해하고, 그 내용을 불자들에게 전달하는 역할이 얼마나 중요했는지를 짐작할 수 있다. 18세기가 되어 마하 담마라자(Maha Dhammarāja II)왕의 시대에는 아윳타야 왕조에서 꽃피운 테라와다의 향기가 스리랑카에 다시 전달된다. 이 시기에 스리랑카는 왕조의 분열과 서양의 침략으로 고초를 겪는다. 결국 1721년 스리랑카 내의 비구상가는 소멸한다. 이에 스리랑카의 끼르띠 스리Kīrti Srī왕은 아윳타야에 구족계를 요청하고 이에 대한 응답으로 1753년에 우빨리Upāli를 위시한 태국 승려들이 스리랑카에 도착하여, 스리랑카의 사미승들에게 구족계를 줌으로서 스리랑카의 비구상가는 다시 복원된다. 이때 만들어진 종단이 시암종(Siam-Nikāya)이다. 오늘날 스리랑카의 가장 큰 종단이 시암종임을 고려하면 태국불교가 스리랑카에 미친 영향은 막대하다.

이처럼 태국불교는 스리랑카와 함께 테라와다 불교의 맥을 이어가는 중요한 역할을 한다. 아윳타야 왕조는 1767년에 미얀마의 침략으로 멸망한다. 불교자료를 소장한 도서관과 사원들은 불에 타고 파괴되었으며 셀 수 없을 정도의 많은 불경과 자료들이 소멸되었다. 하지만 머지않아 탁신(Phya Tak Sin, 1734~1782)왕은 톤부리(Thonburi, 현재 방콕 주변)를 중심으로 태국왕조를 바로 다시 부흥시킨다. 그는 가능한

빨리 빠알리 삼장을 온전히 되찾고 싶었기에 태국불교의 경전과 불서들을 모으는 데 주력했다.[37]

랏따나꼬신Rattanakosin 시대는 아읏타야 왕조의 빠알리 연구방법을 바탕으로 빠알리 연구영역을 더욱 확장시켜 나아갔다. 이처럼 태국 왕실은 빠알리어의 보존과 연구를 국가의 중대사로 삼았다. 이러한 노력은 오늘날까지도 이어지고 있다. 라마 1세(Rama I, 1782~1809)는 빠알리 삼장을 온전히 모으기 위해 노력했다. 1788년 그는 230명의 비구들, 그리고 30명의 학자들과 함께 방콕의 마하다투사원(Wat Mahadhatu)에서 모아진 경전을 편집하기위한 첫 번째 회합을 연다. 이를 '삼장개정심의회(The Council edition of the Tipitaka)'라고 불렀으며 5개월이 소요되었다. 그 결과 패엽경 3,568묶음이 모아졌고, 경장 157권, 율장 40권, 논장 56권과 삿다위세사 35권으로 정리되었다. 그리고 라마 2세(Rama II, 1809~1824)는 빠알리 연구와 시험제도에 대해 9등급으로 나누어 시행할 것을 제안한다.[38]

라마 3세(Rama III, 1824~1851)는 빠알리어로 전달되는 붓다의 가르침을 태국어로 옮겨 기록하고 싶었다. 그리고 더 나아가 빠알리 삼장을 태국어로 전환하기 위해 노력했다. 하지만 그의 재임기간에 이 작업은 마무리하지 못한다. 라마 3세가 죽자 출가했던 형제인 몽쿳Mongkut은 환속하여 왕위에 오르게 된다.

라마 4세(Rāma IV, 1851~1868)인 몽쿳은 즉위하기 전, 27년간 비구의 삶을 살았다. 상가의 장단점을 알고 있었던 그는 계율을 중시하고

---

[37] H. Saddhatissa(1984)

[38] (1) Grade I~III: Pariandhamtri (Pariandham I), (2) Grade IV~VI: Pariandhamtho (Pariandham II), (3) Grade VII~IX: Pariandhamek(Pariandham III).

엄격하게 지키는 '담마윳띠까 니까야Dhammayuttika Nikāya'를 재구성하기 시작했다. 이러한 결과로 태국의 상가는 왕실의 지원과 더불어 엄격한 계율을 지키는 전통을 만들게 된다. 이러한 역사적 특징은 태국불교가 다른 테라와다 불교국가에 비해 계율을 엄격하게 지키는 전통을 만드는 계기가 되었다. 현재 태국에는 이 종파 외에도 스리랑카의 승려들에 의해 성립된 다수파인 마하니까야Mahā Nikāya가 있다. 또한 라마 4세는 붓다의 교리를 태국어로 설명하고 싶었다. 그는 출가자와 일부 지식인들에 의해 이해되었던 붓다의 가르침을 보다 넓은 영역으로 확장하고 싶었던 것이다.

라마 5세(Rāma V, 1868~1910)는 캄보디아 문자로 남아 있는 패엽경을 모아 태국어로 변환하는 작업을 했다. 그리고 변환된 자료는 1893년 전체 삼장을 구분하여 39권의 책으로 만들어졌다. 라마 3세가 바랬던 태국어판 빠알리 삼장의 작업이 100년이 지난 라마 5세에 의해 완성된 것이다.[39] 이때 만들어진 태국어판 빠알리 삼장은 현재까지 사용되며, 여러 편의 태국어판 빠알리 삼장으로 확대·출판하는 계기가 되었다. 또한 그는 1902년에 '상가법'을 발표하고 전국의 모든 사원들을 법왕(Sangharāja)의 감독 하에 두는 제도를 만들어 승려들의 태국 중앙집권적인 상가를 만든다. 하지만 이러한 시도는 상가의 보수화를 초래하였다.

라마 6세(Rama VI, 1910~1925)는 빠알리 연구와 시험제도에 대해 9등급을 3단계로 나누어 시행하였다.[40] 더 나아가 라마 7세(Rama VII,

---

39 비고) http://studies.worldtipitaka.org(검색일자: 2011년 1월 20일).

40 (1) Grade I (Nukdhamtri): 기존의 grade I~III 등급, (2) Grade II (Nukdhamtho): 기존의 grade IV~VI 등급, (3) Grade III (Nukdham-ek): 기존의 grade VII~IX 등급.

1925~1941)는 빠알리 연구와 시험제도에 대해 9등급으로 나누고 구두시험에서 필기시험으로 전환한다.[41] 필기시험으로는 『법구경』의 주석서를 빠알리어에서 태국어로 번역하는 등 주석문헌과 『청정도론』을 빠알리어에서 태국어로 번역하는 시험을 실시했다.[42] 빠알리어와 관련된 시험들은 전통적으로 매우 어려운 것으로 알려져 있다. 하지만 태국상가는 이 전통을 오늘날까지도 변함없이 고수하고 있다. 보통은 빠알리어 9등급의 교육과정을 이수하는 데 9년이 걸리는 것으로 기획하고 있으나 현실은 그렇지 못하다. 보통은 이 과정을 마치는 데 20년까지 걸리기도 한다. 이처럼 9등급의 빠알리 시험과정을 통과하기란 쉬운 일이 아니다. 1782년부터 2007년까지 225년간 9등급을 통과한 사람은 1,199명에 불과하다.[43]

또한 1930년 라마 7세는 라마 5세가 정리한 빠알리 삼장 39권을 스리랑카, 미얀마, 유럽, 캄보디아본 등과 비교하여 다시 율장 8권, 경장 25권, 논장 12권인 총45권으로 재정립한다. 이를 '시암판(Siam-Rath edition)' 빠알리 삼장이라고 부른다.[44] 이처럼 태국의 국왕들은 스스로 빠알리어 연구에 참여했을 뿐만 아니라, 시험제도에 개입하는 등 빠알리어 연구에 많은 관심을 기울였다. 이러한 과정에서 정부

---

41 이러한 빠알리어 시험제도는 태국뿐만 아니라, 스리랑카와 미얀마 역시 가지고 있다. 보다 자세한 내용은 대한불교 조계종 교육원(1997)을 통해 설명되고 있다.
42 Dr. Phramaha Somjin Sammapanno *Pali Studies in Thailand* Mahachulalong-kornrajvidyalaya University http://atbu.org/node/23 (검색일자 : 2011년 1월 25일).
43 비구 1195명, 여성출가자(태국은 비구니가 없음) 3명, 여성재가자 1명.
44 http://www.dhammathai.org/e/thailand/thaibuddhism.php (검색일자 : 2011년 1월 25일). *Buddhism in Thailand*

역시 빠알리어의 연구와 발전에 끊임없는 지원을 이어나갔다. 하지만 태국인들을 위한 빠알리 삼장의 태국어 번역에 대해서는 자료를 찾아보기 어렵다.[45]

태국은 테라와다 불교의 발전을 위해 최근 빠알리 삼장의 데이터베이스 작업을 완료하였다. 태국의 마히돌대학교(Mahidol University) 측정센터의 디지털삼장개발팀(Digital Tipitaka Development Team)은 1988년 5월 빠알리 삼장 45권을 컴퓨터에 입력함과 동시에 이를 검색할 수 있는 불교경전정보검색(BUDSIR: Buddhist Scriptures Information Retrieval) 프로그램을 완성했다. 이 프로그램은 빠알리 삼장에서 나타나는 어떠한 단어와 문장이든지 신속, 정확 그리고 포괄적으로 검색할 수 있다. 이는 세계 최초의 빠알리 삼장 디지털 간행이라고 볼 수 있다. 이와 같은 검색기능은 경전을 번역함에 있어 문제가 되고 있는 번역용어선정에 커다란 도움이 될 수 있다. 왜냐하면 그 단어의 사용용례들을 살펴봄으로써 경전전체에서 통일된 번역어를 사용할지, 구문에 따라 다른 번역어를 사용할지 결정하는 것이 가능해지기 때문이다. 또한 용어에 대한 색인 작업을 하는 데 있어서도 도움을 준다.

3년 후인 1991년에는 본 프로그램에 주석서 70권이 추가 입력되었고, 다시 3년 후인 1994년 8월에는 빠알리 삼장과 주석서를 CD롬에 담아 더욱 효과적인 검색프로그램으로 발전시켰다. 1996년에는 Windows 환경에서 구동되는 'BUDSIR IV for Windows'로 발전시켰다. 1997년에는 태국어 빠알리 삼장이 'BUDSIR/TT for Windows'라는 프로그램과 함께 새로운 검색엔진으로 등장하였고, 태국어와 로마나

---

45 빠알리어 태국어 번역과정의 문법적인 문제에 대해서는 Misuno Kiyoshi(1986), pp.81~89에서 다루고 있다.

이즈 검색만 가능했던 프로그램을 인도(Devanagari), 스리랑카(Sinhalese), 미얀마(Burmese), 캄보디아(Khmer), 라오스(Lao)의 언어로도 검색이 가능하도록 확장시켰다. 특히, 인터넷을 통해 빠알리-타이어 사전을 구축한 것도 의미 있는 성과이다.

현재 인터넷을 통한 불교경전정보검색에는 태국말로 번역된 삼장 45권, 태국어와 로마나이즈 빠알리 삼장 45권 그리고 태국어와 로마나이즈 빠알리 주석서 70권이 준비되어 있으며 현재 데와나가리Devanagari와 싱할리Sinhalese 빠알리 삼장과 주석서 등 테라와다 불교국가의 문자로 빠알리 삼장의 검색이 가능하다. 이 인터넷 사이트는 누구나 이름만으로 가입·이용이 가능하며 빠알리 삼장과 주석서 전체에서 필요한 용어의 검색이 가능하게 만들어 놓았다. 예를 들어, 믿음(信)이라는 의미를 지닌 빠알리어 'saddhā'를 검색하면 경율론 삼장에 몇 번 나타나는지 검색이 가능하며, 어느 경전의 어느 구절에서 나타나는지까지 볼 수 있다.

이 프로그램을 사용하여 'saddho'를 확인해보니 『앙굿따라니까야 Aṇguttara Nikāya』에서만 145번 나타나며, 이들 각각의 구문과 페이지 확인이 가능하고, 심지어 PTS(Pali Text Society) 경전의 몇 권의 몇 페이지에 있는지 연관검색도 가능하다. 이러한 효율성은 일반불자뿐만 아니라 출가자와 연구자들에게까지 많은 도움을 준다.[46] 이제 태국에서 만든 불교경전정보검색 프로그램을 통하여 태국불자들을 비롯한 세계의 불자들이 원하는 경전의 내용을 인터넷으로 검색하고 이해할 수 있는 시대가 되었다.

---

46 http://budsir.mahidol.ac.th(검색일자: 2011년 1월 25일), Mahidol University http://www.budsir.org/budsir-main.html (검색일자: 2011년 1월 25일)

이와 같은 세부적인 기능이 가능했던 배경을 살펴보면 다음과 같다. 디지털삼장개발팀은 빠알리 삼장 데이터를 두 번 입력하는 작업을 진행했다. 먼저 각각의 입력 작업을 진행하고 컴퓨터 프로그램을 통하여 두 개의 입력 본에 서로 오차가 있는지를 확인했다. 그리고 두 입력본이 완전하게 동일할 때까지 수정작업을 진행했다고 한다. 이러한 방법은 자료의 신뢰도를 높이는 데 공헌했다. 또한 이 작업을 위해서 80명의 경전입력자가 동원되었으며 하루에 평균 15페이지의 입력이 가능했다고 한다. 이 프로그램에 기록된 빠알리 삼장 태국번역서는 모두 160권으로 115권의 빠알리 경전과 45권의 빠알리 삼장 태국번역서로 구성되어 있다. 이들은 빠알리어와 태국번역서를 함께 보며 비교할 수 있도록 편리하게 구성되었다.

지금까지 빠알리 삼장의 성립과 발전 과정, 그리고 테라와다 불교국가인 스리랑카, 미얀마, 태국의 빠알리 삼장과 역경 과정에 대해서 살펴보았다. 먼저 스리랑카의 경우, 번역과정은 국가적인 행사로 진행되었다. 그리고 그 결과물인 붓다자얀띠 싱할리 번역에 대한 평가 역시 다양했다. 하지만 번역에 사용된 언어가 고전 싱할리어라는 것은 붓다자얀띠가 번역서임에도 불구하고 일반인이 이해하기에 많은 어려움을 갖게 했다. 결국 붓다자얀띠판은 대중적인 이해보다는 종교적, 학문적인 용도로 사용하는 번역물이 되고 말았다. 스리랑카의 경우, 불교의 권위를 세우고자 하는 생각이 대중과의 소통을 막은 것이라 해도 과언이 아닐 것이다. 33년에 걸쳐 진행된 부처님 성년기념 빠알리 삼장의 번역이라는 대대적인 국가사업이 대중과 회통하지 못하는 상징적인 번역물로 남은 것이다. 미얀마의 역경과정 역시 정부의 전폭적인 지원에 의해 진행되었다. 59권이 완역되는데 33년이 걸린 스리랑카와는 다르게 6년 만에 빠알리 삼장의 대부분을 29권으로 번역하였다. 물론 미얀마어 번역본에 대한 평가는 스리랑카의 붓다자얀띠판에 비하여 구체적으로 연구되지 않았다. 따라서 이 두 번역서를 객관적으로 비교하기에는 어려움이 따른다. 하지만 미얀마 번역은 빠알리 삼장의 완역이라고 보기 어렵다. 왜냐하면 스승의 가르침이 없이 이해할 수 없다고 판단한 경전이나 이전에 번역된 경전의 일부를 제외했기 때문이다. 그럼에도 불구하고 대부분의 삼장을 빠른 시간 내에 번역할 수 있다는 것은 번역에 참여한 구성원들의 조직력과 성실함을 엿볼 수 있는 배경이기도 하다.

    태국 역시 정부적인 차원에서 번역작업을 진행했다. 그리고 무엇보다도 눈에 띄는 작업은 빠알리 삼장의 전산화작업이다. 태국은 불교경전정보검색을 통해 일반인이든 전문가이든 누구든지 쉽게 원하는 경전의 내용을 찾아볼 수 있도록 만들었다. 이는 오늘날의 시대에 필요한 획기적인 작업이라고 볼 수 있다. 이처럼 스리랑카, 미얀마, 태국은 붓다의 가르침을 고스란히 간직하기 위해 오랜 시간을 노력해왔다. 그리고 그 결과를 대중에게 전달하기 위한 노력은 2,500여 년의 시간 동안 끊임없이 이어져 왔으며 지금 이 순간에도 진행되고 있다.

참고문헌

*PTS Pāli Texts의 약어는 Pāli English Dictionary(PED)의 약어(Abbreviation) 기준을 따랐다.

Abeynayake Oliver(2000), *"Sri Lanka's Contribution to Development of the Pali Canon" Buddhism for the New Millennium*. World Buddhist Foundation. London.
Bischoff Roger(1995), *Buddhism in Myanmar A Short History*. The Wheel Publication No. 339/401. BPS. Kandy.
Bunnag Jane(2002), *"The Way of the Monk and the Way of the World : Buddhism in Thailand, Laos and Cambodia." The World of Buddhism* Thames & Hudson, London.
Dasgupta Surendranath(1992), *A History of Indian Philosophy*. vol. I. Motilal Banarsidass Pub.
Geiger Wilhelm
1986 *The Mahavamsa The Great Chrolicle of Ceylon*. Ceylon Government Information Department. Colombo.
1996 *Cūḷavaṃsa* Motilal Banarsidass. Delhi.
Gombrich Richard F.
1984 *The World of Buddhism*.
1988 *Theravada Buddhism* Routledge & Kegan Paul. London and New York.
Gombrich Richarded & Bechert Heinz(2002), *The World of Buddhism* Thames & Hudson, London.
Kiyoshi Misuno(1986), *"The Translation of Pali into Thai and its Influence on Thai" Studies in Language and Culture* 4. Tokyo University of Foreign Studies.
Kusalasaya Karuna(1965), *Buddhism in Thailand—Its Past and Its Present*. BPS. Kandy.
Malalasekera. G. P(1997), *Dictionary of Pali Proper Names*. London, Pali Text Society. II.
Nakamura Hajime(1996), *Indian Buddhism*. Motilal Banarsidass Pub.
Oldenberg Hermann(2001), *The Dipavamsa* Asian Educational Services. New Delhi.

Promta Somparan(2000), *"Buddhist Studies in Thailand"* The State of Buddhist Studies in the World 1972~1997. Chulalongkom University pub.

Rahula Walpola(1982), *One Vehicle for Peace* Baudha Marga Organ of the World Fellowship of Buddhists Sri Lanka Regional Centre, Vesak annual, Vol. V, Colombo.

Saddhatissa. H. (1984), *The Advent of Pali Literature in Thailand* Vidyodaya, Vol.12, Colombo.

Tilakaratne Asanga(2000), *"Buddhist Studies in Sri Lanka"* The State of Buddhist Studies in the World. Center for Buddhist Studies Chulalongkorn University.

가산불교문화연구원,『세계 승가공동체의 교학체계와 수행체계』, "열린 세계에 있어서 세계 승가공동체의 현황과 전망" 학술회의 자료집, 1997.

강종미,「미얀마의 경전 번역 실태」,『세계 각국의 경전번역 실태 및 체계에 관한 연구』, 경전연구소 발표회 자료집, 2006.

D.J 칼루파하나 지음, 김종욱 옮김,『불교철학사-연속과 불연속』, 시공사, 1996.

권오민,『인도철학과 불교』, 민족사, 2004.

마성,「동남아 상좌불교의 역사와 현황」,『불교평론』33호, 2007.

보리수선원,「우실라난다 사야도 아비담마 초청강연」자료집 보리수선원, 2004.

이호근 역,『인도불교의 역사』, 히라가와아끼라 지음, 민족사, 1999.

정준영,「빠알리 삼장의 스리랑카어 번역에 대한 연구」,『인도철학』 27집, 2009-a.

_____,「테라와다 불교의 발생과 흐름」,『한국불교학』55집, 2009-b.

웹사이트

http://www.ripl.or.kr (검색일자: 2011년 1월 21일)

http://www.tipitaka.org (검색일자: 2011년 1월 21일)

http://web.ukonline.co.uk/buddhism/burmatip.htm (검색일자: 2011년 1월 21일)

http://atbu.org/node/23 (검색일자: 2011년 1월 25일)

http://www.dhammathai.org/e/thailand/thaibuddhism.php (검색일자: 2011년 1월 25일)

http://budsir.mahidol.ac.th (검색일자: 2011년 1월 25일)

http://www.budsir.org/budsir-main.html (검색일자: 2011년 1월 25일)

http://studies.worldtipitaka.org (검색일자: 2011년 1월 20일)

역경학 개론 _ 3

중앙아시아 출토
산스크리트 불교문헌

― 타림분지를 중심으로 ―

정진일(독일 괫팅겐학술원 산스크리트불교사전편찬소 연구원)

1. 불교사적 배경

1) 지리적 여건

아시아 대륙의 내부 카스피 해 동부 연안과 중국 서북단 사이의 광대한 지역을 지칭하는 중앙아시아는 투르크족이 주류를 이루는 것과 관련지어 투르키스탄이라고도 불린다. 이 경우 파미르고원을 경계로 서부는 서투르키스탄, 그리고 동부는 동투르키스탄으로 이분된다. 전자는 러시아 이남의 소위 '스탄국'들이 위치하는 지역이며, 구 소비에트 연방에 소속되었던 이유로 소련령 중앙아시아라고 불리기도 하였다. 후자는 대략 현 중국 신강新疆 위구르 자치구에 해당되며, 중국령 중앙아시아라고도 일컬어진다. 역사적으로는 북쪽의 천산天山과 남쪽의 곤륜崑崙의 양대 산맥으로 둘려진 타림분지가 중심을 이루며, 통상이 지역이 동투르키스탄이라고 불린다. 서역西域이라고 하는 전통적인 개념은 넓은 의미로는 중화中華 이서以西의 전역을 포괄하는 범칭이나, 좁은 의미로는 바로 이 타림분지 일대를 의미한다.

그림 1 중앙아시아

동투르키스탄은 일찍부터 중국 서북단의 돈황敦煌 부근을 기점으로 천산산맥과 곤륜산맥의 산록을 따라 동서로 횡단하는 세 갈래의 대상교역로隊商交易路, 즉 천산북로天山北路와 천산남로天山南路의 남북양도 南北兩道를 통하여 동서제국과 연결되었던 것으로 추측된다. 그중에 특히 타림분지의 대부분을 차지하는 타클라마칸 사막을 사이에 두고 동단東端의 돈황과 서단西端의 카슈가르(疏勒)를 기점으로 천산산맥의 남록南麓과 곤륜산맥의 북록北麓을 따라 오아시스 도시들을 동서로 연결하는 천산남로의 남북양도는 동서 문화교류에 중요한 역할을 한 것으로 여겨진다. 독일의 지리학자 리히트호펜(Ferdinand von Richthofen, 1833~1905)은 1877에 그의 역작 『중국』을[1] 출판하였고,

이를 토대로 하여 동년 유월의 베를린 지리학회에서 「기원 2세기까지의 중앙아시아의 비단길들에 관하여」라는 주제로 강연하면서, 당시 아직 윤곽이 확실하지 않았던 남북양도를 포함한 중국과 서방제국을 연결하는 고대의 교역로선망을 주된 교역품이었던 비단을 들어 Seidenstra-ßen('비단길'의 복수형)이라고 칭하였다.[2] 이를 계기로 널리 실크로드 Silk Road 또는 실크루트Silk Route라고 알려진 이들 대상교역로는 오늘날 중국인들도 사주지로(絲綢之路, sīchóu zhī lù) 또는 간략히 사로(絲路, sīlù)라고 부른다.

천산남로의 남북양도는 타림분지 일대, 즉 좁은 의미의 서역을 동서로 횡단한다고 하여 서역남도(또는 南路)와 북도(또는 北路)라고도 일컬어진다. 현재의 경우 서역양도西域兩道와 실크로드Silk Rord는 유사어처럼 쓰이는 경우가 많으며, 남도를 남부 실크로드(Southern Silk Rord) 그리고 북도를 북부 실크로드(Northern Silk Road)라고 부르는 경우도 종종 있다. 동시에 서역양도가 통과하는 타림분지 일대는 인도문화와 중국문화의 절충지대였다. 인도문화는 불교에 의해 전파되었고, 중국문화는 교역交易과 정치적 개입으로 인해 도입되었다. 그러한 의미에서 이 일대는 헝가리 출신의 중앙아시아 탐험가 스타인(Marc A. Stein, 1862~1943) 이후 세린디아Serindia라고도 일컬어진다.[3] 서역북

---

1 F. von Richthofen, *China: Ergebnisse eigener Reisen und darauf gegründeter Studien*, 5 vols., Berlin (Dietrich Reimer), 1877.
2 F. von Richthofen, *Über die centralasiatischen Seidenstrassen bis zum 2. Jahrhundert n. Chr,* Verhandlungen der Gesellschaft für Erdkunde zu Berlin IV (Jan. - Dec. 1877), Berlin (Dietrich Reimer), pp.96~122.
3 M. A. Stein, *Serindia: Detailed Report of Explorations in Central Asia and Westernmost China*, Oxford (Clarendon Press), 1921, vol. 1, p.viii 참조.

도는 천산남록을 따라 툼슉(圖木舒克), 쿠차(龜玆/屈支), 카라샤르(焉耆/阿耆尼), 투르판(吐魯番) 등의 오아시스 도시들을 연결하였고, 서역남도는 곤륜북록을 따라 호탄(于闐/和闐), 니야尼雅, 미란米蘭 등의 오아시스 도시들을 연결한 것으로 보인다. 이들 오아시스 도시들 가운데 특히 서역남도의 호탄과 북도의 쿠차, 그리고 투르판 등이 불교의 대표적인 중심지였던 것으로 추정된다.

2) 불교의 전래

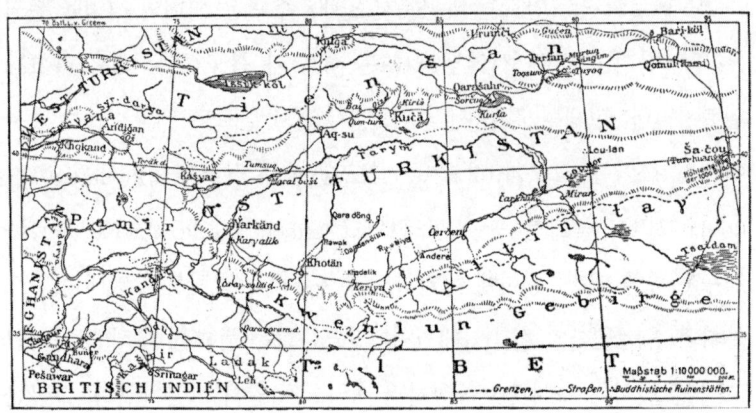

그림 2 동투르키스탄

서역에 있어서의 동서 문화교류의 과정을 연구하는 데 있어서 중요한 점은 무엇보다도 불교의 동점東漸이라고 볼 수 있다. 주지하는 바와 같이 불교는 인도에서 직접 중국에 전해진 것이 아니라, 인더스 강의 상류지역으로부터 북서쪽으로 확산되어 서투르키스탄의 남부를 지나 타림분지 주변의 오아시스 도시들을 경유하여 하서회랑河西回廊을 통하여 낙양洛陽에 전해졌다고 여겨진다. 그러나 구체적으로 어떤 형태의 불교가 언제 누구에 의해서 어떤 경로를 통하여 타림분지의 각 지역에 전해졌는지는 알기 어렵다.

쿠샤나 왕조(1~3세기)는 그 전성기(1세기 후반~2세기)에 동으로는 동투르키스탄, 남으로는 북인도 갠지스 강 유역에 이르기까지 불교 동점東漸 루트의 거의 전역을 지배하였으며, 중국 및 서방제국 사이의 통상교역과 문물교류도 활발하였다. 대략 이 시대의 여명기에, 그리고 늦어도 낙양에 불교가 전래된 것으로 추정되는 1세기 중엽[4] 이전에 인도의 북서지방으로부터 실크로드라고 일컬어지는 대상로를 따라 상인들, 또는 그들을 동반한 승려들에 의해 전래되었을 것이라고 추측될 뿐이다.

후대의 서역구법승西域求法僧들이 전하는 바를 종합하면 서역에 소승과 대승이 병존하였으나, 남도에는 호탄을 중심으로 대승불교가 주류를 이루고, 북도의 쿠차 주변에는 소승불교가 주류를 이룬 것으로 보인다. 투르판의 경우 대승불교를 중심으로 번창하였으며, 한인문화 漢人文化의 영향이 적지 않았던 것으로 보인다. 이는 과연 19세기 말에서 20세기 초에 걸쳐 각국의 동투르키스탄 조사단에 의해 발굴된 불교전적의 분포도와 대략 상응한다고 볼 수 있다. 호탄의 경우 출토전적의 대부분이 대승경전이고 소승경전은 극히 일부에 불과하다.[5] 북도의

---

[4] E. Zürcher, *The Buddhist Conquest of China: The Spread and Adaptation of Buddhism in Early Medieval China*, Leiden (E. J. Brill), 1959 (Sinica Leidensia 11), pp. 28f 참조.

[5] K. Wille, *Buddhist Sanskrit Sources from Khotan*, Buddhist Manuscripts from Central Asia: The British Library Sanskrit Fragments, ed. S. Karashima, K. Wille, vol. II, Tōkyō (International Research Institute for Advanced Buddhology, Sōka University), 2009, pp. 31~33.

쿠차, 투르판의 경우 산스크리트 출토전적에 관하는 한 소승경전이 대부분이고 대승경전은 그다지 많지 않다.[6]

3) 서역구법승과 역경사

서역제국西域諸國이 불교의 동점에 기여한 흔적은 그 지역 출신인 또는 그 지역 출신의 후손인 초기 역경사譯經師들의 성姓을 통해서도 엿볼 수 있다. 즉 월지(月支, 쿠샤나)의 지씨支氏, 안식(安息, 파르티아)의 안씨安氏, 강거(康居, 소그디아)의 강씨康氏, 구자龜玆/굴지(屈支, 쿠차)의 백씨白氏 또는 백씨帛氏 등을 들 수 있다(龜玆의 경우를 제외하고는 민족명[ethnicon]).[7] 주목할 점은 초기 역경사들의 대부분이 중앙아시아 서부 출신 또는 그 후예들이라고 하는 점이다. 그중 대표적인 역경사로 후한(後漢, 147~220)의 안세고安世高와 지루가참(支婁迦讖, Lokakṣema) 그리고 삼국시대三國時代 오(吳, 220~280)의 지겸支謙 등을 들 수 있다.[8] 그들이 번역에 사용한 원전은 프라끄리뜨였을 것으로 추정될 뿐 지금까지 알려진 필사본 잔엽 중에는 아직 발견되지 않았다. 구역시대舊譯時代

---

6 K. Wille, *Sanskrithandschriften aus den Turfanfunden*, vol. VIII, Stuttgart, 2000 (Verzeichnis der orientalischen Handschriften in Deutschland X,8), pp.224f.

7 E. Zürcher, *The Buddhist Conquest of China: The Spread and Adaptation of Buddhism in Early Medieval China*, Leiden (E. J. Brill), 1959 (Sinica Leidensia 11), pp.23f 참조.

8 後漢時代와 三國時代의 西域 출신의 역경사와 그들의 번역서에 관해서는 J. Nattier, *A Guide to the Earliest Chinese Buddhist Translations: Texts from the Eastern Han and Three Kingdoms Periods*, Tōkyō (International Research Institute for Advanced Buddhology, Sōka University), 2008 (Bibliotheca Philologica et Philosophica Buddhica 10) 참조.

를 대표하는 후진(後秦, 384~417)의 구마라집鳩摩羅什이 쿠차의 후예라고 전해짐은 주지하는 바와 같다.

인도의 원전을 한문으로 번역한 서역 출신의 초기 역경사들이 많이 알려져 있는 반면, 서역의 언어로부터 번역된 한역경전은 없는 듯하다. 산스크리트와 토카라어 또는 산스크리트와 구 터어키어(위그르어)를 병행한 소위 바이링궐 문헌들과 한역으로부터 발췌 번역된 소그드어 또는 구 터어키어 전적들이 존재하나, 한역으로부터 발췌 번역된 문헌의 경우 6세기 이전의 것은 알려지지 않고 대부분이 8세기 이후의 것이며, 카슈가르 이서以西의 중앙아시아 서부에서는 거의 발견되지 않았다.[9] 이는 서역을 통해서 전해진 중국의 불교가 역으로 당조(唐朝, 618~907) 이후 서역에 그 영향권을 확산시키기 시작했음을 시사한다.

산스크리트와 토카라어 또는 산스크리트와 구 터어키어를 병행한 바이링궐 문헌들은 서역북도西域北道의 쿠차와 투르판 주변에서 발견되었다. 투르판 주변의 토카라어(토카라 A)는 동토카라어 또는 아그니(阿耆尼)어라고 일컬어지며, 쿠차 주변의 토카라어(토카라 B)는 서토카라어 또는 쿠차어라고도 불린다.[10] 양자 모두 인도유럽어 계통의 언어이다. 8세기 초의 저작으로 추정되는 이란어 계통의 호탄어로 쓰여진 불교 시詩 선집인 소위 『잠바스타의 서書』에[11] 엿보이는 바에 의하면,

---

9 소그드어와 구 터어키어 사본 잔엽들의 정리현황에 관해서는 D. A. Utz, *A Survey of Buddhist Sogdian Studies*, Tōkyō, 1978(Bibliographia Philologica Buddhica, Series Minor 3); J. Elverskog, Uygur Buddhist Literature, Turnhout(Brepols Publishers), 1997(Silk Road Studies 1) 참조.

10 토카라어 사본잔엽 일반에 관해서는 M. Mahlzahn (ed.), *Instrumenta Tocharica*, Heidelberg (Universitätsverlag Winter), 2007 참조.

11 *The Book of Zambasta: A Khotanese Poem on Buddhism*, ed. and transl. by

서역남도의 호탄의 경우 자국어인 호탄어로 번역하기보다 인도원전을 사용하는 것을 선호한 듯하다.[12]

5세기 이후의 서역의 불교의 양상을 전하는 중요한 자료로 입축구법승入竺求法僧들의 구법여행기, 그중에 특히 5세기 초의 『고승법현전高僧法顯傳』(大正藏 2085)과 6세기 초의 『북위승혜생사서역기北魏僧惠生使西域記』(惠生, 大正藏 2086), 그리고 7세기 중엽의 『대당서역기大唐西域記』(大正藏 2087)를 들 수 있다.

2. 전적 출토의 발단

법현法顯, 현장玄奘과 같은 입축구법승들이 목격한 서역의 불교는 11세기의 30년대 중엽에 탕구트족이 세운 서하西夏가 돈황 일대를 점령하자 이를 전후로 해서 불교소의전적들도 자취를 감추었다. 그러던 중 1890년에 한 스코틀랜드 출신 상인의 살해범을 추적하던 영국인 장교 바우어(Hamilton Bower, 1858~1940)에 의해 자작나무(白樺樹) 껍질에 브라흐미Brāhmī 문자로 쓰인 여러 전적들, 곧 의학전적 및 다라니, 그리고 독사에 물리는 것 등을 피하기 위한 주문(Mahāmāyūrī vidyārājñī, 孔雀明王呪) 등에 관한 전적 등을 포함하는 50여 엽葉의 산스크리트 사본이 발견되었고, 이 사본들은 쿠차에서 그 지역의 한 학자로부터 구입되었

R. E. Emmerick, London (Oxford University Press), 1968.

12 대영도서관에 보존된 호탄어 사본잔엽에 관해서는 P. O. Skjærvø with Contributions by U. Sims-Williams, *Khotanese Manuscripts from Chinese Turkestan in the British Library: A Complete Catalogue with Texts and Translations*, London (British Library), 2002 참조.

다. 구입된 사본은 곧 벵갈아시아학회(Asiatic Society of Bengal)에 보내져 당시 인도 캘커타 마드라사(現 Aliah University)의 교장이자 저명한 인도학자였던 회른레(A. F. Rudolph Hoernle, 1841~1918)에 의해 정리 발표되었다.[13]

소위 바우어 사본(Bower Manuscript)이 구입된 지 2년 후인 1892년, 자작나무 껍질에 카로슈티Kharoṣṭhī 문자로 쓰인 프라끄리뜨 법구경 (Dhammapada)의 두루마리 사본이 호탄에서 발견되어, 일부는 프랑스의 지리학자 뒤트레이 드랑(Jules L. Dutreuil de Rhins, 1846~1894)이 구입하는 한편, 일부는 러시아의 카슈가르영사 페트로브스키(Nikolaj F. Petrovskij, 1837~1908)가 구입하였다.

페트로브스키가 구입한 부분은 1897년 페터스부룩의 불교전공의 동양학자 올덴부룩(Sergej F. Oldenburg, 1863~1934)에 의해 그 일부가[14] 소개되고, 뒤트레이 드랑이 구입한 부분은 그를 동반하던 그레나르 (Fernand Grenard, 1866~?)가 파리에 가져와 이듬해에 인도학자 세나 (Émil Senart, 1847~1928)에 의해 정리 발표되었다.[15]

호탄 출토의 법구경 사본은 브라프(John Brough, 1917~1984)가 잠정

---

[13] *The Bower Manuscript:* Facsimile Leaves, Nagari Transcript, Romanised Transliteration and English Translation with Notes, ed. R. Hoernle, 3 vols., Calcutta, 1893~1912 (Archaeological Survey of India, New Imperial Series 22) [repr. 1983].

[14] S. F. Oldenburg, *Predvaritel'naja zametka o buddijskoj rukopisi*, napisannoj pis'menami kharoṣṭhī, St. Petersburg (Oriental Faculty of the University of St. Petersburg), 1897.

[15] É. Senart, *Le manuscrit kharoṣṭhī du Dhammapada: le fragments Dutreuil de Rhins*, Journal Asiatique 9.12 (1898), pp.193~308.

적으로 추정한 바와 같이[16] 실제로 기원 2세기경까지 거슬러 올라가는 것인지는 확실하지 않으나, 당시 회른레에 의해 고문서학(palaeography)적 관점에서 4~5세기경의 것으로 여겨지던[17] 바우어 사본보다는 훨씬 오래된 것으로 여겨지며, 현존하는 인도문헌 중 가장 오래된 층에 속하는 것으로 보는 것이 일반적인 견해인 듯하다. 전자(호탄에서 출토된 법구경)에 사용된 좌향우횡서左向右橫書의 카로슈티 문자로 쓰여진 프라끄리뜨는 인도아대륙 북서부 현 파키스탄 북부의 페샤와르 부근에 해당되는 간다라 지방에 산재하는 비문에 보이는 중기인도어와 유사하다고 하여 영국의 인도이란어 학자 베일리(Sir Harold W. Bailey, 1899~1996)[18]이후 간다리Gāndhārī라고 불려진다. 전체의 2/3 정도의 간다리 법구경(Gāndhārī Dharmapada) 사본의[19] 발견과 현재 영국 옥스포드대학의 보들리언 도서관(Bodleian Library)에 보존되어 있는[20] 바우

---

16 J. Brough, *The Gāndhārī Dharmapada,* London (Oxford University Press), 1962 (London Oriental Series 7), pp.55f. 참조.

17 오늘날에는 대략 6세기 전반의 것으로 여겨진다. 바우어 사본의 연대측정에 관해서는 L. Sander, *Origin and Date of the Bower Manuscript: A New Approach,* Investigating Indian Art: Proceedings of a Symposium on the Development of Early Buddhist and Hindu Iconography, held at the Museum of Indian Art Berlin in May 1986, ed. M. Yaldiz, W. Lobo, Berlin, 1987 (Veröffentlichungen des Museums für Indische Kunst Berlin 8), pp.313~323 참조.

18 H. W. Bailey, *Gāndhārī,* Bulletin of the School of Oriental and African Studies 11 (1946), pp.764f 참조.

19 이 사본은 1962년 브라프에 의해 상세한 연구와 사본의 영인본과 함께 통합 출판되었다. J. Brough, *The Gāndhārī Dharmapada,* London (Oxford University Press), 1962 (London Oriental Series 7).

20 *Catalogue of Sanskrit manuscripts in the Bodleian Library, begun by M. Winternitz, continued and completed by A.B. Keith,* Oxford (Clarendon Press), 1905 - ,

어 사본의 발견은 각국의 본격적인 전적수집의 직접적인 발단이 되었다. 그리고 이 두 사본의 발견은 1897년 9월 파리에서, 그리고 1899년 10월 로마에서 열린 제11회와 제12회 국제동양학회(International Congress of Orientalists)를 전후로 해서 세계 학계에 서역에서 사라진 종교문화의 유적과 문화교류의 경로에 대한 관심을 고조시키는 한 요인이 되었다.

3. 전적수집 및 연구

1) 조사단의 파견

1890년대 초의 우연한 산스크리트 사본 발견 및 제12회 국제동양학회에서의 러시아의 라들로프(Vasilij V. Radlov, 1837~1918)와 올덴부룩에 의한 클레멘츠(Dimitri A. Klementz, 1848~1914) 조사단의 서역북도 발굴조사(1898)의 성과보고 등에 자극받은 세계 각국은 속속 다음과 같은 조사단을 파견하였다.

- 러시아: 코즐로프(Pyotr K. Kozlov, 1863~1935) 조사단[1907~1909], 올덴부룩 조사단[1909~1910, 1914~1915]
- 영국: 스타인 조사단[1900~1901, 1906~1908, 1913~1916]
- 그륀베델(Albert Grünwedel, 1856~1935) 조사단[1902~1903, 1905~1907]

  폰 러콕 (Albert von Le Coq, 1860~1930) 조사단[1904~1905, 1913~1914]

---

vol. II, pp.110f 참조.

- 오타니(大谷光瑞, 1876~1948) 조사단〔1902~1904, 1908~1909, 1910~1914〕
- 펠리오 조사단〔1906~1908〕

상기의 조사단 및 그 외 각 조사단의 참가인원, 경로, 발굴지역 및 성과, 그리고 출토전적의 현 소장지 등등은 '국제둔황프로젝트: 온라인 실크로드'[21]의 컬렉션 항에도 그 대략이 기술되어 있다. 그중에 특히 영국, 독일 그리고 프랑스 조사단이 가져와 현재 대영(영국)도서관(British Library), 베를린 국립도서관(Staatsbibliothek zu Berlin) 그리고 프랑스 국립도서관(Bibliothèque Natinale de France)에 소장되어 있는 산스크리트 문헌들이 주요 부분을 차지한다.

2) 수집전적의 연구

불교학의 역사를 돌이켜볼 경우 19세기 말에서 20세기 초에 러시아의 조사단을 선두로 영국, 독일, 프랑스, 일본 등에 의한 조사단이 동투르키탄 일대에서 가져온 자료들을 제외하면 오늘날 전혀 다른 양상을 보이고 있을 것임이 분명하다. 조사단을 통하여 각국에 보내진 수많은 문자 및 언어로 쓰여진 문헌들은 마니교 원전, 소그드어로 쓰인 네스토리아교 문헌 등등에 이르기까지 다양한 종교와 문화의 전적을 포함한다. 그중 산스크리트 불교문헌들은 곧 페터스부륵, 런던, 베를린, 파리 등에 각각 보존되어 즉각 전문가에 의한 목록작성 및 연구가 개시되었다. 현재 러시아학술원 동양사본연구소(Institute of Oriental Manuscripts of the Russian Academy of Sciences), 대영도서관, 베를린

---

21 The British Library (London), *The International Dunhuang Project: The Silk Road Online*, http://idp.bl.uk 〔한국어 http://idp.korea.ac.kr〕.

국립도서관, 프랑스 국립도서관 등에 보관된 이들 전적들은 심하게 훼손된 사본단편斷片들이 대부분이다. 그나마 여러 나라가 같은 지역에서 구입 내지는 발굴작업을 진행하였다는 이유로 같은 사본 중의 동일문헌이 각기 다른 나라에 분산 보관되어 있는 경우도 적지 않으나 그러한 난관에도 불구하고 학자들의 노력을 통하여 담긴 내용들이 차츰 그 모습을 드러내기 시작하였다.

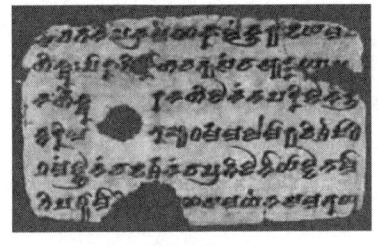 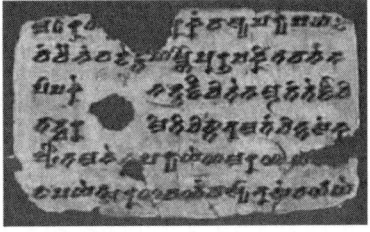

〔전면: 바라이법波羅夷法 3〕   〔후면: 바라이법 3-4〕

그림 3 비구바라제목차계본比丘波羅提木叉戒本

벌써 1904년 독일의 인도학자 피셸(Richard Pischel, 1849~1908)은 베를린에 소장된 그륀베델(Albert Grünwedel, 1856~1935)을 대표로 하는 제1차 조사단이 투르판 오아시스의 코초(高昌)에서 가져온 사본군 중에 스무 조각의 잡아함경 목판인쇄본 종이단편들을 발견하여 발표하였다.[22] 그에 의해 발표된 단편들이 프랑스의 레비(Sylvain Lévi, 1863~1935)에 의해 한역 잡아함경 중의 불어품佛語品의 일부와 일치함이 구체적으로 판명되었다.[23] 1911년과 1913년에 프랑스의 동남아시아

---

22 R. Pischel, *Bruchstücke des Sanskritkanons der Buddhisten aus Idykutšari, ChinesischTurkestān*, Sitzungsberichte der preuβischen Akademie der Wissenschaften zu Berlin 1904, pp.807~827.

전공의 고고학자 피노(Louis Finot 1864~1935)는 중문학자 펠리오(Paul Pelliot, 1878~1945)를 대표로 하는 프랑스 조사단이 쿠차 부근의 키질에서 가져온 사본단편들 가운데 『십송율十誦律』 계통의 율장 단편들과 『비구바라제목차계본比丘波羅提木叉戒本』을 정리 발표하였다.[24] 벨기에 출신의 불교학자 들라 발레 푸상(Louis de La Vallée Poussin, 1869~1938)은 영국의 스타인을 대표로 하는 제2차 조사단이 돈황 천불동千佛洞에서 가져온 사본단편들 가운데 『성유경城喩經(Nagaropama-sūtra)』을 정리 발표하였고,[25] 호탄 부근의 카달릭에서 가져온 사본단편들 가운데 설일체유부와 약간 계통이 다른 잡아함 잔엽들을 정리 발표하

---

23 S. Lévi, *Le Saṃyuktāgama Sanscrit et les Feuillets Grünwedel*, T'oung Pao, sér. 2, vol. 5 (1904), pp.297~309. 北海道大學의 호소다(細田典明)씨에 의해 1989~1991사이에 세 차례에 걸쳐 한역과 대조하여 복원 출판되었다.(「梵文雜阿含経仏所說品外道相応 I」, 藤田宏達博士還曆記念論集: インド哲學と仏教, 京都 (平樂寺書店), 1989. pp.185~206;「梵文雜阿含経仏所說品外道相応 II」, 印度哲學仏教學 4 (1989), pp.140~153;「梵文雜阿含経仏所說品外道相応 III」, 前揭誌 6 (1991), pp.172~191)

24 L. Finot, *Fragments du Vinaya Sanskrit*, Journal Asiatique, 10ème série, tome 18 (1911), pp.619~625; 같은 저자, *Le Prātimokṣasūtra des Sarvāstivādins*, texte Sanskrit par L. Finot, avec la version chinoise de Kumārajīva traduite en français par É. Huber, Journal Asiatique, 11ème série, tome 2 (1913), pp.465~558.

25 L. de La Vallée Poussin, *Documents sanscrits de la seconde Collection M. A. Stein*, Journal of the Royal Asiatic Society of Great Britain and Ireland 1911, pp.1063~1079. 그 전반부가 잡아함 제287경에 해당되는 이 경은 1996년 파리, 런던, 베를린, 페터스부륵의 사본들을 종합하여 본가르드-레빈 등에 의해 편집되었다. G. Bongard-Levin 外, *The Nagaropamasūtra: An Apotropaic Text from the Saṃyuktāgama*, SanskritTexte aus dem buddhistischen Kanon: Neuentdeckungen und Neueditionen, III, ed. H. Bechert, Göttingen, 1996 (Sanskrit-Wörterbuch der buddhistischen Texte aus den Turfan-Funden, Beiheft 6), pp.7~131.

였다.[26] 회른레는 바우어 사본을 완간한 뒤 겨우 4년 후인 1916년, 그의 이름을 따라 회른레 컬렉션Hoernle Cllection이라고 일컬어지는 수집품 가운데 율장과 아함의 일부 그리고 『금강반야바라밀경』, 『열반경』, 『대보적경』, 『묘법연화경』 등의 다양한 대승경전을 포함하는 사본단편들을 정리 발표하였는데, 이 작업에 뤼더스(Heinlich Lüders, 1869~1943), 파지터(Frederick E. Pargiter, 1852~1927), 토마스 (Frederick W. Thomas, 1867~1956) 등의 저명한 인도학자들이 함께 하였다.[27] 이러한 초창기의 대표적인 성과들은 그 후의 본격적인 연구 및 복원작업의 초석이 되었다고 볼 수 있다.

4. 연구현황 및 전망

그 후 1930년대 말까지 계속되던 동투르키스탄 출토 산스크리트 사본의 연구는 제2차 세계대전으로 주춤하였으나, 전후 1950년대와 60년대를 전후로 독일의 발트슈미트(Ernst Waldschmidt, 1897~1985)를 주축으로 다시 시작되었다. 발트슈미트는 투르판 오아시스 주변에서 발굴된 것들이 주류를 이룬다고 하여 개괄적으로 '투르판 발굴품(Turfanfunde)' 이라고 일컬어지는 동투르키스탄 출토의 베를린 소장품 중의 산스크리

---

[26] L. de La Vallée Poussin, *Documents sanscrits de la seconde Collection M. A. Stein, Fragments du Samyuktakagama,* Journal of the Royal Asiatic Society of Great Britain and Ireland 1913, pp.569~580. 이 논문에 게재된 잡아함경 잔엽에 관해서는 졸저 A Survey of the Sanskrit Fragments Corresponding to the Chinese Saṃyuktāgama, Tōkyō (Sankibō Busshorin), 2008, pp.279ff 참조.

[27] A. F. R. Hoernle, *Manuscript Remains of Buddhist Literature found in Eastern Turkestan,* Oxford (Clarendon Press), 1916.

트 사본단편들을 토대로 잡아함경과 장아함경의 일부를 복원 출간하였다.[28] 또한 그의 제자들에 의한『십송율』일부의 복원 및『십송비구바라제목차계본十誦比丘波羅提木叉戒本』등의 율장 관계 문헌의 복원, 그리고 『법집요송경法集要頌經』(대정장 213)에 가까운 『우다나바르가 Udānavarga』의 복원 등등[29] 현재에 이르기까지 그 노력이 끊이지 않고 있다. 이와 병행하여 추진되어 온 수천여 조각에 이르는 사본단편들의 상세한 목록작성,[30] 그리고 복원본과 목록을 근거로 작성되고 있는

---

[28] 1964년까지 발표된 산스크리트 사본단편들에 관해서는 E. *Waldschmidt, Sanskrithandschriften aus den Turfanfunden, vol. I*, Stuttgart, 1965 (Verzeichnis der orientalischen Handschriften in Deutschland X,1), pp.XXVI ff 참조. 중앙아시아출토 불전사본 일반에 관해서는 L. Sander, *Buddhist Literature in Central Asia*, Encyclopaedia of Buddhism, ed. G. P. Malalasekera, Colombo, 1961 ff., vol. 4, pp.52-75; 동저자, *Buddhist Sanskrit Manuscripts from Chinese Turkestan: Eighty Years of Research Work*, Prajñā-Bhāratī 3 (1983), pp.1~18.; K. Wille, *Survey of the Sanskrit Manuscripts in the Turfan Collection*, Digitalisierung der chinesischen, tibetischen, syrischen und Sanskrit-Texte der Berliner Turfansammlung, Berlin, 2005 [http://www.bbaw.de/bbaw/Forschung/ Forschungsprojekte/turfanforschung/bilder/Wille.pdf], pp.1~5 참조.

[29] 2003년까지의 간략한 연구현황에 관해서는 T. Oberlies, *Ein bibliographischer Überblick über die kanonischen Texte der Śrāvakayāna-Schulen des Buddhismus (ausgenommen der des Mahāvihāra-Theravāda)*, Wiener Zeitschrift für die Kunde Südasiens 47 (2003), pp.37~84 참조.

[30] Sanskrithandschriften aus den Turfanfunden, ed. (in chief) E. Waldschmidt, H. Bechert, *Teil I~III*, E. Waldschmidt 外, Wiesbaden, 1965, 1968, 1971; *Teil IV~V*, L. Sander, E. Waldschmidt, Wiesbaden/Stuttgart, 1980, 1985; *Teil VI~X*, K. Wille, Stuttgart, 1989, 1995, 2000, 2004, 2008 (Verzeichnis der orientalischen Handschriften in Deutschland X,1~10).

불교 산스크리트 사전은[31] 중요한 기여 중의 하나로 들 수 있다. 1980년대 후반부터 1990년대에 걸쳐서 베를린에 소장된 산스크리트 사본들뿐만이 아니라 파리와 런던에 소장된 같은 계통의 산스크리트 사본들이 하르트만(Jens-Uwe Hartmann)과 빌레(Klaus Wille)에 의해[32] 체계적으로 조사 파악되었다. 그에 따라, 이를 근거로 기존 복원본에 많은 수정이 가해지고 일부 개정본이 출간[33] 내지는 기획되고 있으며,[34] 지금까지 흑백 복제본 또는 마이크로필름으로 극히 한정된 연구자에게만 이용이 가능하던 사본단편들이 디지털화되고 점차 인터넷에 공개되고 있다.[35] 대영도서관의 스타인 소장품과 회른레 소장품의 경우 빌레와

---

31 *Sanskrit-Wörterbuch der buddhistischen Texte aus den Turfan-Funden*, ed. H. Bechert 外, Göttingen, 1973ff.

32 J.U. Hartmann, *Untersuchungen zum Dīrghāgama der Sarvāstivādins*, Göttingen, 1992 (unveröffentlichte Habilitationsschrift); J.-U. Hartmann, K. Wille, *Die nordturkistanischen Sanskrit-Handschriften der Sammlung Hoernle (Funde buddhistischer Sanskrit-Handschriften II)*, SanskritTexte aus dem buddhistischen Kanon: Neuentdeckungen und Neueditionen, ed. H. Bechert, vol. II, Göttingen, 1992 (Sanskrithandschriften aus den Turfanfunden, Beiheft 4), pp.9~63; 동저자, *Die nordturkistanischen Sanskrit-Handschriften der Sammlung Pelliot (Funde buddhistischer Sanskrit-Handschriften IV)*, Untersuchungen zur buddhistischen Literatur, ed. H. Bechert, vol. II, Göttingen, 1997 (Sanskrithandschriften aus den Turfanfunden, Beiheft 8), pp.131~182.

33 T. Fukita, *The Mahāvadānasūtra, A New Edition Based on Manuscripts Discovered in Northern Turkestan*, Göttingen, 2003 (Sanskrithandschriften aus den Turfanfunden, Beiheft 10). 본가르드-레빈 등에 의한 前揭著, *The Nagaropamasūtra: An Apotropaic Text from the Saṃyuktāgama*도 그 성과의 일부임.

34 K. Wille, *Eine Neuedition des Mahāparinirvāṇasūtra* (준비중).

35 The British Library (London), *The International Dunhuang Project: The Silk*

가라시마(辛嶋靜志)를 중심으로 사본단편의 목록이 작성중이다.[36] 펠리오 소장품의 경우 1957년 이후 프랑스 국립도서관의 폴리(Bernard Pauly)에 의해 체계적으로 조사되기 시작하여 1965년 소장품 중의 산스크리트 사본단편 개관을 발표하였다. 이 발표를 계기로 해서 상세한 목록이 기대되었으나 1967년의 발표를 끝으로 중단되었다.[37] 이십여 년 뒤 이노쿠치(井ノ口泰淳) 등에 의해 동 소장품의 간략한 목록이 발표되었다.[38] 이와 같이 아직 여러모로 부족한 점이 없지 않으나 수많은 학자들의 헌신적인 노력을 통하여 보다 많은 연구자에게 접근이 용이해지고 있다. 그뿐만이 아니라 장아함, 중아함, 잡아함, 그리고 율장 관계 사본단편들이 체계적으로 조사 발표되고,[39] 아비달마, 본생류,

---

Road Online (http://idp.bl.uk).

[36] *Buddhist Manuscripts from Central Asia: The British Library Sanskrit Fragments*, ed. S. Karashima, K. Wille, Tōkyō, 2006 - .

[37] B. Pauly, *Fragments sanskrits de Haute Asie* (Mission Pelliot). Journal Asiatique 245 (1957), pp.281~307, 247(1959), pp.203~249, 248(1960), pp.213~258, 509~538, 249(1961), pp.333~410, 250(1962), pp.593~612, 252(1964), pp.197~271, 253(1965), pp.83~121, 254(1966), pp.245~304, 255(1967), pp.231~241.

[38] T. Inokuchi 外, *A Catalogue of the Sanskrit Manuscripts Brought from Central Asia by Paul Pelliot Preserved in the Bibliothèque Nationale [Preliminary]*, Kyōto (Institute of Buddhist Cultural Studies, Ryūkoku University), 1989.

[39] 2008년까지 복원된 산스크리트본 아함 관계, 특히 잡아함 관계 자료에 관해서는 前揭사전, *Sanskrit-Wörterbuch der buddhistischen Texte aus den Turfan-Funden*, vol. I, pp.LX ff.; 前揭졸저, *A Survey of the Sanskrit Fragments Corresponding to the Chinese Saṃyuktāgama*, pp.279ff. 참조. 중아함 관계 자료에 관해서는 J. Chung, T. Fukita, *A Survey of Sanskrit Fragments Corresponding to the Chinese Madhyamāgama* (근간 출판예정) 참조.

대승, 그리고 밀교전적에 이르기까지 각 소장품의 상세한 내용별 색인이 작성되어 관심 있는 학자들의 집중적인 연구를 기다리고 있다.[40] 이러한 연구 성과와 함께 1990년대 중반 이후 새로운 산스크리트 및 간다리 프라끄리뜨 문헌에 접근하는 것이 급격히 증대되었다.[41] 이러한 동향은 그 이전에 상상조차 할 수 없었을 정도로 원전연구의 진전을 촉진시키고 있다.[42] 그중에 특히 1990년대 후반에 출현한 설일체유부 계통의 자작나무 껍질에 브라흐미 문자로 쓰인 전체 454엽葉 중 남은 250엽 정도의 장아함경 사본은 장아함의 복원작업에 즈음하여 지대한 관심을 모으고 있다.[43] 이 사본은 현 파키스탄령 카슈미르 지방 길기트 부근에서 유래하는 것으로 전해진다. 방사성탄소(14C) 연대측정법에 의해 조사한 결과 8세기 후반 이후의 것으로 여겨지며,[44] 각국의

---

40 J.-U. Hartmann, K. Wille 前揭著, 1992, pp.59ff. 및 1997, pp.178ff 참조.

41 간다리어 불교문헌에 관한 약술은 R. Salomon *Buddhist Literature in Gāndhārī*, Encyclopedia of Buddhism, ed. R. E. Buswell, Jr., New York et al. (Gale Publisher), 2004, pp.299~301 참조.
간다리어 관계 참고문헌은 http://gandhari.org/a_bibliography.php에 상세함.

42 1996년 이후의 인도원전 필사본의 조사현황에 관해서는 松田和信, 『文明文化の交差点』, 東京 (佼成出版社) 2010 (新アジア仏教史, 中央アジア 5), 제3장 「中央アジアの仏教寫本」 참조.

43 J.-U. Hartmann, *Bemerkungen zu einer neuen Handschrift des Dīrghāgama*, Vividharatnakaraṇḍaka, Festgabe für Adelheid Mette, ed. C. Chojnacki 外, Swisttal-Odendorf, 2000 (Indica et Tibetica 37), pp.359~367; 동저자, *Further Remarks on the New Manuscript of the Dīrghāgama*, Journal of the International College for Advanced Buddhist Studies 5, pp.133~150; G. Melzer, Ein Abschnitt aus dem Dīrghāgama, München (Ludwig-Maximilians-Universität), 2010 (Inaugural-Dissertation), pp.1~10 참조.

44 M. Allon 外, *Radiocarbon Dating of Kharoṣṭhī Fragments from the Schøyen*

개인수집가에 의해 구매된 탓으로 미국(익명의 개인 소장품, Virginia/USA), 일본(平山コレクション, 鎌倉), 노르웨이(Schøyen Collection, Oslo) 등에 분산되어 있다. 1931년과 1938년 같은 지역에서 발견되어 현재 델리(National Archives of India, Delhi Collection), 런던(British Library, Stein Collectin), 카라치(Department of Archaeology & Museums of Pakistan, Shah Collection) 등에 분산 보관되어 있는 소위 길기트사본과 함께 앞에서 말한 설일체유부의 사본은 설일체유부의 소의전적의 양상을 보다 구체적으로 파악하는 데 중요한 역할을 할 것으로 예상된다.[45]

이러한 원전 연구상의 진전이 가지는 역경학적 의의와 가치는 이루 헤아릴 수 없을 정도로 크다 하겠다. 근간 미국 스탠포드대학의 해리슨(Paul Harrison)과 독일 뮌헨대학의 하르트만이 중심이 되어 현재까지 알려진 불교 전 분야의 인도원전 사본을 총괄하는 핸드북이 각 분야별 전문가의 참여하에 출간될 예정이다. 하나하나의 자료를 전체적인 시야에서 파악하는 데 도움이 되는 중요한 참고서가 될 것으로 기대된다.

---

and Senior Manuscript Collections, Buddhist Manuscripts III, ed. J. Braarvig 外, Oslo, 2006 (Manuscripts of the Schøyen Collection VII), p.279, 각주 3 참조.

45 소위 길기트사본에 관해서는 O. von Hinüber, *Die Erforschung der Gilgit-Handschriften (Funde buddhistischer Sanskrit-Handschriften I),* Nachrichten der Akademie der Wissenschaften in Göttingen, Phil.Hist.Kl., 12/1979, pp.329~359; K. Wille, *Die handschriftliche Überlieferung des Vinayavastu der Mūlasarvāstivādin,* Stuttgart (Verzeichnis der orientalischen Handschriften in Deutschland, Supplementband 30), pp.15ff. 참조.

참고문헌

Dietz, Siglinde, *Budhism in Gandhāra, The Spread of Buddhism,* A. Heirmann, S. P. Baumbacher, Leiden, Boston (Brill), 2007 (Handbook of Oriental Studies, section 8: Central Asia, ed. D. Sinor, N. di Cosmo, vol. 16).

Hartmann, Jens-Uwe, *Die Verbreitung des indischen Buddhismus nach Afghanistan und Zentralasien, Der Buddhismus,* Band I, ed. H. Bechert, Stuttgart (Verlag W. Kohlhammer), 2000.

Hopkirk, Peter, *Foreign Devils on the Silk Road: The search for the Lost Cities and Treasures of Chinese Central Asia,* London (John Murray Ltd.), 1980.

井ノ口 泰淳 外,『シルクロードの宗教 — 幻の寺院をたずねて』, 東京, 佼成出版社, 1975 (アジア仏教史, 全20巻, 中國編V).

鎌田茂雄 外,『大藏経全解說大事典』, 東京, 雄山閣出版, 1998.

Litvinskiy, Boris A. *Die Geschichte des Buddhismus in Ostturkistan,* Wiesbanden (Harrassowitz Verlag) 1999 (Studies in Oriental Religions 44).

奈良康明, 石井公成,『文明・文化の交差点』, 東京 (佼成出版社) 2010 (新アジア仏教史, 中央アジア5).

Nattier, Jan, *Church Language and Vernacular Language in Central Asian Buddhism,* Numen 37.2 (1990).

Tremblay, Xavier, *The Spread of Buddhism in Serindia: Buddhism among Iranians, Tocharians and Turks before the 13th Century, The Spread of Buddhism,* A. Heirmann, S. P. Baumbacher, Leiden, Boston (Brill), 2007 (Handbook of Oriental Studies, section 8: *Central Asia,* ed. D. Sinor, N. di Cosmo, vol. 16).

그림 출처

1 Atlas of China, *National Geographic Society,* Washington, D.C., 2008.

2 A. von Le Coq, *Auf Hellas Spuren in Ostturkistan:* Berichte und Abenteuer der 2. und 3. deutschen Turfan-Expedition, Leipzig (Hinrichs Verlag), 1926.

3 *Sanskrithandschriften aus den Turfanfunden,* No. 101/c (제2차 그륀베델 조사단,

키질石窟)

[© Staatsbibliothek zu Berlin—Preuβischer Kulturbesitz, Orientabteilung]

역경학 개론 _4

중국역경사

이병욱(고려대·중앙승가대 강사)

1. 들어가는 말

불교가 중국에 전래된 것에 대해 여러 가지 주장이 있다. 그중에서 신뢰할 만한 내용 가운데 하나는 전한의 애제哀帝 원수元壽 원년(B.C. 2)에 박사博士 제자弟子 경려景廬가 대월씨왕大月氏王의 사자 이존伊存에게 부도교浮屠教를 구두로 전해 받았다(口授)는 내용이다.

또 가장 널리 알려진 것은 후한 명제明帝가 불법을 구했다는 내용이다. 기원후 67년 어느 날 명제가 꿈에 금인金人을 보고, 그 금인이 부처라는 것을 알아서 사절使節을 서역으로 보내서 불법을 구하도록 하였다. 사절이 가는 도중에 가섭마등迦葉摩騰과 축법난竺法蘭 두 사람을 만나서 함께 낙양으로 돌아왔다. 명제는 크게 기뻐하며 낙양문 밖에다 백마사白馬寺를 짓고 이 두 사람을 그곳에 머물게 하였다.

이곳에서 『사십이장경四十二章經』이 번역되었다. 이 내용은 당시의 주변상황으로 미루어 볼 때, 사실로 인정되기보다는 설화로 받아들여지고 있다. 불교가 황제의 뜻에 따라 중국에 받아들여지고 또 황제가 불교를 믿었다는 점을 첨가해서 불교의 권위를 올리려는 의도에서 이 설화가 만들어진 것이라고 판단된다.

또한 초왕楚王 영英이 불교를 숭상했다는 기록이 있다. 후한 명제의 이복동생 초왕 영이 65년에 명제로부터 다른 마음(異心)이 있다고 의심을 받았다. 이때 명제가 초왕 영에게 내린 칙서 가운데 "초왕 영이 황노黃老의 미언微言을 독송하고 부도浮屠의 인사仁祠를 숭상해서 정결하게 재齋를 한 지 3개월이 된다"는 내용이 있다. 초왕 영이 불교를 숭상했다는 것은 역사적 사실로 받아들여진다.

이상의 내용을 종합하면, 불교는 전한 말기(기원전후)를 즈음해서 점차로 중국인에게 알려지고 1세기경에는 장안과 낙양에서 초왕 영이 관할하던 팽성(彭城, 江蘇省) 근처까지 전파되고, 나아가 후한의 왕족도 불교를 받아들였다는 점을 알 수 있다.

이렇게 전래된 인도불교는 경전번역의 과정을 거쳐서 중국인의 마음을 사로잡을 수 있었다. 인도의 불교경전이 중국에서 번역된 과정, 곧 '중국역경사'는 크게 3시기로 구분할 수 있다. 그것은 고역古譯, 구역舊譯, 신역新譯의 시기다. '고역'은 후한 시대부터 구마라집 이전까지 이루어진 번역이다. 여기에는 후한, 삼국시대, 서진시대의 번역이 포함된다. '구역'은 구마라집에서 현장 이전까지 행해진 번역이다. '신역'은 현장 이후 이루어진 번역이다. 현장은 새로운 번역어를 제시하였고, 그 후의 번역은 현장의 새로운 번역(용어)을 따르게 되었기 때문에 이를 신역新譯이라고 부른다.[1]

오늘날에 많이 사용되고 있는 번역은 구역舊譯에 속하는 구마라집의 번역(용어)이다. 현장이 제시한 새로운 번역, 곧 신역新譯은 일부 채택되고 있기는 하지만 구마라집의 번역(용어)이 더 많이 사용된다. 고역, 구역, 신역의 용례 가운데 몇 가지를 소개하면 다음의 표와 같다.

고역古譯	구역舊譯	신역新譯
비구比丘, 제근除饉	비구比丘	필추苾芻
광세음光世音	관세음觀世音	관자재觀自在
중우衆祐	세존世尊	바가범婆伽梵
사의단四義斷	사정근四正勤	사정단四正斷

그리고 중국의 경전번역에서 두 가지 두드러진 현상을 발견할 수 있다. 첫째는 인도의 범어원전이 중국에서는 발견되지 않는다는 것이다. 이는 전란에 의해서 없어졌다고 할 수도 있겠지만, 중국에서는 일단 번역한 뒤에는 범어원전을 보존하는 데 크게 관심을 두지 않았던 측면에도 그 원인이 있다. 둘째는 범어의 교육을 하지 않고 범어를 번역하는 데 그 후계자를 양성하려고 하지 않았다는 것이다. 그 주요원인으로 중국에서 외국어를 학습하는 데 흥미가 없었던 점을 들 수 있다. 다만 예외적으로 송나라 시대에 태평흥국사太平興國寺에 역경원을 세우고 소년들에게 범어를 교육한 일이 있다.

중국에서 경전을 번역하고 그것이 모여서 이루어진 것이 한역대장경 漢譯大藏經이다. 이 한역대장경의 특색으로 다음의 4가지를 거론할 수 있다. 첫째, 그 분량이 많다는 것이다. 인도의 범어원전이 대부분

---

1 미즈노 고겐 지음, 『경전의 성립과 전개』, 이미경 옮김, 시공사, 1996, p.171.

없어졌기 때문에 인도불교의 역사를 알기 위해서라도 한역대장경은 매우 중요한 것이다.

둘째, 분량에서만 보자면 티베트대장경도 한역대장경과 비슷하다고 할 수 있지만, 번역된 시기에서 한역대장경의 중요성을 제시할 수 있다. 다시 말해서, 티베트에서 번역된 것은 8세기 이후인데 중국에서는 5세기 초에 지금도 널리 읽히는 경전들이 번역되었고, 6세기~7세기에 걸쳐서 주요한 것은 대체로 번역되었다. 이 시기는 인도불교의 가장 전성기 시절이므로, 인도불교의 가장 중요한 시기의 불교가 한역대장경에 반영되었다고 할 수 있다. 이 점에서 한역대장경이 중요하다.

셋째, 같은 경전이 여러 번 번역되었다는 것이다. 인도에서는 같은 경전이라고 해도 시대가 지나가면 개정改訂되고 증보增補되어서 옛 경전은 버려지는 경우도 있었다. 그에 비해, 중국에서는 오래된 번역과 새로운 번역이 잘 보존되어 있어서 경전변화의 발자취를 살펴볼 수 있다.

넷째, 중국에서 번역된 경전은 그 번역된 연대가 정확히 기록되어 있다는 것이다. 이 기록을 통해서 인도의 문헌역사를 다시 구성할 수 있다. 그러나 중국에서 번역된 경전에 문제점이 없는 것은 아니다. 그것은 인도원전을 한문으로 번역할 때 반드시 원문에 충실하지 않았다는 점이다.[2] (한역대장경의 문제점으로 추가할 점은 대장경을 판각할 때

---

2 渡辺照宏 지음, 김무득 역, 『경전성립론』, 경서원, 1993, pp.79~80, p.83. 그리고 이재창, 『불교경전의 이해』, 경학사, 1998, pp.50~51: 중국에는 인도에서 완성되지 못하였던 대승불교사상이 매우 발달하였고, 그에 따라 많은 종파의 학자들이 가치 있는 주석서를 저술하였다. 이러한 점이 한역대장경에 반영되었다. 이것이 한역대장경의 의의라고 한다.

실수가 따를 수도 있다는 것이다. 이는 한역대장경에 이체자異體字가 많은 것과 연결이 된다.)

본론에 들어가기에 앞서서 역경본譯經本에 관한 용어정의와 중국의 역경체제에 대해 소개하고자 한다. 우선, 역경본에 관한 용어정의부터 알아본다. 첫째, 단역單譯은 중국역경사를 통해서 1회만 번역되었다는 것이다. 둘째, 이역異譯은 중국역경사를 통해서 2회 이상 번역된 것이다. 이는 중역重譯, 중출重出, 이출異出, 별역別譯 등으로 불리기도 한다. 셋째, 실역失譯은 경전을 번역한 사람에 대해 정확한 기록이 남아 있지 않은 것이다. 넷째, 유역有譯은 경전을 번역한 사람이 분명한 경우에 해당한다. 다섯째, 무본無本은 번역된 경전이나 논서가 남아 있지 않은 것이다. 여섯째, 유본有本은 번역된 경전이나 논서가 남아 있는 경우이다. 일곱째, 위경僞經은 중국에서 찬술된 것인데 인도에서 찬술된 것으로 알려진 경전이다.[3]

그 다음으로 중국의 역경체계에 대해 알아본다. 당나라 현장이 활동한 이후 송나라 시대에 들어서서 역경원 제도가 만들어지고 9가지 번역관의 지위가 정해졌다. 여기서는 『송고승전』 3권에 실려 있는 내용을 소개한다. 첫째, 역주譯主는 범본梵本을 가지고 온 역경가譯經家이다. '역주'는 중앙에 앉아서 범본을 읽는다. 둘째, 필수筆受는 '역주'가 읽는 범어梵語를 받아쓰는 역할이다. 셋째, 도어度語는 범어를 한문으로 번역하는 역할이다. '도어'의 역할을 하는 사람을 역어자譯語者, 전어자傳語者라고 부른다. 구마라집鳩摩羅什이나 현장玄奘은 자신이

---

3 이재창, 『불교경전의 이해』, 경학사, 1998, p.55. 그리고 僞經에 대해서는 미즈노 고겐 지음, 이미경 옮김, 『경전의 성립과 전개』, 시공사, 1996, pp.48~52; 석길암, 『불교, 동아시아를 만나다』, 불광출판사, 2010, pp.73~81을 참조하기 바람.

범어와 한문에 숙달하였기 때문에 '역주'와 '필수'의 역할이 필요 없었고 직접 번역에 임하였다. 넷째, 증범證梵은 한문으로 번역한 것이 잘못되지 않았는지 범본에 맞추어서 검증하는 역할이다. 여기에는 두 가지 역할 구분이 있다. 범어의 의미를 검증하는 증범의자證梵義者가 있고, 선정禪定의 의미나 내용, 행법行法에 오류가 있는지를 검증하는 증선의자證禪義者가 있다.

다섯째, 윤문潤文은 한문으로 번역한 문장을 매만지고 읽기 쉽고 잘 들을 수 있도록 아름다운 문장으로 다듬는 역할이다. 구마라집이 번역한 경전이 널리 읽히는 이유는 경전을 번역하는 과정에서 윤문이 잘되어 있기 때문이라고 한다. 그래서 구마라집이 번역한 경전을 읽으면 박자가 잘 맞고 그 경전을 들으면 기분이 좋아진다고 한다.

여섯째, 증의證義는 번역된 경전의 문장이 앞뒤가 모순되지 않고 의미가 잘 통하는지 검토하는 역할이다. 일곱째, 범패梵唄는 범어 경전의 문장에 곡조를 붙여서 읊는 역할이다. 이는 경전을 번역하거나 법연(法筵: 법회)이 열릴 때에 제일 먼저 거행되는 의식적인 행사이다. 역경사업이 체계를 갖추기 전에는 범패를 부르는 일이 없었지만 역경사업이 체계를 잡으면서 하나의 의식으로 범패가 정착되었다.

여덟째, 교감校勘은 현재 번역하고 있는 경전이 이미 번역된 경우에는 이미 번역된 경전을 현재 번역한 것과 비교하여 참조하는 것이다. 이는 구마라집이나 현장 등이 반드시 했던 것이다. 이를 통해서 과거의 번역의 장점과 단점을 알게 되고 번역한 두 경전의 내용도 분명해져서 더 좋은 번역을 할 수 있다. 현장이 같은 경전을 번역한 진제의 번역과 다른 점을 지적하고 있는 것도 교감의 예에 속한다.

아홉째, 감호대사監護大使는 번역 사업의 전체를 총감독하고 점검해서 경전의 번역에 차질이 없게 하는 역할이다. '감호대사'는 조정의 고관이 맡았고 번역한 문장이 잘되었는지 문제가 있는지(巧拙)를 심사하였다. '역주'는 번역을 마친 뒤에 '감호대사'에게 번역한 것을 보고했고, '감호대사'는 다시 조정에 보고해서 황제가 열람하도록 하였다.

그밖에도 중요한 직책이 있다. 정자正字는 범어를 음역할 때 그 문자가 정확한지를 조사하는 역할이다. 이 직책은 두 나라의 언어의 발음에 정통한 사람이 맡을 수 있었다.[4]

2. 역경승의 소개

고역古譯시대를 대표하는 역경자譯經者로서 안세고, 지루가참, 지겸, 축법호를 들 수 있고, 구역舊譯과 신역新譯의 시대를 대표하는 역경자로서 구마라집, 진제, 현장, 불공을 거론할 수 있다. 이들을 중심으로 해서 역경자를 소개하고자 한다. 고역시대에는 중앙아시아에 속하는 대월지(大月支, 아프가니스탄 북부), 강거(康居, 우즈베키스탄 인근지역), 구자(龜玆, 실크로드의 쿠차), 안식(安息, 우즈베키스탄) 출신의 승려에 의해서 경전번역이 주도되었고,[5] 또한 고역시대에는 불교의

---

4 박상준, 「중국의 경전번역 실태 및 번역체계」, 『세계각국의 경전번역 실태 및 체계에 관한 연구 발표회』, 경전연구소, 2006, pp.8~9; 미즈노 고겐 지음, 이미경 옮김, 『경전의 성립과 전개』, 시공사, 1996, pp.174~175; 이재창, 『불교경전의 이해』, 경학사, 1998, p.55.

5 중앙아시아의 영향이 불교용어를 번역하는 데 일정부분 영향을 미치었다는 주장이 있다. 이종철, 『중국불교의 탄생』, 창비, 2008, pp.38~39: 佛이라는 용어는 중앙아시아의 토카리어의 붓but에서 번역된 것이고, 佛陀라는 번역은 현장이 활동하던 시절을 전후해서 사용된 것이다. 이는 중국인 학자 季羨林의 주장이다. 같은 책 p.42:

용어를 중국철학의 용어로 바꾸어서 번역하는 것, 곧 격의格義의 방법을 동원한 사람도 있었다.[6]

① 안세고

중국역사에서 최초로 불교경전을 조직적으로 번역한 사람은 안세고安世高와 지루가참支婁迦讖이고, 특히 안세고는 중국불교사에서 최초의 번역자로 유명한 인물이다.

안세고는 안식국(安息國: 파르티아)의 태자로 태어났지만 왕위를 숙부에게 양보하고 불교를 공부하고자 여러 나라를 돌아다녔다. 그래서 안세고는 서역의 여러 나라 풍속에 대해 잘 알고 있었고, 여러 나라의 말을 잘하였다. 그러다가 148년(후한 건화2)에 낙양으로 왔다. 그 후 20여 년 동안 30여 부의 경전을 번역하였다. 당시 안식국에서는 설일체유부의 소승불교가 강한 세력을 가지고 있었고, 그에 따라 안세고도 선관禪觀, 아함경阿含經이나 아비담학(阿毘曇學: 아비달마)에 이해가 깊었다. 안세고의 교학에 대해서 승우僧祐는 "널리 경전을 공부하고 아비달마에도 깊이 이해하고 있으며 선경禪經을 공부해서 그 묘한 이치를 터득하였다"고 평가한다.

안세고의 번역 가운데 '선경'에 대해서는 『안반수의경安般守意經』,

僧은 범어 상가saṃgha를 번역한 말인데 '상가'라는 말이 중앙아시아에 전해지면서 맨 뒤의 모음 'a'가 탈락하여 상그saṃgh 또는 상크saṃk로 발음되고, 'ɡh'나 'ck'는 약하게 발음되기 때문에 僧으로 번역되었다. 따라서 僧도 僧伽라는 번역의 준말이 아니고 다른 번역이다.

6 격의불교에 관해서는 김충렬, 「인도불교의 중국화과정」, 『중국철학산고(Ⅰ)』, 온누리, 1988, pp.231~255를 참조하기 바람.

『음지입경陰持入經』,『선행법상경禪行法想經』,『대도지경大道地經』 등이 있으며, '아함경'과 '아비달마'에 관해서는『인본욕생경人本欲生經』,『십보경十報經』,『보법의경普法義經』,『사제경四諦經』,『칠처삼관경七處三觀經』,『팔정도경八正道經』,『전법륜경轉法輪經』,『아비담오법경阿毘曇五法經』 등이 있다.(『출삼장기집』에서는 안세고가 34부 40권을 번역하였다고 하고,『개원석교록』에서는 안세고가 번역한 경전이 96부라고 한다.)

안세고는 선경禪經을 번역하고 그것을 실천하기도 하였는데, 이러한 점이 당시에는 도교의 불로장생술이나 태식법胎息法의 수행자처럼 보였을 가능성도 있다. 또한 진晉나라 사부謝敷가 쓴『안반수의경서安般守意經序』에는 대승불교의 보살사상이 나타나고 이 점에 근거해서 안세고가 소승불교의 사람이 아니고 대승불교의 사람이라고 주장하기도 한다.[7]

② 지루가참

지루가참支婁迦讖은 대월지국 출신이고 한나라 환제의 말기에 낙양에 와서 영제의 광화(178~183)·중평(184~189) 연간에 대승경전을 번역하였다. 그것은『도행반야경道行般若經』,『수능엄경首楞嚴經』,『반주삼매경般舟三昧經』,『아촉불국경阿閦佛國經』 등이다. 이 가운데『도행반야경』은『소품반야경』의 다른 번역본이고,『반야경』에 관한 최고의 번역이라고 할 수 있다. 또『반주삼매경』에서 아미타불을 소개한 것이 중국불교에 큰 영향을 주었다.(『출삼장기집』에서는 지루가참이 번역한 경전이 14부 27권이라고 하고,『개원석교록』에서는 지루가참이 33부 67권을

---

7 이종철,『중국불교의 탄생』, 창비, 2008, pp.50~51.

번역하였다고 한다.)

③ 지겸

중국의 강남지방에 불교의 발자취를 남긴 사람은 안세고다. 그러나 안세고의 전기에는 전설적인 부분이 많기 때문에 그가 확실히 강남지방에 영향을 미쳤는지는 분명하지 않다. 손권이 강남의 건업에 도읍을 정했을 때 강남지방에 불교를 처음으로 전한 사람은 지겸이다.

지겸支謙은 자字는 공명恭明이고 대월지국 사람이다. 그의 조부인 법도法度가 수백 명을 이끌고 한나라에 귀화하였다. 그는 10세에 글을 배웠고, 13세에 호서胡書를 배워서 6개 국어에 능통하였다. 지루가참의 제자인 지량支亮에게도 배워서 당시에 천하에서 널리 아는 사람으로 인정받았다. 그는 출가한 승려가 아니라 재가불자였다.

한나라의 왕실에서 분쟁이 생기게 되자, 그는 수십 명의 고향사람과 함께 오나라로 피하였다. 그때 지겸이 가진 것은 잠옷 하나뿐이었다. 여행의 동행자 가운데 한 사람이 날씨가 매우 추운데도 잠옷이 없었다. 지겸은 그 사람을 불러서 같이 잠을 잤는데 밤중에 그 사람은 지겸의 잠옷을 빼앗아 달아났다. 다음날 아침 여행의 동행자가 잠옷이 있는지를 묻자, 지겸은 "지난밤에 어떤 사람이 빼앗아 갔다"고 대답하였다. 그러자 동행자는 어째서 곧바로 알려주지 않았는지를 물었다. 지겸은 "내가 만약 그 사람을 고소한다면 당신들이 그 사람을 강도죄로 처벌할 것입니다. 어찌 잠옷 하나로 한 사람을 죽일 수 있겠습니까?"라고 대답했다고 한다. 이 일화를 통해서 지겸의 사람됨을 읽을 수 있다. 오나라 왕 손권은 지겸의 박학과 재능을 듣고서 그를 박사로 삼아 동궁東宮을 도와주고 지도하게 하였다.

지겸은 223년부터 건흥(建興, 252~253년) 연간에 이르는 동안에 많은 불교경전을 번역하였다. 그 가운데 중요한 것은 『유마힐경維摩詰經』, 『대명도무극경大明度無極經』, 『대아미타경大阿彌陀經』, 『서응기본경瑞應起本經』 등이 있다. 이 가운데 『대명도무극경』은 지루가참이 번역한 『도행반야경』의 다른 번역이다.

지겸이 번역한 반야경 계열은 서진西晉시대에 노장사상을 통해서 불교를 이해하려는 경향에 큰 영향을 끼쳤다. 또 지겸은 『요본생사경了本生死經』에 주석을 하기도 하였으며, 224년에는 무창武昌에서 『법구경法句經』을 유기난(維祇難, Vighna) 및 축장염竺將炎과 함께 번역하였다.(『출삼장기집』에서는 지겸이 36부 48권을 번역하였다고 하고, 『개원석교록』에서는 지겸이 88부를 번역하였다고 한다.)

④ 축법호

축법호(竺法護, Dharmarakṣa)는 서진西晉시대 약 50년 동안 가장 위대한 발자취를 남긴 인물이다. 그는 월지국 사람으로 본성은 지支씨이며 돈황군敦煌郡에서 대代를 이어서 거주하였다. 그는 8세에 출가하여 외국사문인 축고좌竺高座에게 배우면서 성姓을 축竺으로 바꾸고 경전공부에 매진하였다. 그러다가 『반야경』 등의 방등方等경전이 서역에 있다는 소식을 듣고 스승을 따라서 서역의 여러 나라를 돌아다녔다. 그러는 동안에 36종류의 서역나라의 언어를 공부하고 호본胡本을 가지고 중국에 돌아왔다. 축법호는 당시의 사람들에게 '돈황보살'로 존중을 받았다.

축법호에게는 다음의 일화가 전해온다. 축법호는 부지런하여 나태하지 않고 경전번역에 종사하였으며, 진晉의 무제(265~274) 말년에 깊은 산속에 은거하였다. 산간에 흐르는 맑은 물로 양치질을 하고 몸을 깨끗이 닦았다. 나무를 하던 어떤 사람이 물을 더럽혔기 때문에 물이 갑자기 말라버렸다. 축법호는 물가의 주위를 돌아다니면서 "만약 물이 말라버리면 이곳에서 자급자족할 수 없으므로 다른 곳으로 옮겨가지 않을 수 없다"고 말하자 다시 수원水源에서 물이 나와서 맑은 물이 되었다고 한다. 이는 축법호에게 신이한 능력이 있음을 보여주는 이야기이다.

축법호가 번역한 경전은 『광찬반야경光讚般若經』, 『정법화경正法華經』, 『유마힐경維摩詰經』 등 약 150부 300여 권이라고 한다. (『출삼장기집』에 의하면 154부 309권을 번역하였고 『개원석교록』에서는 175부 354권을 번역하였다고 한다.) 양나라 승우僧祐는 불교경전의 가르침이 중국에 널리 퍼진 이유가 축법호의 힘에 있다고 말하고 있다. 후한 때부터 진晉에 이르기까지 번역한 사람 가운데 후한의 안세고, 지루가참, 오吳의 지겸이 번역한 경전이 많지만 그 가운데 제일 많은 경전을 번역한 사람은 축법호이다. 그는 266년에서 308년에 이르기까지 약 40여 년에 걸쳐서 번역작업을 하였고, 번역한 장소도 돈황, 주천酒泉, 장안, 낙양 등이다.

축법호의 번역작업을 도운 사람으로 섭승원聶承遠과 섭도진聶道眞 부자가 있다. 축법호가 『초일명경超日明經』을 번역했을 때 섭승원이 이를 편집해서〔刪定〕 2권으로 만들었다. 섭도진은 범학梵學에 능통해서 축법호의 번역작업을 도왔다. 그밖에 축법수竺法首, 진사륜陳士倫, 손백호孫伯虎, 우세아虞世雅 등도 집필과 교정의 역할을 담당하였다.

그리고 축법호의 제자로서 돈황에서 활동한 축법승竺法乘, 축법행竺法行, 축법존竺法存 등이 있다. 그 가운데 축법승과는 다음의 일화가 전해온다. 8세의 나이에 출가한 축법승이 축법호를 모시고 있었다. 관중關中의 한 귀족이 축법호를 시험해보려고 축법호에게 가서 갑자기 20만 전錢을 빌려달라고 하였다. 축법호는 이 요청에 대해 대답을 하지 않았다. 그의 옆에 13세의 축법승이 있었다. 축법승이 그 귀족에게 "화상께서 마음속으로 이미 당신의 원願을 받아들였습니다"라고 말하였다. 그러자 돈을 요구했던 그 귀족은 돌아갔다. 축법승은 스승에게 "그 손님의 안색을 보니 사실은 돈을 빌리려고 온 것이 아니고 화상의 도량을 보고자 온 것입니다"고 하였다. 축법호도 "나도 그렇게 생각하네"라고 대답하였다. 다음날 그 귀족은 일족 백여 명을 이끌고 축법호가 있는 곳으로 와서 오계五戒를 주기를 청하고 돈을 구하고자 했던 속뜻도 털어놨다.

축법호의 번역은 뒷날 중국불교계에 큰 영향을 주었다. 그가 번역한 『정법화경』 10권은 인도대승불교의 주요경전 가운데 처음으로 번역된 것이고, 또 『정법화경』의 한 품品인 「광세음보살보문품光世音菩薩普門品」에 의해서 관음신앙이 전해지게 되었다. 그리고 『유마힐경』은 동진시대의 귀족들에게 널리 수용되었다.

⑤ 구마라집

구마라집(鳩摩羅什, Kumārajīva, 344~413 또는 350~409)은 구자국龜玆國에서 태어났다. 그의 아버지는 천축(인도)사람 구마라염鳩摩羅炎이고, 어머니는 구자국왕의 누이동생이다. 구마라집의 어머니는 그를 낳은 뒤에 출가하고 싶어 했지만, 그의 아버지는 아들을 한 명 더 낳을 때까지 허락하지 않았다.

구마라집은 7세에 어머니를 따라서 출가해서 경전을 배웠는데 날마다 천 개의 게송을 암송하였다고 한다. 9세에는 출가한 어머니와 함께 계빈국(카슈미르)으로 와서 반두달다槃頭達多에게 『중아함경中阿含經』과 『잡아함경雜阿含經』을 배우고, 12세에 어머니와 함께 구자국으로 돌아오는 길에 소륵(疏勒, 카슈가르Kashgar)에 들렀다. 소륵에서 1년 동안 머물면서 구마라집은 소승불교 논서인 『아비담阿毘曇』과 『육족론六足論』 등과 『증일아함경增一阿含經』을 읽었다. 또 베다와 오명五明, 음양성산陰陽星算의 여러 학문도 널리 공부하였다.

구마라집은 소륵에서 수리야소마須利耶蘇摩에게 대승의 가르침을 배워서 『중론中論』과 『백론百論』을 읽었다. 그 후 『십송율十誦律』을 배우고, 구자국의 신사新寺에 머물면서 『방광대장경』을 배우고 여러 대승경전과 논서에 대한 안목을 얻었다. 한편, 계빈국의 옛 스승 반두달다는 구자국으로 와서 구마라집에게 대승의 가르침을 배웠다고 한다. 그로 인해서 대승불교학자로서 구마라집의 명성이 서역제국에 널리 퍼졌다.

그러자 전진前秦의 왕 부견은 382년에 장군 여광呂光에게 구자국을 없애고 구마라집을 잡아오라고 명령을 내렸다. 그러나 부견이 죽고 전진이 멸망하였다는 소식을 듣고서 여광은 중국 북서부의 양주涼州에서 후량국後涼國을 세웠다. 그래서 구마라집도 양주에 머물 수밖에 없었다. 불교도가 아니었던 여광은 구마라집에게 여러 가지로 모욕을 주었고, 구마라집에게 강제로 구자국의 왕녀를 부인으로 삼게 하였다. 또 여광은 장안의 요흥姚興이 구마라집을 보내라는 요구를 무시하고 17년 동안 양주에 붙잡아두었다.

마침내 후진後秦의 요흥은 401년에 후량을 토벌하고 구마라집을 장안에 모셔왔다. 요흥은 구마라집을 국사의 예로 대접하였고, 서명각

西明閣과 소요원逍遙園에서 경전과 논서를 번역하게 하였다. 그 후 12년 동안 구마라집은 번역과 강의에 전념했고, 그의 문하에 3천 명의 인재가 몰려들었다. 요흥은 구마라집의 비범한 총명함과 이해력은 후손에게 이어져야 한다고 생각해서 기녀 10여 명이 구마라집을 모시게 하였다. 구마라집은 요흥의 뜻을 따르기는 하였지만 스스로 자신의 잘못을 알고 있었다. 그래서 구마라집이 강의를 할 때 "예를 들면 냄새나는 진흙 속에 연꽃이 피어나듯이, 다만 연꽃만을 취할 것이고 냄새나는 진흙을 취하는 것이 아니다"라고 말했다고 전해온다. 후대의 기록에 따르면 구마라집의 자손이 있었다고는 하지만 요흥이 바라던 것처럼 뛰어난 인물은 되지 못하였다.

구마라집이 번역한 경전은 후대의 중국불교에 큰 영향을 주었다. 『중론中論』, 『십이문론十二門論』, 『백론百論』의 삼론三論은 삼론종의 소의경전이 되었고, 『대지도론大智度論』도 위의 삼론과 함께 사론四論학파를 형성하게 하였으며, 『대지도론』과 『법화경法華經』은 천태종을 열게 하는 근거가 되었고, 『성실론成實論』은 성실학파로 이어진다. 그밖에 『아미타경阿彌陀經』이나 『십주비파사론十住毘婆沙論』은 정토교의 소의경전과 논서가 되었고, 『미륵성불경彌勒成佛經』은 미륵신앙의 발달에 일정 부분 역할을 하였으며, 『좌선삼매경坐禪三昧經』 등은 보살선菩薩禪이 탄생하는 데 한 역할을 하였고, 『범망경梵網經』은 대승계율을 전한 것이며, 『십송율』은 율학연구에 자료를 제공한 것이었다. (『출삼장기집』에 따르면 구마라집은 35부 294권을 번역하였고, 『개원석교록』에 근거하면 구마라집은 74부 384권을 번역하였다.)

그리고 구마라집이 번역한 경전을 통해서 불교의 참뜻이 중국에 전해졌다는 평가도 있다. 구마라집의 번역 이전에도 이미 수백 부의 경전이 번역되었지만 그 경전의 내용을 중국인이 충분히 이해할 수 없었다. 그런데 구마라집의 번역에 의해 중국인이 불교를 처음으로 올바르게 이해할 수 있었다. 이런 의미에서 보자면, 구마라집은 많은 역경가譯經家 가운데 중국, 한국, 일본불교의 최대 공로자라고 평가할 수 있다.

구마라집은 죽음을 목전에 앞두고 제자들에게 다음과 같이 말하였다. "불법을 인연으로 서로 만났거늘 아직 내 뜻을 다 펴지 못하였다. 이제 세상을 뒤로 하려니 이 비통함을 무슨 말로 하겠는가. 나는 어둡고 우매한 사람으로 어쩌다 경전을 번역하는 일을 잘못 맡아 그동안 번역한 경전과 논서가 모두 3백여 권에 이른다. 오직 『십송율』 1부만은 번잡한 것을 간명하게 줄이지(刪削) 못하였다. 『십송율』의 근본 뜻을 보존한다면 반드시 크게 어긋나는 곳은 없을 것이다. 아무쪼록 내가 번역한 경전들이 후세까지 전해져서 널리 퍼지기를 원한다. 지금 대중 앞에서 진실로 맹세한다. 만약 내가 번역한 경전 내용 가운데 잘못이 없다면, 화장한 후에도 내 혀만은 불에 타지 않을 것이다."

곧이어 소요원에서 화장을 하였는데 과연 구마라집의 '혀'만은 불에 타지 않고 남았다고 『고승전』에서는 전한다. 이에 따라 당시의 사람은 구마라집의 위대한 행적을 찬탄하였다. 또한 『고승전』에서는 "구마라집이 암송한 것 가운데 십분의 일도 번역하지 못하였다"라고 하면서 구마라집의 입적에 대해 아쉬움을 표명하고 있다.

⑥ 진제

진제(眞諦, Paramārtha, 499~569)는 서천축 우선니국(優禪尼國, Ujjayanī) 출신이다. 양나라 무제가 부남국扶南國에 이름난 승려를 초빙하였고, 그래서 진제는 546년에 남해南海에 도착했으며, 548년에 건강에서 양무제를 만났다. 양무제는 진제를 번역의 책임자로 삼아서 거대한 규모의 번역 사업을 시도하려고 하였지만, 548년에 일어난 후경侯景의 반란으로 인해서 무제의 계획은 이루지지 못했다. 불안정한 시대상황으로 인해서 진제는 여러 곳에서 유랑생활을 하였다.

548년에 발생한 반란을 피해서 진제는 부춘(富春, 항주 서남쪽 富陽)으로 이주한다. 이곳에서 진제는 『십칠지론十七地論』5권, 『결정장론決定藏論』2권, 『대승기신론大乘起信論』등을 번역하였다. 552년에 진제는 건강으로 돌아와서 『금광명경金光明經』7권을 번역하였으며, 554년 2월 예장豫章으로 이주해서 『미륵하생경彌勒下生經』을 번역했고, 또 신오新吳로 가서 미업사美業寺에서 『9식의기九識義記』2권 등을 찬술하였다. 그 이후 진제는 신오, 시흥始興, 남강南康으로 돌아다니면서 『무상의경無上依經』2권을 번역하였다. 558년 예장으로 옮기고, 다시 임천군으로 옮겨서 『중변분별론中邊分別論』2권을 번역하였다.

이처럼 유랑하는 삶에 지친 진제는 3차례 인도로 돌아가고자 하였으나 뜻을 이루지 못했다. 562년 진제는 실제로 인도로 가는 배에 올랐지만 태풍으로 인해 남해에서 멈출 수밖에 없었다. 563년에 『섭대승론攝大乘論』3권과 『섭대승론석攝大乘論釋』12권을 번역했다. 564년에는 『구사론게俱舍論偈』1권, 『구사론俱舍論』22권, 『구사론소俱舍論疏』53권을 번역했다. 568년에는 진제가 자살을 시도하려고 하였으나 그의 제자들이 민첩하게 막았다고 전해온다. 그래서 제자는 진제에게 건강으로 돌아가기를 권하였다. 그러나 진제의 학식과 명성을 시기한 건강의 승려에 의해서 좌절되었다.

진제가 번역한 『섭대승론』에 의해서 성립된 학파가 섭론종이다.

이 종파에서는 9식설을 주장하는데, 9식九識인 아마라식阿摩羅識이 청정한 식識이라고 한다. 지론종 북도파가 섭론종에 포섭되었다.

일설(渡辺照宏의 주장)에 따르면, 진제는 번역가로서 수완과 학식이 중국불교사에서 거의 비교할 만한 사람이 없다는 평가도 있다. 현재 알려져 있는 일부분의 업적만 보아도 진제가 구마라집이나 현장보다도 몇 등급 위라고 평가할 수 있다. 다만 진제가 번역에 전력으로 종사할 수 있는 여건이 마련되지 못했을 따름이다.

⑦ 현장

현장(玄奘, 602~664)은 낙양 근처의 구씨현緱氏縣에서 진陳씨의 넷째 아들로 태어났다. 현장은 10세에 부친을 잃었고, 형의 절에서 생활하였다. 이 무렵에 『열반경』과 『섭대승론』을 배웠다. 20세에 구족계를 받고 불교교학을 연구하였다. 연구하는 도중에 원전을 바탕으로 해서 연구하겠다는 뜻을 세우고 인도로 유학을 갈 계획을 세웠다. 현장이 인도로 유학을 가는 목적은 우선 『유가론瑜伽論』의 연구에 있었고, 그 다음으로 인도에 있는 부처님의 유적을 보고 여러 불교경전과 논서를 연구하려는 데에 있었다. 629년(일설에는 627년)에 장안에서 출발하여 여러 고난을 겪으면서 중인도의 나란다사那爛陀寺에 도착하였다. 나란다사에서는 유가행파나 중관학파의 교리가 강의되고 있었고, 그 때의 최고학자들이 모여드는 곳이었다. 그곳에 정착하여 공부하는 승려가 4천 명, 그밖에 임시로 온 연구가, 재가신도, 유학을 온 다른 종교인까지 합하면 모두 1만 명에 이르렀다.

현장은 나란다사에서 계현(戒賢, Śīlabhadra)에게 유식학을 배웠다. 그 당시에 계현은 유식학의 대가로서 정법장(正法藏: 위대한 학자)이라고 불리었는데, 그의 나이는 이미 106세였다. 계현이 현장을 처음 만났을 때 계현은 현장에게 물었다. "그대는 어디에서 왔는가?" 현장은 답하였다. "『유가론』을 비롯한 불법을 배우고자 중국에서 왔습니다." 이 말을 들은 계현은 눈물을 흘리며 제자인 각현覺賢에게 예전에 있었던 이야기를 들려주도록 하였다.

각현은 현장에게 다음과 같은 이야기를 전해주었다. "실은 스승께서 3년 전에 큰 병이 걸리신 적이 있었는데, 칼이나 송곳으로 온몸이 찔리는 듯한 통증을 느끼셨습니다. 그래서 아무것도 드시지 않고 몸을 버리려고 하였습니다. 그런데 꿈에 금인金人이 나타나서 '그대는 몸을 버려서는 안 된다. 그대는 과거세에 국왕이었는데 많은 사람의 목숨을 해쳤기 때문에 지금 이런 고통을 받는 것이다. 이제 머지않아 한 명의 중국 승려가 인도로 유학의 길에 오를 것이다. 3년 후에는 이곳에 올 것이므로 중국의 승려에게 가르침을 주어 불법이 중국에 전해지도록 해야 할 것이다. 그러면 그대의 죄는 자연스레 소멸될 것이다. 나는 그대를 격려하기 위해 나타난 문수보살이다'라고 말하였습니다."

계현은 현장에게 언제 출발하였는지 물었다. 현장은 "저는 3년 전에 중국에서 출발하였습니다"라고 답하였다. 현장의 말을 들은 계현은 꿈의 내용과 일치한다는 점에 놀라는 한편 매우 기뻐하였다. 계현은 젊은 현장을 이 나란다사의 10대덕 가운데 한 사람으로 맞이하고, 4명의 상좌가 현장에게 시중들게 하였으며, 매일 상찬上饌 20그릇, 쌀 한 되, 각가지 향료, 버터, 치즈, 꿀 등을 제공하였다. 현장이 외출할 때는 코끼리 가마를 이용하게 하고 30명이 시중을 들게 하였다. 이처럼 계현은 현장을 특별하게 대우하였다.

현장은 계현에게 5년 동안 유식학을 공부하였고 그 밖의 대승과 소승의 교학도 공부하였다. 서인도에서 현장은 소승의 부파불교인 정량부正量部를 2년 동안 공부하였고, 또한 장림산杖林山에서는 재가의 대학자인 승군勝軍에게도 2년 동안 배웠다. 이곳에서는 승려와 재가신도 수백 명이 청강을 하였다.

그리고 현장은 당시의 중관학자인 사자광師子光의 설을 논파한 『회종론會宗論』 3천 송을 저술해서 계현에게 보여주었고, 계현은 이 저술을 매우 칭찬하였다. 또 남인도에서 정량부의 대학자가 『파대승론破大乘論』 700송을 저술하자, 계현은 4명의 대표를 선발해서 이 주장을 논파하도록 하였는데 현장이 4명의 대표에 포함되었다. 이때 현장은 『제악견론制惡見論』 1천 6백 송을 저술하였고, 이 저술도 매우 칭찬을 받았다. 그밖에도 순세외도順世外道라는 유물론자와도 논전을 벌였는데, 40개 조항에 대해 낱낱이 논파하여 불교에 귀의하도록 하였다.

현장이 인도를 떠날 무렵에 당시 인도에서 세력이 가장 강했던 계일왕戒日王이 무차대회를 열었다. 현장은 이 무차대회에 18일 동안 참여했는데 모든 논쟁자를 논파하였다. 현장은 인도 제일의 학자로서 크게 찬양을 받았다. 현장은 인도의 여러 곳을 여행하고, 범본梵本 657부를 구해서 645년(정관 19)에 돌아왔다. 중국을 떠난 지 17년 만에 마침내 돌아온 것이다.

현장은 645년에 칙령에 의해서 국립번역기관인 번경원飜經院에서 경전을 번역하였다. 번경원은 뒷날의 고종이 되는 황태자가 현장을 위해 세운 번역기관이다. 현장이 번역한 것은 모두 75부인데, 주요한 것은 『대반야경大般若經』, 『해심밀경解深密經』, 『유가론瑜伽論』, 『현양론顯揚論』, 『아비달마잡집론阿毘達磨雜集論』, 『섭대승론攝大乘論』, 『대비바사론大毘婆沙論』, 『이부종륜론異部宗輪論』, 『성유식론成唯識論』,

『구사론俱舍論』, 『순정리론順正理論』 등이다. (『속고승전』에 따르면 현장은 73부 1330권을 번역하였고, 『현장법사행장』에 근거하면 75부 1331권을 번역하였다.)

현장은 매일 계획을 세워서 번역의 분량을 미리 정해놓고 그것만큼은 무슨 일이 있어도 그날 안으로 번역을 하였다고 한다. 낮에 용무가 있어서 번역을 하지 못하였을 때에는 밤에도 번역을 하였다. 그래서 10시까지 번역을 하고나서 저녁예불을 하고 12시에 잠자리에 든 적도 있다. 다음 날은 4시에 일어나서 그날 번역할 부분의 범본을 읽고 순서대로 붉은 점을 찍고 번역할 준비를 하였다. 이처럼 현장은 매일 정해진 분량을 번역하고, 그리고 번역한 부분은 두 차례, 곧 아침과 저녁 시간에 전국에서 모여든 학인에게 강의하고 질문을 받았다.

659년에 현장은 최후의 대사업인 『대반야경』의 번역을 위해 장안에서 떨어진 옥화궁을 사용하였다. 『대반야경』 600권을 번역하기 시작한 것은 660년 5월 1일이다. 『대반야경』은 모든 한역경전 가운데서도 가장 방대한 것이다. 범본은 20만 송으로 이루어져 있고 한역경전은 신수대장경의 3책 분량이다. 현장은 범본 3종류를 인도에서 가지고 왔고, 이 3종류를 비교하면서 번역하였다. 『대반야경』의 분량이 너무 방대하고 더구나 반복되는 것이 많았기 때문에 제자들은 구마라집이 번역했던 것처럼 중국인의 기호에 맞게 중복을 피해서 내용을 중심으로 번역해달라고 요청하였다. 그래서 현장도 그 의견을 수용해서 간추려서 번역하고자 하였다.

그런데 현장은 잠을 자면서 이상한 꿈을 꾸었다. 그것은 깎아지른 듯한 험준한 산을 오르거나 맹수에게 습격당하는 꿈이었다. 이 꿈의 내용을 제자들에게 말하고 『대반야경』의 내용을 생략하지 않고 온전히 번역하기로 하였다. 그러자 현장은 길몽을 꾸었다. 그것은 불보살이 나타나서 미간에서 광명을 놓고 불보살이 크게 기뻐하는 모습을 나타냈고, 현장은 향기로운 꽃과 밝은 등불로 불보살을 공양하고 높은 자리에 올라서 많은 대중에게 설법하고 많은 사람들에게 공경을 받고 찬탄을 받으며, 감미로운 과일을 받는 것이었다.

그래서 현장은 한 글자도 빠짐없이 『대반야경』의 내용을 번역하였다. 의심스러운 부분이 있으면 3종류의 범본을 비교하여 마무리 하였다. 『대반야경』을 번역하면서 현장만이 아니고 번역에 관련된 제자들도 여러 가지 길몽과 상서로운 일을 경험하였다고 한다. 그리고 『대반야경』을 번역하는 장소에서 망고나무가 때 아닌 꽃을 피우기도 하였다. 현장은 자신의 목숨이 얼마 남아 있지 않을 줄을 알고 번역에 더욱 몰두하였다. 그리하여 663년 10월 말에 『대반야경』 600권을 모두 번역하였다. 이 경전을 다 번역하고서 현장은 다음과 같이 말하였다. "이 경전은 중국에 인연이 있다. 내가 이 옥화궁에서 경전을 번역할 수 있었던 것은 이 경전의 힘이다. 앞서 수도(장안)에서 잡무에 쫓겨 도저히 번역을 하지 못하였지만 지금에야 간신히 완성할 수 있었다. 이것은 오직 모든 부처님의 가피加被와 용龍과 하늘의 도움 때문이다. 이 『대반야경』은 국가를 호위하는 전적典籍이며 인간과 하늘세계의 큰 보물이다."

그러자 『대반야경』은 광명을 내고 여러 하늘세계에서 꽃을 뿌리고 공중에서는 음악과 기이한 향기가 진동하였다고 한다. 이러한 상서로운 조짐으로 인해서 『대반야경』은 나라를 지키는 진귀한 경전(寶典)이 되었다.

『대반야경』의 번역이 끝나자 664년 정월 초하루에 제자들은 현장에서 『대보적경』의 번역을 청하였지만, 현장은 이 방대한 경전을 번역할 기력이 없음을 알고 몇 행만을 번역하고 중지하였다. 그리고 664년 2월 5일 밤에 생을 마감하였다.

현장은 중국의 역경사에서 한 시대를 그었다는 평가를 받는다. 그래서 현장이전의 번역을 '구역舊譯'이라 하고, 현장의 번역을 '신역新譯'이라고 한다. 현장의 번역은 한 글자 한 구절도 소홀히 함이 없는 정확한 번역이었다. 이러한 위대한 번역 사업은 당의 태종 시절의 성대한 문화에 기초한 것이다.

아울러 현장의 『대당서역기大唐西域記』는 7세기 전반의 중앙아시아와 인도의 지리·풍속·문화·종교 등을 아는 데 귀중한 문헌이다. 이 현장의 여행기는 원나라와 명나라 시대에 희곡화되어서 『서유기西遊記』라는 이름으로 세상에 알려졌다.

⑧ **불공**

불공(不空, Amoghavajra, 705~774)은 북인도(또는 스리랑카, 중앙아시아) 출신으로 715년에 감숙성 무위군武威郡에 이르렀고, 720년(또는 719년)에 당나라 낙양에 와서 금강지(金剛智, Vajrabhodhi, 671~741)의 제자가 되었다. 불공은 금강지에게 범어를 배우고 금강지의 경전번역 작업에 참여해서 번역의 용어를 검사하는 역할을 하였다. 그 정도로 불공은 중국어를 이해할 능력이 있었다. 741년에 금강지가 돌아가자 금강지의 유언에 따라 밀교경전을 구하기 위해서 인도로 여행을 갔다. 불공은 바닷길로 실론(스리랑카)에 도착하였고, 그곳에서 범본 1천2백 권을 수집하여 746년에 당나라로 돌아왔다.

현종은 칙령을 내려 불공을 홍려사鴻臚寺에 머물게 하고 궁중에

내도량內道場을 설치해서 불공에게 관정灌頂을 받았다. 숙종의 시대에도 불공은 황제에게 전륜왕위칠보관정轉輪王位七寶灌頂을 주었다. 대종은 불공을 스승으로 모셨고 765년에는 대종은 불공에게 특진시공려경特進試鴻臚卿이라는 관명官名을 내리고, 다시 대광지삼장大廣智三藏이라는 호號를 주었다. 774년에 대종은 병에 걸린 불공에게 개부의동삼사開府儀同三司에 임명하였고 숙국공肅國公에 봉하였으며, 식읍 3천 호를 내려주고 식읍을 사양하는 것도 허락하지 않았다. 불공이 돌아가자 대종은 대변정강지불공삼장화상大辨正廣智不空三藏和上이라는 시호諡號를 내려주었다.

불공은 대주술사大呪術師였고, 이 주술에 의거해서 궁정에서 권력을 쥐고 있던 관리나 지방군벌의 실력자에게 귀의를 얻었다. 이로 인해 불공은 중국불교계에서 최고영예를 얻었다.

불공이 번역한 경전은 110부 143권이다. 그 가운데 중요한 경전은 『금강정경(金剛頂經: 金剛頂一切如來眞實攝大乘現證大敎王經)』, 『금강정오비밀수행염송의궤金剛頂五秘密修行念誦儀軌』, 『발보리심론發菩提心論』 등이다. 불공이 번역한 경전의 분량은 많지 않지만 밀교전수의 제일인자로 꼽히고 있다. 그리고 중국역경사에서 볼 때, 불공의 업적은 구마라집, 진제, 현장과 어깨를 나란히 할 정도라고 한다. 또한 밀교의 다라니를 한자로 옮기기 위해 범어와 한자의 엄밀한 음운音韻의 대응조직을 확립한 것도 불공의 공적이다. 이는 중국의 음운학音韻學에서 중요한 공헌으로 간주되고 있다.

3. 역경론: 경전번역의 방법과 자세

인도의 범어梵語와 중국의 한문은 언어체계가 다르기 때문에 범어를 한문으로 번역하는 데 많은 문제점이 생기게 되었다. 먼저 경전번역에서 직역을 강조할 것인지 의역에 중점을 둘 것인지 논쟁이 있었고, 이 논쟁은 도안道安에 의해서 일단 정리된다. 도안은 의역을 해도 좋은 부분과 의역을 해서는 안 되는 부분을 제시하였다. 그리고 당나라 시대 현장玄奘은 외래어인 범어를 어디까지 번역할 것인지 그 기준점을 제시하였다. 그래서 현장은 범어를 그대로 음사해서 사용해야 하는 5가지 경우를 말하였다. 수나라 시대의 언종彦琮은 경전번역에 종사하는 사람이 어떤 자세와 능력을 구비해야 하는지에 대해 8가지 점에서 논하였다.

이러한 내용은 범어를 한문으로 번역할 때 생기는 문제점에 대한 것이지만, 어느 정도 보편성을 가지고 있는 것이라고 생각된다. 그래서 범어를 한글로 번역할 때나 한문을 한글로 번역할 때에도 상당 정도 의미 있는 기준점이 될 것이라고 생각된다. 그러면 자세한 내용을 알아보자.

1) 직역과 의역의 문제

유기난維祇難과 지겸支謙의 문(文; 의역)과 질(質; 직역)에 관한 논쟁이 있었다. 지겸은 문장이 다듬어져야(文雅) 한다고 주장하였고, 그에 대해 유기난은 의미를 강조하였다. 유기난의 주장에 따르면, 부처의 말씀은 그 의미에 근거해야 하고 문장을 꾸미는 것(文飾)은 소용없는 일이다. 부처의 가르침을 이해하는 것이 중요한 것이고 번역한 문장을 수식하지는 않는다. 경전은 이해하기 쉬워야 할 것이지만 경전의 의미를 놓쳐서는 안 된다는 것이다.[8] 이 내용에 관한 인용문은 다음과 같다.

나(지겸)는 "처음부터 그 말이 아름답지 않은 것을 싫어했다"고 말하자, 유기난이 말하기를 "부처님의 말씀은 그 의미에 의거하는 것이고 〔부처님 말씀을〕 장식할 필요는 없다. 그 법法을 취하는 것이요 〔문장을〕 장식할 필요는 없다. 전래된 경전은 쉽게 이해되도록 〔번역되어야〕 할 것이지만, 그 의미를 놓쳐서는 안 된다. 이것이 〔경전 번역을〕 잘 한 것〔善〕이다"라고 말하였다.[9]

이러한 문文과 질質에 대한 논의는 도안道安에 의해서 정리된다. 도안은 인도나 서역의 불교경전을 한문으로 번역할 때, 범어나 서역어의 문장을 수정해서 번역해도 좋은 경우와 수정해서 번역해서는 안 되는 경우를 구분하고 있다.

우선, 수정해서 번역해도 좋은 경우는 '오실본五失本'이라고 하는데, 그 내용은 다음과 같다. 첫째, 인도나 서역의 원전을 한문으로 번역할 때, 원본의 어순을 그대로 살릴 필요는 없고, 중국의 한문 방식으로 바꾸는 것이 가능하다는 것이다. 둘째, 원전의 문장을 중국의 한문 방식으로 바꾸어서 서술할 수 있다는 것이다. 셋째, 인도나 서역의

---

8 丘山新, 「漢譯佛典の文體論と飜譯論」, 『東洋學術硏究』 제22권·제2호, 東洋學術硏究所, 1983, pp.84~86.
9 『出三藏記集』 7권(『大正藏』 55권, p.50a). "僕初嫌其辭不雅, 維祇難曰 佛言依其義, 不用飾. 取其法, 不以嚴. 其傳經者當令易曉, 勿失厥義, 是則爲善."

경전에서 계속 나오는 반복된 구절은 생략할 수 있다는 것이다. 넷째, 인도나 서역의 원전에서 같은 내용을 말하고 있는 번잡한 설명은 삭제할 수 있다는 것이다. 다섯째, 같은 주제에 대해서 중복적으로 설명한 것은 줄일 수 있다는 것이다. 이 내용에 대한 인용문은 다음과 같다.

호어胡語를 중국어로 번역할 때, 원본의 내용을 잃어버리는 다섯 가지 경우[五失本]가 있다. 첫째, 호어胡語는 모두 도치되어 있는데, 그것을 중국어에 맞추어서 번역한다는 것이다. 이것이 첫 번째 손실이다. 둘째, 호경胡經에서는 질박함을 숭상하지만 중국 사람은 문채文彩를 좋아한다는 점이다. 그래서 많은 사람의 마음에 전하기 위해서는 문채文彩가 아니면 [그들의 마음에] 합하지 않는다. 이것이 두 번째 손실이다. 셋째, 호경胡經은 매우 자세해서, 찬탄하고 읊는 대목에 이르러서도 간곡히 반복하고, 경우에 따라서는 세 번도 하고 네 번도 되풀이하여 그 번잡함을 싫어하지 않는다. 그러나 중국에서는 [그러한 내용을] 잘라버린다는 것이다. 이것이 세 번째 손실이다. 넷째, 호경胡經에는 의설義說이 있어서 복잡한 말이라고 생각된다. 하지만 그 의설의 의미를 찾아보면 글의 내용에는 차이가 없다. 따라서 천오백 행行이나 되는 내용이라도 삭제한다. 이것이 네 번째 손실이다. 다섯째, [호경에서 부처님이] 어느 주제에 대해서 말을 다하고, 다시 다른 대목으로 넘어가려고 할 때 앞에 한 말을 다시 반복하고[反騰], 그리고 나서 뒤의 말로 넘어간다. [중국에서는 이러한 내용을] 모두 삭제한다. 이것이 다섯째 손실이다.[10]

---

10 『出三藏記集』 8권(『大正藏』 55권, pp.52b~c). "譯胡爲秦, 有五失本也. 一者, 胡語盡倒而使從秦, 一失本也. 二者, 胡經尙質, 秦人好文, 傳可衆心, 非文不合, 斯二失本

그 다음, 수정해서 번역해서는 안 되는 경우를 '삼불역三不易'이라고 하는데, 그 내용은 다음과 같다. 우선, 시대의 조류에 따른다고 하면서 부처님의 지혜 말씀을 고칠 수 없고, 천년 동안 내려온 성인聖人의 지혜로운 가르침을 세속적인 차원에서 해석해서 고칠 수는 없으며, 수행이 이루어지지 않은 천박한 사고방식으로 부처님의 지혜 말씀을 고칠 수 없다는 것이다. 이는 문장은 고칠 수 있어도 부처님의 지혜에 속하는 본질적인 부분은 수정할 수 없다는 것이고, 또한 대폭적인 의역은 곤란하다는 것이기도 하다. 따라서 '삼불역三不易'은 아직 영글지 않은 안목을 가지고 성급하게 의역하는 것을 경계한 것이다. 이 내용에 대한 인용문은 다음과 같다.

그런데 『반야경』은 삼달(三達: 智·仁·勇)의 마음으로 얼굴을 가리고 〔있는 그대로 진리를〕 연설한 가르침이다. 〔반야경을 전할 때〕 성인聖人은 반드시 그때의 풍속에 근거하였고, 그리고 그때의 풍속에는 바뀌는 점이 있다고 하여, 우아한 옛 가르침을 깎아내서 지금의 풍속에 따른다. 〔이것은 잘못된 것이다〕 이것이 첫 번째 바뀌어서는 안 되는 점이다. 어리석은 사람과 지혜로운 사람은 하늘〔과 땅〕처럼 막혀 있어서 〔어리석은 사람은〕 성인과 함께 할 수 없다. 그런데도 천년 동안 이어져온 진리의 가르침을 전한다고 하면서 현재 지말枝末의 풍속에 맞추도록 한다. 〔이것은 잘못된 것이다〕 이것이 두 번째 바뀌어

也. 三者, 胡經委悉, 至於嘆詠, 丁寧反覆, 或三或四, 不嫌其煩, 而今裁斥, 三失本也. 四者, 胡有義說, 正似亂辭, 尋說向語, 文無以異, 或千五百, 刈而不存, 四失本也. 五者, 事已全成, 將更傍及, 反騰前辭, 已乃後說, 而悉除, 此五失本也."; 이병욱, 「불교한문 번역을 위한 몇 가지 제언」, 『불교학연구』 7호, 불교학연구회, 2003, p.24.

서는 안 되는 점이다. 아난존자가 경전을 송출誦出해낼 때는 부처님이 입적한 지 오래되지 않았는데도, 존귀한 대가섭은 오백 명의 아라한이 6신통으로 번갈아 살펴보고 번갈아 쓰도록 하였다. 그런데 지금은 〔부처님이 입적한 지〕 천년이 지났는데도 비근한 생각으로 〔경전의 내용을〕 재단한다. 저 아라한들이 〔경전을 송출할 때〕 조심하는 것이 이와 같은데도, 이 땅의 평범한 사람〔生死人〕이 여유롭기는 이와 같으니, 어찌 법을 알지 못하는 사람이 용감하다고 하지 않겠는가? 이것이 세 번째 바뀌어서는 안 되는 점이다.[11]

2) 범어의 음사문제

현장玄奘은 범어를 한문으로 번역하지 않는 경우로 5가지를 제시한다. 이것을 오종불번五種不飜이라고 한다. 첫째, 비밀스럽기 때문이니 예를 들면 다라니(陀羅尼, 眞言)와 같다. 이는 다라니는 간단한 어구에 심오한 의미를 담고 있기 때문에 한문으로 번역하지 않고 범어를 그대로 음역한다는 것이다.

둘째, 많은 뜻을 포함하기 있기 때문이니 예를 들면 박가범薄伽梵이 여섯 가지 뜻을 가지고 있는 것과 같다. 이는 범어의 한 단어가 많은 뜻을 가지고 있는데, 한 가지 의미로만 번역을 하면 다른 의미는 잃게 되므로 의역을 하지 않고 음역을 한다는 것이다. 예를 들어 박가범이라

---

11 『出三藏記集』 8권(『大正藏』 55권, 52c). "然般若經, 三達之心, 覆面所演. 聖必因時, 時俗有易, 而刪雅古, 以適今時, 一不易也. 愚智天隔, 聖人叵階, 乃欲以千歲之上微言, 傳使合百王之下末俗, 二不易也. 阿難出經, 去佛未久, 尊大迦葉, 令五百, 六通迭察迭書, 今離千年, 而以近意量裁. 彼阿羅漢乃兢兢若此, 此生死人而平平若此, 豈將不知法者勇乎! 斯三不易也."; 이병욱, 「불교한문 번역을 위한 몇 가지 제언」, 『불교학연구』 7호, 불교학연구회, 2003, pp.24~25.

는 말은 상서로움을 갖춘 사람[具祥者], 사성제를 분별하여 분명히 아는 자[分別者], 번뇌와 과오를 파괴하는 사람[破壞者], 상서로운 덕을 갖춘 사람[具瑞德者], 갖가지 뛰어난 행법을 간직하여 익힌 사람[修習者], 윤회의 방황을 버린 사람[彷徨棄捨者]이라는 여섯 가지 의미가 있기 때문에 한문으로 번역하지 않는다.

셋째, 중국에 없기 때문이니 예를 들면 염부수閻浮樹와 같은 것이다. 중국에 없는 식물, 동물, 광물, 지명 등은 음역할 수밖에 없다. 유리琉璃, 사자獅子, 마갈타국摩竭陀國, 사위성舍衛城 등이 그 예이다.

넷째, 과거의 예를 따르기 때문이니 아뇩다라삼막삼보리阿耨多羅三藐三菩提는 번역할 수 없는 말은 아니지만 가섭마등(迦葉摩騰, 후한 시대에 불교를 중국에 전함) 이래로 항상 음역을 하였다. '아뇩다라삼막삼보리'는 무상도無上道, 무상각無上覺 등으로 의역할 수 있지만, 예로부터 관습적으로 음역을 하였기 때문에 그 관습에 따른다는 것이다.

다섯째, 좋은 활용[善]이 생기기 때문이니 예를 들면 반야般若와 같다. '반야'는 지혜를 가리키는 것인데 이것을 지혜라고 번역하면 경솔하고 천박하게 들릴 수 있기 때문에 '반야'라고 음역하고, 그를 통해서 '뛰어난 지혜'라는 존중의 의미를 지니게 한다.[12] 이 내용에 관한 인용문을 제시하면 다음과 같다.

당나라 현장법사는 다섯 가지 번역하지 않을 사항[五種不飜]에 대해 논하였다. 첫째, 비밀스럽기 때문이니 예를 들면 다라니陀羅尼와 같다. 둘째, 많은 의미를 포함하고 있기 때문이니 예를 들면 박가범薄

---

[12] 문을식, 「현장의 오종불번五種不飜의 음역이론 연구」, 『불교연구』 26집, 한국불교연구원, 2007, pp.275~295 참조.

伽梵이 여섯 가지 의미를 가지고 있는 것과 같다. 셋째, 중국에는 없는 단어이기 때문이니 예를 들면 염부수閻浮樹와 같은 것이니 중국에는 실제로 염부수가 없다. 넷째, 과거의 예를 따르기 때문이니 예를 들면 아뇩다라삼막삼보리阿耨多羅三藐三菩提는 번역할 수 없는 말은 아니지만, 가섭마등迦葉摩騰 이래로 항상 범어梵語의 음을 사용해 온 것과 같다. 다섯째, 좋은 활용[善]이 생기기 때문이니 예를 들면 반야般若는 존중의 의미이고 지혜智慧는 가볍고 천박한 의미로 들리는 것과 같다.[13]

3) 역경자가 갖추어야 할 자세와 능력

언종(彦琮, 557~610)은 경전번역에 종사하는 사람이 8가지 덕목을 갖출 것[八備]을 제시하고 있다. 첫째, 진심으로 부처님의 가르침을 사랑하고 사람을 이롭게 하고자 서원을 한다. 둘째, 계율을 잘 지켜서 다른 사람의 시비와 험담에서 벗어나야 한다. 셋째, 삼장三藏의 문헌을 잘 알고 대승과 소승의 이치를 관통해야 한다. 넷째, 옛 문헌과 역사서를 두루 보고 문장을 작성하는 데 능해야 한다. 다섯째, 마음가짐이 바르고 관대해서 한가지만을 고집하지 말아야 한다. 여섯째, 도술道術을 깊이 공부하고 명예와 이익에는 관심이 없어야 한다. 일곱째, 범어를 공부하고 범어를 번역하는 데 매진해야 한다. 여덟째, 많은 아름다운 문장을 두루 보고 전자篆字와 예자隷字를 대략 암송해서 한문에도 밝아야 한다. 이 내용에 관한 인용문은 다음과 같다.

---

13 『翻譯名義集』(『大正藏』 54권, 1055a). "唐玄奘法師 論五種不翻. 一秘密故, 如陀羅尼. 二含多義故, 如薄伽梵, 具六義. 三此無故, 如閻浮樹, 中夏實無此木. 四順古故, 如阿耨菩提, 非不可翻, 而摩騰以來, 床存梵音. 五生善故, 如般若尊重, 智慧輕賤."

갖추어야 할 것은 8가지이다. 성심誠心으로 불법을 사랑하고 마음가짐[志]과 서원은 사람을 이롭게 하는 것에 두며 [사람을 이롭게 하는 데] 시간이 오래 걸리는 것을 꺼려하지 않는다. 이것이 첫째 갖춤이다. 경전 번역하는 곳[覺場]에 참여하기 위해서는 우선 계율을 잘 닦아서 [다른 사람의] 험담에서 벗어나야 한다. 이것이 둘째 갖춤이다. 경전에서는 삼장三藏을 잘 알고 의미에서는 대승과 소승을 관통해서 어리석음[闇滯]에서 벗어나야 한다. 이것이 셋째 갖춤이다. 추가적으로 고서와 사서[墳史]를 두루 보고 경전의 문장을 잘 작성하고 재주 없음[魯拙]을 넘어서야 한다. 이것이 넷째 갖춤이다. 생각[襟抱]이 바르고 넉넉하며 능력[器量]은 비어있으면서도 융합할 수 있어서 한가지만을 고집하는 것을 좋아하지 않아야 한다. 이것이 다섯째 갖춤이다. 도술道術을 깊이 공부하고 명예와 이익에 관심이 없어서 자신을 자랑하고자 하지 않아야 한다. 이것이 여섯째 갖춤이다. 범어梵語를 알아야 하고 범어의 번역을 익혀서 범어공부를 게을리 하지 말아야 한다. 이것이 일곱째 갖춤이다. 많은 아름다운 문장[蒼雅]을 두루 보고 전자篆字와 예자隷字를 대략 암송해서 한문에 어둡지 않아야 한다. 이것이 여덟째 갖춤이다.[14]

---

14 『續高僧傳』 3권(『大正藏』 50권, 439a). "所備者八, 誠心愛法, 志願益人, 不憚久時, 其備一也. 將踐覺場, 先牢戒足, 不染譏惡, 其備二也. 筌曉三藏, 義慣兩乘, 不苦闇滯, 其備三也. 旁涉墳史, 工綴典詞, 不過魯拙, 其備四也. 襟抱平恕, 器量虛融, 不好專執, 其備五也. 沈於道術, 澹於名利, 不欲高衒, 其備六也. 要識梵言, 乃閑正釋, 不墮彼學, 其備七也. 薄閱蒼雅, 粗諳篆隸, 不昧此文, 其備八也."

4. 대장경의 형성

대장경大藏經은 경經, 율律, 논論의 삼장三藏과 여러 고승의 저술을 모아서 만든 불교성전이다. 대장경은 일체경一切經이라고도 한다. 그러나 대장경에 포함되는 저술에는 일정한 기준이 있었다. 물론 처음부터 엄격한 기준이 있었던 것은 아니지만, 점차로 기준이 마련되었다. 그 기준은 불타의 가르침이라는 점과 경전의 성립인연成立因緣 등이 분명한 것 등이다. 나중에는 황제의 허락을 받아서 대장경에 포함될 수 있었다. 대장경이 인쇄된 것은 송나라 시대이지만, 그 이전부터 대장경을 정비하는 과정, 곧 경전목록을 작성하는 작업이 있었다.[15] 여기서는 논의를 두 단계로 나누어서 '경전목록의 작성'에 대해 알아보고, 그 다음에 '대장경의 조판'에 대해 검토하고자 한다.

1) 경전목록의 작성

경전의 목록으로 도안道安의 『종리중경목록綜理衆經目錄』이 있었고, 남북조시대에 들어서서 여러 경전목록이 있었다.(남조시대에서 송나라 시대의 것으로 추측되는 『중경별록衆經別錄』 2권, 제나라 시대에는 석왕종釋王宗의 『중경목록衆經目錄』 2권, 양나라 시대에는 승소僧紹의 『화림전불교목

---

15 신규탁, 「대장경의 번역·해석·분류」, 『대장경의 세계』, 동국역경원, 1999, pp.388~390: 경전의 목록은 인도에서 찾아볼 수 없고 중국에서 시작한 것이라고 한다. 중국에서 목록은 『한서漢書』「예문지藝文志」에서 시작한다. 그리고 남조 양나라 원효서阮孝緖는 목록을 재정리하였는데 그것이 바로 「칠록七錄」이다. 이 「칠록」에서는 당시의 서적을 7범주로 구분하였다. 이것이 『수서隋書』「경적지經籍志」에 이르러서 정착되었다.

록華林殿佛敎目錄』 4권, 보창寶唱의 『양대중경목록梁代衆經目錄』 4권이 있었는데, 이것들은 모두 전해지지 않았다.) 양나라 시대 승우僧祐의 『출삼장기집出三藏記集』 15권은 현재 전해오고 있다. 『출삼장기집』은 현재 전해지고 있는 경전 목록 가운데 가장 오래된 것으로 가장 신뢰할만한 참고서라는 주장도 있다.(북조시대에는 이곽李廓의 『원위중경목록元魏衆經目錄』 1권과 법상法上의 『고제중경목록高齊衆經目錄』 1권이 있었는데, 이것들도 현재 전해오지 않는다.)

수나라 시대에 들어서서 남북으로 저술된 경전의 목록을 통합하는 '종합경전목록'이 저술되었다. 그래서 수나라 시대에는 『중경목록』 7권, 언종彦琮 등의 『중경목록(衆經目錄, 隋衆經目錄)』 5권, 비장방費長房의 『역대삼보기歷代三寶紀』 15권이 저술되었다.(당나라 시대에 정태靜泰가 언종 등의 『중경목록』을 증보한 『중경목록』 5권을 찬술하였다. 이것을 『정태록靜泰綠』이라고도 부른다.)

당나라 시대에서는 태종의 정관 연간(626~649)에 정매靖邁의 『고금역경도기古今譯經圖記』가 있고, 이는 현장이 경전을 번역한 번경원의 도기(圖記: 그림에 기록된 내용)였다.(뒷날 현종 때에 지승智昇의 『속고금역경도기續古今譯經圖記』가 나왔다.) 664년에 도선道宣의 『대당내전록大唐內典錄』 10권이 저술되었으며, 695년에 명전明佺 등이 『대주간정중경목록大周刊定衆經目錄』 15권을 찬술하였으며, 730년에 지승이 『개원석교록開元釋敎錄』 20권을 찬술하였다. 『개원석교록』은 내용에는 다소 문제가 있지만 형식이 완벽해서 후대 경전목록의 전형이 되었다는 주장도 있다. 800년에 원조圓照가 『정원석교록貞元釋敎綠』 30권을 저술하였다. 이상의 내용 가운데 중요한 경전목록에 대해 살펴보고자 한다.

① 『종리중경목록』

도안은 한나라 시대에서 374년에 이르기까지 한문으로 번역된 경전의 전체가 담겨 있는 목록을 작성하였다. 이것이 『종리중경목록綜理衆經目錄』이고, 또한 이것을 '안록安錄'이라고도 한다. 그 이전에는 이와 같은 목록이 없었기 때문에 이러한 작업은 선구적 업적이라고 평가할 수 있다. 현재 『종리중경목록』은 전하지 않지만 『출삼장기집』에서 그 내용과 체재를 엿볼 수 있다.

『종리중경목록』에서 도안의 주된 과제는 번역자의 이름을 밝히는 것이었다. 그 이유는 경전을 필사하는 사람들이 번역하는 사람의 이름을 소홀하게 여겨 기록하지 않는 경향이 종종 있었기 때문이다. 도안은 이를 위해서 다음의 두 가지 방법을 사용하였다. 첫째, 같은 경전의 사본을 가능한 대로 많이 찾아내었다. 비록 한 사본에 이름이 빠져 있다 하더라도 다른 사본에서는 이름이 있기 때문이다. 또한 사본에 대한 광범위한 수집을 통해서 번역의 시기, 장소, 여건에 대해 자료를 어느 정도 모을 수 있었다. 둘째, 모든 사본에서 번역자의 이름이 빠져 있을 경우에는 문체, 표현, 단어의 사용 등에 특히 주의하면서 경전 전체를 면밀히 검토하였다. 이런 철저한 연구에도 이름을 밝힐 수 없을 경우에는 그 경전들은 실역失譯의 항목에 포함시켰다.

이와 같은 경전에 대한 세밀한 연구를 통해서 위경(僞經: 중국에서 찬술한 경전)을 밝힐 수 있었고, 이 경우 의경疑經에 포함시켰다. 하나의 경전이 여러 가지로 번역되어 있을 경우에는 모든 번역본과 번역자의 이름을 나열하고, 만일 제목이 없을 경우에는 그 번역본의 첫 구절로 제목을 삼았다. 이런 접근 방법을 통해서 배우는 사람들은 여러 가지 번역본들을 구별할 수 있었다.

도안의 『종리중경목록』은 다음의 2가지 점에서 가치를 지닌다고 평가받는다. 우선, 후대의 경전목록 편찬자들에게 새로운 지평을 열어준 선구자적 업적이라는 점이고, 그 다음으로는 가능하다면 언제든지 경전의 제목과 번역자와 번역의 시기를 알려줄 수 있다는 점이다.

②『출삼장기집』

『출삼장기집出三藏記集』은 양나라 승우僧祐가 찬술한 것이고, 『양출삼장집기梁出三藏集記』, 『승우록僧祐錄』으로도 불린다. 이는 후한 시대부터 남북조의 양나라 시대에 이르기까지 경전과 논서와 율律 등을 번역한 연유와 그 목록, 서기序記, 경전을 번역한 사람의 전기를 모아놓은 것이다.

　『출삼장기집』은 5부분으로 이루어져 있다. 그것은 연기緣記, 녹록, 서序, 잡록雜錄, 전傳이다. ㉠'연기緣記'는 불경의 기원起源과 불경을 번역한 기원을 설명한 부분이다. 여기에는 「집삼장연기集三藏緣記」 등 5편이 소개되어 있다. ㉡'녹록'은 번역한 경전의 명목名目을 모아놓은 부분이다. 여기에는 「신집찬출경율논록新集撰出經律論錄」 등 17편이 포함되어 있다. 그리고 번역된 경전의 목록은 도안의 『종리중경목록』을 참고하고 증보한 것이다. 따라서 지금 없어진 도안의 『종리중경목록』의 내용을 『출삼장기집』을 통해 알 수 있다. ㉢'서序'는 경전의 서문인데, '서'에는 번역한 경전 앞에 위치한 전서前序와 번역한 경전 뒤에 위치한 후기後記가 포함된다. 여기에는 「사십이장경서四十二章經序」 등 110종류의 '전서'와 '후기'가 소개되어 있다. ㉣'잡록雜錄'에는 「송명제칙중서시랑육징찬법륜宋明帝勅中書侍郎陸澄撰法輪」 등 여러 가지 서문과 목록이 실려 있다. ㉤'전傳'에는 안세고, 도안 등 32명의 전기가 실려 있다.

『출삼장기집』은 현재 남아 있는 역경譯經과 관련한 목록 가운데 최고의 것이고, 경전을 번역한 곳, 날짜, 경과 등이 기재되어 있다. 이 기록은 매우 정확하고, 소개된 '서序'와 '기記'의 대부분은 『출삼장기집』에만 수록되어 있는 것이다. 또한 경전의 서문과 후기는 육조시대의 저술이므로 육조시대의 불교를 연구하는 데 귀중한 자료가 되고, 경전을 번역한 사람의 '전기'는 매우 신뢰할 만한 것이고 이는 『양고승전梁高僧傳』의 선구를 이루는 것이다.

③『역대삼보기』

『역대삼보기歷代三寶紀』는 수나라 사람 비장방費張房이 찬술한 것으로, 이는 『개황삼보기開皇三寶記』, 『개황삼보록開皇三寶錄』, 『개황록開皇錄』, 『장방록長房錄』으로도 불린다. 『역대삼보기』는 개황17년(597) 12월에 완성되었고, 『역대삼보기』를 찬술하는 데 17년이 걸렸다. 『역대삼보기』는 후한 시대부터 수나라 시대까지 경전을 번역한 것을 중심으로 해서 삼보三寶를 널리 펼친 사실을 기록한 것이다. 비장방은 재가불자였는데, 당시의 국가적 사업인 경전번역에도 참여하고 있었다. 그는 이전에는 불교의 승려였지만, 북주의 파불破佛 때 강제로 환속 당하였다. 이 법난은 도교가 조정에 문제제기를 함으로써 일어난 것이다. 그래서 비장방은 도교보다 불교가 뛰어나다는 것을 논증해서 불교를 수호하고자 하여 『역대삼보기』를 찬술하였다.

『역대삼보기』는 모두 4부분으로 구성되어 있다. 그것은 제년록, 대록, 입장록, 총목이다. ㉠제년록帝年錄은 중국 역대 제왕의 연표이다. 주周 장왕 10년(기원전 689)에서 수나라 개황 17년(597)까지 각

왕조의 제왕帝王, 연호年號, 간지干支를 연표年表로 작성하고 거기에다 불교역사에서 중요한 일을 대조해서 기록하였다. 이 '제년록'은 불교의 연표에서 제일 오래된 것이다. 그리고 비장방은 이 연표를 통해서 부처가 노자老子보다 먼저 활동한 인물이라는 점을 밝히고, 나아가 도교의 주장, 곧 노자가 인도에서 태어나 부처가 되었다는 주장을 반박하고자 하였다. 아울러 비장방은 후한 명제 이후 불교의 경전이 많이 번역되었다는 점을 과시하고자 하였다.

그러나 비장방은 불교를 수호하겠다는 목적에 너무 집착해서 부처가 열반에 들어간 해를 너무 올려 잡았고, 번역된 경전도 그 숫자를 과장하였다. 이와 같은 잘못된 부분에 대해 당시의 학자들도 알고는 있었지만, 그 목적이 불교를 수호하겠다는 것이었기 때문에 당시의 학자들도 문제 삼지 않은 것으로 보인다. 이러한 오류는 당나라에서 만들어진 경전목록에도 그대로 이어졌고, 후대에 가장 모범적이고 표준이 된 『개원석교록』도 『역대삼보기』의 내용을 상당부분 수정을 했지만, 『역대삼보기』의 오류를 어느 정도 답습하고 있다. ⓒ'대록代錄'은 경전을 번역한 사람과 불교관련 저술의 저자를 시대적으로 분류하고 번역자와 저자의 간단한 전기를 기술하고 있다. ⓒ'입장록入藏錄'은 삼장三藏에 포함되는 서목書目을 기술한 것이다. 여기서는 대승과 소승을 구분하고, 대승과 소승에 각각 수다라(修多羅: 경전), 비니(毘尼: 율), 아비담(阿毘曇: 논)으로 구분하고 거기에다 유역有譯과 실역失譯으로 나누고 있다. 그러나 이 '입장록'의 내용에 잘못된 점이 많다고 후대의 저술에서 비판하고 있다. ㉣'총목總目'은 『역대삼보기』의 목록을 포함해서 여러 경전목록의 '총목'을 소개하고 있다.

앞에서 말한 것처럼, 『역대삼보기』의 '입장록'의 내용은 비판을 받고 있지만, '대록'의 내용 등은 후대의 경전에 관한 목록(經錄)의 기본이 되고 있다.

④ 『중경목록』

『중경목록衆經目錄』은 수나라 법경法經 등이 찬술한 것이고, 이 목록은 『칠권경목록七卷經目錄』, 『법경록法經錄』이라고도 부른다. 이는 후한 시대부터 수나라 시대에 이르기까지 번역된 경전과 논서 등의 제목을 모아놓은 것이다. 이 목록은 2257부 5310권의 경전목록을 7권으로 정리한 것이다. 앞의 6권은 대승과 소승, 경經·율律·론論의 삼장三藏으로 구분해서 기록한 것이고, 7권에는 본서의 총목차가 실려 있다. 이 목록은 594년(개황14)에 수나라 문제의 칙령에 의해서 법경 등이 제작한 것이다.

또 다른 『중경목록』이 있는데, 이는 『인수록仁壽錄』, 『언종록彦琮錄』이라고도 부른다. 이 목록은 후한 시대부터 수나라 시대까지 번역한 경전과 논서의 제목을 분류한 것이다. 이 목록은 602년(인수 2)에 칙령에 의해서 언종彦琮이 중심이 되어 제작한 것이다. 그리고 이 『언종록』을 보완한 『중경목록』이 있는데, 그것은 『대당동경대경애사일체경론목大唐東京大敬愛寺一切經論目』, 또는 『정태록靜泰錄』이라고도 부른다. 이 목록은 칙령에 의해서 663년~665년에 찬술되었다.

⑤ 『대당내전록』

『대당내전록大唐內典錄』은 당나라 도선(道宣, 596~667)이 찬술한 것이고, 간단히 『내전록內典錄』이라고 부른다. 『대당내전록』은 인덕 원년(664) 장안의 서명사西明寺에서 찬술된 것이다. 이는 후한 시대부터 당나라 초기까지 번역된 경전의 제목을 모아놓은 것이다. 『대당내전록』의 편집 방침은 수나라 시대의 3대 경전목록인 『역대삼보기』, 『법경록(중경목록)』, 『인수록(중경목록)』의 장점을 취하고 단점을 버리는 것이며, 거기에다 서명사에서 장경藏經을 만들어본 경험을 추가한 것이다. 그래서 『대당내전록』은 가장 완벽한 경전목록을 찬술하고자 한 것이다.

『대당내전록』은 모두 10부분으로 이루어져 있다. 첫 번째 부분은 역대의 여러 경전이 전래되고 번역된 흐름을 서술한 것이다[歷代衆經傳譯所從錄]. 이는 『역대삼보기』의 '대록'을 계승한 것이다. 그 내용은 후한 시대부터 당나라 고종 인덕원년(664)에 이르기까지 그동안에 경전을 번역한 사람의 숫자와 번역된 경전의 숫자 등을 시대의 순서대로 나열한 것이다. 두 번째 부분은 역대의 여러 경전의 번역본에서 단역單譯과 중역重譯을 구분하고 경전을 전래하고 번역한 사람이 분명한지에 대해 기록을 모아놓은 것이다[歷代衆經飜本單衆傳譯有無錄]. 그 내용은 『인수록』을 계승해서 대승과 소승의 삼장에 대해서 단역單譯과 중역重譯을 구분하고, 유역有譯과 실역失譯을 분명하게 하고, 맨 뒤에는 불교의 현인賢人과 성인聖人의 전기를 모아놓았다.

세 번째 부분은 서명사에서 장경藏經을 정리할 때 작성된 장경목록이다. 네 번째 부분은 역대의 여러 경전을 독송하고 전독(轉讀: 일부분만을 읽는 것)하기 위해서 정본正本으로 하나의 번역본만을 거론한 것이다. 다섯째 부분은 번역한 경전 가운데 제목은 있지만 실제 번역본은 남아있지 않은 경전의 목록이다. 여섯째 부분은 승려와 재가불자가 저술한 모든 논서를 거론한 것이다. 일곱째 부분은 지부경支部經의 목록이다. 여덟째 부분은 위경僞經과 위론僞論의 목록이다. 아홉째 부분은 과거의 경전 목록〔經錄〕을 모아놓은 것이다. 열 번째 부분은 승려의 신이한 감통感通에 대해 서술한 것이다.

⑥ 『개원석교록』

『개원석교록開元釋敎錄』은 당나라 숭복사 지승智昇이 찬술하였다. 간략히 『개원록開元錄』이라고도 한다. 이는 후한 명제 영평 10년(67)에서 당나라 현종 개원 18년(730)까지 664년 동안 번역된 대승과 소승의 삼장三藏, 곧 경전과 논서와 율律, 현인과 성인의 전기 모음, 실역失譯과 흠본欠本 등을 찬술한 것이다.

『개원석교록』은 크게 두 부분으로 구분된다. 첫 번째 부분에서는 후한 시대 이후 번역된 경전의 표목標目(목록), 권수, 연월年月, 동본이역同本異譯(다른 번역본), 번역본이 남아 있는지 여부에 대해서 기록하고, 또 경전번역자의 전기와 이력을 거론하고 있다. 첫 번째 부분에 실린 경전과 논서는 모두 2,278부 7,046권이다. 두 번째 부분에서는 번역된 경전이 남아 있는지 여부에 따라 경전을 분류하고 있다. 두 번째 부분에서는 1,076부 5,048권이 수록되어 있다.

『개원석교록』은 지승이 여러 해에 걸쳐서 여러 경전목록을 비교해서 작성한 것이다. 따라서 『개원석교록』은 본래는 지승이 개인적인 차원에서 작성한 경전목록이다. 그렇지만 『송고승전』의 저자 찬녕贊寧은 『개원석교록』이 경전의 목록으로서 가장 뛰어나다고 평가하고 있다. 이 때문에 뒷날 『개원석교록』은 임금의 명령에 의해서 대장경에 편입되었고, 『개원석교록』의 목록에서 기재되어 있는 1,076부 5,048권의 경전은 대장경에 들어갈 수 있는지를 결정하는 표준이 되었다. 송나라 시대의 여러 대장경도 이 『개원석교록』의 내용에 근거해서 만들어진 것이다.

2) 대장경의 조판[16]

① 대장경의 출현: 촉판蜀版대장경

동양 인쇄술의 기원은 7세기 후반으로 추정된다. 이는 서양의 인쇄술보다 앞선 것이다. 인쇄술이 발전했다는 것은 불교와 관련해서 생각해 보면, 부처님에게 공양하는 실천법의 하나로서 인쇄가 가능했다는 것을 말하는 것이다. 당나라 중기 이후에는 불교계에서는 사경寫經 대신에 경전을 인쇄하였다. 9세기 중엽에 문헌을 통해서 부분적으로 경전을 인쇄하였음을 알 수 있고, 그 구체적 실례로서 의종 함통 9년(868)에 인쇄된 『금강반야경』이 돈황의 석벽에서 발견된 것을 제시할 수 있다. 이 돈황에서 발견된 『금강반야경』은 대영박물관에 보관되어 있다. 이『금강반야경』은 비회(扉繪: 표지그림)가 있는 것으로 유명하지만, 또한 이『금강반야경』을 통해 인쇄술의 발달했음도 짐작할 수 있다.

송나라 시대에 들어서면, 송나라에서는 문화국가를 건설하고자 하였고, 종교 중에서도 특히 불교를 보호하였다. 그 보호정책의 하나로서 태조 개보 4년(971)에 고품高品 장종신張從信에게 촉(蜀: 사천성) 지방의 성도成都에서 대장경의 판版을 조성雕成하도록 명령을 내렸다. 그리하여 12년이 지난 태종 태평흥국 8년(983)에 대장경의 판版이 완성되었

---

[16] 이 부분에 대해서는 小笠原宣修, 「大藏經の成立と開版」, 『中國の佛敎』, 東京: 大藏出版, 소화56(개정4판), pp.215~224를 주로 참고하였다. 그리고 이재창,『불교경전의 이해』, 경학사, 1998, pp.65~69, pp.71~77에서도 대장경의 출판에 대해 간단하게 잘 정리하였다.

다. 완성된 판목(版木: 인쇄에 사용되는 나무)은 모두 13만 개에 이른다. 북송의 수도 변경(汴京: 開封)에서 멀리 떨어진 곳인 촉蜀 지방에서 대장경의 판목을 새기는 것이 가능했던 이유는, 재료가 되는 나무를 이용하는 데 편리하고, 판목을 새기는 전문가인 각공刻工을 동원하기에 유리하였기 때문이다. 촉 지방은 당나라 시대부터 인쇄와 관계가 깊은 곳이고 인쇄술에서는 유서가 깊은 곳이었다. 초판初版의 대장경은 촉 지방의 '성도'에서 완성되었겠지만, 그 판목은 북송의 수도 변경으로 옮겨져서 태평흥국사 안에 있는 인경원印經院에 보관되었고, 그때그때 필요한 부수만큼 인쇄가 가능하게 되었다. 인경원은 뒤에 전법원傳法院으로 이름이 바뀌었다.

촉판蜀版대장경은 『개원석교록』의 「입장록」에서 정했던 1,076부 5,048권에 맞춘 것이다. 그렇지만 체재의 측면에서는 차이가 있다. 촉판대장경은 권자경卷子經으로서 1행行에 14글자가 들어갔지만, 당나라 시대에 사경寫經을 할 때는 1행行에 17글자가 포함되었다. 그래서 당나라 시대에 사경을 할 때는 모두 9만 매의 종이가 필요했지만, 그것을 촉판대장경에서 인쇄를 하였을 때에는 13만 개의 판목이 사용된 것이다. 그리고 촉판대장경의 일부분이 일본에 남아 있다.

이 촉판대장경은 거란대장경의 제작에 영향을 주었다. 그리고 촉판대장경은 고려대장경의 제작에도 영향을 주었다. 고려대장경은 초조初雕대장경과 재조再雕대장경으로 구분할 수 있다. '초조대장경'은 현종의 시대와 문종의 시대에 주로 이루어졌다.(일설에 따르면, 초조대장경은 현종의 시대와 문종의 시대에 두 차례에 걸쳐서 이루어졌는데, 현종의 시대에 제작된 것을 '국전본國前本'이라고 하고, 문종의 시대에 제작된 것을 '국후본國後本'이라고 한다.) '재조대장경'은 고종의 시대에 이루어졌다.

재조대장경은 초조대장경을 바탕으로 해서 촉판대장경과 거란대장경을 대조하고 교감하여 이루어진 것이다.

그리고 의천義天은 송나라와 거란(요)과 일본에서 장서를 구해서 『신편제종교장총록新編諸宗教藏總錄』을 저술하였다.(고려대장경은 일본의 『대정신수대장경大正新修大藏經』의 제작에도 큰 영향을 주었다. 『대정신수대장경』은 고려대장경과 중국의 만력판 대장경을 종합하고자 만들어진 것이다.)

② 대장경의 사판私版 제작

촉판대장경은 관官에서 제작한 관판官版의 권위를 가진 것이지만, 송나라의 지방에서도 경판을 만들려는 시도가 있었고, 그리하여 민간인이 만든 대장경, 곧 사판私版 대장경이 등장하게 되었다. 여기에는 4종류가 있다.

㉠ 사판 대장경으로 대표적인 것이 복주판福州版 동선사본東禪寺本과 개원사본開元寺本이다. 동선사본은 1080년(원풍3)에 시작해서 1104년(숭녕3)에 완성되었고, 개원사본은 1112년(정화2)에 시작해서 1151년(남송 소흥 21)에 완성되었다. 그리고 이 시기에는 조판의 형식이 당나라 사경의 형식으로 다시 돌아가서, 1행에 17글자가 들어갔다. 또한 대장경에 포함되는 불교경전의 숫자가 늘어났다. 동선사본에서는 숭녕 연간(1102~1106)이후 정화 2년(1112) 동안 새롭게 번역된 천태부天台部의 문헌을 추가하였고, 개원사본에서는 1172년(건도8)에 새롭게 대장경에 포함된 선종부禪宗部를 추가하였다.

㉡ 사계판思溪版은 호주湖州 사계思溪의 원각선원圓覺禪院에서 그곳의 호족인 왕영종王永從 일가에 의해 1132년(소흥2)에 시작하였는데,

중간에 법보자복선사法寶資福禪寺로 절의 이름이 바뀌었기 때문에 간기刊記에서는 자복선사판경資福禪寺版經이라는 내용이 추가되었다.

ⓒ적사판磧砂版은 적사 연성사延聖寺에서 홍도弘道 비구니에 의해 1238년에 시작되었고, 원나라 시대에 완성되었다. 이 '적사판'은 오랫동안 실물을 볼 수 없었는데, 서안西安 와룡사臥龍寺와 개원사開元寺에서 발견되었고 중국에서 영인되었다. 그리고 형식에도 변화가 있었는데 권자卷子형식(두루마리형)에서 접장摺帳형식(병풍형)으로 바뀌었다. 이러한 변화는 보관하고 운반하거나 독송하는 데 편리를 도모하기 위한 것으로 보인다.

ⓔ원판元版 대보녕사본大普寧寺本은 백운종白雲宗에서 만든 것이다. 남산南山 대보녕사는 송나라 시대에 성립한 서민적 교단인 백운종의 본산이다. 백운종은 북송 시대 말기에 공청각孔淸覺에 의해 세워졌고, 이는 절강浙江 지방의 서민층을 움직였던 혁신적인 교단이다. 그렇지만 불교계로부터 용납되지 못하고 원나라 시대에 사종邪宗으로 결정되어서 해산되고 말았다. 이 '대보녕사본'은 대보녕사 주지 도안道安 등이 대장경국大藏經局을 열면서 시작되었는데 1277년(지원 14)~1289년(지원 26) 동안에 제작되었다.

'대보녕사본'은 복주판 대장경을 계승하려고 시도한 것이지만, 전체를 다 계승하지는 못하고, 화엄·열반·반야·보적의 4대부四大部를 중심으로 제작되었다. 이것을 '소장小藏 4대부'라고 하는데 '소장'은 대장大藏에 대비되는 말이다. 이는 독송과 대장경을 새기는 일 등에서 전체를 대표하는 것으로 위의 '4대부'만을 제시한 것이다. 이러한 현상은 송나라 시대 이후에 생겨난 것이다.

③ 방책方冊대장경의 등장

명나라 시대의 문화정책과 인쇄기술의 발달로 인해 남장본南藏本과 북장본北藏本이라는 '관판官版 대장경'이 제작되었고, 만력판대장萬曆版大藏이라고 부르는 방책형方冊形 대장경이 출현하였다. '남장본'과 '북장본'은 청나라 시대 용장본龍藏本의 근거가 되는 것이다. 왜냐하면, '남장본'과 '북장본'의 형태에서 제왕권의 과시를 읽을 수 있기 때문이다. 명나라와 청나라 시대에 중요한 대장경으로 다음의 5가지를 거론할 수 있다.

㉠ '남장본'은 1372년(홍무5) 남경 장산사蔣山寺에서 장경藏經 636함 6331권이 새겨지고 그 판목은 57, 130에 이른다. 이 판목을 이용해서 '남장본'은 명나라 시대 말기부터 청나라 시대 초기에 이르기까지 경전을 계속 인쇄하였고, 그리하여 대장경의 보급에 크게 기여하였다. '남장본'은 접장摺帳의 형식(병풍형)으로 소형이다.

㉡ '북장본'은 성조 영락제가 부모의 추복을 위해서 제작한 것이다. '북장본'은 1440년(정통 5)에 완성되었다. 이는 636함 6,361권이다. 앞의 '남장본'이 소형인 데 비해서 '북장본'은 대형이다.

㉢ 무림판武林版은 왕실이 아닌 개인에 의해 제작된 대장경, 곧 사판私版 대장경이다 이는 명나라 중기 이후 무림武林에서 방책형方冊形의 장경으로 처음 간행된 것이다. 그렇지만 원품原品은 전하지 않는다.

㉣ '만력판'은 밀장도개密藏道開와 환여방본幻余方本이 자백진가(紫柏眞可, 1543~1603)와 감산덕청(憨山德淸, 1546~1623)의 협력을 얻어서 제작한 것이다. 만력판은 오대산에서 시작해서 가흥 능엄사에서 완성되었다. 그리고 만력판은 방책본, 책자본冊子本으로 주목되는 것이다. 종래의 대장경은 권자卷子(두루마리형)에서 접장摺帳(병풍형)

곧 절본折本으로 바뀌었지만, 이런 변화로는 불교경전을 공부하는 데 크게 도움이 되지 못하였다. 그러다가 만력판 대장경이 방책형(方冊形: 접어서 네 모퉁이가 일치하게 제본한 것)으로 제작되었고, 이 방책형 대장경에 의해 불교경전의 공부에 도움이 되었다. 이는 명나라 이후의 거사불교의 분위기를 보여주는 것이고, 또한 불교전체로 보면 융합融合불교의 분위기를 드러내는 것이다. 사실 송나라 이후 인쇄된 서적은 방책형이 많았는데, 대장경이 명나라 시대에 이르러서 방책형으로 제작된 것에는 늦은 감이 있다. 이 만력판에 근거해서 청나라 강희제 때에 『속장경續藏經』, 『우속장경又續藏經』이 추가되었다.

㉣ 용장판龍藏版은 1735년(옹정 13)에 완성되었다. 이는 청나라 건륭시대 문화의 화려함을 보여주는 것이고, 겉표지에 그림이 있는 점에서 볼 때 매우 화려한 것이다. 청나라의 서태후가 명치明治년간에 일본 서본원사西本願寺 법주에게 '용장판'을 보내주었고 현재에는 일본 용곡龍谷대학에서 '용장판'을 보관하고 있다.

5. 중국의 역경과 대장경 문화의 의의

중국불교는 인도의 불교가 전래된 것이다. 인도와 중국은 각기 고유의 문화가 왕성한 곳이다. 문화적 색채가 서로 다른 두 나라의 문화가 큰 물리적 충돌 없이 전래된 것은 세계문화사의 입장에서 볼 때도 매우 드문 일이라고 한다. 이러한 현상 속에는 경전의 번역이 상당히 중요한 역할을 하고 있다. 외국어인 인도 범어梵語를 가지고 중국사람이 경전을 읽는다면 아마도 대중화하기는 힘들었을 것이라고 본다. 인도와 중국은 문화적 배경이 상당히 다르기 때문에 그 문화의

거울인 언어체계도 상당히 다를 수밖에 없다. 이처럼 서로 다른 언어체계 속에서 경전의 참뜻을 제대로 전하기 위해 노력했던 역경자譯經者들의 노력은 오늘날의 관점에서 보아도 경탄할 만한 것이다.

그러한 과정에서 어떻게 번역할 것인지 구체적 방법론이 모색되었다. 도안道安은 의역을 해도 좋은 부분과 의역을 해서는 안 되는 부분을 분명하게 제시하였고, 현장玄奘은 외국어인 범어를 어디까지 음사할 것인지 그 기준점을 말하였으며, 언종彦琮은 경전 번역에 임하는 사람의 자세와 능력에 대해 8가지로 정리하였다. 이들의 주장은 오늘날에도 의미가 있다고 생각한다. 도안과 현장의 주장은 범어를 한글로 번역할 때라든지 한문을 한글로 번역할 때 활용할 수 있고(다른 외국어를 한글로 옮길 때도 활용할 수 있고), 언종의 주장은 경전 번역을 하는 것에 국한할 것이 아니라 어떤 자세로 학문을 해야 하는지 그 범위를 확장해서 볼 수 있다. 언종은 어떤 자세로 공부할 것인지에 대해 하나의 모범답안을 제시해주고 있다.

그러면 한역대장경이 오늘날 우리에게 어떤 의미를 갖는 것인가? 우선, 한역대장경은 중국불교의 총집합이라고 할 수 있는 것이다. 엄청난 분량의 책을 인쇄할 수 있다는 것은, 곧 그 나라 문화의 저력을 보여주는 것이다. 엄청난 인쇄사업이 가능하기 위해서는 그 기반이 되는 문화 인프라가 깔려 있어야 한다. 대장경을 인쇄한다는 사업 속에는 수많은 고승과 신심 있는 재가신도의 활동이 녹아들어 있고 그 당시 사회적·문화적 힘이 집결되어 있다. 이런 관점에서 본다면, 한역대장경은 중국불교의 모든 것이라고 불러도 좋을 것이다.

또한 중국대장경은 한국에서 고려대장경과 일본에서 대장경을 만드는 데 큰 영향을 주었으므로 한역대장경은 사실상 중국의 것만이 아니라 동아시아의 문화의 보고寶庫라고도 볼 수 있다. 따라서 한역대장경은 인도불교가 중국에 전래되어 형성된 불교문화의 총집합이고, 이는 불교문화만이 아니라 해당국의 문화를 더욱 풍요롭게 해줄 수 있는 근원지 역할을 하는 것이다.

한편으로 한역대장경은 불법을 널리 펴는 데 그 근거를 제공해주는 역할을 한다. 만약 한역대장경이 없었다면 아마도 없어진 불교경전이 적지 않았을 것이고, 이는 불교문화의 손실이자, 불법을 펼 수 있는 하나의 수단이 사라진 것을 의미한다. 따라서 불법을 펼 수 있는 수단이 잘 보존되어 있기 때문에 그를 통해 불법이 널리 퍼질 수 있는 단서가 제공되었다고 볼 수 있다.

또한 한역대장경이 성립되는 과정을 보면, 중국불교사에 대한 새로운 관점을 제공해준다. 도안이 『종리중경목록』을 작성한 이래로 당나라 시대까지 불교경전과 저술에 대한 목록이 계속 만들어졌고, 송나라 시대에 들어서서 인쇄술의 발달로 인해 대장경이 간행되었고, 이러한 대장경 간행은 청나라 시대까지 이어진다. 이는 중국불교사의 황금시대가 수나라와 당나라 시대라는 주장에 대해 다시금 생각하게 하는 계기가 된다. 만약 현재의 중국불교사의 서술대로 수나라와 당나라가 중국불교의 정점頂點이라면 그 이후인 송나라 시대에 한역대장경이 간행된 것은 어떻게 설명해야 할지 의문이 든다. 더구나 한역대장경이 중국불교의 총집합이라는 관점에서 본다면, 더더욱 의문이 생긴다.

따라서 한역대장경의 성립이라는 관점에서 본다면, 수나라와 당나라가 중국불교의 전성시대라는 주장은 철학과 사상에만 중점을 둔 것이고, 문화현상 전체를 제대로 본 것은 아니라고 할 수 있다. 이처럼 한역대장경에 주목할 때 중국불교사를 보는 새로운 안목이 열린다.

앞에서 말한 것처럼, 인도의 불교경전이 중국에서 한문으로 번역되었고, 개개의 강물이 모여서 바다를 이루듯이, 이 개별 경전이 하나씩 모여서 대장경의 바다를 이루었다. 이는 수많은 사람의 노고 속에 이루어진 금자탑이라고 할 수 있다. 또한 한역대장경은 동아시아 불교문화의 근원지이고, 나아가 동아시아 문화의 하나의 축을 이루고 있다. 동아시아 문화권에서 현대화를 추구한다고 할 때, 대장경 속에서 그 단서를 구하는 것은 너무도 당연한 일이 아니겠는가!

참고문헌

『續高僧傳』(『大正藏』 50권)
『飜譯名義集』(『大正藏』 54권)
『出三藏記集』(『大正藏』 55권)

鎌田茂雄 저, 『중국불교사 1, 2, 3』, 장휘옥 역, 장승, 1992, 1993, 1996.
鎌田茂雄 著, 『中國佛敎史 6』, 東京: 東京大學出版會, 1999
丘山新, 「漢譯佛典の文體論と飜譯論」, 『東洋學術硏究』제22권·제2호, 東洋學術硏究所, 1983.
김충렬, 「인도불교의 중국화과정」, 『중국철학산고(Ⅰ)』, 온누리, 1988.
渡辺照宏 지음, 『경전성립론』, 김무득 역, 경서원, 1993(2쇄).
渡辺照宏 지음, 『불교사의 전개』, 한경수 옮김, 불교시대사, 1992(2쇄).
문을식, 「현장의 오종불번(五種不飜)의 음역이론 연구」, 『불교연구』26집, 한국불교연구원, 2007.
미즈노 고겐 지음, 『경전의 성립과 전개』, 이미경 옮김, 시공사, 1996.
박상준, 「중국의 경전번역 실태 및 번역체계」, 『세계 각국의 경전번역 실태 및 체계에 관한 연구 발표회』, 경전연구소, 2006.
샐리 하비 리긴스 지음, 『현장법사』, 신소연, 김민구 옮김, 민음사, 2010.
석길암, 『불교, 동아시아를 만나다』, 불광출판사, 2010.
小笠原宣修, 「大藏經の成立と開版」, 『中國の佛敎』, 東京: 大藏出版, 소화 56(개정4판).
신규탁, 「대장경의 번역·해석·분류」, 『대장경의 세계』, 동국역경원, 1999.
심재관 외, 『불교경전은 어떻게 전해졌을까』, 불광출판사, 2010.
이병욱, 「불교한문 번역을 위한 몇 가지 제언」, 『불교학연구』7호, 불교학연구회, 2003.
이재창, 『불교경전의 이해』, 경학사, 1998.
이종철, 『중국불경의 탄생-인도불경의 번역과 두 문화의 만남』, 창비, 2008(2쇄).

정우, 「불전한글번역과 용어에 관한 연구」, 중앙승가대 대학원 박사학위논문, 2010.
최종남 편, 『역경학개론 수업자료집』, 2010년 2학기 중앙승가대학교 역경학과.
橫超慧日, 諏訪義純 저, 『구마라집 삼장법사』, 이기운 역, 영산법화사 출판부, 2008.

역경학 개론 _ 5

한국의 불전번역과 불서 간행
Translation of Buddhist Text and Publication of Buddhist Books in Korea
- 梵巴藏漢 佛典의 우리말 옮김을 중심으로 -

고영섭(동국대 불교학부 교수)

1. 불교 전래와 불전 수용

한국불교는 인도불교와 중국불교를 주체적으로 받아들여 한국의 토양과 기후 및 한국인들의 기질과 개성이 숙성 발효한 '한국화된(koreanized)' 불교라고 할 수 있다. 고구려는 제17대 소수림왕 2년(372)에 중국 전진前秦왕 부견符堅이 보낸 사문 순도順道와 불상과 경문을 받아들였다. 순도 이후에도 법심法深과 의연義淵과 담엄曇嚴 등이 전해 온 불교를 수용하였다. 또 2년 뒤(374) 중국 동진東晉에서 건너온 사문 아도阿道로부터 불교를 받아들였다. 왕실은 초문사肖門寺와 이불란사 伊弗蘭寺를 지어 순도와 아도를 각기 머물게 했다. 그리하여 고구려 불교는 불보佛寶의 상징인 불상佛像과 법보法寶의 인증인 경문經文과 승보僧寶의 대표인 순도의 삼보 모두를 구비하면서 시작되었다. 하지만 이때에 들여온 경문이 어떤 종류였는지는 확인할 수 없다. 다만 고구려 중기 불교교학이 삼론학과 성실학 및 지론학과 율학, 그리고 열반학과 방등학 등이었음을 감안하면 이들 관련 경론들이 수용되었을 것으로 추정된다.

백제는 제15대 침류왕 원년(384)에 중국 동진東晉에서 건너온 인도승 마라난타摩羅難陀를 통해 불교를 수용하였다. 왕은 교외에까지 나아가 그를 맞아들여 궁중에 머물게 하고 공경히 받들어 공양하며 그의 가르침을 품수했다. 이듬해 2월에 왕실은 새롭게 도읍한 한산주漢山州에 절을 짓고 10명의 승려를 출가[受具得度]시켰다. 또 제17대 아신왕은 "불법을 높이 받들어 믿고 복을 구하라[崇信佛法求福]"는 교지를 내렸다. 국왕이 불교의 교화를 좋아하여 크게 불사를 일으키고 함께 기리며 받들어 행하자 불교가 널리 퍼져 나갔다. 성왕 때 중인도의 상가나대율사常伽那大律寺로 유학을 떠난 겸익謙益은 5년 뒤(531)에 인도의 배달다倍達多 삼장 등과 함께 아비담장阿毘曇藏과 범어 율본律本 72권을 가져와 한문으로 번역했다. 그 뒤 현욱曇旭과 혜인惠仁은 36권의 율소律疏를 지었다. 백제 불교는 겸익과 현욱과 혜인을 비롯하여 법화학의 현광과 삼론학의 혜현 등의 활동을 통해 이들 관련 불교전적들이 주로 강론되었을 것으로 짐작된다.

가야는 고구려와 백제와 달리 인도의 부파불교와 백제를 거쳐 중국 남조에서 전해온 대승불교를 모두 받아들였다.[1] 가야불교는 시조인 수로왕(42~199)의 부인인 허황옥 왕후가 서역 아유타국阿踰陁國에서 올 때 배에 싣고 왔다는 바사석탑을 주요한 근거로 삼고 있다. 하지만

---

[1] 고영섭, 「부파불교의 전래와 전통 한국불교: 테라와다 불교의 전래와 관련하여」, 『한국선학』 제24호, 한국선학회, 2009년.

학계에서는 이것을 사실로 인정하지 않고 있다. 제8대 질지왕이 재위 2년(452)에 왕이 수로왕의 부인인 허왕후의 명복을 빌기 위해 수로왕과 왕후가 결혼한 곳에다 왕후사를 세웠다. 그리고 삼보에 공양 올릴 비용으로 절 주변의 평전 10결을 주었다. 그래서 가야불교는 왕실에 의한 기획과 지원에 의해 이루어진 왕후사 창건을 공인의 기점으로 삼고 있다. 하지만 대가야의 경우는 중국 남조를 통해 건너온 대승불교를 백제를 통해 받아들였다. 이때 가야에 어떤 불전이 전해왔는지는 알 수 없다. 신라에는 제13대 미추왕 2년(263)과 제19대 눌지왕 대(417~458) 및 제21대 비처왕대(479~499)와 제23대 법흥왕 14년(527)에 승려 아도阿道 혹은 사문 묵호자墨胡子가 불교를 전해왔다는 기록들이 혼재한다. 그리고 이들 기록들에는 아도와 묵호자가 자주 등장하고 있다. 여기서 아도는 '머리를 깎은 사람'으로, 묵(흑)호자는 '얼굴이 시커먼 외래 사람[黑胡子]'이라는 일반명사로 보아야 할 것이다. 그렇다면 신라는 미추왕 대부터 불교가 이미 들어와 있었다는 사실을 알 수 있다.

하지만 신라불교는 국가적 수용과 공인을 받기까지 시간이 더 필요했다. 결국 신라는 네 번째 기록처럼 법흥왕과 이차돈의 신묘한 책략[神略[2]]인 순교사건을 계기로 삼아 불교의 교화와 전법을 공식적으로 인정하였다. 진흥왕 10년(549)에는 양나라 사신과 함께 불사리佛舍利를 가져온[3] 이래, 진흥왕 26년(565)에는 입학승 명관明觀이 진나라 사신 유사劉思와 함께 '석씨경론釋氏經論' 1,700여 권을 가져왔고[4], 진흥

---

2 一然, 『三國遺事』「興法」권3, '阿道基羅'.
3 金富軾, 『三國史記』권4, 新羅本紀 眞興王 10년조; 覺訓, 『海東高僧傳』권2, 覺德.
4 金富軾, 『三國史記』권4, 新羅本紀 眞興王 26년조; 覺訓, 『海東高僧傳』권2, 覺德.

왕 37년(575)에는 당나라로 유학 갔던 신라 최초의 국비유학생 안홍(安弘, 安含)⁵이 서역의 세 삼장과 중국 승려 두 사람과 함께 돌아오면서 『능가경』과 『승만경』및 불사리를 바쳤다⁶. 북인도 오장국의 비마라진제(毘摩羅眞諦, 44세), 농가타(農加他, 46세), 마두라국의 불타승가(佛陀僧伽, 46세) 등이 황룡사에 머물면서 밀교계통의 경전인 『전단향화성광묘녀경梅檀香火星光妙女經』을 번역하자 신라승 담화曇和가 그것을 한문으로 받아 적었다.⁷ 뒤이어 선덕여왕 12년(643)에는 당나라에 유학 갔던 자장慈藏이 돌아오면서 장경 일부(4백여 상자)를 가져왔다⁸. 또 통일신라 말에는 보요普耀선사가 오월국에서 두 차례나 대장경을 가져온 일⁹이 있으며, 후당으로부터 묵默화상이 대장경을 가져온 사실¹⁰이 있다. 그래서 통일신라불교인들은 이들 전적들에 기초하여 연구에 임하였던 것으로 짐작된다. 대발해(698~926)¹¹ 황실 역시 8세기 중후반에 무명無明과 정소貞素 등의 유학승을 인도와 중국에 파견한 뒤 그들이

---

5 覺訓, 『海東高僧傳』권2, 「安含傳」. 여기의 安弘은 安含과 동일인으로 추정된다. 신종원, 「안홍과 신라불국토설」, 『신라초기불교사연구』(민족사, 1987), pp.232~249 참고.

6 金富軾, 『三國史記』권4, 新羅本紀 眞興王 37년조.

7 覺訓, 『海東高僧傳』권2, 「安含傳」.

8 一然, 『三國遺事』권4, 「義解」, '慈藏定律'.

9 一然, 『三國遺事』권3 「塔像」, '前後所將舍利'.

10 一然, 『三國遺事』권3 「塔像」, '前後所將舍利'.

11 '高'씨의 '句麗'를 '高句麗'라고 불렀던 것처럼 大(乞)仲象(?~698년) 또는 大乞乞仲象 혹은 乞乞仲象 중심의 정치연맹체였던 소발해(震國, 676~698)와 대조영의 대발해(698~926) 및 거란에 의해 멸망된 이후 대씨에 의해 부흥되었던 후발해(926/927~935/1003/1007/1114) 등을 아울러 '大'씨의 '渤海'인 '大渤海'라고 부른 것이다.

가져온 『대승본생심지관경大乘本生心地觀經』 등을 번역할 수 있게 했다. 이처럼 고대에 불교를 수용한 한국은 인도와 티베트 및 중앙아시아와 중국 등을 통해 들여온 불전을 한역하거나 한역된 불전을 수용하였다. 그리고 이를 기반으로 신행에 정진하고 교학을 연찬하였으며 그 결과물들을 간행했던 것으로 이해된다. 여기에서는 고대에서 현대에 이르기까지 한국에서 이루어진 불전번역과 불서 간행의 주체를 ①공적 기관을 통해서 이루어진 경우와 ②개인 의지에 의해 이루어진 경우로 나눠볼 것이다. 그리고 번역 언어의 대해서는 ①향찰과 한역을 넘어 순한문의 현토 구결화와 ②선한鮮漢 호용문의 사용 및 ③순언문과 한글 옮김과 ④우리말 옮김의 경우로 구분해볼 것이다.

2. 향찰 향가와 한역 향가

고대의 4국을 통해 형성된 초기 한국불교는 사찰을 '복을 닦아 죄를 멸하는 곳(修福滅罪之處)'으로 인식했다. 때문에 국왕은 이들 사찰을 중심으로 '불법을 받들어 믿고 복을 구하라(崇信佛法求福)'는 교지를 내렸다. 고구려와 백제 및 가야는 왕들의 적극적인 수용과 지원에 의해 국가불교가 되었다. 이와 달리 신라는 천신天神 신앙과 고목古木 신앙에 침윤되어 있던 토착 귀족세력의 반대를 물리친 뒤 불교를 공인하였다. 가야를 먼저 합병한 신라는 당나라와 연합하여 고구려와 백제를 무너뜨리고 종래의 4국 체제를 하나의 체제로 통일시켰다. 통일신라불교 역시 네 나라 불교를 통합하였고 전대의 고구려 불교를 이은 북국의 대발해 불교는 북위와 당나라 및 일본과 교류하면서 동북아제국의 문화를 이어갔다.

그런데 이들 각 나라에서 수용한 '불전佛典'은 백제의 성왕 때 겸익謙益이 인도에서 가져온 범본의 아비담장과 율장 및 신라의 진평왕 때 안홍(安弘, 安含)이 중국에서 서역의 세 삼장과 중국의 두 승려와 함께 가져온 범본의 『전단향화성광묘녀경檀香火星光妙女經』 등을 제외하고는 주로 중국에서 한역漢譯한 경율론 삼장三藏과 이것에 대한 장소(藏疏, 疏鈔) 등이었다. 또 고려 성종 10년(991)에는 한언공韓彦恭이 송宋나라로부터 480질帙 5,047권에 이르는 개보판開寶板 한역 경론들을 가지고 왔다. 이들 불교전적(佛典)은 주로 한자를 매개하여 연구한 저술들이었다. 삼국시대의 서민들은 한자를 사용했던 귀족들과 달리 주로 한자를 빌어 표기하던 이두吏讀[12]와 향찰鄕札[13] 및 각필角筆[14] 구결口訣[15] 등으로

---

12 '吏讀'는 '吏頭'라고도 쓰며 한자의 음과 뜻을 빌려 우리말을 적던 표기법으로 신라에서 발달했다. 이두는 넓은 의미로는 漢字 借用 表記法 전체를 가리켜 향찰·구결 및 삼국시대의 固有名詞 表記 등을 총칭하는 말로 쓰이지만, 좁은 의미로는 한자를 국어의 문장 구성법에 따라 고치고 이에 吐를 붙인 것만을 가리킨다. 때문에 鄕札·口訣 등과는 다른 의미로 사용된다. 다른 표기인 吏頭·吏吐·吏套·吏書 등은 이승휴의 서사시인 『帝王韻記』(1287경)에 처음으로 나타난다. '吏道'는 『大明律直解』(1395)에 처음 나타나는 것으로 보아 신라시대에는 이러한 명칭이 쓰이지 않은 것으로 간주되며, 고려시대에 들어와 이두가 점차 공문·관용문에만 쓰이게 되면서 생겨난 명칭으로 보인다. '이두'의 표기법이 '吏胥(이서: 아전)와 관련이 있음을 보여준다는 점에서 금석문 등에 나타난 신라시대의 이러한 표기법에 대한 명칭으로서 이두라는 명칭은 오히려 적합하지 않다고 할 수도 있다. 하지만 신라 帳籍 등에도 이러한 표기법이 나타나는 것은 일찍이 이두가 바로 吏胥들의 것이었으리라는 추측의 근거를 제공하고 있다. 국어의 문장구조를 가지고 있다는 점에서는 보다 이른 시기의 胥記體(서기체) 표기와 공통점을 가지고 있으나, 문법 형태소들을 보충하여 그 문맥을 분명히 드러낸다는 점에서는 차이점을 가지고 있다. 또한 문법형태를 보충하여 문맥을 보다 정확히 한다는 점에서는 구결과 공통점을 보이지만, 口訣은 중국어의 어순을 가지고 있다는 점에서 이두와 차이가 있다. 이두는 신라 초기부터

발달하기 시작했다고 추측된다. 대체로 '의미부'는 '한자의 새김'〔釋〕을 취하고 '형태부'는 한자의 음을 취하여 특히 곡용이나 활용에 나타나는 격이나 어미를 표기하다가(이두를 이러한 요소들의 명칭으로 쓰는 경우도 있음), 국어 문장 전체를 표기하게 되는 향찰에 와서 그 난숙기에 다다른다. 「서동요」·「혜성가」는 진평왕대(579~631)의 작품이므로 7세기경에는 그 표기법이 고정된 것으로 추측된다. 훈민정음이 창제된 뒤 쇠퇴하기 시작했으나 소송문·고시문·보고서 등의 관용문서에는 조선 후기까지 사용되었다. 이두의 薛聰 제작설은 「서동요」·「혜성가」의 제작연대 및 「경주 남산 신성비」(591)의 예와 설총이 신문왕대(681~691)에 활약한 사람이라는 사실로 보아 인정하기 어렵다. (www.seelotus.com/.../hyang-ga-outline.htm 참고)

13 鄕札은 한자를 활용한 향가 표기에 주로 사용된 한국어 표기법이다. 향찰은 한자의 음(소리)과 새김(뜻)을 이용하여 한국어를 적었으며 고대 한국어를 분석하기 위한 자료로서 중요한 위치를 차지한다. 한문 해석을 위한 보조 문자이기 때문에 입곁토를 빼면 그대로 한문이 되는 구결과는 달리, 향찰은 그 자체로 한국어 문장을 완벽하게 표기할 수 있다. 때문에 향찰은 온전한 "한국어 적기"를 목적으로 만든 표기법이라고 할 수 있다. 「위키백과」 참고.

14 2000년대 들어서야 밝혀지기 시작한 '角筆'은 고대 문헌에 뾰족한 도구를 사용해 한자 옆에 點과 線을 새겨 넣어 발음이나 해석을 알려주는 양식으로 한문 해석을 돕기 위해 구절 사이에 한국어로 토를 다는 '구결'의 한 방식이다. 육안으론 눌린 흔적이 잘 보이지 않고 특수 조명기구가 있어야 볼 수 있다. 지금까지 발견된 '角筆 口訣'은 주로 구절의 끝 한자에 點과 線 등으로 吐를 붙이는 방식이었다. 하지만 최근에 발견된 『법화경』 권7 「묘음보살품」엔 기존 양식과 달리 구절의 중간에 나오는 동사(서술어)에 각필로 토를 붙였다.

15 口訣(입곁→口訣), 입곁, 이토吏吐는 한문의 단어나 구절 사이에 붙이는 한국어 토씨를 표시할 때 사용되었던 문자이다. 원래는 입곁이며, 이것을 석독+음차한 표기가 口訣이다. 중국어 어순의 한문을 쉽게 읽기 위해서 또는 올바른 해석을 위해 문법 구조를 나타내기 위하여 각 구절마다 한국어 토를 다는데 그것을 기록하는 데 한자나 한자의 약자체를 빌려서 사용하는 것이 구결이다. 향찰과 서로 상승작용을 하여 함께 발달된 것으로 생각된다. 구결은 이두의 발달 과정에서 다시 한문의 원전을 읽을 때 문장의 뜻을 돕기 위하여 한자의 이두식 용법으로 발달한 것으로

자신의 의사표시를 해왔다. 때문에 한자를 빌어 표기하는 이두와 향찰 및 각필 구결 등은 당시 사람들의 언어생활을 보여준다는 점에서 번역飜譯의 맥락에서 이해해볼 수 있다. 특히 한자를 빌려 시적 감흥을 표현한 향찰시와 이들 시를 다시 한자로 옮긴 한역시의 경우 구체적인 예들을 통해 번역의 범주에서 살펴볼 수 있을 것이다.

1) 향찰시

고중세 이래 한자는 중국뿐만 아니라 한국과 일본과 베트남(월남)에서도 사용해왔다. 때문에 고중세에 동아시아인들이 공유해온 '한자漢字'를 중국말이라고 단정할 수만은 없다. 고대 이래 우리 민족은 이두, 향찰, 각필 구결 등 한자 차용 표기법을 매개하여 언어생활을 했다. 하지만 사국을 통일한 신라로부터 남북국 시대의 통일신라를 거쳐 고려 초에 이르기까지 이두와 향찰 및 각필 구결 등의 한자 차용 표기법을 사용하여 언어생활을 하면서도 '번역飜譯'이라는 의식은 크지 않았던 것으로 보인다. 오히려 우리에게 '문화의 옮김'으로서 '번역'이란 의식이 본격화된 것은 최행귀崔行歸가 한역한 균여의 향가를 혁련정赫連挺이 『균여전』에 수록하면서부터라고 할 수 있을 것이다.

그런데 향찰시에 대한 최행귀의 한역화는 중국이라는 대국을 섬기려는 사대주의 시도로 보이지 않는다. 이것은 오히려 오랫동안 신라의 울타리 안에서 사용해왔던 향찰시를 한역함으로써 동아시아의 지평

한문으로 문자생활을 영위한 고려시대에 일찍이 한학자들에 의해 창안, 이용되었으리라 추측된다. 구결은 한글로 쓴 것이 아니고 한자의 획을 일부 줄여서 쓰기도 하고, 간단한 한자는 그대로 쓰기도 했다. 주로 한국어의 관계사나 동사 등 한문 구절의 단락段落을 짓는 데 사용되었다. 「위키백과」 참고.

위에서 논의할 수 있는 계기를 마련한 것으로 볼 수 있다. 동시에 이것은 한국시의 국제화와 세계화의 과정임과 동시에 객관화와 타자화의 과정이기도 했다. 아래는 한자를 빌어 향찰로 창작한 신라가요(향가) 14수와 향찰을 풀어 한자로 옮겨낸 고려가요(향가) 11수의 목록이다.[16]

도표 1 신라가요 목록

번호	작품명	작가	창작연대	형식	출전 조목	표기
1	서동요薯童謠	薯童	진평왕대	4구체	武王	향찰
2	혜성가彗星歌	融天師	진평왕대	10구체	融天師 彗星歌	향찰
3	풍요風謠	未詳	선덕왕대	4구체	良志使錫	향찰
4	원왕생가願往生歌	廣德?	문무왕대	10구체	廣德 嚴莊	향찰
5	모죽지랑가慕竹旨郎歌	得烏谷	효소왕대	8구체	孝昭王 竹旨郎	향찰
6	헌화가獻花歌	失名老翁	성덕왕대	4구체	水路夫人	향찰
7	원가怨歌	信忠	효성왕대	8구체	信忠掛冠	향찰
8	제망매가祭亡妹歌	月明師	경덕왕대	10구체	月明師 兜率歌	향찰
9	도솔가兜率歌	月明師	경덕왕대	4구체	月明師 兜率歌	향찰
10	찬기파랑가讚耆婆郎歌	忠談師	경덕왕대	10구체	景德王 忠談師	향찰
11	안민가安民歌	忠談師	경덕왕대	10구체	景德王 忠談師	향찰
12	도천수대비가禱千手大悲歌	希明	경덕왕대	10구체	芬皇寺 千手大悲 盲兒得眼	향찰
13	우적가遇賊歌	永才	원성왕대	10구체	永才 遇賊	향찰
14	처용가處容歌	處容	헌강왕대	8구체	處容郎 望海寺	향찰

『삼국유사』에 수록된 신라 향가 14수는 형식면과 내용면으로 분류해

---

16 대부분의 학자들은 12세기 초에 고려 16대 睿宗이 지었다는 「悼二將歌」와 鄭敍의 「정과정」 2편을 그 문자와 형식의 유사성 때문에 鄕歌의 殘影으로 보고 있다.

볼 수 있다. 형식면으로는 4구체·8구체·10구체로 나눠볼 수 있다. 여기서 '구'는 '줄' 혹은 '행'의 의미로 이해할 수 있다. 4구체인 「서동요」·「풍요」·「헌화가」·「도솔가」는 구전되던 민요나 동요가 정착된 것으로 추정된다. 또 8구체인 「모죽지랑가」·「원가」·「처용가」는 4구체에서 10구체로 발전해가는 과정에서 생겨난 과도기적 형식으로 짐작된다. 그리고 10구체인 「혜성가」·「원왕생가」·「제망매가」·「찬기파랑가」·「안민가」·「도천수대비가」·「우적가」·「보현십원가」는 향가 중 가장 정제된 형식으로 평가된다. 이들 10구체는 대체적으로 매우 세련되고 격조 높은 서정시이며 기교나 서정성이 대단히 뛰어나다.[17]

내용면으로는 먼저 떠난 누이를 보내는 월명사의 「제망매가」는 충담사의 「찬기파랑가」와 함께 향가 중 백미로 이해되고 있다. 현전하는 다수의 신라 향가는 붓다를 찬탄(佛讚)하는 데에서 기원했다는 견해가 있다.

시적 영감	향찰시
죽고 사는 길은 예 있음에 두려워하여	生死路隱 此矣有阿米次肹伊遣
나는 간다는 말도 못 다 이르고 갔는가?	吾隱去內如辭叱都 毛如云遣去內尼叱古
어느 가을 이른 바람에 여기저기 떨어지는 나뭇잎처럼	於內秋察早隱風未 此矣彼矣浮良落尸葉如

---

17 신라 향가 14수 가운데에서 서정성이 깊이 투영되어 있는 月明師의 「祭亡妹歌」는 忠談師의 「讚耆婆郞歌」와 함께 가장 빼어난 작품으로 평가받고 있다.

같은 가지에 나고서도 가는 곳을 모르겠구나. 아아, 미타찰에 만나볼 나는 도를 닦으며 기다리겠다.[18]	一等隱枝良出古 去奴隱處毛冬乎丁 阿也 彌陀刹良逢乎吾 道修良待是古如

    신라 향가는 내용상으로는 민요계 향가와 사뇌가계 향가로 구분되고 있다. 형식상으로는 초기의 4구체에서부터 최종 완성형인 10구체로, 그리고 사뇌가인 향가로 발전한 것으로 짐작된다. 이러한 현전 향가의 몇몇 맥락을 고려해볼 때 민요를 바탕으로 하여 점차 개인 창작시로 발전한 것이라는 주장이 더 설득력이 있어 보인다. 가장 최종적인 형태로 알려진 10구체는 6세기에 창작된 첫 작품인 「혜성가」로부터 균여의 「보현십(종)원(왕)가」가 지어진 10세기까지 활발하게 지어졌던 것으로 추정된다. 그리고 12세기에 창작된 「도이장가」는 10구체의 마지막 잔영으로 이해된다.

    그런데 10구체 향가에서 낙구(落句, 혹은 隔句·後句)의 첫머리는 감탄사로 시작된다. 이것은 후대에 발생한 시조의 종장終章 첫 구에 흔히 나타나며, 가사의 낙구에도 이러한 형식이 나타난다. 이것으로 미루어보아 향가의 형식은 시조나 가사의 후대 시가에 직접 영향을 끼친 것으로 보기도 한다. 설사 새로운 형식이 나타나더라도 기존 형식은 사라지지 않았으며 어느 시기에는 세 가지 형식이 공존하기까지 한 것으로 짐작된다. 하지만 이두와 향찰을 빌어 표기한 이들 신라 향가에서 '번역'의 의미를 직접적으로 느끼기는 쉽지 않다. 한 문화를

---

18 역자 미상.

다른 문화로 옮기는 과정으로서의 번역에 대한 인식은 오히려 향찰로 표기한 균여 향가를 한자로 번역한 최행귀의 한역 향가에서 확인해볼 수 있다.

2) 한역시

균여(均如, 923~973)는 승려이자 화엄학자[19]이자 향가를 지은 시인이었다. 그는 고려 광종의 부름을 받고 당시 남북악으로 갈라져 있는 화엄계를 통합한 고려 전기의 대표적인 불교사상가이다. 균여는 의상義湘의 사태보다 원리를 강조하는 횡진橫盡법계와, 법장法藏의 원리보다 사태를 강조하는 수진竪盡법계를 아우르는 '주측周側'법계의 사유체계와 '원통圓通'의 인식방법으로 동아시아 화엄학을 새롭게 구축했다.[20] 그는 불교의 대중화를 위하여『화엄경』(入不思議解脫境界普賢行願品, 40권)에서 보현보살이 선재동자에게 설하는 10가지 행원에 대응하여 각기 향가 한 수씩을 짓고 마지막의 11수는 결론으로 마무리하여 보현십(종)원(왕)가를 지어냈다. 이 보현십(종)원(왕)가는 10구체로 된 고려의 대표적 향가이다.

최행귀는 균여의 "11수로 된 향가는 가사가 맑고 시구가 곱다[十一首之鄕歌 詞淸句麗]"며 이들 향찰시들을 다시 한문으로 번역(983)하였고, 혁련정赫連挺은 『균여전』(大華嚴首座圓通兩重大師均如傳, 1075)[21]에다

---

19 균여의 『十句章圓通記』에서 보이는 것처럼 그의 저술에는 鄕札式 표기가 많아 義天의 『高麗敎藏』에서 배제되는 수모를 겪기도 했지만 뒷날 문중의 후손이었던 守其(天其)에 의해 교정되어 재조본『고려대장경』에 入藏되었다.

20 고영섭, 「균여의 추측학」, 『한국불학사』(연기사, 1999; 2005).

21 전체 열 장으로 된 『균여전』은 「初 降誕靈驗分」(태어날 때의 영험과 성장), 「第二

균여의 향찰시와 최행귀의 한역시를 모두 담아내었다. 균여의 10구체 향가 형식을 최행귀는 '삼구육명三句六名'이라고 일컬었다.²² 여기서 '삼구'와 '육명'이 무엇을 의미하는지는 자세히 알 수 없다. 다만 각 작품 모두가 의미단위로는 세 단락으로 되어 있고 이들 세 단락을 이루는 구수句數는 4구 또는 2구이며, 작품은 4·4·2의 구수로 구성되어 있다는 특징이 있다.

바로 이 점을 고려하면 의미단위인 4·4·2의 3단위는 향가의 형식을 말해주는 3구6명三句六名의 '3구'를 지칭하는 것으로 볼 수 있을 것이다. 그리고 '6명'의 해석에도 여러 가지 견해들이 있다. 하지만 3구6명의

出家請益分」(집을 떠나 스승 識賢과 義順에게 배움을 청함), 「第三 妹齊賢分」(세 살 위의 누나 秀明과 지혜를 겨룸), 「第四 立義定宗分」(南岳과 北岳으로 갈라져 반목하는 화엄종의 통합을 꾀함), 「第五 解析諸章分」(智儼과 法藏의 저술에 대한 균여의 해설서들), 「第六 感通神異分」(균여의 감통과 신이), 「第七 歌行化世分」(균여 「普賢十種願王歌」의 서문과 내용), 「第八 譯歌現德分」(「보현십종원왕가」를 漢譯한 崔行歸의 서문과 한역시), 「第九 感應降魔分」(正秀의 참소를 물리치고 靈通寺 白雲房을 重修하면서 地神과 대결함), 「第十 變易生死分」(균여의 입적)이다. 이 가운데 균여의 향가가 실린 「제칠 가행화세분」과 「제팔 역가현덕분」이 전기 가운데에서 가장 많은 분량을 차지하고 있다.

22 최행귀는 자신의 한역시 서문에서 "그러나 한시는 한문으로 되어 있어 5언과 7언으로 다듬지만〔然而詩構唐辭 磨琢於五言七字〕, 향가는 우리말을 배열하여 3구와 6명으로 다듬는다〔歌排鄕語 切磋於三句六名〕"는 점에서 다르다고 했다. 하지만 "모두 '義海'로 돌아가는 것은 동일하며 각각 자기 구실을 하고 있으니 어찌 잘된 일이 아니겠는가!"라고 반문하고 있다. 그가 보기에 「보현십종원왕가」의 서문은 한자로 되어 있으나, 가사는 향찰로 되어 있어 "중국 사람들이 보려면 서문 이외에는 자세히 알기 어렵고, 고려 사람들이 들을 때는 노래에 빠져들어 쉽게 왼다. 두 나라 사람들 모두 반쪽의 이로움만을 취할 뿐 온전한 성공은 놓친다"고 했다. 그래서 "근원은 하나이지만 물줄기가 둘로 나뉘듯이, 시와 노래는 본질은 같으나 이름은 다르므로〔詩歌之同體異名〕 한역을 했다"고 했다.

'구'와 '명'은 불경에서 이야기하는 명구문名句文의 '명'과 '구'라는 데는 거의 견해를 같이 하고 있다. 그렇게 되면 아비달마 교학의 14불상응행법과 유식(대승아비달마) 교학의 24불상응행법에 속하는 '두 개 이상의 명사(名身, nāmakāya)'와 '두 개 이상의 구절(句身, padakāya)'과 '두 개 이상의 음절(文身, vyanjanakāya)' 가운데에서 3개의 구절[句]과 6개의 명사[名]를 뜻하는 것이 된다.

다시 말해서 문신文身은 음운音韻적인 부분을 가리키고, 명신名身은 문신을 엮어 사물을 나타내며, 구신句身은 명신을 엮어 동작과 의미(義理)를 설명한다. 결국 명신과 구신과 문신은 성음의 굴곡屈曲과 소전所詮의 차별에 의해 구분된다. 명신은 자신字身과 같으며 성음聲音과 자모字母는 독립된 몸체[獨體]이다. 여기서 '신身'은 '취집聚集'의 뜻이며 두 개 이상의 복수를 가리킨다. '명名'과 '명신名身'의 구분은 "이명二名, 이구二句, 이문二文 이상以上은 모두 '신'이라고 일컬을 수 있다[皆得稱身]"는 정의에 의해 알 수 있다.[23] 하지만 향가의 '형식'(분절)과 '운율'(율격)을 이렇게 볼 수 있을지에 대해서는 아직 논의의 여지를 남겨두고 있다.

도표 2 **고려가요 목록 - 보현십종원왕가**

번호	향찰 작품명	작자	한역 작품명	역자	형식	기타
1	예경제불가	均如	禮敬諸佛歌	崔行歸	10구체	
2	칭찬여래가	均如	稱讚如來歌	崔行歸	10구체	
3	광수공양가	均如	廣修供養歌	崔行歸	10구체	

---

23 呂澄, 『聲明略』(남경: 지나내학원, 1933); 이운표, 「고려대장경에 나타난 고전 범어문법(聲明論)의 統辭에 대하여」, 『고려대장경의 고전범어문법 연구』(고려대장경연구소, 2000), 재인용.

4	참회업장가	均如	懺悔業障歌	崔行歸	10구체
5	수희공덕가	均如	隨喜功德歌	崔行歸	10구체
6	청전법륜가	均如	請轉法輪歌	崔行歸	10구체
7	정불주세가	均如	請佛住世歌	崔行歸	10구체
8	상수불학가	均如	常修佛學歌	崔行歸	10구체
9	항순중생가	均如	恒順衆生歌	崔行歸	10구체
10	보개회향가	均如	普皆回向歌	崔行歸	10구체
11	총결무진가	均如	總結无盡歌	崔行歸	10구체

「보현십종원왕가」는 보현보살이 선재동자에게 가르쳐준 열 가지 행원을 화엄행자인 작자 스스로 행하고자 다짐하는 내용으로 되어 있다. 균여는 이들 각 행원들에 대응하여 한 편의 시들로 형상화한 뒤 마지막에다 총괄하는 시 한 수를 덧붙였다. 제일 첫 시인 「예경제불가 禮敬諸佛歌」를 살펴보기로 하자. 이 시는 모든 붓다들을 공경하고 예배 하겠다고 내용을 담고 있다.

시적 영감	향찰시	한역시
마음의 붓으로	心未筆留	以心爲筆盡空王
그리온 부처 앞에	慕呂白乎隱佛體前衣	瞻拜唯應遍十方
절하는 몸은	拜內乎隱身萬隱	一一塵塵諸佛國
법계 없어지도록 이르거라	法界毛叱所只至去良	重重刹刹衆尊堂
티끌마다 부첫 절이며	塵塵馬洛佛體叱利亦	見聞自覺多生遠
절마다 뫼셔 놓은	刹刹每如邀 里白乎隱	禮敬寧辭浩劫長
법계 차신 부처	法界滿賜隱佛體	身體語言兼意業
구세 내내 절하옵저	九世盡良禮爲白齊	總无疲厭此爲常
아아, 身語意業无疲厭	歎曰 身語意業无疲厭	
이리 宗旨 지어 있노라[24]	此良夫作沙毛叱等耶	

균여의 아름다운 시구와 가락은 대중들에 의해 노래가 되었다. 그의 시는 사람들 사이에 퍼져서 이따금씩 담벼락에 쓰여지기도 했으며 병을 낫게 하는 영험도 보였다고 전해진다. 이처럼 균여 향가는 당시에 담벼락에 적혔을 정도로 대중성을 지니고 있었다. 균여가 자신의 시적 영감을 한자를 빌려와 표기했다면 균여 향가의 향찰표기 역시 이미 '번역'의 의미를 함축하고 있다고 할 수 있다. 마찬가지로 이 향찰시를 다시 7언 율시로 옮긴 최행귀의 한시 역시 '번역'의 의미를 지니고 있다. 그런데 대개 향가 연구자들은 최행귀의 한역 향가가 균여 향가 해독에 크게 도움이 안 된다고 보고 있다. 하지만 불교 연구자들은 최행귀의 한역漢譯시는 균여의 향가를 글자 그대로 번역한 것이 아니라 보현 행원普賢行願 사상을 충분히 이해한 다음 그 의미에 도달하여〔達意的〕해석한 것으로 보기도 한다.

향가의 작자들은 대체적으로 왕·승려·화랑·여류·무명씨 등 여러 계층에 걸쳐 있다. 그리고 현전하는 신라 향가의 작자들은 대부분 화랑과 승려들이다. 충담사와 월명사는 승려이자 화랑으로 짐작되며, 또 월명사와 융천사 등은 승려이자 주술사로 추정된다. 반면 「안민가」를 지어 바친 충담사의 경우처럼 설화와 함께 재구성된 가상인물도 있다고 이해하는 이들도 있다. 또 「원왕생가」와 「헌화가」의 경우처럼 작가의 이름과 신분을 알 수 없는 경우도 있다. 반면 「보현십종원왕가」

---

24 김완진, 『향가해독법연구』(서울대출판부, 1983). 저자와 달리 다음처럼 풀이한 이도 있다. "마음의 붓으로 그린/ 부처님 앞에/ 절 하옵는/ 이 내 몸아// 법계法界의 끝까지 이르러라/ 티끌마다 부처님 나라요// 나라마다 모시옵는/ 법계에 가득한 부처님/ 구세九世 다하도록 절하고 싶어라// (후렴) 아, 몸과 말과 뜻에 싫은 생각 없이/ 이에 부지런히 사무치리(역자 미상).

의 작자인 균여는 상당한 법력을 지닌 출가자였다. 그리고 번역자인 최행귀는 불자이자 문장에 능한 학자였다. 때문에 균여의 향찰시에 대한 최행귀의 한역 시도는 우리에게 번역에 대한 인식의 전환을 가져다 주었다고 볼 수 있다.

또 최행귀의 한역화에 의해 비로소 중국인들도 고려시의 미학에 대해 접할 수 있었다. 하지만 최행귀의 번역이 균여 향찰시의 한역화였다는 점, 그리고 그것은 훗날 세종의 한글 창제를 경험한 우리에게 있어 여전히 한글 번역의 과제로 남을 수밖에 없었다[25]는 점에서 우리는 향찰시와 한역시가 지니고 있었던 시대적 상황과 역사적 한계를 읽어낼 수 있다. 따라서 한글을 쓰는 한국인에게서 타자화 혹은 객관화로서 '번역'에 대한 첫 인식은 조선 전기에 새롭게 창제된 한글에 의해 비로소 이루어지기 시작했다는 사실을 자각하게 된다.

---

[25] 경성제대 교수였던 일본인 학자 오쿠라 진페이(小倉進平, 1882~1944)는 오랫동안 朝鮮의 方言을 연구하여 『小倉進平博士著作集』(1: 『鄕歌及吏讀의 硏究』(京都大學 國文學會, 1929; 1974)를 펴냈다. 이 저술은 향가와 이두 및 부론의 3편으로 되어 있다. 제1편은 향가 일반의 고찰에 이어 현전 향가 25수를 註解하고 향가에 있어서 한자의 용법, 어법, 형식 등에 관하여 논하고 있다. 제2편에서는 이두의 명칭, 의의, 향찰과의 관계, 작자, 주해, 한자의 사용 예 등에 관하여 논하고 있다. 제3편에서는 모음조화, 된시옷, 향가와 이두에 나타나는 '白'에 관한 논문을 수록하고 있다. 그의 저술은 향가 전반에 관한 주석으로는 최초의 것으로 높이 평가되고 있다. 梁柱東의 『朝鮮古歌硏究』(박문서국, 1942)와 『麗謠箋注』(을유문화사, 1947)는 오쿠라 진페이에 자극받아 이루어졌으며 향가 해석의 새로운 기원을 열었다.

3. 불전 목록과 불전 편집

중국의 제지술이 고구려에 전래(593)된 이래 불교인들의 저술 활동은 상당히 진전되었다. 한역 불전의 간행을 위해 진전된 목판 인쇄술은 7세기경 중국에서 시작되어 740년경부터 동양과 서양으로 각각 전파되었다. 현존 기록상 목판 인쇄에 의한 가장 오랜 불전 인출은 신라 경덕왕 10년(751) 이전에 제작된『무구정광대다라니경無垢淨光大陀羅尼經』(너비 8cm, 길이 5m)으로 추정된다. 현존 세계 최고의 목판 두루마리 인쇄물인 이 경전은 대개 한 줄 8자로 되어 있으며 경주 불국사 석가탑 제2층 탑신부의 사리함 속에서 발견(1966.10)되었다. 이 다라니경의 출간연대는 상한선을 700년대 초로, 하한선을 석가탑의 건립연대인 751년경으로 보고 있다. 그 근거는 이 경문 속에 당唐나라 측천무후則天武后 집권기(15년)에만 통용된 뒤 자취를 감춘 신제자新制字 4글자(注〔證〕·澍〔地〕·全〔授〕·茸〔初〕)가 기록되어 있기 때문이다. 그래서 이『무구정광대다라니경』은 종래 가장 오래된 것으로 알려진 일본의『백만탑다라니경百萬塔陀羅尼經』(770년 간행)보다 20여 년 앞선 것이다. 또한 지질紙質면이나 목판 인쇄에 의한 인경 형태면에서 한국 고인쇄문화古印刷文化의 높은 성취를 보여주고 있다. 이러한 성취는 고려의 인쇄문화 발전에 큰 영향을 주었다.

고려는 초기부터 비서성秘書省, 수서원修書院, 서적포書籍鋪 등을 설치하여 출판문화 정책을 세우고 실행하였다. 경적經籍과 축문祝文을 맡아보던 비서성은 국가출판기관의 역할을 하였다. 또 왕의 고서庫書로 설치(990)된 수서원은 많은 소장 도서를 신하들이 이용할 수 있게 했다. 그리고 국자감의 진흥책으로 설치(1095~1105)한 서적포는 도서

간행에 힘썼다. 고려는 이들 관청을 통해 많은 도서를 간행, 보관하고 때로는 송나라에 수출하기도 하였다. 이 때문에 유학경전과 불교경전의 수요가 증대하여 목판 인쇄술이 발달하였고 송나라 판본의 유입은 인쇄물 간행을 더욱 촉진시켰다. 이 시기에 총지사에서 간행(1007)한 『보협인다라니경』은 대표적인 목판 인쇄물이었다.

이러한 목판 인쇄술에 힘입어 금속활자를 발명하여 불교전적과 유교 전적을 간행하여 전국에 널리 유통시켰다. 고려시대는 무인들이 오래도록 정권을 장악한 시기였음에도 불구하고 인쇄술의 발전과 도서의 보급에 의해 문인들의 시대를 열었다. 그 성취는 고스란히 조선으로 이어졌다. 그러면 이처럼 목판 인쇄술과 금속활자를 발명하기까지 밑거름이 된 대장경과 교장 등의 조성 과정에 대해서 살펴보기로 하자.

1) 장경 목록

불교문화의 집대성인 대장경을 판각하기 위해서는 장경 목록이 전제되어야 한다. 장경 목록은 새롭게 펴낼 전서의 지형도이기 때문이다. 송대 이후 중국에서 대장경이 집대성된 이래 동아시아 각국에서도 대장경의 조성이 이루어졌다. 고려 역시 초조본『고려대장경』을 판각하기 위해서 선행하고 있는 장경 목록들을 검토하였다. 이미 양(梁, 445~518)나라의 승우僧祐가 511년경에 편찬한『출삼장기집出三藏記集』(15권)과 수隋나라의 법경法經이 594년에 편찬한『중경목록衆經目錄』이 유통되고 있었다. 초조본을 편찬하기 위해 설립된 대장도감과 재조본 조성을 담당한 대장도감에서는 이들 목록들을 검토하였다. 고려 정부는 당唐의 지승智昇이 선행 목록들을 검토하여 730년에 편찬한『개원석교록開元釋敎錄』에 의거해 대장경을 편찬하기에 이르렀다.

① 개원석교록

『개원석교록』은 『개원목록開元目錄』 혹은 『개원록開元錄』 또는 『지승록智昇錄』으로도 불린다. 지승은 불교가 전해진 후한 시대 명제明帝 영평永平 10년부터 당唐 현종玄宗 개원開元 18년까지 664년 동안에 번역된 대승, 소승의 경율론 3장, 역자가 알려지지 않은 경우, 결본缺本들을 정리 수록하여 이 목록을 편찬했다. 이것은 당唐대까지 성립된 『출삼장기집』, 『법경록』, 『역대삼보기』, 『대당내전록』 등의 목록을 비교 검토하면서, 종래의 경록을 비판적으로 집대성하여 정연한 조직체계를 갖추고 있다. 모든 경록 가운데 가장 완전하게 정비된 이 목록은 칙명으로 대장경에 입장入藏되었으며 송장본宋藏本 이후 모든 장경은 이것에 의거하였다. 또한 예부터 전해져온 모든 언어 및 번역 경전의 글들도 이 책을 기준으로 분류하거나 수록을 했다. 이 목록은 전체를 '총괄군경록總括群經錄'과 '별분승장록別分乘藏錄'의 두 부분으로 나누고 있다.

'총괄군경록'은 제1권부터 제10권에 걸쳐 있다. '총괄군경록'은 후한 이후의 역경 사실을 연대별, 역경의 표목標目, 권수, 연월, 동본同本 이역異譯의 유무 등을 수록하고 있다. 역자는 출가자와 재가자를 포함하여 176명이며 이들이 옮긴 불전은 모두 2,278부 7,046권이다. 이 부분의 목록은 연대별, 역자별 수록이라는 원칙에 따르고 있다.

'별분승장록'은 제11권부터 제20권에 걸쳐 있다. '별분승장록'은 다시 둘로 나눠볼 수 있다. 제11권부터 제18권은 '별분승장록'을 7문門으로 나누어서 설명하고 있으며, 제19권과 제20권은 대장경에 입장入藏된 불전의 목록을 따로 정리하고 있다. '별분승장록'의 7문 중 첫째의 '유역유본록有譯有本錄'은 번역도 되었으며 그 역본도 있는 불전을 열거하면서 특기 사항을 적고 있다. '유역유본록'은 제11권부터 제13권에 걸쳐서 서술되고 있으며 크게 '보살장菩薩藏', '성문장聲聞藏', '성현집전 聖賢集傳'으로 나눠진다.

처음의 '보살장'은 여러 이역異譯이 있는 대승경, 이역이 없이 한 번만 번역된 단역單譯 대승경, 대승율, 대승론의 순서로 분류하였다. 여기서 대승경은 실제로 중역重譯 대승경에 해당하며, 반야부, 보적부, 대집부, 화엄부, 열반부 등 5대부大部 외 여러 경전의 중역본重譯本으로 세분하고 있다. 뒤이은 '성문장' 역시 소승경, 즉 중역 소승경, 단역 소승경, 소승율, 소승론 등의 순서로 분류하고 있다. 마지막의 '성현집 전'은 붓다나 고승에 대한 전기, 그들의 문집 등을 모은 것이다. 이는 다시 인도인 찬술과 중국인 찬술 부분으로 나누고 있다.

둘째의 '유역무본록有譯無本錄'은 이미 번역은 되었지만 그 역본이 남아 있지 않은 불전을 정리한 것이다. 제14권과 제15권에서는 총 1,148부 1,980권의 산실된 불전을 열거하고, 그 특기 사항을 적고 있다. 셋째의 '지파별행록支派別行錄'은 반야부 등 대부大部의 경전 중에 서 어느 한 부분만 따로 번역되어 유통된 경우에 대해 기록하고 있다. 제16권에서는 총 682부 812권을 수록하고 있다. 넷째의 '산략번중록刪 略繁重錄'은 동본同本 이명異名 또는 광본廣本을 간략하게 추려낸 총 147부 408권의 불전을 수록하고 있다.

다섯째의 '보궐습유록補闕拾遺錄'은 이전에 나온 경록에 수록되지 못한 새로운 번역을 정리한 것으로 총 306부 1,111권을 수록하고 있다. '산략번중록'과 '보궐습유록'은 모두 제17권에 정리되어 있다. 여섯째의 '의혹재상록疑惑再詳錄'은 성립 번역 유통의 과정에서 다시 살펴볼 필요가 있는 의혹이 있는 불전들을 수록한 것이다. 하나하나의 문헌에 대하여 편자 스스로의 결론을 유보한 채, 재고해야 할 이유들을 기록하고 있으며 총 14부 19권으로 되어 있다. 일곱째의 '위망난진록僞妄亂眞錄'은 위경 목록이며 총 392부 1,055권으로 되어 있다. '의혹재상록'과 '위망난진록'은 제17권과 제18권에 수록되어 있다. 제19권과 제20권은 대장경에 입장된 불전의 목록인데, 이는 '유역유본록'에서 제시된 해설들을 생략한 채 다시 한 번 반복한 것이다.

　이 문헌의 두드러진 특색은 정연한 조직체계에 있다고 할 수 있다. 이전의 경록들에서는 볼 수 없었던 독창적인 노력을 기울이고 있다. 이후 모든 경록들은 이 책을 모범으로 삼으면서도 이 문헌을 능가하지 못한 채 이 목록에 따라 대장경을 편찬하였다. 고려 시대 때 이루어진 초조본『고려대장경』과 재조본『고려대장경』의 초조대장경 부분 (K-1~1087) 역시 '유역유본록'에 의거한 것이다. 지승은 또 이 문헌의 '유역유본록' 부분을 간략히 하여 별행別行시킨『개원석교록약출開元釋教錄略出』4권을 편집하였다.[26] 첫 대장경인『송판대장경』역시 이『개원석교록』에 의지하여 편찬했다.

② 대장목록과 대장교정별록

재조본『고려대장경』판각 과정을 기획하고 종합한 인물은 당시 화엄종 개태사 승통 수기守其였다. 그는 대장경의 목록 작성과 교정의 책임을 맡아『고려대장경』의 교감을 주도하였다.[27] 수기는 재조본『고려대장경』을 집성하기 위해 먼저 초조본『고려대장경』의 체재를 따르면서도

---

[26] 고려대장경연구소,『개원석교록』해제 참고.
[27] 『大藏校正別錄』卷首(『고려대장경』제38책, p.512상). "高麗國新雕大藏校正別錄 卷第一 俊 沙門守其等奉 勅校勘."

자신의 교학적 입장에 의해 새로운 경판을 추가하고 대장경의 여러 판본의 내용을 비교하여 바른 것을 택하여 판각板刻하였다. 때문에 그의 역할은 단순한 목록 선별과 교정에 그치지 않았다. 수기는 교정승을 동원하여 대장경의 본문을 일일이 살펴내어 판각용板刻用 바탕책을 마련하자, 각수들은 이를 목판에 뒤집어 붙이고 하나하나 새겨냈다.

수기는 대장경 제작 과정에 있었던 목록의 선택과, 판본의 교정 등 작업과정의 여정을 일일이 기록으로 남겼다. 이것이 『대장목록大藏目錄』과 『고려국신조대장교정별록高麗國新彫大藏校正別錄』이다. 『대장목록』은 상·중·하의 3권 분량이며, 『교정별록』은 30권에 이르는 방대한 분량이다. 이러한 작업은 많은 수의 학자와 승려 및 여러 지식인들의 참여에 의해 가능할 수 있었으며, 수기는 대장경 간행의 교정책임을 맡아 이를 종합 완성하였다.

『대장목록』은 『여장목록麗藏目錄』 혹은 『고려판목록高麗版目錄』 또는 『고려장목록』 및 『고려본목록』 또는 『여본목록』 등으로 불리는 재조본 『고려대장경』 정장正藏의 목록이다. 1248년 대장도감大藏都監에서 편찬된 『대장목록』은 천자문千字文 순으로 된 함函에 들어가 있는 불전佛典의 이름, 권수, 역자 및 저자를 밝히는 형식을 취하고 있다.

천天, 지地, 현玄, 황黃, 우宇, 주宙, 홍洪, 황荒, …… 내柰 함函에는 600권이 들어 있으며, 종이는 748첩牒 18장張이 들어갔다. 『대반야바라밀다경大般若波羅蜜多經』 600권은 대당大唐 삼장법사三藏法師 현장玄奘이 조서를 받들어 번역하였다.[28]

---

28 『大藏目錄』(『고려대장경』 제39책, p.174상). "天地玄黃宇宙洪荒日月盈昃辰宿列張寒來暑往秋收冬藏閏餘成歲律呂調陽雲騰致雨露結爲霜金生麗水玉出崑崙劍號巨

이『대장목록』상권에는 천天 함의『대반야바라밀다경』부터 공空 함의『십지경론十地經論』까지의 총 556종의 목록을 수록하고 있다. 여기에는 반야부般若部·화엄부華嚴部·열반부涅槃部에 속하는 경전들과, 방등부方等部·비밀부秘密部·논부論部에 속하는 일부 문헌을 수록하고 있다.

중권에는 곡谷 함의『미륵보살소문경론彌勒菩薩所問經論』부터 설設 함의『중경목록衆經目錄』까지 총 506종의 목록을 수록하고 있다. 여기에는 대승·소승의 논부와 율부律部, 아함의 제부諸部를 비롯하여, 소승 경전의 대부분을 싣고 있다.

하권에는 석席 함의『대당내전록大唐內典錄』부터 동洞 함의『일체경음의一切經音義』까지 총 459종의 목록을 수록하고 있다. 여기에는 여러 가지『중경록衆經錄』과『고승전高僧傳』등과 비밀부에 속하는 대부분의 목록, 대·소승에 속하는 경전들의 목록 일부를 싣고 있다. 이와 같이『대장목록』에 들어있는 경전의 수는 1,521종이며 이것은 대장도감에서 이 목록을 작성할 때까지 판각된 불전의 수이다.

당시 교정의 총책임을 맡았던 수기는 당시 유통되고 있던 대장경들과 장경 목록류를 바탕으로 새로이 첨가, 삭제, 교감하면서 그 과정과 내용을 기록하였다. 이것이 '고려에서 새로 조성한 대장경을 교정한 기록'인『고려국신조대장교정별록』이다. 때문에 이『대장목록』은『고려대장경』의 내용과 구성, 편찬 형식과 체재를 일목요연하게 알려주는 귀중한 자료가 된다. 이『교정별록』은『고려대장경』을 조성하면서 국본國本·송본宋本·단본丹本 등 세 대장경 판본을 대조하고 교감하

關珠稱夜光果珍李柰函入六百卷 入紙七百四十八牒十八張 大般若波羅蜜多經六百卷 大唐三藏法師玄奘奉 詔譯."

여 여러 가지 착오를 바로잡은 부분에 대해 적은 것이다. 이 목록은 『개원석교록開元釋教錄』을 주로 참고하였고, 『출삼장기집(僧祐錄)』, 『속정원석교록續貞元釋教錄』, 『법상록法上錄』 등의 목록을 부분적으로 활용하였다.

『교정별록』의 교감 내용은 역자, 권수, 주석, 제목, 위경 여부 등을 검토하고, 누락된 문장은 다른 경전을 참고하여 보완하였다. 또 경전이 중복되거나 본문이 있어야 할 위치가 바뀐 것 등을 바로잡고 문장, 문구, 글자의 착오 등을 바로잡았다. 교감의 내용은 대체적으로 다음과 같다. 첫째, 단본丹本에 수록된 경전이 옳지만, 국본과 송본에 실린 경전 또한 함께 수록했다. 둘째, 단본에 의해 국본과 송본의 착란과 누락을 보완한 불전을 수록하였다. 셋째, 국본과 송본을 버리고 단본만을 취한 불전이 있다. 예컨대『본사경』의 교감기에서 국본과 송본의 네 가지 착오와 단본의 두 가지 옳음을 예시한 뒤에 단본을 취하고 있는 것처럼, 이 교감은 매우 정교하다. 넷째, 단본만 있어서 단본을 취한 불전이 있는데, 이는 『거란대장경』이 일실逸失된 지금『고려대장경』이 아니었으면 전래되지 못했을 자료들이다. 다섯째, 2본本, 타본他本, 제본諸本, 동북東北 2본으로 송본을 교감한 예도 있다. 어느 나라 대장경을 참조하였는지 명확히 밝히지 않고 2본 등으로 부르고 있으나 국본과 송본을 일컫고 있음이 틀림없다. 왜냐하면 한결같이 송본을 교감하고 있기 때문이다. 여섯째, 국본과 단본에 의해서 송본을 교감한 불전이 있다. 일곱째, 단본에 없거나 잘못된 경우의 불전도 있다. 단본이 가장 정교한 것으로 파악되었지만, 단본에도 잘못된 경우가 있다. 여덟째, 국본의 특수성이 보이는 경우의 불전들도 있다. 국본으로 타본을 교감하거나 국본에만 있는 불전들이다. 이로써 초조본『고려대장경』역시 단순한 송본의 복각이 아니며, 국내에 전하던 사본과 송본을 서로 대조해 정본定本을 만들었음을 알 수 있다. 다음으로 국본이 잘못되어서 취하지 못한 경우도 발생하였다. 아홉째, 세 나라의 본이 모두 결락되거나 오류인 경우의 불전이 있다. 열째, 기타의 경우가 있다. 세 나라의 본을 대조 교감한 것이 아니라 함函의 차례 이동, 서序와 문文의 착오 등을 여러 목록류와 대비, 분석하여 바로잡고 있다. 이때 이용한 목록으로는 『개원석교록』을 주로 하고, 당시 유통되었던 경록經錄들을 참조하였다.[29]

아울러 균여계통의 먼 후학이었던 수기의 화엄인식은 『교정별록』의 교감내용에도 반영되어 있다. 이것은 『대집경大集經』 교감에 반영된 내용을 통해 엿볼 수 있다.

이 경을 살펴보건대 『국본國本』과 『송본宋本』은 모두 60권 17품이고, 『거란본(丹本)』 장경에는 30권 11품이 있다. …… 삼가 『개원석교록』 전후의 문장을 살펴보건대 지금 두 대장경본 경 60권은 여섯 가지 과실이 있기 때문에 의거할 수 없다. …… 이것을 이치적으로 바로잡아야 하지만 어떻게 바로 잡겠는가. 간략히 한다면 『개원석교록』의 거란 장경처럼 30권으로 한 것이 올바른 것이고, 종합한다면 『개원석교록』 중에 있는 제6본과 같이 80권으로 하면 비로소 갖춰지게 된다. 그러나 지금은 바로잡을 수 없다. 이 60권 본을 우리나라의 분황종芬皇宗에서 선택하여 사용해서 경행經行한 지 오래되었기 때문에 오래된 것은 변개變改시키기 어렵다.[30]

---

29 오용섭, 「고려국신조대장교정별록 연구」, 『서지학연구』 창간호, 서지학회, 1986, pp. 220~236 참조.

교감의 내용처럼 수기守其는 오류를 알면서도 분황종의 입지를 염두에 두고 바로잡을 수 없다고 했다. 분황종은 분황사에 머물며 경전과 계율을 혁신한 원효가 민중과의 광범위한 기반을 확보하면서 이를 계승한 종단이었다. 이것은 수기가 원효를 종조로 하는 분황종을 달리 평가한 것과 연관 지어 볼 수 있을 것이다. 뿐만 아니라 무신집권기 자신이 소속된 균여계 화엄학통이 크게 부상하였다 하더라도 분황종은 상당한 세력을 유지하고 있었기 때문에 그들을 의식하지 않을 수 없었을 것으로 짐작된다. 아울러 같은 화엄종 속에서도 학통 간에 소의경론의 차이가 있었을 것으로 이해된다. 수기 등의 교감자들은 이러한 내외적인 현실 상황을 의식하면서 이것을 대장경 교감에 반영한 것으로 추정된다.

또한 이러한 사실과 더불어 수기守其는 『교정별록』 권14, 『법계무차별론法界無差別論』 1권의 내용에서 "단과 단마다 각기 우리 현수賢首조사가 쓰고〔疏〕 풀이한 것〔所釋〕이 이 본이다"[31]라고 하였다. 이것은 화엄계 후학인 수기가 부석종의 의상과 현수종의 법장 두 사람 모두를 종조로 받들고 있는 것을 보여주는 것이다. 반면 원효는 입당入唐하지 않고 독자적인 화엄교학을 세워 분황종의 시조가 되었다. 자세한 자료가 없기 때문에 화엄가인 수기의 계통을 정확히 알기는 어렵다. 하지만 그가 주석한 바가 있는 개태사와 연관시켜 보면 이 시기 화엄종 계열

---

30 『大藏校正別錄』(『고려대장경』 제38책, pp.513하~514하). "推函 大集經〈國宋二藏皆六十卷丹藏三十卷開元錄云三十卷〉 按此經國本宋本皆六十卷凡十七品丹藏中三十卷十一品 …… 謹按開元錄前後文相今此兩藏本經六十卷者有六失故不可依行 …… 是則理須正之正之如何略則如開元錄及丹藏經爲三十卷乃正矣合則如開元錄中第六本爲八十卷方備矣然今不能卽正者以此六十卷本是本朝芬皇宗選行經行來已久久則難變耳."

31 『大藏校正別錄』(『고려대장경』 제38책, p.611하). "叚叚各釋吾祖賢首疏所釋者此本也."

내부의 상호교류와도 일정한 연계성을 지니고 있는 것으로도 유추해볼 수 있다.[32] 때문에 이 『교정별록』에는 화엄가로서의 그의 인식이 어느 정도 투영되어 있음을 짐작해볼 수 있다.

『교정별록』이 밝혀주는 것처럼 재조본『고려대장경』은 세 나라의 판본을 엄밀히 대조, 교감하여 조성하였다. 뿐만 아니라 초조본『고려대장경』 역시 중국의 여러 대장경 판본을 대조하고 교감하여 판각하였다. 이렇게 이루어진 『고려대장경』의 정교성과 우수성은 20세기에 활판으로 편찬된 일본의『대정신수대장경』조차『고려대장경』을 저본으로 삼을 수밖에 없었던 이유를 통해서도 짐작해볼 수 있다. 따라서 수기의『대장목록』과『대장교정별록』은『고려대장경』의 우수성과 정교성이 어디에 근거하는지를 밝혀주고 있을 뿐만 아니라, 현전하지 않는『송판대장경』과『거란대장경』에 관한 정보를 담고 있다는 점에서 귀중한 자료라고 평가할 수 있다.

③ 영인본 고려대장경총목록

동국대학교는 1958년부터 영인본『고려대장경』편찬을 추진하여 1959년에 제1책을 간행하기 시작했다. 그 이후 4.19가 일어나 기존 체제가 크게 변하면서 일시 중단되었다. 동국대학교는 1964년에 학교 부설기관으로 동국역경원을 설립하였다. 동국역경원은 1976년 개교기념일에 맞추어 총48책으로 영인본『고려대장경』을 집대성하였다. 영인본『고려대장경』은 상-중-하 삼단의 양면으로 편집된 전47책으로 인간되었고 제48책으로『고려대장경총목록해제색인高麗大藏經總目錄解題索

---

32 배상현, 「『고려국신조대장교정별록』과 수기」,(『민족문화논총』제17집, 영남대학교 민족문화연구소, 1997), pp.61~67, 참조.

引』을 덧붙였다. 『고려대장경총목록해제색인』은 『개원석교록』에 의해 조성된 『고려대장경』에 입각해 영인본의 총목록과 해제 및 색인을 아우르고 있다.

그런데 『고려대장경』은 북방불교권 대장경 편제의 일반적 형식에 따라 반야부를 필두로 하여 법화부와 화엄부를 거쳐 본연부 등으로 편집되어 있다. 반면 『한글대장경』은 반야부가 제1책이 아니라 아함부의 『장아함경』을 제1책으로 간행했다.[33] 이것은 동국역경원이 『고려대장경』의 편제에 따르지 않고 경전 성립사를 의식하여 편찬했기 때문으로 짐작된다. 이렇게 시작된 번역 사업은 37년에 걸쳐 2001년에 318책의 『한글대장경』으로 마무리되었다. 하지만 318책의 목록이 『고려대장경』 편제와 상응하지 않아 『고려대장경』을 번역한 것이 아니라 이것과는 별도의 『한글대장경』을 간행한 것이 되었다.

차제에 민족문화의 보고인 『고려대장경』의 한글번역으로서 『한글대장경』의 위상을 확보하기 위해서는 전 세계 불교학계가 공인하는 대장경분류법에 따른 체계적인 분류와 함께 일련번호를 부여[34]하여 『고려대장경』 목록과 『한글대장경』이 상응하도록 해야 할 것이다.

---

[33] 제1책을 『장아함경』으로 간행한 것은 『고려대장경』을 저본으로 하여 활자화한 일본의 『대정신수대장경』의 편제를 의식한 것으로 보인다. 뿐만 아니라 譯者와 財政 상황에 따라 번역을 진행했기 때문에 체계적인 번역일정을 지켜내기 어려워 국제적인 대장경 분류체계에 따른 체재를 마련하지 못하였다.

[34] 이진영, 「한국의 경전번역 실태: 동국역경원 한글대장경을 중심으로」, 경전연구소, 『세계 각국의 경전번역 실태 및 체계에 관한 연구 발표회 자료집』, 2006, p.90.

2) 소초 목록

① 신편제종교장총록

의천은 초조본 『고려대장경』에서 누락된 소초疏鈔류를 보완하기 위해 오랜 기간을 준비해왔다. 14개월 동안의 중국 전역을 유행하며 고려는 물론 송, 요, 일본의 장소章疏류들까지 모았다. 그의 요청으로 선종 3년(1086)에는 흥왕사興王寺에 교장도감敎藏都監을 설치하면서 교장 편찬 작업이 시작되었다. 의천은 먼저 이들 장소류를 담을 바구니인 '교장敎藏'을 간행하기에 앞서 제 종파의 교장 목록인 『신편제종교장총록新編諸宗敎藏總錄』(3권)을 펴내었다. 이 목록집 상권[35]에는 경에 대한 장소章疏 561부 2,586권, 중권[36]에는 율에 대한 장소 142부 467권, 하권[37]에는 논에 대한 장소 304부 1,687권을 각기 수록하고 있다.

이 목록에 의거한 『고려교장高麗敎藏』 조성사업은 그때까지 수집한 1,010부 4,740여 권[38]의 고서를 9년에 걸쳐 경판에 새겨내면서 마무리되

---

35 上卷 經部에는 華嚴·涅槃·大日·法華·無量義·楞伽·楞嚴·圓覺·維摩·金光明·仁王·金剛般若·般若理趣分·大品般若·般若心·六波羅密·金剛三昧·勝鬘·不增不減·諸法無行·般舟三昧·思益·深密·無上依·寶積·心地觀·文殊般若·觀無量壽·無量壽·阿彌陀·稱讚淨土·彌勒上生·彌勒成佛·藥師·灌頂·方廣·四十二章·溫室·盂蘭盆·無常·天請問請觀世音·消災·八大菩薩曼茶羅 등의 經으로 순차하고 있다.

36 中卷 律部에는 梵網·瓔珞·地持·遺敎의 諸經에 이어서 四分·十誦 등의 律들로 배순하고 있다.

37 下卷 論部에는 起信·釋摩訶衍·唯識·因明·正理門·瑜伽·五蘊·顯揚·攝大乘·雜集·中邊·唯識二十·成業·觀所緣緣·掌珍·法界無差別·中觀·百·廣百·十二門·大智度·十二門·法華經·遺敎經·阿毘曇·大毘婆沙·俱舍·順正理·雜阿毘曇心 등의 論으로 차제하고 있다.

38 조명기, 「대각국사의 천태의 사상과 속장의 업적」, 『백성욱박사송수기념불교학논문집』(동국대학교출판부, 1959); 이병욱 편, 『한국의 사상가 10인: 의천』(예문서원,

었다.³⁹ 하지만 『고려교장』은 1232년의 몽골군 침입으로 인해 초조본 『고려대장경』과 함께 경판은 물론 인쇄본마저 대부분 소실되었다. 다행스럽게도 일부 인쇄본과 조선 초에 중수 간행한 『신편제종교장총록』⁴⁰이 전라남도 순천 송광사에 남아 있다. 그리고 다른 인쇄본 일부가 일본 나라奈良의 동대사東大寺와 나고야 진복사眞福寺에 전하고 있어 『고려교장』의 면면을 어느 정도나마 복원해볼 수 있다.⁴¹

② 한국불교찬술문헌총록

11세기 의천의 『고려교장』 편찬에 이어 다시 천년의 세월을 맞이한 20세기의 한국불교계는 새로운 교장의 집대성을 시도했다. 한국의 대표적 사학인 동국대학교 불교문화연구소는 의천 이후 새로운 한국판 교장의 편찬을 위해 전국 각지의 자료 수집을 거쳐 『한국불교찬술문헌총록』(1975)을 간행하였다. 이 목록에는 신라시대편과 고려시대편 및 조선시대편으로 3분한 뒤 언해본과 금석문 목록을 덧붙이고 있다.⁴²

2002), 주 35. 이 집계는 1,010부 4,740권 혹은 1,085부 4,857권이라고도 하는데 이것은 卷數가 명확하지 않아 1권 혹은 2권 또는 5권 혹은 10권 등이라고 한 것을 合卷 혹은 開卷으로 계산한 것이다.

39 고려 교장은 한때 '續藏' 혹은 '續藏經'으로도 불려왔으나 최근 정식 명칭이 '敎藏'으로 통일되었다.

40 이 목록은 『한국불교전서: 고려시대편 1』(동국대출판부) 제4책에 수록되어 있다.

41 『고려교장』의 판목은 초조대장경의 경판과 함께 부인사에 이관하여 보존되었다. 하지만 고종 19년(1232)에 몽골군의 침입으로 대부분이 소실되었다. 현재는 『고려교장』의 인쇄본 일부와 목록인 『신편제종교장총록』이 순천 송광사에 『大般涅槃經疏』 중 제9권과 제10권과 함께 있고, 고려대학교 도서관에 제관의 『天台四敎儀』, 일본 奈良 東大寺에 징관의 『華嚴經隨疏演義鈔』 40권, 나고야 眞福寺에 이통현의 『釋摩詞衍論通玄鈔』 4권 등 총 47권이 전해오고 있다.

이 목록에 의거하여 동국대학교출판부 소속의 한국불교전서편찬실에서는 1979년 제1책으로 신라시대편을 간행한 이래 1996년에 총10책으로 완간하였다. 그 뒤 추가로 발견된 여러 판본들을 2차에 걸쳐 2책씩 추가하여 보유편 4책을 포함한 14책의 『한국불교전서』를 2003년에 재차 완간하였다. 때문에 『한국불교찬술문헌총록』에 의거한 본편 간행 이후에 보충된 보유편 부분 역시 이 『한국불교찬술문헌총록』 안에 보완을 해야만 하게 되었다.

3) 전서와 총서

전서全書는 해당 분야의 거질巨帙을 종합적으로 담은 서물을 가리킨다. 때문에 이들 전서는 개인에 의해서[43]가 아니라 공적 기관에 의해 이루어지는 것이 일반적이다. 대장경은 거질 또는 전서에 해당한다. 초조본 『고려대장경』과 재조본 『고려대장경』 역시 『고려대장경』 전서에 해당한다. 그리고 이것을 번역한 『한글대장경』과 한국판 교장인 『한국불교전서』 역시 전서에 포함된다. 그리고 이들 불전을 번역하기 위해서는 불전 목록과 함께 불전 편집이 전제되어야 한다.

재조본 『고려대장경』은 초조본을 계승하면서 선행하는 여러 대장경의 장점들을 취하여 판각한 것이다. 하지만 재조본 『고려대장경』의 제작은 국가적인 대사업이었으므로 고려 사회의 재정 질서를 위기에 몰아놓을 정도로 국민들의 부담이 컸다. 반면 이 판각 과정은 인쇄술의 발달과 출판기술의 발전에 큰 공헌을 하였다는 점도 간과해서는 안

---

42 여기에 私誌와 私記에 대해 수록하지는 않았으나 이것은 『한국불교전서』 편찬 이후의 과제로 남게 되었다.
43 통도사 서운암(性城)에는 개인에 의해 이루어진 『도자기대장경』이 보존되어 있다.

될 것이다. 이처럼 고려시대의 불전 목록과 불전 편집은 크게 보아 두 차례의 대장경 편찬과 한 차례의 교장 편찬으로 마무리되었다고 할 수 있다.

조선시대의 불전 목록과 불전 편집은 주로 불경 언해본과 불교 의례서의 간행으로 요약된다. 초기의 불전 간행은 정부 주도에 의해 이루어지다가 점차 불교 사찰 중심으로 옮겨져 갔다. 한글 창제 이후, 세조는 간경도감(刊經都監, 1461~1471)을 설치하고 다수의 불전 언해본을 간행하게 하였다. 불교전적의 언해본이 간행될 수 있었던 것은 여말 선초에 불경의 구결(懸吐)은 빨랐던 반면, 사서四書의 구결 확정은 늦었기 때문에 자연 사서의 언해도 늦을 수밖에 없었다.[44]

사서四書뿐만 아니라 오경도 마찬가지였다. 이것은 당시 유교가 국시國是임에도 불구하고 유자들이 오경五經에 대한 합의할 만한 수준의 내용 해석을 공유하지 못했기 때문에 오경을 언해하지 못한 까닭이다. 퇴계와 율곡의 시대를 거치면서 유가의 오경의 언해가 출현하고 있다[45]는 점은 이러한 사실을 뒷받침해주고 있다. 이와 달리 불서의 대다수는 이미 고려 말부터 당시 독서계에 소개되어 애독되고 연구되어 왔기 때문에 당시의 불교 지성계가 이런 불경 경전에 대한 내용적 해석에 있어 일정한 수준에 도달했다는 것을 의미하는[46]것이기도 하다.

---

[44] 김무봉, 「조선시대 불전언해 연구」, 『불교어문논집』, 한국불교어문학회, 1999, p.30.

[45] 李忠九, 『經書諺解研究』 성균관대 박사학위논문, 1990, 53면. 여기에 의하면 유가의 四書가 校正廳에 의해 언해, 간행된 것은 선조 23년(1590)에 이르러서이다. 세조 8년(1462)에 간경도감에서 처음으로 언해된 『능엄경언해』가 나온 지 128년만이다.

[46] 신규탁, 「漢譯 불전의 한글 번역에 나타난 경향성 고찰: 간경도감, 백용성, 이운허, 김월운 스님들의 경우를 중심으로」, 『동아시아불교문화』 제6집, 2010.12.

대한시대(1897~)의 불전 목록과 불전 편집은 영인본『고려대장경』 목록 간행과『한글대장경』편찬 및『한국불교찬술문헌총록』의 간행과 『한국불교전서』의 편집 그리고『한글본 한국불교전서』의 편찬으로 대표된다. 나아가 백련선서간행회의『선림고경총서』발간 및 북한의 『팔만대장경 해제』(25책)와『선역본 팔만대장경』(17책) 간행 등이 대표적인 사례들이다. 이들 작업을 위해 대체적으로 불전 목록의 간행이 선행되었으며 그 위에서 비로소 전서들과 총서들이 집성될 수 있었다.

① 초조본 고려대장경

동아시아 최초의 간본刊本 대장경은 북송 태조太祖가 개보 4년(971년)에 판각을 명하여 983년에 완성시킨 개보칙판開寶勅板인『송판대장경宋板大藏經』이다. 중국에서는 송나라 이후에도『거란대장경』을 비롯한 여러 대장경이 간행되었다. 고려는 성종成宗 10년(991년)에 한언공韓彦恭이 송宋나라에서 초판고본 480질帙 5,047권을 가져오면서 대장경을 공유할 수 있었다. 고려 최초로 조성된 초조본『고려대장경』은 송나라 개보판開寶板을 저본底本으로 하여 이루어졌다. 초조본『고려대장경』 편찬사업은 대구 부인사符仁寺에 1011년에 대장도감大藏都監을 설치하면서 시작되었다.

고려는 현종 3~4년(1012~1013)경에 거란이 쳐들어오자 그 사이 진행되고 있는 대장경 조성사업을 통해 문화국으로서의 자존심과 우월감을 이웃 나라에 널리 알리는 계기로 삼고자 했다. 동시에 붓다의 힘[佛力]에 의지하여 국민을 단결시키고 적병을 물리치기 위한 발원으로 이어지면서 대장경 조성은 급진전되었다. 초조본『고려대장경』은 현종顯宗 20년(1029)경에 이미『대반야경大般若經』(600권),『화엄경華

嚴經』,『금광명경金光名經』,『묘법연화경妙法蓮華經』 등 5,000축의 방대한 분량이 되었고, 대장경 판각 과정에서는 개보칙판본 이외에 거란본契丹本, 국내전본國內傳本,『송조대장경宋朝大藏經』 등을 모본으로 삼아 교정하였다.

그 이후 잠시 정체를 면치 못하였으나 문종文宗 5년(1051)에 다시 진행하여 총 6,000여 권으로 조조雕造하면서 마무리되었다. 결국 이 사업은 고려 현종 2년(1011)에 시작해 덕종德宗대로 이어졌으며 문종文宗에 이르러 더욱 활발히 진행되어 선종宣宗 4년(1087)에 판각이 완료된 국가의 대형 프로젝트였다. 완성된 경판은 팔공산 부인사符仁寺에 봉안하였다.

그 뒤 유라시아를 제패하면서 세력을 키운 몽골이 고종 18년(1231)에 제1차 침입을 시도했다. 이때까지만 해도 초조본『고려대장경』은 팔공산 부인사에 무사히 보존되어 있었다. 하지만 고종 19년(1232년)에 제2차 침입을 감행하면서 부분적으로 피해를 입었고 이후 제5차 침입(1254) 때에는 몽골의 별동부대에 의해 부인사에 봉안되었던 초조본『고려대장경』대부분이 소진되었던 것으로 짐작된다. 이 때문에 몽골의 병화 이후 초조본『고려대장경』은 목판이나 완질 인쇄본이 없어 그 실체를 알 수 없었고 복원을 염두에 둘 수 없었다.

그러던 중 근래 일본에서 보관하고 있는 초조본『고려대장경』의 인간본印刊本을 통해 그 실체를 확인할 수 있게 되었다. 그 분량은 일본 고베[神戶]의 선림사에 보관되어 있다가 임란 직후 옮겨온 교토[京都] 남선사南禪寺의 1,715권, 국내[47] 사찰·박물관·도서관 등의 300여

---

[47] 국내에 남은 7권의 판목은 국보(265~269호)로 지정되어 있다.

권, 일본 쓰시마 역사민속자료관의 600여 권 등에 이른다. 이들 현존본들을 집성하여 종합 계산해보면 초조본『고려대장경』은 총 5,000~6,000권으로 추정되고 있다. 몽골 침입에 의해 초조본『고려대장경』이 불에 타 없어진 뒤 고려인들이 대장도감大藏都監을 설치하여 다시 재조본『고려대장경』(해인사 팔만대장경)을 조성(1251년)하여 간직하기까지는 약 240년이 걸렸다.

재조본『고려대장경』전산작업을 위해 발족되었던 고려대장경연구소는 재조본 디지털『고려대장경』을 완성한 뒤 다시 초조본『고려대장경』의 복원사업을 추진해왔다. 고려대장경연구소는 일본 학자들에게도 공개하지 않는 초조본『고려대장경』의 인간본을 확보하기 위해 오랜 설득 끝에 남선사측의 협조를 받아 2010년에 초조본『고려대장경』 조사와 데이터베이스 작업을 끝냈다. 그리고 일본과 국내에 남아 있는 인본印本 2,686권을 밑본으로 삼아 같은 해에 디지털 대장경으로 복원하였다.

고려대장경연구소는 2011년에 복원한 두루마리 형태의 인쇄본『고려대장경』1차분 100권을 고려 종이로 3부씩 제작하였다. 각 권은 평균 25장의 목판 인쇄본을 이어 붙였으며 2014년까지 5년에 걸쳐 전부 복간할 계획이다. 이제 초조본『고려대장경』은 디지털 대장경뿐만 아니라 인쇄본『고려대장경』으로 재탄생하고 있다. 이것이 완간되면 우리는 또 한 질의 대장경 전서를 보유하게 된다. 그렇게 되면 우리는 또다시 초조본『한글대장경』의 편찬이라는 번역 과제를 가지게 될 것으로 짐작된다.

② 고려교장

초조본 『고려대장경』이 간행 이후 여기에서 빠진 소초疏鈔류를 보완하기 위해 시도된 『고려교장』 편찬 작업 역시 국가적인 프로젝트였다. 초조본 『고려대장경』이 경經, 율律, 논論 등 삼장三藏을 중심으로 집대성한 것이라면, 『고려교장』은 삼장 바깥의 장소章疏류를 집대성한 것이다. 『고려교장』의 문화사적 의미는 '삼장' 중심의 대장경이라는 좁은 울타리를 넘어서 삼장에서 소외된 장소류까지 껴안으며 최초로 '사장四藏'이라는 넓은 대장경 울타리를 창안했다는 점에 있다. 때문에 장소류를 담아내는 새로운 바구니인 '교장敎藏'의 탄생은 불교 문화사상 획기적인 것이었다.

천 년 전 의천은 초조본 『고려대장경』에 누락된 소초疏鈔류를 보완하기 위해 일찍부터 국내외에 흩어져 있던 자료들을 수집했다. 그는 초조본 『고려대장경』에서 누락된 요遼와 송宋 및 일본과 고려, 나아가 티베트 등지의 교장들을 보완하기 위해 몰래 송나라로 유학을 떠났다. 고려를 떠난 그는 중국 남송의 여러 지역을 순례하면서 자료 수집과 고승과의 교류 및 천태종 창종을 발원했다. 고려로 돌아온 그는 왕실의 지원 아래 『고려교장』(續藏) 편찬 사업을 주도하였다. 의천은 대장경의 편찬을 "천 년의 지혜를 정리해 천 년의 미래로 전해주는 일"이라고 했다.

의천 이후 다시 천 년 뒤인 2010년에는 초조본의 디지털 『고려대장경』이 완성되었다. 2011년은 고려인에게 미래였던 과거의 천 년(1011~2010)이 끝나고 새로운 미래의 천 년(2011~3010)이 시작되는 해이다. 디지털로 복원된 초조본 『고려대장경』은 이제 인쇄본 『고려대장경』의 완간을 향해 나아가고 있다. 인쇄본 『고려대장경』이 마무리되면 조만간 『고려교장』의 복원도 기대해볼 수 있을 것이다. 『고려교장』은 초조본 『고려대장경』의 보완적 의미뿐만 아니라 이후 편찬된 『한국불교전서』의 원류로서도 그 의미가 매우 크기 때문이다.

③ 재조본 고려대장경

몽골의 대군에게 수도 개성이 함락되자 당시 무인정부의 실권자인 최이(崔怡, 첫 이름 瑀)의 위협과 주도에 의해 고려 정부는 고종 23년(1236)에 강화도江華島로 천도하였다. 강화 천도의 공로로 1234년 10월에 진양후晉陽侯에 봉해진 최이는 고종에게 대장경 조성을 강력하게 권유하였고 정부는 이를 적극적으로 추진하였다. 고종 역시 고려인들의 위기감과 상실감을 극복하기 위해 새로운 대장경의 조판組版을 적극 지원하였다.[48] 대장경 조성 이유는 최씨 무인정부 유지를 위한

---

[48] 최영호, 『강화경판 고려대장경의 판각사업 연구』(경인문화사, 2008), pp.100~102. 대장경 판각의 주체를 고종, 혹은 최씨 무인정권 또는 국가 행정조직이나 사원조직의 적극적인 개입에 의해 이루어진 것이라는 등의 주장들이 제기되어 왔다. 최근에는 분사도감이 있었던 남해지역 이외, 경주시(당시의 東京), 晋州牧, 산청의 斷俗寺 및 당시 화엄계 소속 사원이었던 海印寺, 가야산 下鉅寺, 경주(동경)의 東泉社 등지에서 분사도감이나 작업공방이 분산되어 있었음이 밝혀졌다. 때문에 연구자들은 大藏과 外藏에 입장된 각 경판의 邊界線 안팎에 판각된 刻手들의 人名과 法名 및 기타 자료와 刊記 자료 그리고 해인사 寺藏本(일명 雜板, 寺·私刊本)에 새겨진 誌·跋文 등을 통해 참여자의 참여형태와 의식 및 출신성분, 조성 주체, 도감의 소재지와 운영형태, 판각 공간 및 공방의 분포, 연도별 사업의 추이, 경판의 조성 성격, 대장경판 전체의 체재와 문화유산적 가치, 개별 경판의 판각시기와 그 성격 및 사상성 등의 규명을 통해 이 사업의 판각 주체가 최씨 무인정권이 아니라 통치의 정점이었던 고종이며 고종이 주도한 고려의 국가사업이었음을 밝혀내고 있다.

유일한 길이었기도 했지만, 우리 민족 최초의 통일 강국이었던 고려의 문화적 우월감과 자존심을 내외에 과시하고 불심을 통해 국민들을 단결시켜 나라를 병화兵禍로부터 지켜내기 위해서였다.[49] 하지만 고려 정부는 수도를 버리고 황급히 강화로 천도하여 판각을 추진할 만한 재력이 없었다.

당시 무인정부를 이끌었던 진양후晉陽侯 최이는 하사받은 고향 진양晉陽의 식읍지食邑地와 선친 최충헌崔忠獻이 하사받은 땅과 함께 진주지방 일원의 녹전祿轉 세포稅布 모두를 곧장 거둬들였고 요공搖貢 또한 마음대로 부릴 정도로 재력이 있었다. 그는 자신의 시재施財 대부분을 대장경 판각에 투여하였다.[50] 그는 강화로 천도한 고종 23년(1236)에 도성 서문 밖 3~4리에 자리한 용장사지龍藏寺址에 공식적으로 판각업무를 관장하는 구당관사句當官司인 대장도감大藏都監[51]을 설치하고 각판刻板 준비를 본격적으로 추진하였다.[52] 이 과정에서 재조본 『고려대장

---

49 이것은 이규보가 쓴 「大藏刻板君臣祈告文」과 『고려사』 「高宗世家」의 기록에서도 확인할 수 있다.

50 『高麗史』 권제129(「列傳」 권제42). "역대로 전해 내려오던 진병 대장경鎭兵大藏經 판각이 적병에 의하여 모두 불타 버리고 나라에서는 사고가 많아서 다시 만들 겨를이 없었다. 그런데 최이는 도감을 따로 두고 자기 재산을 바쳐서 판각 조각을 거의 절반이나 완료하여 나라에 복을 주었으니 그 공적은 잊기 어렵다(且歷代所傳鎭兵大藏經板盡爲狄兵所焚國家多故未暇重新別立都監傾納私財彫板幾半福利邦家功業難忘)."

51 천혜봉, 「고려 팔만대장경과 강화경」(기조연설), 천혜봉 외, 『고려 팔만대장경과 강화경』(새얼문화재단, 2001), pp.25~28. 대장도감의 위치를 용장사지로 보고, 대장경판당의 자리를 선원사지로 나눠보는 천혜봉의 주장이 정합성을 지니고 있다고 논자는 보고 있다.

52 徐居正, 『東文選』 권117, 「臥龍山慈雲寺王師贈諡眞明國師碑銘」. 여기에 의하면

경』⁵³이 의거한 주요 목록은 초조본『고려대장경』처럼『개원석교록』이었다. 뿐만 아니라『대장목록』과『고려신조대장교정별록』및『보유판목록』⁵⁴ 등이었다.

최이는 자신의 경제특구인 남해지방에 자생하는 교목喬木인 후박나무를 비롯하여 가래나무와 박달나무 및 산벚나무 등을 벌목하여 내호內湖처럼 형성된 바닷가로 실어 날랐다. 판각 공정을 단축시키기 위해 바닷물에서 나뭇결을 삭힌 다음 판목의 두께로 켜서 밀폐된 곳에 넣고 소금물로 쪄서 즙액을 빼고 살충작업을 했다. 그런 뒤에 넓은 응지에서 충분히 펴서 말려 판이 뒤틀리거나 갈라지지 않게 연판 처리鍊板處理를 하였다. 연판 처리된 목판을 곱게 대패질하고 양쪽 가장자리에 마구리를 붙였다. 그리고 판각용 정서본(淨書本. 板書本)을 마련하기 위하여

선원사는 대장경 조성 사업이 시작된 10년 이후인 고종 32(1245)년에 창건되었다. 때문에 조성사업을 주도한 대장도감은 선원사에 위치하지 않았음을 알 수 있다. 김윤곤,『고려대장경의 새로운 이해』(불교시대사, 2002), p.31.

53 재조본『고려대장경』의 명칭에 대해서도 다양한 논의들이 있다. 종래 연구자들은 '八萬대장경판', '再雕대장경판', '海印寺대장경판'으로 명명해왔으나 근자에는 '高麗高宗官版大藏經'(허흥식)이란 명칭도 제기되었다. '초조대장경판과 '재조대장경판' 사이의 단절을 인정하지 않고 '고려교장'을 단절시키지 않으면서 고려 현종 때 대장경판 조성 이래로 판각기능의 향상과 경판체계의 발전 등을 계승한 대장경의 결정판이라는 의미를 지니기 위해서는 고정불변의 의미를 지닌 '江華京板 고려대장경'(김윤곤, 최영호)으로, 초조본은 '符仁寺藏 고려대장경'으로 부르자는 주장은 나름대로 설득력이 있다고 생각된다.

54 金潤坤,「『江華京板 高麗大藏經』의 체제에 대한 一考」,『부산여대사학』10·11합, 1993, p.174, 필자는 "『대장목록』에 의한 原藏·正藏·正板과『보유판목록』에 의한 補板·補遺板·副藏으로 각기 명명할 것이 아니라 양자를 대등한 입장에서 이해하는 '『대장목록』의 內藏'을 줄여서 '大藏'과 '『대장목록』의 外藏 혹은 '外藏'으로 지칭하는 것이 보다 타당성을 가진다"라고 주장한다.

얇은 닥종이를 대량 준비하고 판각하고자 하는 크기의 판식으로 만든 괘판罫版에서 용지를 밀어내며 판서하기 위해 다량의 먹을 만들었다.

그 뒤 개태사 승통僧統이자 오교도승통五敎道僧統인 화엄종 계통의 고승 수기守其법사에게 교정의 책임을 맡겼다. 수기는 수십 명의 교정승校正僧을 동원하여 대장경의 본문을 일일이 고증하여 오자와 탈문 및 착사와 이역 등을 권차卷次 단위로 교정 보수하였다. 본문 내용이 짧고 간단한 것은 교정이 1년 내에 끝났지만, 본문 내용이 긴 것은 3~4년이 걸릴 정도로 신중하게 진행되었다. 이 작업이 완료되는 시점에 맞추어 판각이 이루어졌다.[55] 이렇게 해서 완판된 대장경의 연도별 판각 종과 권과 판수 목록은 아래와 같다.

도표 3 대장경의 연도별 판각 종·권·판수[56]

연도별	판각 종·권·판수	년도별	판각 종· 권· 판수
고종 24 정유년 (1237)	2종 117권 3,139판	고종 30 계묘년 (1243)	474종 1,331권 32,413판
고종 25 무술년 (1238)	42종 511권 12,762판	고종 31 갑진년 (1244)	286종 1,852권 42,325판
고종 26 기해년 (1239)	103종 305권 6,481판	고종 32 을사년 (1245)	282종 776권 15,773판
고종 27 경자년 (1240)	73종 290권 7,221판	고종 33 병오년 (1246)	169종 484권 10,917판
고종 28 신축년 (1241)	107종 298권 7,146판	고종 34 정미년 (1247)	34종 222권 7,016판
고종 29 임인년 (1242)	176종 382권 8,926판	고종 35 무신년 (1248)	1종 3권 124판
소 계	503종 1,903권 45,675판		1,246종 4,668권 108,621판
총 계			1,749종 6,571권 154,296판

---

55 천혜봉, 위의 글, 위의 책, pp.16~17.
56 천혜봉, 위의 글, 위의 책, p.18 재인용.

최이가 머무르는 강화의 대장도감에서는 6년 동안 정장의 1/3 분량에 해당하는 총 503종 1,903권 45,675판을 판각하였다. 또 고려 조정은 경남 남해와 진주 등지에 분사도감을 설치하면서 대장경의 조성을 적극 추진하였다. 특히 남해의 분사도감에서는 최이의 처남인 정안(鄭晏, 옛 이름 奮)의 시재施財의 주도에 의해 대장경 판각이 이루어졌다.

정안은 일찍부터 벼슬에 나아간 조부인 정세유鄭世裕와 부친인 정숙첨鄭叔瞻으로 이어지는 하동의 유복한 집안에서 태어나 어려서 급제하였고 음양陰陽과 의업醫業과 음율音律에 정통하였다. 자형인 최이를 도와 큰 뜻을 품었지만 누님의 사후에 고향인 하동으로 내려가 모친을 봉양하였다. 하지만 자형의 큰 뜻을 저버릴 수 없어 『묘법연화경』을 간행하면서 "이웃 군사의 칩입이 와해되고 나라를 다스리는 수장首長의 토대가 영원할 것"을 기원하면서 다시 강화경으로 가서 최우의 판각을 도우며 국자좨주國子祭酒와 동지공거同知貢擧로 활약하였다. 그러나 언제부터인가 최이의 전횡이 두려워지자 다시 남해로 내려갔다.

그 뒤 명산과 승경을 순례하다가 불자로서 의미 있는 삶을 살고자 사재를 희사하여 진행 중인 대장경 판각에 투신할 것을 결심하고 자신의 의사를 나라(崔怡)에 전달하였다. 그것은 자기의 일신을 안정하게 보존하는 길임과 동시에 대장경 조판을 위한 자형의 큰 뜻을 저버릴 수 없었기 때문으로 추정된다. 그리하여 1243년 아버지 최이의 수명장수를 기원하기 위해 최이의 아들인 단속사 주지 만종萬宗이 부탁한 『선문염송집』(30권) 판각을 시작하면서부터 이후 고종 35년(1248)까지 정장의 2/3 분량에 해당하는 총 1,246종 4,668권 108,621판을 주도하였다. 이것은 강화경 본사도감에서 이루어진 총 45,675판의 두 배 이상의 판각에 해당한다. 여기에서 판수板數는 대체적으로 한 판의 양 면에 새겨진 숫자를 가리키지만 더러는 한 판의 한 면에 새겨진 판도 있음도 알아두어야 할 것이다. 대장경판 총계가 81,137매枚의 양면인 162,274매가 되지 않고 154,296판이 되는 까닭은 이 때문이다.

이처럼 대장도감 간행 목판 70퍼센트에 해당하는 총 154,296판이 최이와 정안 두 사람의 주도와 지원에 의해 이루어질 수 있었다. 이것은 이들이 독실한 호불자들이었을 뿐만 아니라 자형과 처남이라는 혈연적 관계였기에 가능했다.[57] 그들은 승려·학자·군인·관리·백성들을 이끌고 일치단결하여 16년간의 노력 끝에 고종 38년(1251)에 재조본『고려대장경』을 집대성하였다.[58] 그리하여 고려는 판각에 착수한 지 16년 뒤인 고종 38년(1251)에 대장경을 완성하였다. 1251년 최이가 죽은 뒤 그의 아들 만전萬全이 환속하여 최항崔沆으로 개명하고 실권을 이어가자 정안은 강화경으로 부름을 받고 지문하성知門下省 참지정사參知政

---

57 김윤곤, 앞의 책, pp.30~32. 여기서 필자는 자신의 선행 논문에 근거하여 대장경 각성사업은 1) 국가 내지 국왕이 주도하였다는 사실을 간과해서는 아니 될 뿐만 아니라 각성사업을 주도하고 경판의 대부분을 판각한 대장도감이 최이의 원찰인 강화경의 선원사에 있었던 것이 아니며, 2) 각성사업에 소요되는 분사도감의 막대한 경비나 노동력은 무인 최씨 가의 진양 식읍에서 나온 歲貢에서 나온 것이 아니라 각계각층의 施財와 '몸'보시 등에 의해 충당되었으며, 3) 정안이 각성사업에 관여한 시기는 그가 최씨 정권에 의해 견제되고 비판적 입장을 견지하고 있을 때일 뿐이므로 그를 무인 최씨 정권과의 우호적 관계 내지 협조자로 이해할 수 없다고 주장하고 있다.

58 최영호,『강화경판「고려대장경」의 판각사업 연구』(경인문화사, 2008), 20~27면. 필자는 김윤곤의 연구를 계승하여 강화경판의 판각사업에 담겨져 있는 고려불교의 국가적 염원과 기능인 진호국가의 성격을 왜곡하여 부인하고 최씨 무인정권의 개인적 측면을 강조한 일제식민주의 연구자들은 식민지배 하에서 성장하고 있던 민족해방 운동세력의 독립의식과 실천의지를 무력화하는 데 기여하였다며 이것을 통렬히 비판하고 있다.

事가 되어 지금까지 조판한 대장경의 경찬회慶讚會를 거행하였다.[59]

고려인들은 중국의 여러 대장경들을 참고하여 그보다 더 완성된 대장경을 간행해 내었다. 그 결과 재조본『고려대장경』은 이후 동아시아 대장경 판각의 기준(일본『대정신수대장경』의 저본)이 되었다. 이것이 '팔만대장경'으로 잘 알려진 재조본『고려대장경』이다. 재조본『고려대장경』은 국본(國本, 초조본『고려대장경』),『송본宋本』,『거란대장경』등 세 대장경과 중국의 여러 목록들을 참조 교감한 정본定本이다. 때문에 재조본『고려대장경』은 초조본『고려대장경』의 단순한 복각覆刻이라고 할 수 없다.

고려 조정은 이 대장경을 최이의 원찰인 선원사禪源寺에 보존하였다. 이후 근 200여 년 동안 선원사에서 보존되던 대장경은 조선 태종 때에 이르러 여말선초 이래 왜구倭寇의 잦은 침탈로부터 보호하기 위해[60] 내륙 해인사로의 이운 봉안[移安]이 검토되었다. 그래서 재조본『고려대장경』은 해인사로 옮기던 중 극심한 비를 만나 한양의 서대문 지천사支天寺에 잠시 머문 뒤 남한강을 거쳐 합천 해인사에 봉안되었다. 현재 해인사 판전에는 조선시대에 다시 새긴 것까지 합하여 총 81,258판(板/枚, 중복 121枚)의 대장경판이 간직되어 있다.

고려는 이러한 목판 인쇄술에 힘입어 금속활자를 발명하여 불전 간행에 널리 활용했다. 현재 보물 738호로 지정되어 국립중앙도서관에 보존되어 있는『남명천화상송증도가南明泉和尙頌證道歌』에는 고종 26

---

[59] 하지만 정안은 최항에게 猜忌를 받아 결국 집을 빼앗기고 白翎島로 유배된 뒤 바다에 버려지는 죽임을 당하였다.

[60] 박영수,「고려대장경의 연구」,『백성욱박사송수기념 불교학논문집』(동국문화사, 1959), pp.446~447.

년(1239)에 최이崔怡가 이미 간행한 금속활자본을 다시 새겨 목판본을 발간한다는 발문이 남아 있다. 이 기록에 따르면 현재 남아 있는 목판본의 모본인 금속활자본 『남명천화상송증도가』는 세계에서 가장 오래된 현존 금속활자본으로 청주 근교 흥덕사에서 찍어낸(1377) 『백운화상초록불조직지심체요절白雲和尙秒錄佛祖直指心體要節』 상하권(하권만 프랑스 국립도서관 보존)보다 138년이나 앞서는 것이다.

또 불전 이외에도 최윤의崔允儀가 쓴 『고금상정예문古今詳定禮文』(전50권)은 1234년에 만든 구리활자로 인쇄되었다. 이것은 세계 최초로 알려진 독일의 구텐베르크보다 2백 5년이나 앞선 기록이다. 하지만 애석하게도 이 사실은 고려의 문호인 이규보의 『동국이상국집』에 기록만 남았을 뿐 그 원형은 전해지지 않고 있다.

④ 영인본 고려대장경

『고려사』에 의하면 일본은 1388년부터 대장경을 요구하기 시작하였다고 전한다. 또 『조선왕조실록』에 의하면 고려말 이후 16세기까지 150년간 83번에 걸쳐 대장경을 요구하였다고 전한다. 대장경은 고려 후기이래 조선 전기에 일본과의 주요한 외교 품목이었다. 유교사회의 호불 군주였던 세조가 불교가 유행했던 일본과 동질감을 느낀[61] 탓인지 대장경을 요구하는 일본에 자주 응했으며, 그의 치세 동안 일본과의 심각한 마찰은 없었다.[62] 호불왕이었던 세조는 일본의 요청을 기회로 삼아 1457년에 50부의 대장경을 인쇄하도록 명령하였다.[63] 당시에

---

[61] 한우근, 『유교정치와 불교-여말선초대 불교정책』(일조각, 1993), p.77.
[62] 김종명, 「세조의 불교관과 치국책」, 『한국불교학』 제58집, 한국불교학회, 2010, p.145.

거질의 대장경 전부를 인간했는지 확정할 수 없으나 『실록』의 표현대로 50부의 '대장경'이라면 전부였을 가능성이 있다. 하지만 얼마만큼의 인간본이 일본에 전해졌는지는 자세히 알 수 없다. 이때 인간한 상당수는 교종 수사찰인 홍천사興天寺를 비롯한 유명 산사에 보관하였다.[64] 세조 이후에도 왕실의 요청에 의해 『고려대장경』을 인간한 예는 더러 있었다. 하지만 이 거질을 본격적으로 인간하여 영인본으로 간행한 것은 20세기 후반에 들어와서 이루어졌다.

영인본 『고려대장경』은 해인사에 보관 중인 재조본 『고려대장경』 판목을 인간한 인쇄본 대장경이다. 1958년 동국대학교 백성욱白性郁 총장에 의해 재조본 『고려대장경』의 영인 작업이 추진되었다. 1959년 (단기 4290년) 9월 12일에 백성욱 총장은 『대반야바라밀다경大般若波羅蜜多經』을 영인본 『고려대장경』 제1책으로 발간하였다. 처음 이 작업은 백성욱 총장의 원력으로 순조롭게 진척되었다. 하지만 1960년의 4.19로 인하여 교내의 사정이 급격하게 변화하기 시작하면서 이 작업은 『수능엄경首楞嚴經』(제13책)을 발간한 채 중단되고 말았다.

1975년 10월 15일에 동국대학교 이선근李瑄根 총장의 주도 아래 『대지도론大智度論』(제14책)이 출간되었다. 이후 이선근 총장은 본교의 개교 70주년 기념사업의 일환으로 영인본 『고려대장경』 완간의 원력을 세우고, 1976년 5월 8일 동국역경원에서는 본교의 개교 70주년 기념식에 맞추어 『화엄경탐현기花嚴經探玄記』(제47책)를 마지막으로 출간하였다. 그리고 1976년 6월 10일에는 『고려대장경총목록해제색

---

63 나종우, 「조선 전기 한일 문화교류에 대한 연구―고려대장경의 일본 전수를 중심으로」, 『사상과 문화의 전개』(경서원, 1989), pp.315~337.
64 『세조실록』 제4책, 7년조, 27목.

인『高麗大藏經總目錄解題索引』을 간행하여 총 48책의 영인본『고려대장경』을 간행하였다. 동국역경원은 이 영인본을 토대로 1964년부터 37년에 거쳐 번역에 착수하여 2001년에『한글대장경』(318책)을 간행했다. 최근에는 동국대학교 전자불전문화콘텐츠연구소와 함께『한글대장경』을 전산화하여『디지털 대장경』으로 보급하는 준비 작업을 하고 있다.

⑤ 한국불교전서

의천의『교장간행』이후 한국의 불교전적은 개별적으로 생산되고 전승되었다. 하지만 조선시대의 폐불훼석과 임란과 호란 및 조선 후기의 각종 민란 그리고 대한시대의 국권 침탈을 겪으면서 주요 문헌들이 산일되거나 파손되었다. 때문에 불교계에서는 불교전적에 대한 정리의 필요성을 제기하였다. 먼저 일제 치하에서 몇몇 뜻있는 불교학자들이 이능화李能和를 회장으로 추대하여 조선불서간행회朝鮮佛書刊行會를 조직하고 총서간행을 기획하였다. 이어 그 일환으로 1925년에 정황진鄭晃震과 이능화李能和를 공동대표로 하여『조선불교간행예정목록朝鮮佛敎刊行豫定書目錄』을 간행하였으나 더 이상 진척되지 못하고 말았다.

이즈음 일본 정부는 약 11년(1912~1922)에 걸쳐 총 140권에 달하는『대일본불교전서大日本佛敎全書』를 간행하였다. 이것은 국가사업으로 이루어졌기 때문에 방대한 분량의 저술들을 짧은 시간 내에 수집할 수 있었고, 출판비 등 경제적인 어려움도 겪지 않았다. 이에 자극받은 한국불교학계에서는 '한국불교전서' 편찬을 수차에 걸쳐서 추진하였으나 뜻을 이루지 못하였다. 그 뒤 동국대학교 불교문화연구소 관련 몇몇 교수들의 원력에 의해『한국불교전서』편찬위원회가 구성되었다. 불교문화연구소는 철저한 자료 수집과정을 거쳐『한국불교찬술문헌총록韓國佛敎撰述文獻總錄』(1976)을 간행하였다.

이를 기준으로 하여 신라시대부터 조선시대(1896)까지 한국인에 의해서 편찬되고, 저술된 자료를 총망라하는 10책의 전서를 기획하여 1979년 1월 25일에 신라시대편 1책을 세상에 내놓았다. 이어 1979년부터 1980년 5월까지 신라시대편 2~3책을 출간하였다. 그러나 고려시대편에서는 판본과 마멸이 심한 원고정리와 빈약한 자료 수집에 많은 어려움을 겪게 되었다. 하지만 조직상의 문제로 인하여 지원이 원활하지 못하자 1981년부터는 불교문화연구소에서 대학출판부로 업무를 이관하고 출판부 내에 한국불교전서편찬실韓國佛敎全書編纂室을 설치하여 작업을 진행시켰다.

1982년부터 1984년까지 고려시대편 1~3책을 출간하였다. 이어 조선시대편 1~4책을 완성시켜 1989년 11월 25일에 총 10책을 완간하였다. 뒤이어 1996년에는 보유편으로 제11책과 제12책을 간행하였고 2003년에는 다시 보유편으로 제13책과 제14책으로 추가하여 총 14책으로 재차 완간하였다. 이것은 1970년『한국불교찬술문헌총록』을 기획하던 때부터 계산하여 약 26년간 걸린 대작업이었다. 여기에는 원측(圓測, 613~696)의『불설반야바라밀다심경찬佛說般若波羅蜜多心經贊』(제1권)부터 시작하여 구한말 송광사 도총섭을 지낸 보정(寶鼎, 1861~1930)의『염불요문과해念佛要門科解』(1권)에 이르기까지 총 180명이 남긴 322(이본 포함)종의 문헌이 집성되어 있다. 각 책에 수록된 서적 목록은 아래와 같다.

도표 4 **한국불교전서 목록**

책 수	저술명	종 수	찬 자 명	시 대	기 타
1	불설반야바라밀다경찬 佛說般若波羅蜜多心經贊 등	27	釋圓測 外	신라 1	본편
2	화엄일승법계도 華嚴一乘法界圖 등	14	釋義湘 外	신라 2	본편
3	유가론기 瑜伽論記 등	14	釋遁倫 外	신라 3	본편
4	일승법계도원통기 一乘法界圖圓通記 등	21	釋均如 外	고려 1	본편
5	선문염송집 禪門拈頌集 등	2	釋慧諶 外	고려 2	본편
6	조계진각국사어록 曹溪眞覺國師語錄 등	36	釋慧諶 外	고려 3	본편
7	불조종파지도 佛祖宗派之圖 등	36	釋自超 外	조선 1	본편
8	부휴당대사집 浮休堂大師集 등	27	釋善修 外	조선 2	본편
9	운봉선사심성론 雲峰禪師心性論 등	36	釋大智 外	조선 3	본편
10	운문대사시초 默庵大師詩抄 등	48	釋㽵㚓 外	조선 4	본편
11	해심밀경소권제10 解深密經疏卷第十 등	27	釋圓測 外	보유 1	보유편
12	조탑공덕경서 造塔功德經序 등	34	釋圓測 外	보유 2	보유편
13	유가론기 瑜伽論記 (이본)	1	釋遁倫	보유 3	보유편
14	유가론기 瑜伽論記 (이본)	1	釋遁倫	보유 4	보유편
총계	180인	322부			

『한국불교전서』는 천 년 전 의천이 집성했던 『고려교장』의 새로운 집대성이다. 의천의 작업이 동아시아에서 수집한 장소류를 집대성한 것이라면 『한국불교전서』는 오로지 한국인들이 1,700여 년 동안 사유

하여 저술해낸 한국판 불교교장이다. 때문에 이 '한국판 교장'과 동아시아판 『고려교장』은 그 성격이 동일하지 않다. 『고려교장』 속의 저자는 인도와 중국 및 한국불교사상가들의 저작이 함께 실려 있지만 『한국불교전서』 속에는 오로지 한국불교인들만의 저작들이 수록되어 있다. 바로 이 점에서부터 두 교장은 크게 변별된다. 두 교장 모두 전서이지만 필자의 국적이나 내용 그리고 목판본(고려교장)과 활자본(한국불교전서)인 점에서도 서로 다르다.

318책으로 완간된 『한글대장경』이나 약 250여 책으로 완간될 『한글본 한국불교전서』는 모두 전서에 해당된다. 이들 두 종류는 모두 한글본 전서라는 점에서 가장 한국적인 전서라고 할 수 있다. 그리고 백련선서 간행회에서 10여 년에 걸쳐 간행한 『선림고경총서』(37권)와 북한에서 간행한 『팔만대장경 해제』 및 『선역본 팔만대장경』 역시 한글본 전서에 포함된다. 『선림고경총서』는 선종에서 유통되었던 어록류와 사서류들을 우리말로 옮겨 묶은 것이다. 때문에 선행하는 거질의 전서라고 할 『선장禪藏』 혹은 『선종전서禪宗全書』에서 번역한 것이 아니라 동아시아에서 널리 읽혀온 주요 선서들을 선별하여 한글로 옮긴 것이어서 여타의 전서와는 그 성격이 다르다고 할 수 있다.

『선림고경총서』를 총서의 범주에 담은 것도 바로 이러한 이유에서이다. '전서'가 공적 기관에 의한 거질의 집대성을 일컫는 명명이라면, '총서'는 공적 기관뿐만 아니라 사적 개인에 의해서도 이루어질 수 있는 명명이기 때문이다. 이처럼 한국의 불전번역과 불서 간행 과정에는 공적 기관에 의한 전서 편찬과 공적 혹은 사적 개인에 의한 총서 간행이라는 두 가지 범주가 있다. 따라서 우리 시대에 필요한 불전 편찬의 과제는 공적 기관에 의한 전서 편찬과 공적 혹은 사적 개인에 의한 총서 간행의 장점들이 적절히 조합되어 질적으로 가장 좋은 결과물을 생산해내는 것이라고 할 수 있을 것이다.

4. 불전 언해와 한글 번역

1) 순한문과 현토 구결

고중세 이래 한글창제 이전에는 한자로 자신의 생각을 표현했던 귀족들과 달리 서민들은 당시의 문자였던 한자를 빌어 이두나 향찰, 그리고 각필(현토) 구결로 표기하면서 언어생활을 하였다. 지식인들이 한자를 본격적으로 사용한 것은 고려시대부터라고 할 수 있다. 당시의 지식인들은 대부분 한자로 자신의 생각을 표현하여 소통하거나 향찰로 된 글들을 한역하면서 새로운 문자생활을 이어갔다. 반면 서민들은 여전히 한자 차용 표기법인 이두나 향찰 및 각필 구결 등을 사용하였다. 그래서 고려 때까지만 해도 한자 차용 표기 혹은 한문 번역은 공적인 기관에 의해서가 아니라 사적인 개인에 의해서 이루어졌다.

고려 정부는 초조본 『고려대장경』 편찬을 위해 대장도감을 설치하여 판각을 지휘하였다. 또 초조본에서 빠진 장소류를 보완하기 위하여 교장도감을 시설하고 『고려교장』을 간행하였다. 그리고 재조본 『고려대장경』 조성을 위해서 강화도에 대장도감을 설치하고 지방에 분사도감을 시설하여 대장경을 판각하였다. 이때 이루어진 표기들은 대부분 순한문이었으며 부분적으로 이두와 향찰 및 현토 구결들이 통용되었다. 이렇게 되자 한자를 차용해서 표기하는 이두와 향찰을 뛰어넘어 보다 진전된 우리말의 필요성이 제기되기 시작하였다.

한자로 의사표시를 한 소수의 귀족들과 달리 대다수의 한국인들은 고중세 이래 이두와 향찰 및 각필 구결을 통해 우리말에 대한 강한 갈증을 지니고 있었다. 그들은 향찰시와 한역시뿐만 아니라 현토 구결을 적극적 사용하여 자신의 의사를 표시해왔다. 그리하여 그들은 이두나 향찰 및 구결의 사용을 통하여 창작에 대한 요구뿐만 아니라 한자 문헌으로의 번역의 필요성도 배태시켜 나갔다. 이러한 현상은 이미 고려가요인 「가시리」, 「쌍화점」, 「청산별곡」 등에 담긴 한글 유사 표기들에서도 확인되고 있다. 뿐만 아니라 고려 후기 유자들의 시조에서도 우리말 사용에 대한 강한 그들의 열망들을 읽어낼 수 있다.

2) 선한 호용문

고려 후기 이래 불교 지식계에서는 불전의 현토 구결본이 다량으로 유통되었다. 불전 유통의 시대적 흐름은 현토와 구결을 넘어 한글 유사 표기를 확장시켰고 한글 창제의 필요성을 더욱더 강하게 제기하였다. 조선 초기 세종은 이러한 시대적 요청들을 수용하여 한글을 창제하였고, 급기야는 한글의 효용성과 기능성의 점검을 시도하면서 불경 언해본들을 탄생시켰다. 한글 창제 이후 불경 언해본들이 널리 간행되면서 한자 호용互用문의 사용은 이제 시대적 요청이자 거스를 수 없는 대세가 되었다.

그런데 이렇게 이루어진 현토구결본과 선한鮮漢 호용문의 서적들은 목판인쇄를 통해서 간행되어 대중들에게 전달되었다. 목판을 통하여 간행물을 제작하는 관서는 고려시대부터 이미 존재했었다. 하지만 본격적인 활동은 조선 태종이 숭문정책을 펴고(1400년경), 서울 남산에 왕립 전용주자소를 설치하면서부터라고 할 수 있다. 여기에서는 조선 최초의 주조활자인 계미자(癸未字, 1403)를 선보였다.

서적간행에 관심이 매우 컸던 세종은 명을 내려 활자의 크기를 일정하게 하게 했다. 또 행과 행 사이에 줄을 넣어 조판이 쉽고 인쇄하기에 편하게 하여 당시만 해도 결점들이 적지 않았던 계미자를 경자자(庚子字, 1420)로 개량해내게 했다. 나아가 조판이 쉽고 인쇄하기에 편하며 필선이 아름다운 초주 갑인자(初鑄 甲寅字, 1434)를 다듬어내게 했다. 이들 활자의 정비는 언해본의 간행을 더욱 촉진시켰다. 그리하여 이들 활자들에 의해 국한문 혼용의 『석보상절釋譜詳節』과 『월인천강지곡月印千江之曲』을 간행하기에 이르렀다.

① 불경 언해본

조선조에 이르러 숭유억불의 불교정책이 시행되었고 태종은 고려 이래 11종파를 7종으로 통폐합하였다. 세종은 7종을 다시 선교 양종으로 통합하였지만 불교는 여전히 사회적인 영향력을 유지하고 있었다. 세종에 의해 훈민정음(한글)이 창제되면서부터 번역 작업은 이제 개인적인 차원을 넘어 국가적인 차원에서 이루어졌다. 세종은 한글을 창제한 이후 불전 간행과 불서 편찬을 시도하였고 수양대군(세조)은 이를 도왔다. 뒷날 문종과 단종에 이어 왕위에 오른 세조는 조카인 단종으로부터의 왕위 찬탈을 속죄하려는 마음에서 불교를 깊이 신봉하였으며 왕세자가 병으로 죽자 명복을 빌기 위하여 친히 불교전적을 베끼기도 하였다. 이어 세조는 재위 7년(1461)에 왕명으로 고려의 대장도감과 교장도감을 원용한 간경도감刊經都監을 설치하여 많은 목판본과 금속활자본 불전을 간행하였다.

조선전기에 금속활자로 간행된 불경은 을해자乙亥字로 인출한 『묘법연화경妙法蓮華經』, 『금강반야바라밀경金剛般若波羅密經』, 『대방광원각수다라요의경大方廣圓覺修多羅了義經』, 『대불정여래밀인수증요의 제보살만행수능엄경大佛頂如來密因修證了義諸菩薩萬行首楞嚴經』, 『선종영가집禪宗永嘉集』, 『천태사교의天台四敎義』, 『능엄경언해楞嚴經諺解』, 『금강경언해金剛經諺解』를 비롯하여 정축자丁丑字로 인출된 『금강경오가해金剛經五家解』, 『금강경삼가해金剛經三家解』, 을유자乙酉字로 인출된 『대방광원각수다라요의경大方廣圓覺修多羅了義經』, 『벽암록碧巖錄』, 『육경합부六經合部』 중 『금강반야바라밀경金剛般若波羅密經』, 『대방광불화엄경입부사의해탈경계보현행원품大方廣佛華嚴經入不思議解脫境界普賢行願品』, 『관세음보살예문觀世音菩薩禮文』의 삼경합책 등이 현존한다.

금속활자에 의한 인쇄술은 판목에 글자를 거꾸로 새겨 한 책만 찍어내는 목판본과 달리 낱개의 금속 글자로 만들어진 활자를 조판하여 찍어내는 인쇄 방식으로 새롭게 조판을 하면 다른 종류의 책을 거듭 찍어 낼 수 있는 장점을 지니고 있다. 하지만 이와 같은 금속활자에 의한 인쇄 방식은 막대한 비용이 소용되는 것이어서 대부분 중앙 정부의 주도로 이루어질 수밖에 없었다. 조선 후기에 이르기까지 금속활자는 여러 차례 개량되었지만 고려시대 이래 여전히 대부분의 불전들은 목판 인쇄로 간행되어 유통되었다. 간경도감이 폐지(1471)된 이후에는 내수사內需司 등에서 잠시 불전이 간행되기도 했다.

간경도감은 이후 성종 2년(1471)까지 약 10여 년간 존속하면서 한문 불경 간행과 한글 불서 편찬을 주도했다. 간경도감은 한양에 본사本司를 두고 안동부, 개성부, 상주부, 진주부, 전주부, 남원부 등의 지방에 분사分司를 두었다. 직제는 도제부, 제조, 사, 부사, 판관 등으로 이루어졌으며, 관리는 약 20명이고 총 종사자는 170명에 이르렀다.[65] 이곳의 주요업무는 이름 있는 승려나 학자를 초빙하여 『고려교장』본을 판각하는 것과 한글로 번역하고 간행하는 일을 하였다. 아울러 불서를 구입하거나 수집하고 왕실의 불사와 법회를 관장했다.

판각과 간행에 따른 업무는 세조가 직접 관장하였고, 실무는 황수신(黃守身, 1407~1467), 김수온(金守溫, 1410~1481), 한계희韓繼禧 등의 학자가 맡았고, 신미信眉, 수미守眉, 홍준洪濬 등의 승려들은 교정 관련 업무만 맡았다. 간경도감에서 편찬해낸 언해본 불교전적들은 삼장과 교장에 걸쳐 매우 다양했다. 제일 처음 간행한 것은 불교의 교조인 석존에 대한 저술들이었다. 한글이 만들어진 이듬해인 세종 즉위 29년(1447)에 명을 받은 수양대군은 승우僧祐의 한문본『석가보釋迦譜』와 『법화경』 등의 경전을 가려 뽑아 엮고 이를 언해하여 『석보상절釋譜詳節』(1477)[66]을 펴냈다. 다시 2년 뒤(1449)에는 세종이 친히 지은 찬불가인 『월인천강지곡月印千江之曲』을 간행하기도 하였다. 훗날 세조는 즉위 5년(1459)에 『월인천강지곡』과 『석보상절』을 합해 『월인석보月印釋譜』를 간행했는데 이것은 다른 언해본과 달리 한문 본문이 실려 있지 않은 것이 특징이다.[67]

---

[65] 불경 간행 사업에 30일 이상 종사하면 원하는 사람에게 度牒을 주어 승려가 될 수 있게 하였다. 이 때문에 많은 이들이 이 일에 참여하였다.

[66] 세종은 1446년(세종 28)에 昭憲王后가 돌아가자, 그녀의 명복을 빌기 위하여 수양대군에게 석가의 전기를 엮게 하였다. 이에 수양은 金守溫 등의 도움을 받아 『釋迦譜』, 『法華經』, 『地藏經』, 『阿彌陀經』, 『藥師經』 등에서 뽑아 엮고 한글로 옮겨〔編譯〕 1447년(세종 29)에 『석보상절』로 완성했으며 1449년(세종 31)에 간행하였다.

[67] 학계에서는 『석보상절』이 다른 불경 언해서와 달리 언해문과 한문 원문이 함께 실려 있지 않을 뿐만 아니라 자유로운 산문체로 적혀 있어 불경 언해의 범주에서 제외시키고 있다.

선한문鮮漢文은 한글과 한문을 상호 이용한 문체를 일컫는다. 대부분의 언해본들은 한글과 한문을 상호 활용한 선한 호용문鮮漢互用文이었다. 때문에 한문 원문에 구결을 달고 언해문을 나란히 배열하는 전형적인 불경 언해서는 간경도감에서 간행한 『능엄경언해楞嚴經諺解』(10권, 校書館, 1461)가 처음이라고 할 수 있다. 『능엄경언해』는 워낙은 활자(乙亥字)로 간행되었지만 1461년 세조가 간경도감刊經都監을 설치하고 불경 언해 사업을 본격화하면서 이듬해에 목판본으로 다시 간행되었다. 이 책은 송나라의 온릉 계환戒環이 요해要解한 『능엄경』에 세조가 한글로 구결을 달고 한계희韓啓禧·김수온金守溫 등이 신미信眉의 도움을 받아 번역한 것이다. 목판본 『능엄경언해』는 간경도감에서 간행한 최초의 불전 언해서라는 점에서 이후 불전 언해서의 서지 형태, 번역 양식, 정서 방법 등의 전범이 되었다.

간경도감에서는 1461년(세조 7)에 설치 이후 1471년(성종 2)에 해체될 때까지 약 10년간 『수능엄경언해首楞嚴經諺解』, 『아미타경언해阿彌陀經諺解』, 『몽산법어언해蒙山法語諺解』, 『묘법연화경언해妙法蓮華經諺解』, 『선종영가집언해禪宗永嘉集諺解』, 『금강반야바라밀경언해金剛般若波羅密經諺解』, 『반야바라밀다심경언해般若波羅蜜多心經諺解』, 『원각경언해圓覺經諺解』, 『사법어언해四法語諺解』, 『목우자수심결언해牧牛子修心訣諺解』 등 10종의 불전 언해본을 간행하였다.[68] 선행 연구들[69]

---

68 金斗鍾, 『韓國古印刷技術史』(탐구당, 1974), pp.159~162. 여기서는 『몽산법어언해』를 언급하지 않는 채 9종으로 파악하고 있다.

69 http://preview.britannica.co.kr/bol/topic.asp?article_id=b10b1676a "불경 언해" 한국 브리태니커 온라인; 김영배, 『국어사자료연구: 불전언해 중심』, 월인, 2000; 김영배, 「조선 초기의 역경」, 『대각사상』 제5집, 대각사상연구원, 2002.

을 참고하여 도표를 만들어 보면 아래와 같다.

도표 5 언해본 불교전적 목록

번호	언해본 불전 및 불서	간행자	권차	간행년	간 행 처	비 고
1	석보상절釋譜詳節	活字本		1447/1561	校書館	釋迦譜번역
2	월인석보月印釋譜	木版本		1459/1542	校書館/영주 희방사	
3	대불정 여래밀인 수증요의 제보살 만행 수능엄경 언해 大佛頂如來密因修證了義諸菩薩萬行 首楞嚴經 諺解	活字本/ 木版本	10권	1461/1462	校書館/간경도감	溫陵戒環解/ 一如集注 세조 口訣
4	불설아미타경 언해 佛說阿彌陀經 諺解	乙亥字/ 木版本	1권	1461/1464 /1558	교서관/간경도감/ 나주 쌍계/ 청도 수암사/ 고성 운흥사 / 묘향산 보현사/ 팔공산 동화사/ 양 주 봉인사/ 청도 운 문사/ 양주 덕사/ 밀양 표충사	
5	몽산법어 언해蒙山法語 諺解		1권	1459~146 1/1521…	간경도감/	懶翁 초록/ 信 眉 諺解
6	묘법연화경 언해妙法蓮華經 諺解	木版本	7권	1463/1523 …	간경도감/	溫陵戒環解
7	선종영가집 언해禪宗永嘉集 諺解	木版本	2권	1464/1520 …	간경도감/	信眉 등 諺解
8	금강반야바라밀다경 언해 金剛般若波羅密多 諺解		2권	1464/1495	간경도감/	韓繼禧 등 諺解
9	반야바라밀다심경 언해 般若波羅密多心經 諺解		1권	1464/1475	간경도감/	韓繼禧 등 諺解
10	대방광원각수다라요의경 언해 大方廣圓覺修多羅了義經 諺解	木版本	11권	1465/1459 ?	간경도감/	信眉・孝寧大 君・韓繼禧 등 諺解
11	사법어 언해四法語 諺解70		1권	1467/1500	간경도감/	信眉 口訣, 諺解
12	목우자수심결 언해 牧牛子修心訣 諺解	木版本	1권	1467	간경도감/	信眉 口訣, 諺解
13	수구영험 언해隨求靈驗 諺解		1권	1476/1569	은진 쌍계사	
14	금강경삼가해 언해 金剛經三家解 諺解	活字本	5권	1482	간경도감 언해/內 需司 간행	慈聖大妃 후원, 學祖 간행
15	영가대사증도가남명천선사계송 언해 永嘉大師證道歌南明泉禪師繼頌 諺解	乙亥字/ 活字本	2권	1482	간경도감 언해/內 需司 간행	慈聖大妃 후원, 學祖 간행

16	불정심다라니경 언해 佛頂心陀羅尼經 諺解		乙亥字	3권	1485/1533 /1561	仁粹大妃 후원
17	영험약초 언해[71] 靈驗略抄諺解		乙亥字 活字本	1권	1485/1550	仁粹大妃 후원
18	오대진언 언해 五大眞言 諺解			1권	1485	仁粹大妃 후원
19	육조법보단경 언해 六祖法寶壇經 諺解		木活字本	3권	1496/?	學祖 諺解
20	진언권공·삼단시식문 언해 三壇施食文·眞言勸供 諺解		木活字本	1권	1496	學祖 諺解
21	관음경 언해觀音經 諺解					
22	법집별행록 언해法集別行錄 諺解				1522	
23	불설대보부모은중경 언해 佛說大報父母恩重經 諺解			1권	1553	
24	선가귀감 언해禪家龜鑑 諺解			2권	1569	묘향산 보현사
25	염불작법 언해念佛作法 諺解				1572	
26	초발심자경문 언해 初發心自警文 諺解			1권	1577	계초심학인문/ 발심수행장/야 운자경서
27	십현담요해 언해十玄談要解 諺解			1권	1548	강화도 淨水寺 판각	1475 雪岑 書
28	성관자재구수육자선정 언해 聖觀 自在求修六字禪定諺解六字禪定 諺解			1권	1560	
29	진언집 언해眞言集 諺解			1권	1569	
30	미타참절요 언해 彌陀懺節要 諺解			1권	1704	
31	염불보권문 언해念佛普勸文 諺解		木版本		1704/1764 /1765/176 5/1776/17 87	예천 용문사/ 대구 동화사/ 구월산 홍 률사/ 묘향산 용문 사/ 합천 해인사/ 무장 선운사
32	조상경 언해造像經 諺解					
33	지장경 언해地藏經 諺解				1569/1762	

---

70 이『사법어언해』는 혜각존자 신미가 「환산정응선사 시몽산법어皖山正應禪師示蒙山法語」, 「동산숭장주송자행각법어東山崇藏主送子行脚法語」, 「몽산화상시중蒙山和尙示衆」, 「고담화상법어古潭和尙法語」의 법어 4편에 正音을 달고 번역한 것이다.

71 이『영험약초언해』는 '대비심다라니', '수구즉득다라니', '대불정다라니', '불정존승다라니' 네 가지의 영험담을 모아 번역한 것이다.

이들 언해본들의 인간을 분석해 보면 당시에 수요가 많았던 전적들 중심으로 간행되었다. 간경도감과 내수사에서 간행된 『능엄경언해』, 『법화경언해』, 『원각경언해』, 『금강경삼가해언해』, 『불설아미타경언해』, 『불정심다라니경언해』, 그리고 『몽산법어언해』 등은 조선 전기의 불자들과 일부 유자들 사이에서도 널리 읽혔던 전적들이다. 그러나 세조가 왕위에서 물러난(1470) 뒤 왕위에 오른 성종은 이듬해에 유자들의 상소에 의해 폐지하였다. 이 중 『금강경삼가해언해』와 『증도가남명계송언해』는 세종 대에 처음 번역이 시작되어 간경도감이 폐지되기 이전에 이미 다른 불경 언해 사업과 함께 추진되어 완성되어 있었던 것을 자성대비의 후원으로 학조學祖가 내수사內需司에서 간행했기 때문이다. 이들 언해본들은 활자(乙亥字)로 간행되었으며 내용면에서는 폐지된 간경도감의 후속 사업적 성격을 지니고 있었다.

인수대비의 후원을 받아 간행된 『불정심다라니경언해』와 『오대진언해』, 그리고 『영험약초언해』는 모두 다라니의 성격을 지니고 있는 책들이다. 이 중에서도 학조가 언해하여 간행한 『육조법보단경언해』와 『진언권공』, 『삼단시식문』은 활자木活字로 간행되었다는 점과 한자음 표기에 있어 동국정운식 한자음을 지양하고 현실 한자음을 표기한 점에서 주목을 받고 있다. 또 당시에 간행된 언해본들 대부분이 선법 관련 불서뿐만 아니라 의례 관련 서적들이었다는 대목과 왕실이 국가의 안녕을 기원하는 의식 거행에 필요한 불교의례집의 간행을 위해 원찰들을 지속적으로 후원했다는 사실은 조선시대 불교의 지형도와 관련해서 주목해야 할 부분이다.[72] 동시에 이것은 우리는 조선조에서

---

[72] 고영섭, 「금강산의 불교 신앙과 수행 전통」, 『보조사상』 제34집, 보조사상연구원, 2010.

도 불교의 기능과 역할이 엄존하고 있었다는 사실을 재확인하게 해주는 대목이기도 하다.

정부 주관의 교서관과 간경도감에서 불서들을 언해하고 간행하던 전기와 달리 중기 이후에는 왕실의 후원이 소원해졌다. 그 대신 각 지역 관아官衙의 후원과 지역의 수사찰이나 유력 인사의 후원을 받는 특정 사찰 등과 같은 단위 사찰에서 기존의 불전 언해본들을 복각하는 형식으로 이루어졌으며 인간된 종수도 적지 않았다. 이들 사찰에서는 당시 대중들에게 가장 폭넓게 자리 잡고 있던 정토신앙에 기인하여 『미타참절요언해彌陀懺節要諺解』(1704), 『염불보권문언해念佛普勸文諺解』(1741), 『지장경언해地藏經諺解』(1762) 등과 같이 주로 정토계통의 불전들이 언해, 인간되는 일이 많았다. 특히 『불설대부모은중경』의 경우는 고려시대 판으로부터 이래 조선후기 용주사판까지 국내에서 간행된 이판본만도 삼십여 종에 가깝다. 또 대승경전과 수행 관련 불전들인 『묘법연화경妙法蓮華經』, 『금강반야바라밀경金剛般若波羅密經』, 『육경합부六經合部』, 『화엄경소華嚴經疎』, 『지장경地藏經』 등과 『진언집眞言集』 등이 필요에 따라 지방 관아와 지역의 사찰에서 여러 차례 인간되었다.

그리고 이들 판본들에 판각된 다양한 종류의 변상도와 삽화는 해당 경전의 핵심 내용을 응축한 사상적 체계를 바탕으로 당대의 빼어난 예술성을 반영한 수준 높은 작품들이며 저마다 각 시대별 인쇄 미학의 백미를 잘 보여주고 있어 주목된다. 하지만 18세기 후반으로 접어들면서 불경과 언해본 간행이 점차 줄어들고 불교의례집들의 간행이 주조를 이루게 되었다.[73] 당시 의례집들이 안고 있는 문제점들을 비판하면서 새롭게 집성한 백파 긍선(白坡 亘璇, 1767~1852)의 『작법귀감作法龜

鑑』은 이 시대의 대표적인 의례집이라고 할 수 있다.

그러나 이들 불교의례집 간행조차도 조선말까지 진행되다가 대한시대(1897~)에 들어서 국권을 잃게 되면서 한동안 불전 간행이 미미하게 된다. 이즈음 불교계는 1899년 창사된 동대문 밖의 원흥사(조선불교중앙포교당)를 사대문(도성) 안으로 이전시켜 포교의 전진기지로 삼기 위해 1902년에 세운 각황사를 거점으로 새로운 모색을 하고 있었다. 이후 1908년 원흥사에서 창종한 원종이 일본 조동종과 연합 체맹을 맺자 이를 매종 행위라고 반발한 지방 불교계에서는 1910년에 임제종을 탄생시켰다. 원종은 1910년 5월경에 각황사를 지금의 종로구 수송동으로 옮겨 창건하였다. 그러던 와중에 1910년 8월 29일 대한제국 정부는 일제에 국권을 빼앗겨 버렸다. 정국은 혼미 속에 빠져들었다. 불교계 역시 조선총독부가 반포한 사찰령의 통제(1911)에서 벗어날 수 없었다.

불교계는 각황사를 옮겨 열은 이후 다시 역경譯經에 대한 시도를 하였다. 먼저 한양의 중앙포교당 역할을 하던 각황사는 『미륵상생경』을 한문漢文 및 선문鮮文 두 갈래로, 또 조선선종중앙포교당(寺洞)에서는 『여래팔상록』을 선문으로 역술譯述 간행刊行하였다.[74] 이어 『해동불교』 3~8호에는 영호 정호(映湖 鼎鎬, 朴漢永, 1870~1948)이 『법보단경』을 역술하여 연재하였고, 해동불보사에서는 청년승려들의 교재로 활용하기 위해 『치문』을 현토 분류한 『정선치문집설精選緇門集說』을 간행하였다.[75] 또 한용운의 『불교대전』이 간행되자 그 『해동불교』의

---

73 고영섭, 「한국의 근대화와 전통 불교의례의 변모」, 『불교학보』 제56집, 동국대학교 불교문화연구원, 2010, pp.411~451.

74 「雜貨布」『조선불교월보』 제19호, 조선불교월보사, p.73.

75 『해동불보』 제5호, 해동불보사, p.76; 『해동불보』 제6호, 해동불보사 p.89.

광고문에서는 선한문鮮漢文으로 초역抄譯 간행했다고 광고하고 있다.[76] 이후 이능화, 정황진, 권상로, 봉문거사, 백의거사 등은 불교잡지에 불전을 소개하고 번역을 시도하였다.

3.1운동이 일어난 뒤 1920년 2월 17일 "한국사에서 역사와 전통이 심대한 불교를 계승하고 그를 조선동포에게 널리 알림과 동시에 세계에도 발휘하자"[77]는 취지에서 결성된 조선불교회는 새로운 사업을 전개하기 위한 방안을 검토하면서 역경에 대해 관심을 기울이게 된다. 1924년 조선불교회는 편집동인 성격의 발기인 중심으로『불일』지를 창간하고 창간호 사고社告에 불전번역 연재 소식을 전하고 있다. 2호까지 확인되고 있는『불일』지 제2호에는 권상로의 번역기고문인「불설무량수경 48원」이 게재되었다.[78] 이때의 번역문은 대부분 조선글과 한문을 혼용한 선한문鮮漢文이었다. 이처럼 대한시대의 역경 언어는 순한문의 현토 구결과 언해를 지나 선한(호용)문의 사용으로 넘어가고 있었다.

②삼장역회 번역본 외

용성 진종(龍城 震鐘, 1864~1940)은 3.1운동 이후 출옥한 뒤 58세의 나이에 삼장역회(三藏譯會,[79] 1928. 8)를 조직하여 불전번역과 불서

---

[76] 『해동불보』제6호, 해동불보사, p.89.
[77] 『조선불교총보』제21호, 조선불교총보사, pp.9~11. 조선불교회의 발기인은 권덕규, 김돈희, 김정해, 김홍조, 박한영, 양건식, 이능화, 이명칠, 이지광, 정황진 등 29명이다.
[78] 『佛日』지의 편집동인은 김익승, 김세영, 박한영, 백상규, 백우용, 양건식, 이능화, 최남선, 황의돈, 권상로 등이다. 김광식,「일제하의 역경」,『대각사상』제5집, 대각사상연구원, 2000, pp.52~53 참고.
[79] 한보광,「백용성 스님의 역경 활동과 그 의의」,『대각사상연구』제5집, 대각사상연구

간행을 주도하였다. 당시의 대표적 선승이었던 그는 대각교大覺敎의 창안, 선농일치禪農一致의 실현 등을 통해 대사회적 발언과 참여를 해왔다. 하지만 출옥 이후 그는 "이제부터 나아가지 않겠다"고 결심하고 "경전을 번역하는 일 외는 청산을 묵묵히 대할 뿐"이라며 숙연하게 발원하였다. 그리고 그는 한문 불전을 '조선글(조선어)'로 번역하는 일을 가장 우선순위에 두었다.

오직 원컨대 모든 선지식께서는 나를 자유롭게 놓아주소서. 본디 머리가 있고 꼬리가 없는 놈은 말할 줄도 모르는 것입니다. 오로지 내가 결심한 일은 이제부터 나아가지 않겠다는 것입니다. 다만 경전을 번역하는 일 외에 묵묵히 청산을 대할 뿐입니다. 나의 마음은 이미 결정되어 털끝 하나 들어올 곳이 없습니다. 오직 바라건대 모든 선지식께서는 나를 버린 물건으로 여기소서.[80]

'털끝 하나 들어올 곳이 없을' 정도로 굳게 결심한 용성은 선지식에게 자신을 '버린 물건으로 여기라'고 단언하며 경전 번역과 간행에 몰두하였다. 그의 삼장역회는 1인으로 구성된 역회임에도 불구하고 공동역회를 방불케 할 정도로 방대한 역경사업을 완수하였다. 이 점은 한국 불전번역사에서 용성이 그 누구와도 견줄 수 없을 정도로 확고한 위상을 세웠다고 평가받는 이유이기도 하다. 아래의 삼장역회의 목록

원, 2002.

[80] 金泰洽 편 『용성선사어록』 하권(『용성대종사전집』 제1집, 1990, p.555), p.29. 윤창화, 「해방 이후 譯經의 성격과 의의」, 『대각사상』 제5집, 대각사상연구원, 2002, p.136 재인용.

은 용성의 사유와 인식의 지형을 보여주고 있다.

도표 6 삼장역회 및 대각교회 간행 목록

번호	불서명	권차	연도	간행처
1	범망경연의 梵網經演義		1921	미출판
2	심조만유론 心造萬有論		1921	삼장역회
3	금강경 선한문 신역대장경 金剛經 鮮漢文 新譯大藏經		1922. 1	삼장역회
4	수능엄경 선한연의 鮮漢演義		1922. 7	삼장역회
5	만금비라卍金毘羅(동자위덕)경經		1922. 9	대각교회
6	팔상록 八相錄		1922. 9	삼장역회
7	각정심관음정사총지경 覺頂心觀音正士摠持經		1922.12	대각교회
8	대방광원각경 大方廣圓覺經		1924. 6	삼장역회
9	선한문역 선문촬요 (부록 수심정로) 鮮漢文譯 禪門撮要 (附錄 修心正路)		1924. 6	대각교회
10	상석과해 금강경 詳譯科解 金剛經		1926. 4	삼장역회
11	팔양경 八陽經		1928. 1	삼장역회
12	조선글 화엄경	12권	1928. 3	삼장역회
13	조선어 능엄경		1928. 3	삼장역회
14	각해일륜 (부록 육조단경요역) 覺海日輪 (附錄 六祖壇經要譯)		1930. 3	대각교당
15	각설범망경 覺說梵網經		1933. 1	대각교중앙본부
16	청공원일 晴空圓日		1933. 6	
17	수심론 修心論		1936. 4	대각교중앙본부
18	석가사 釋迦史		1936. 7	대각교중앙본부
19	임종결 臨終訣		1936. 9	삼장역회
20	오도 吾道의 진리 眞理		1937. 6	삼장역회
21	오도 吾道는 각 覺			

22	육자영감대명왕경六字靈感大明王經		
23	천수경千手經		
24	지장보살본원경地藏菩薩本願經		

   3·1운동의 중심에 섰던 용성은 출옥 이후 커다란 심경의 변화를 맞이했다. 감옥에서 보았던 다양한 문화와 사조들을 경험하면서 시대 정신과 역사의식이 우러나왔다. 이후 그의 모든 인식은 불교계 내부로 모아졌다. 그것은 3.1운동의 영향, 여타 종교의 한글화된 교재에서의 충격, 한문 및 시대사조에 대한 판단, 민중불교에 대한 관심 등의 종합이었다.[81] 그리하여 그는 '불교의 민중화 운동', '불경의 번역이 신앙과 깨달음에 이르게 하는 문제와 직결'되며, '대중을 위한 역경', '역경이 포교, 불교의 대중화, 불교의 민중화라는 방향에서 접근'되었다. 그리고 용성의 이러한 '가시적 성과'[82]는 당시에 활동하던 이능화(李能和, 1869~1943), 한암 중원(寒巖 重遠, 方寒巖, 1876~1951), 권상로(權相老, 退耕, 1879~1965), 한용운(1879~1944), 정황진鄭晄震, 김영수(1884~1967), 봉문鳳門거사, 백성욱(無號山房, 1897~1981), 김태흡(金泰洽, 大隱), 김법린(金法麟, 梵山, 1899~1964), 안진호(安震湖, 1880~1965), 허영호(許永湖, 1900~1952, 拉北), 조종현(趙宗玄, 鐵雲, 1904~1989, 김동화(金東華, 雷虛, 1902~1980), 소천 의탁(韶天 宜倬, 1897~1978), 김적음, 현서봉 등과도 대비된다.

   용성에 의해 번역된 이 시기의 불서들은 대체적으로 ①선교일치禪敎一致적 경향의 서적이 많이 유통되었고, ②남종선 중에서도 송대의

---

81 김광식, 「일제하의 역경」, 『대각사상』 제5집, 대각사상연구원, 2002, p.56.
82 김광식, 위의 글.

간화선看話禪 계통의 서적이 여러 차례 반복적으로 언해되었으며, ③법성法性 사상을 근간으로 하는 경전들과 그 주석서들이 주로 번역되었고, ④『오대진언』, 『진언권공』, 『삼단시식문언해』, 『진언집』, 『염불작법』 등 의례에 관한 의문儀文의 언해가 중심이었다. 용성 이전 선-교-염불의 삼문수업三門修業이 중심이었던 조선 중 후기에는 선(禪; 남종선-간화)-교(敎; 법성교학)-진언(眞言; 염불왕생) 중심의 불교서적이 번역 유행되었다.[83] 이러한 세 경향은 조선 초기를 넘어 종단이 없어진 중기와 후기에까지 나타날 뿐만 아니라 심지어는 대한 초기에까지도 보이고 있다.

용성의 번역은 ①선에 관한 서적, ②강원 이력과정에서 수학하는 경전이나 논서, ③의식에 관한 서적으로 나눠볼 수 있으며, 그의 번역은 ④원문의 글자에 구애되지 않고 요점을 추리고, ⑤과목을 붙이며 번역하고 있다. 뿐만 아니라 그의 사상체계와 일생의 활동 첫 단계는 의정疑情의 독로獨露를 통해 대원각체성大圓覺體性을 체험했고, 둘째 단계는 그 체험을 바탕으로 해서 당시 강원의 이력을 열람하여 법성法性의 철학체계를 터득했으며, 셋째 단계는 첫째의 선적인 체험과 둘째의 법성철학의 체계를 바탕으로 정립한 자신의 대각사상의 실천 운동으로 돌입한다[84]고 평가되고 있다. 이것은 용성이 여타의 번역자와 달리 선사로서의 정체성을 분명히 하고 있을 뿐만 아니라 대각교大覺敎로서 불교의 대중화를 동시에 모색하였기 때문으로 이해된다.

더욱이 그는 조선후기 이래 선교일원禪敎一元 혹은 사교입선捨敎入禪의 전통의 담지자로서 선법과 화엄에 대한 깊은 이해가 있었다. 나아가

---

[83] 신규탁, 앞의 논문, 앞의 책.
[84] 신규탁, 앞의 논문, 앞의 책.

그는 조선 후기와 대한 전기를 살면서 투철한 시대정신과 역사의식 위에서 '조선글'에 대한 남다른 이해를 바탕으로 하고 있다는 점에서 역경가로서 독자적 위상을 확보하고 있다. 이것은 용성의 찬불가 보급과 선농일치의 체화, 그리고 대한독립운동의 발기인(33인) 참여 등에서도 확인되고 있다. 이러한 그의 가풍은 소천 의탁의『금강경』번역과 각운동 그리고 고광덕의 반야바라밀 운동으로 이어졌다. 용성의 삼장역회三藏譯會와 대비되는 또 다른 축은 만해의 주도로 이루어진 법보회法寶會였다. 그러나 '평이한 한글 혹은 국한문 혼용체〔鮮漢互用文〕로 번역하여 대중에게 적합한 팜푸레트 혹은 단행본'[85]의 필요성을 역설했던 만해의 번역은『십현담주해』(1926. 5. 15)와 선한문鮮漢文으로 초역抄譯된『불교대전』뿐이었다.[86] 그렇지만 만해의 인식은 그의 영향을 받은 이들에 의해 개화되었다. 백성욱(無號山房)은 당시의 불전번역 사업에 대해 삼장역회를 제외하고는 역경의 흔적이 보이지 않음을 지적하면서 "우리가 소화하고 해석하였다고 할 만한 대중에 대한 책임

---

85 한용운, 「조선불교의 개혁안」, 『불교』 88호, 1931.10, p.8.
86 『동아일보』 1922년 9월 25일. 「불교사회화를 위하여 한용운씨 등이 법보회를 조직」. "불교계의 명사 한룡운씨 외 제씨의 발기로 법보회를 조직하고 스러저 가는 선인의 행적을 상고하야 우리의 광휘잇는 과거 력사를 장식하는 동시에 일반 불경을 순조선말로 번역하여 언문만 알면 능이 석가세존의 참뜻을 아라볼 수 있도록 할 터이라는대 그 회의 중심인물인 한룡운씨는 말하되 우리 회의 첫재 목뎍은 불교를 통속화通俗化함이외다. … 우리의 부족하나마 팔만대장경을 전부 순조선말로 번역하고 또 그래도 모를 때에는 주를 내이어 아모리 초학자라도 한번 보면 뜻을 알고자 하고자 하며, 둘재는 이천년 동안 고승대사의 독특한 학설을 수집하야 발행코자 함이라. … 우리가 조선민족으로 조선민중에 그러한 고명한 학설이 잇섯든 것을 알지도 못하고 모다 남의 손에 빼앗기엇다는 것이 엇지 민족의 죄가 아니라 하리요. 나는 통절히 늣기는 바가 잇서."

과 성의 있는" 역경을 강조하였다.[87]

백성욱은 당시의 불전번역의 현실에 대해 다양한 문제의식에도 불구하고 무책임하고 무성의하여 "재래의 역출방식인 한문 현토식을 한글로 써 놓은 것에 불과"[88]했다고 통렬히 비판하고 있다. 결국 그가 지적한 대로 우리 스스로 소화하고 해석한 불교는 여전히 다음 시대의 과제로 남게 되었다. 김법린(鐵啞) 역시 "불전의 민중화, 현대화야말로 민중적 불교운동의 초미적 문제"라고 인식하였다.[89] 조종현 또한 역경사업을 주도할 '불교학회佛敎學會'를 종단 교무원에 설치 운영하자는 제안을 했다.[90] 이러한 문제의식들은 결국 순언문과 한글 옮김으로 나타날 수밖에 없었다.

경성(서울)에서 이루어진 삼장역회와 법보회와 달리 지방에서도 역경에 대한 문제의식이 제기되었다. 만해는 '역경의 급무'[91]를 역설하고 "역경에 있어서는 (다소의 진보가) 요요무문寥寥無問이다"고 주장하였다. 그러면서도 "하기야 개인적으로 소부분의 번역이나 저술이 아주 없는 것은 아니나 양으로 근소할 뿐만 아니라 질로도 완전하다고 할 수 없다"[92]며 공동역경의 필요성을 제기했다. 만해가 "아직 규모가

---

87 無號山房,「譯經의 必要는?」,『불교』58호, 1929.4. pp.20~23.
88 無號山房, 위의 글, p.30.
89 鐵啞,「民衆本位的 佛敎運動의 提唱」,『一光』2호, 1929.9, p.42.
90 조종현,『불교』93호, 1932.3, p.17.
91 한용운,「譯經의 急務」,『불교』신3집, 1937.5, p.2. 만해는 여기서 역경의 대상인 經을 광의적으로 經律論과 기타 불교에 관한 문헌의 전부인 藏經으로 전제하고 있다.
92 한용운,「불교의 2대 문제」,『一光』3호, 1931.3, p.7. 만해는 여기서 두 가지 물음에 대해 ①역경사업이 문학에 기여하며, ②역경이 포교사업의 발전에 기여한

협소하야서 완벽의 역에 이르기까지는 거리가 원원遠遠하다"[93]고 언급한 곳은 불교계 공동경영의 해동역경원(원장 김구하)이었다.[94]

1935년 경남 3본산인 통도사와 해인사와 범어사에서 공동 출자(부담)하여 창립한 해동역경원(主任譯經師 허영호)은 첫해에『불타의 의의』와『사종四種의 원리』(사성제)를 펴낸 데 이어 순조선문으로 된『불교성전』(상권)을 편역해 냈다. 1937년에는『아미타경』을 펴냈으나 이해 3월부터 허윤(영호)은 휴간 중이었던『불교』지의 책임(편집 및 발행인)을 맡게 되었다. 또 중앙불전의 교수 겸 학감과 다솔사 및 범어사 강원의 강사로 재직하면서 실무책임자로서의 역할이 분산되었다. 이렇게 되자 해동역경원은 1938년 9월 28일, 3본산 종무협회 제5회 총회를 개최하고 역경사업을 당분간 중지한다는 결의를 내렸다.[95] 그 결과 해동역경원은 중단되고 말았지만『불교』지를 통한 일본유학생 출신 허영호의 열정적인 역경사업[96]은 끊이지 않았다. 이것은

다고 답변하고 있다.

[93] 한용운, 위의 글, 위의 책, p.7.
[94] 都監은 김구하, 김경산, 김설암, 이고경, 임환경, 김경봉, 백경하, 오성월, 차운도 등 9명을 위촉했다.
[95] 김광식, 앞의 글, 앞의 책, p.69.
[96] 해동역경원의 역경사업이 중단되자 허윤(영호)은 자신이 번역한 몇몇 불서들을 『불교』지에 분재하였고, 몇몇 불서들은 佛敎社에서 간행하였다. 허윤이 번역한 책은『불교성전』(1937),『俱舍論大綱』,『能斷金剛般若波羅密經 註解』(梵漢朝 대역, 불교 신1집~신4집),『十二門論』(불교 신5집~9집, 1937),『千手千眼觀自在菩薩廣大圓滿無碍大悲心大他羅尼經』(불교 신8집~신9집),『마등가의딸경』(불교 신10집, 1937),『大乘起信論』(불교 신10집~신13집, 1938),『보시태자경』(불교 신11집~신12집),『天台四敎儀』(불교 신14집~신19집) 등이다. 그의 범한조 대역『금강경』번역은 20세기 최초로 산스크리트본에 의거한 번역이라는 점에서 주목을 요한다.

만상회卍商會를 운영하며 저술과 역경을 이끈 동시대의 안진호와도 비교된다.

안진호는 경북 예천에서 태어나 용문에서 출가한 뒤 용문사, 김룡사, 대승사의 강사로 활동했다. 1929년 그는 서울로 올라와 서대문에 불교서점 겸 출판사(발행소)인 만상회를 열고 저술과 역경 작업 및 보급에 힘썼다. 특히 안진호는 불교의 의식을 정리하여 『불자필람佛子必覽』(1931)을 간행한 뒤 그 속편으로 다시 『석문의범釋門儀範』(1935. 10)을 펴내어 우리나라 불교의례를 집대성하였다. 그는 만상회를 통해 많은 불서들을 현토, 언(문)해(석), 주해하여 불교의 대중화에 이바지 하였다.[97] 안진호의 역경 목록은 대단히 다양하였다. 그 구성도 원문, 현토, 주해, 번역, 사기私記, 해석 등의 분류를 통해 이루어지고 있다. 이 점에서 그의 번역은 동시대의 상황에 견주어 매우 현대적이었다고 할 수 있다. 국내 출신임에도 불구하고 이러한 작업을 그 혼자 이루어낸 것으로 보여 안진호의 열정이 새삼 돋보이고 있다.

---

97 安震湖가 번역한 것은 『현토 자해 初發心自警文』, 『언문 千手經』, 『원문 현토 언문 해석 阿彌陀經』, 『원문 현토 언문 해석 八大覺經』, 『원문 현토 해석 觀世音普門品經 附 高王經 及 佛祖歷代』, 『원문삽화 附 현토 해석(鮮譯) 目連經 附 恩重經』(1936), 『현토 주해 精選緇門』(1936), 『원문 附 현토 음역 의역 地藏經』(1936), 『현토 三經合部(화엄경 행원품, 법화경 보문품, 원각경 보안장)』(1936), 『현주 주해(선역) 藥師經』, 『현토 선역 北斗七星延命經』, 『현토 석가여래 十地行錄』, 『언문 十地行錄』, 『52종 秘密諺文佛經』, 『현토 해석 彌勒上生經』(1939), 『현토 사기 주해 禪要』(1938), 『현토 주해 書狀』(1938), 『현토 都序』(1938), 『현토 節要』(1938), 『심지관경보은품』(1938), 『현토 선역 天地八陽神呪經』, 『언문 주해 한문 방서 新編 八相錄』(1942), 『정토발원문』(1942), 『현토 해석 維摩經』(1943), 『묘법연화경』(1944), 『포교자료 영험실록 200종』 등이다. 김광식, 앞의 논문, pp.72~73 참고.

허영호와 안진호와 대비되는 또 한 인물이 일본유학생 출신의 김태흡이다. 그는 1935년 8월부터 『불교시보』를 창간하여 1944년까지 발간하면서 불교 언론 및 포교사로서 전위에 섰다. 김태흡은 불전을 철학적(능엄경, 반야경, 원각경, 화엄경), 신앙적(지장경, 16관경, 무량수경, 아미타경, 미륵상생경, 약사본원경, 법화경), 문학적(아함경, 출요경, 현우경, 잡보장경, 법구비유경) 경전으로 분류하였다. 특히 그는 '대중취향의 대중불교 문학'으로 볼 수 있는 문학성이 깊은 불전에 대해 "우부우부愚夫愚婦라도 듣기만 하면 감동을 받을 수 있는 경전"이라고 보았다. 그러면서 자신은 "이에 대한 경전을 소규모이나마 하나식 둘식 간행하려는 계획을 갖고 있거니와 재정의 여유가 있는 각 대본산大本山가튼 데서는 포교비를 세워서 이러한 대중불교의 문학적 경전부터 현토懸吐 간행도 하고 혹은 번역飜譯 발행도 하기를 요망하는 바이다"[98]라며 현토와 번역에 대한 생각을 보여주고 있다. 김태흡의 번역 목록 역시 매우 다양하며 특히 문학분야에 상당한 관심과 접근을 보여주고 있다는 점이 특기할 만하다. 이 시기 불교 잡지에 기고한 김태흡의 방대한 글쓰기 작업은 이러한 그의 인식에서 비롯된 것으로 읽을 수 있다.[99]

허영호, 안진호, 김태흡(대은) 이외에 권상로, 소천 의탁, 김어수(金

---

[98] 金泰洽, 「대중불교경전간행의 요망」, 『불교시보』 12호, 1936. 7, pp.1~2.
[99] 포교사이자 문학자이기도 한 김태흡의 글들은 『불교의 근본정신』, 『불교의 입문』, 『長壽王의 慈悲』, 『浮說居士』, 『六祖大師』, 『釋迦如來略傳』, 『부처님말씀』, 『觀音菩薩靈驗錄』, 『法起菩薩의 緣起』, 『빛나는 주검』, 『佛陀의 聖訓』 등은 당시의 불교 잡지들에 발표되었다. 그는 불법연구회의 이름으로 불교시보사에서 『佛敎正典』 합권(金剛經, 般若波羅密經, 四十二章經, 佛說罪福報應經, 佛說賢者五福經, 佛說業報差別經, 修心訣, 牧牛十圖頌, 休休庵坐禪文 編疑頭要目)을 번역해내기도 했다. 김광식, 앞의 논문, pp.73~75 참고. 2009년에는 그의 전집이 간행되었다.

魚水, 影潭, 1909~1985), 한암 중원, 현서봉, 김동화, 초부 적음 등도 불전을 번역하여 불교 잡지에 발표하거나 사찰에서 책자로 펴냈다. 하지만 이들의 번역 사업은 대부분 개인 번역일 뿐만 아니라 종수도 두어 종을 넘지 못해서 여기서는 자세히 다루지 않는다. 이들 이후 불전의 번역과 불서의 간행은 한동안 위축되게 되었다. 1937년 중일전쟁이 일어나고 연이어 태평양전쟁이 일어나면서 일본의 식민통치는 더욱 잔혹해져 갔다. 불교계에서 역경의 과제는 수면 아래로 잠복하면서 공적인 담론이 되지 못하고 사적인 과제로 묻혀 버렸다.

1945년 해방이 이루어지면서 불전번역의 문제는 다시 수면 위로 떠오르게 된다. 해방 전후부터 선리참구원을 통해 한국불교의 정체성을 모색해온 선학원은 해방 이후에도 주도적으로 한국불교를 이끌어 이후 현 조계종을 탄생시킨 산실이었다. 당시 선학원을 이끈 이는 경봉 정석(鏡峰 靖錫, 1892~1982)이었으며 한글선학간행회는 선서의 번역과 간행을 위한 단체였다. 이 간행회가 기획한 선서 간행을 위한 재정 모금 화주는 대의 만업(大義 萬業, 1901~1978)이었다.

해방 이후 선학원을 실질적으로 창건한 초부 적음(草夫 寂音, 1900~1961)은 1947년 1월에 선학원에다 해동역경원(원장 김적음, 부원장 金法龍, 金龍潭)을 설립하였다.[100] 이후 이 기구는 조선불교중앙종무원의 부설기관으로 편입되었던 것으로 짐작된다. 해동역경원의 공동 부원장을 맡은 김용담은 혁명불교도연맹, 조선불교혁신회 등 기존의 혁신적 성격을 가진 여러 단체를 통합하여 새로 출범한 불교혁신총연맹(1946. 12)의 총무로서 불교혁신총연맹(의장 경봉 정석)을 실질적으로

---

[100] 초부 적음은 1945년 12월 17일에 서울 충무로 3가 50번지에 있는 정토종 본원사에 호국역경원을 설립하고 초대 원장에 취임하였다.

이끌어갔다.[101]

한글선학간행회에서 처음 간행(1949, 단기 4282)한 것은 조선 중기 이후 한국 선종의 지침서이자 필독서인 청허 휴정(淸虛 休靜, 1520~1604)의 『선가귀감禪家龜鑑』이었다. 이것은 "순 우리말을 살려가면서도 원래의 뜻을 잘 전달하고 있는 훌륭한 번역으로 문체는 1960년 북한에서 간행된 『삼국유사』나 최근에 나온 『팔만대장경 선역본』의 문체와도 비슷"하며, 이 역주본의 주인공은 1948년 김구 일행을 따라 남북연석회의 참가차 북행에 오른 뒤 돌아오지 않은 김용담으로 추정되고 있다.[102]

하여튼 이 역주본은 선서 간행에서 요구되는 1) 한문 독해 능력, 2) 선어록에 일가견(의미 전달), 3) 한글에 대한 조예(번역문체)와 우리말 구사능력, 4) 깔끔한 역자 주를 다는 능력까지 골고루 갖춘 인물에 의해 이루어진 모범적인 번역 사례로 평가되었다. 하지만 이후에 간행된 이 『선가귀감』 역주본에 김용담의 이름이 전면에 나타나지

---

[101] 김광식, 「해방공간의 불교인물 행적 조사록」, 『한국근대불교의 현실인식』(민족사, 1998), p.292의 주23) 및 p.340.

[102] 윤창화, 앞의 논문, 앞의 책, pp.138~146. 논자는 法寶院을 설립하여 『불교사전』(운허 용하), 『열반경』(운허 용하), 『유마경』(운허 용하), 『법화경』(운허 용하), 『현우경』(이종익), 『육조단경』(한길로), 『선가귀감』(김용담) 등의 불교서적을 간행하기로 했는데 1차로 간행된 것이 『선가귀감』이었다는 昔株스님의 증언("그렇게 번역을 잘하는 스님은 처음 보았다")에 의해 이 역주본의 주인공을 김용담으로 확정하고 있다. 심지어 주24)에서 김용담이 북행할 당시 그의 나이는 40대 후반을 넘지 않았다는 것을 근거로, 그리고 북한판 『팔만대장경 해제』와 『팔만대장경 선역본』이 각각 10여 년 전인 1987년과 1993~4년 간행되었지만 번역은 그 이전에 완료했다고 보이기 때문에 이들 작업에 그가 初譯 또는 고전이나 불경 번역자 양성에 참여했지 않았을까 라고 추정하고 있다.

않고 역자란에 김달진, 윤석오, 정중환과 윤문란에 이운허, 성낙훈의 이름이 기재되어 있는 것은 아마도 반공을 국시로 삼고 있던 당시(1970) 정황으로서는 북행 후 돌아오지 않은 그의 이름을 전면에 표기할 수 없었기[103] 때문으로 짐작된다.

이처럼 해방 이전 역경의 주축이었던 삼장역회의 영향은 이후 법보회(만해 용운), 해동역경원(영호), 만상회(진호), 불교시보(대은), 해동역경원(초부 적음), 한글선학간행회(경봉 정석)로까지 미쳤다고 할 수 있다.

③ 법보원 번역본 외

해방 이후 불전번역사에 큰 획을 그으며 이름을 남긴 이는 동국역경원의 운허 용하(耘虛 龍夏, 1892~1980)와 월정사의 탄허 택성(呑虛 宅城, 1913~1983)이라고 할 수 있다. 물론 이들 이외에도 율사律師였던 자운 성우(慈雲 盛祐, 1911~1992)와 강사였던 석주 정일(昔珠 正一, 1909~2004)의 역경도 있었다.[104] 또 김달진, 성낙훈成樂薰, 이기영李箕永, 이원섭李元燮, 이민수李民樹, 이창섭李昌燮, 김무득金無得, 한정섭韓定燮, 심재열沈載烈 등도 있었다. 특히 유점사 승려출신이었던 김달진은 『보조국사집』을 비롯하여 한국불교 고전과 선시 번역에서 일가를 이루

---

103 윤창화, 앞의 논문, 앞의 책, pp.145~146. 논자는 1970년대에 간행된 『서산대사집』 판권의 역자란에 김달진 등의 이름이 표기되어 있는 것으로 보아 김용담 외에도 김달진 등이 어떤 형태로든 교열에 참가했지 않았을까 생각된다고 추정하고 있다.
104 慈雲은 『범망경』(1957), 『사미율의요략』(1959), 『사분비구니계본』(1959) 등을 번역하였고 1987년부터 입적 전까지 동국역경원장과 동국역경원사업진흥회 이사장을 역임했다. 昔珠는 법보원을 설립하여 『범망경』, 『수릉엄경』, 『법화경』, 『유마경』, 『화엄경』 등을 간행했다.

었다.[105] 이원섭 역시 『법화경』과 『법화문구』 등을 비롯하여 『당시唐詩』와 『논어論語』 및 선시 번역에서 일가를 이루었다. 하지만 공적 기관의 요청에 의해 역경에 투신한 김달진(법보원+동국역경원)과 이원섭(영산법화종)과 이창섭(동국역경원)을 제외한 대부분의 번역자들은 개인 의지에 의해 불전을 번역하였다.

운허 용하는 공적 기관을 무대로 번역한 대표적인 인물이었다. 그는 뒷날 동국역경원의 밑거름이 된 법보원(선학원에서 강석주 발의)을 통해 독자적인 번역을 추진하였다. 운허의 번역은 우리말로 읽기 쉬운 의미 중심의 번역에 치중했다. 반면에 탄허 택성의 번역은 개인 의지에 의해 이루어졌으며 종래의 국한문체를 그대로 고수한 축자 중심의 번역에 집중했다.[106] 한국 불전번역사에 획을 그은 이 두 인물은 번역관에 있어서나 번역의 무대에 있어서도 대조적이었다. 운허의 경우는 법보원과 동국역경원이라는 든든한 무대가 있었던 반면 탄허의 경우는 자신의 처소(화엄학연구소)에서 학인과 전문학자들의 연구를 위한 직역의 축자역에 치중하면서 외롭게 번역에 임했다. 운허 용하가 법보원과 해인사 천화율원 및 동국역경원에서 옮겨낸 역경 목록과 서적들은 아래와 같다.

---

105 金達鎭은 『보조국사집』, 『대각국사집』, 『진각국사어록』, 『백운화상어록』, 『나옹집』, 『太古集』, 『해동고승전』 등 한국고승들의 문집과 『한국선시』와 『한산시』 및 『법구경』 등을 번역하였다.

106 윤창화, 앞의 논문, 앞의 책, pp.147~157.

도표 7 **법보원과 해인사 천화율원 및 동국역경원의 역경 목록과 서적들**[107]

번호	불전명	간행처	간행연도	기타
1	수능엄경	안성 청룡사 통도사/ 동국역경원	1952 1959/1972	프린터본
2	사미율의요략	해인사 천화율원	1956/1959	
3	무량수경	해인사 천화율원	1956	
4	범망경	해인사 천화율원	1957	
5	사분계본	해인사 천화율원	1957	
6	新刪定 사분승계본	해인사 천화율원	1957/1959	
7	한글 금강경	통도사	1958	
8	정토삼부경	부산 정토문화사	1958	
9	사분비구니계본	해인사 천화율원	1959	
10	보현행원품	법보원/ 동국역경원	1959/1964	
11	유마힐경	선학원	1960	
12	부모은중경		1961	
13	목련경		1961	
14	우란분경		1961	
15	승만경 금광명경	법보원	1962	
16	자비수참		1964	
17	40권본 화엄경	동국역경원	1964	
18	범망경	법보원	1965	
19	사미율의	청룡사	1965	
20	열반경	법보원	1965	
21	80권본 화엄경	동국역경원	1966	
22	무구정광대다라니		1966	동대 70주년 기념
23	문수보살영험록	봉선사	1967	
24	문수사리발원경	봉선사	1967	
25	금강반야바라밀경	홍법원	1970	
26	정토심요	대각회출판부	1971/1983	초판/3판

27	묘법연화경(2책)	법보원/아성출판사	1971/1979	
28	수능엄경주해	동국역경원	1974	
29	60권본 화엄경	동국역경원	1974	
30	자비도량참법	대각회출판부	1978	
31	능엄경강화 (전3책)	동국역경원	1993	운허강화/월운녹취
32	大敎指文		1920	
33	한국독립운동사		1956	
34	조계종강요			
35	불교사전	법보원	1961	
36	增編 法數		1961	
37	우리말 팔만대장경	편찬책임 홍법원	1962	
38	불교의 자비		1964	
39	법계도기총수록	동방원	1988	
40	여인성불	불광출판부	2001	
41	방생의식·불교의 자비와 방생의 이야기	동국역경원	1991	
총계	41종			

운허의 번역 가운데 대표적인 것은 『수능엄경』과 『대반열반경』이라고 할 수 있다. 그의 번역은 직역과 의역을 모두 병행하고 있으며 경전에 따라서는 의역을 취하고 있다. 이 때문에 운허의 번역은 살아있는 구어체를 즐겨 사용하여 대중들이 읽기에 편하고 친근하다. 이러한 그의 언어 감각은 그가 22세부터 28세까지 중국 봉천의 동창東昌학교와 흥동興東학교 및 배달학교에서 교사생활을 했을 뿐만 아니라 28~29세 때에는 봉천 유하현에서 서로군西路軍의 기관지인 『한족신보』의

---

107 신규탁, 앞의 논문, 앞의 책, 참고.

기자 겸 사장을 맡아 독립운동을 한 이력[108]과 경험을 통해서 형성되었을 것으로 짐작된다. 아울러 30세에 입산한 뒤 운허는 1936년에 봉선사 강사를 역임했고 이후 1950년대에 동학사, 해인사 강원의 강사를 지내며 불전에 대한 안목을 심화시켰을 것으로 추정된다.

운허의 번역 경향에 대한 선행 연구에서는 1) 교상敎相의 측면, 2) 번역의 형태면, 3) 교학 사상적인 측면에서 살펴보고 있다. 1)의 경우에는 ①계율 관계 서적, ②정토 관계 서적, ③효행 관계 서적, ④조선 초기에 언해된 불경, ⑤『화엄경』 관계 서적, ⑥재가불자에 친숙한 불서 번역, ⑦신앙적인 서적 중심으로 검토하고 있다. 2)의 경우에는 ①경의 본문 번역과 과목科目 시도, ②고래의 설을 종합하여 주해 추가, ③대중을 향한 경전 강의를 중심으로 파악하고 있다. 3)의 경우에는 ①『능엄경』 주석에 명나라 진감眞鑑의 정맥소正脈疏를 애용했으며, ②일심법계一心法界 사상이 바탕을 이룬다[109]고 분석하고 있다. 아직 그의 역경과 사상 연구가 제대로 이루어지지 않고 있지만 조만간 그에 대한 연구들이 본격화될 것으로 보인다.

불전번역사에 남긴 운허의 커다란 공헌에도 불구하고 그의 번역에는 몇 가지 단점들이 보인다. 이를테면 문장이 지나친 만연체여서 현대역으로서는 지루한 점이 없지 않다. 아울러 번역한 경전의 문체가 일정하지 않다. 즉 『수능엄경』과 『열반경』의 경우처럼 구어체를 즐겨 사용하여 유려한 문체가 돋보이는 번역이 있는가 하면 『유마힐경』의 경우처럼 난삽하거나 늘어지는 번역도 있다. 이러한 차이점은 의역에서 오는 '문장 다듬기', 즉 윤문과 교열의 차이점 때문으로 보이며, 혼자 고독하

---

[108] 윤창화, 앞의 논문, 앞의 책, p.149.
[109] 신규탁, 앞의 논문, 앞의 책, 참고.

게 원고지와 대면했던 초기 번역들에서 주로 나타난다. 하지만 1960년대 말경에 번역된 경전의 경우에는 종래의 구어체에서 상당히 탈피하여 문장체로 바뀌고 있다.[110] 이러한 그의 스타일은 초창기(1964~1980) 동국역경원 번역본들에도 깊이 투영되어 있다.

④ 화엄학연구소 번역본

탄허 택성은 유자의 집안에서 태어나 일찍부터 유서儒書를 섭렵하다가 한암寒巖 중원重遠선사와 3년간의 서신 왕래 끝에 출가하였다. 이후 젊은 비구임에도 불구하고 스승 한암의 증명 아래 중강中講으로서 『금강경』과 『선종영가집』을 강의하게 되면서 본격적으로 불교전적과 만나게 된다. 이를 계기로 그는 한암 아래 상원사 선방에서 화두 참구를 하는 한편 틈틈이 『능엄경』을 비롯하여 『사교』, 『보조법어』, 『육조단경』, 『선문염송』, 『전등록』 등을 배웠다. 이후 다시 『화엄경』과 이통현 장자의 『신화엄합론』을 접하면서 이를 독파하려는 뜻을 세웠다. 6.25동란 중 스승 한암이 입적하자 월정사 주지와 조실을 맡아 대중을 교화하면서도 인재양성을 위해 '대한불교 조계종 오대산 수도원'(1956.4. 1차 5년 계획)을 세워 하루 6시간씩 강의하였다.

그 사이 그는 틈틈이 수도원생을 위해 교재를 준비하면서 본격적으로 번역에 착수하게 되었다. 그리하여 개운사 대원암과 오대산 월정사 방산굴을 무대로 『화엄경』(80권), 『신화엄합론』(40권), 『화엄경수소연의초』(청량소초, 150권), 『화엄현담』, 『능엄경』과 『육조단경』, 『보조법어』, 『선종영가집』, 그리고 외전인 『주역선해』, 『노자도덕경』,

---

[110] 윤창화, 앞의 논문, 앞의 책, p.149.

『장자남화경』 등 그의 사상 형성의 기저를 이룬 서적들을 17년 동안 번역하여 120,000매의 원고로 옮겨냈다. 하루 평균 20~30매의 원고를 쓴 그는 『신화엄경합론』 번역 이후에는 오른팔이 마비되는 증세까지 와서 4~5년간은 번역에 착수하지 못하였을 정도였다.[111] 이렇게 초인적인 번역을 하면서 탄허는 종래 강원의 자구 해석을 넘어 『신화엄경합론』의 번역을 통해 화엄의 대의를 알 수 있도록 했다. 탄허의 거처였던 화엄학연구소의 역경 목록은 아래와 같다.

도표 8 화엄학연구소의 역경 목록

번호	불전 및 외전명	권 차	간행연도	간 행 처	기 타
1	대방광불화엄경	80권		화엄학연구소	
2	신화엄합론	40권		화엄학연구소	
3	대방광불화엄경수소연의초	150권		화엄학연구소	淸凉疏鈔
4	화엄현담			화엄학연구소	
5	수릉엄경			화엄학연구소	戒環解+正脈疏
6	대승기신론			화엄학연구소	元曉疏+眞界註
7	금강경			화엄학연구소	
8	원각경			화엄학연구소	函虛疏+通潤註
9	육조단경			화엄학연구소	
10	보조법어			화엄학연구소	
11	사집: 선요, 서장, 도서, 절요			화엄학연구소	
12	치문			화엄학연구소	
13	선종영가집			화엄학연구소	
14	주역선해			화엄학연구소	

---

[111] 윤창화, 앞의 논문, 앞의 책, p.152.

15	노자 도덕경		화엄학연구소	
16	장자 남화경			初譯완료, 未刊
총계	16종			

이러한 탄허의 경전 이해와 화엄 인식은 그가 현토 주해한 이통현의 『신화엄경합론』의 서문에 잘 나타나 있다. 그는 경과 논을 반복하여 읽어야만 마음속에 화엄의 본뜻을 깨치는 기쁨이 있다고 역설하고 있다.

이 경을 보는 방법은 경을 읽은 후에 논을 읽고 논을 읽은 후에 다시 경을 읽어 재삼 반복하면 흉중胸中에 반드시 통철洞徹의 낙樂이 있으려니와, 만일 경론을 숙독하지 않고 먼저 소초疏鈔를 심석尋釋한 다면 대경大經의 종지宗旨를 파악하기 어려울 뿐만 아니라 도리어 현애懸崖의 상상과 망양望洋의 탄嘆을 면치 못할 것이다.[112]

이 같은 탄허의 인식은 종래 전통 강원의 청량의 『소疏』, 『초鈔』 중심의 독법에 대한 통렬한 비판으로 읽을 수 있다. 즉 그는 지금까지의 『청량소초』 중심 독법으로는 수행자들에게 절망의 생각과 아득한 탄식만 줄 뿐 화엄의 종지를 파악하기 어렵다 역설하고 있다. 탄허의 인식은 그의 사상적 맥이 『육조단경』의 돈오사상과 이통현의 『화엄론』과 『보조법어』로 이어지는 화엄선華嚴禪[113]에 있음을 보여주고 있다. 화엄선은 이미 의상義湘으로부터 실마리가 시작되어 보조 지눌에 의해 꽃을

---

[112] 金呑虛, 『懸吐譯解 新華嚴經合論』 1책, 화엄학연구소, 1975, p.7.
[113] 윤창화, 앞의 글, 앞의 책, p.154.

피웠다. 그리고 그것은 이후 한국불교의 중심 줄기를 형성해오고 있다. 탄허 역시 화엄과 선의 통로인 화엄선의 연속에 자리하고 있음을 확인할 수 있다.

탄허의 이러한 태도는 종래 『계환해戒環解』 중심의 『능엄경』 인식을 뛰어넘어 『정맥소正脈疏』를 추가하고 있고, 『원효소』 중심의 『기신론』 외에 진계주眞界註를 참고하고 있으며, 『함허소函虛疏』 중심의 『원각경』 외에 『통윤주通潤註』를 채택하고 있는 대목에서 잘 드러나고 있다. 그의 역해는 『현토역해 신화엄합론』 서문에서 "문법 소개를 주로 하여 경은 경대로 논은 논대로 했을 뿐 추호도 사의私意가 개재되지는 않았을 것"이라고 표현하는 대목에서 우리는 경론에 대한 그의 투철한 인식을 확인해볼 수 있다.

뿐만 아니라 탄허는 "경론 교정에 있어서 『고려장경』을 주로 할" 정도로 주체성이 투철했다. 또 "문법상 편의를 좇아 개정하였고 의거依據 없는 곳은 일자일구一字一句도 망령되이 가손加損치 않았다"고 했다. 이처럼 그가 학인과 전공학자들의 연구자료가 될 수 있도록 하기 위해서 축자역을 완고하게 고수하고 있는 까닭을 감안하면 우리는 그에게서 확고한 실증주의 학자의 모습을 엿볼 수 있게 된다.

3) 순언문과 한글 옮김

한자를 빌어 표기하던 향찰과 한역을 거쳐 한글 창제 이후의 불전번역은 크게 ①순한문의 현토 구결화와 ②선한鮮漢 호용문을 거쳐 ③순언문과 한글 옮김으로 진행되어 왔다. 순언문은 국한문 혼용체인 선한 호용문에서 좀 더 진행된 단계의 글을 말한다. 전체적으로는 한글과 다르지 않지만 부분적으로 한자체를 사용하고 있어서 아직 완전한 한글체로 보기는 어렵다. 순언문은 대한시대(1897~) 초중기의 선한호용문 시대를 거쳐 해방 전후까지 주로 사용되었다. 이러한 순언문의 시대를 거쳐 비로소 완전한 한글의 시대로 진입할 수 있었다. 본격적인 한글시대는 해방 이후부터 6.25전쟁을 거치면서 비로소 경험할 수 있었다.

한국불교계는 1954년 이래 정화불사를 통해 조계종을 정비하면서 역경에 대해 재인식하게 되었다. 1950년대 후반에 이르자 해방 이후의 해동역경원과 한글선학간행회 및 법보원 등을 잇는 공동 역경기구의 필요성이 제기되었다. 1962년 통합종단이 된 대한불교조계종은 '도제양성'과 '포교'와 함께 '역경'을 종단의 3대 사업으로 확정했다. 여기에 힘입어 역경은 종단의 주요한 사업이 되었고 역경위원회는 이 사업을 추진하는 중심기구가 되었다. 역경위원회는 1963년 2월 13일, 1차로 17명의 역경위원을 위촉하고 역경위원회의 조직을 위원장(운허), 역경부장(석주), 사업부장(석정)으로 구성하였다.

하지만 당시 종단은 재정적으로 어려움이 컸기 때문에 역경위원회는 자체적으로 재정을 조달해야만 했다. 이에 정부로부터 지원을 받기 위해 법인체를 구성하려 했지만 그럴 만한 여력이 없었다. 1963년 9월에 이르러 역경위원장(운허)이 동국대학교 총장(김법린)과 동국대학교 내에 역경기관을 설치를 협의하여 정부의 지원을 받을 수 있도록 합의했다. 1964년 2월에는 당시 조계종 종정(효봉)이 역경위원을 추가로 위촉하고 역경위원회를 대폭 강화하여 동국역경원을 발족한 뒤 『한글대장경』 편찬에 착수하였다.

① 한글대장경

『한글대장경』은 우리문화 유산의 정수이자 세계적인 자랑거리인 『고려대장경』의 한글판이다. 『고려대장경』을 보관하고 있는 장경판전이 1997년에는 유네스코가 지정한 세계의 문화유산이 되었다. 이어 2007년에는 고려대장경판도 유네스코가 지정한 세계문화유산이 되었다. 『한글대장경』 편찬사업은 한국불교문화의 보배창고인 재조본 『고려대장경』의 번역 사업이었다. 저본인 재조본 『고려대장경』은 현존 대장경 중 가장 오래되었을 뿐만 아니라 완성도가 제일 높은 것으로 평가받고 있다. 『고려대장경』은 경經·율律·논論의 삼장三藏뿐 아니라, 대승경전(菩薩藏)과 경의 논소論疏·전기傳記·여행기·목록·사전류 등을 포함하고 있는 방대한 일대 총서叢書라 할 수 있다. 뿐만 아니라 여기에는 불교의 역사와 철학과 문학과 예술 등이 총망라되어 있다.

하지만 일본의 『신수대장경』 집대성과 『대일본불교전서』 편찬 및 『국역일체경』 번역의 경우처럼 『고려대장경』 영인본 간행과 『한국불교전서』 편찬 및 『한글대장경』 번역의 경우는 국가 주도로 이루어지지 못했다. 일본과 식민지 체제와 남북의 분단을 경험한 한국은 외세의 강력한 영향력 아래 남북 정치가 진행되면서 민족문화 계승이 온전히 이루어지지 못했다. 그 사이 세종대왕기념사업회에서 『조선왕조실록』의 일부분이 번역되었고, 민족문화추진회에서 『문집총간』의 집대성과 함께 일부 문집이 번역되어 간행되었으며, 『조선왕조실록』이 완역되었다. 반면 『한글대장경』의 번역 및 간행은 일부 국고 지원을 받기는 했지만 번역 주체는 온전히 불교계 내부일 수밖에 없었다. 이것은 북한의 사회과학원 민족고전연구소가 주도한 『리조실록』 번역과 『팔만대장경 해제』와 『선역본 팔만대장경』의 편찬 및 간행의 예와는 비교할 수 없는 것이다.

동국역경원은 『장아함경長阿含經』을 제1책(1964)으로 펴내기 시작하여 37년간의 대장정 끝에 2001년 『한글대장경』을 318책으로 완간하였다.[114] 이 318책을 대표저서명 중심의 종수별로 살펴보면 205종으로 분류된다. 이들 대표저서명으로 된 205종 1,618부 17,061권은 분량에 따라 1책(장아함경)뿐만 아니라 적게는 2책(조당집)에서부터 많게는 20책(대반야바라밀다경)으로 분책되어 총 318책으로 구성되어 있다. 이 가운데는 경율론 삼장뿐만 아니라 경소와 율소와 논소 등의 장소류를 비롯하여 여러 종의 목록도 있다. 또 문아 원측의 『해심밀경소』 등의 경소, 용장 태현의 『범망경종요』 등의 율소, 분황 원효의 『대승기신론소·별기』 등의 논소와 보조 지눌의 『보조국사집』, 진각 혜심의 『선문염송집』, 나옹 혜근의 『나옹화상집』 등의 어록을 수록한 한국인 찬술 문헌도 들어 있어 한국 교장의 역할도 겸하고 있다.

『한글대장경』의 완간 이후 동국역경원은 현재 국고의 일부 지원 아래 개역작업을 하고 있다. 주로 초기 번역본들의 보완 및 역주 작업 중심으로 이루어지고 있다. 동시에 대중들이 활용할 수 있는 별도의 단행본을 제작하여 간행하고 있다. 그리고 2001년부터는 정부의 일부 지원과 자체 예산으로 동국대학교 전자불전문화콘텐츠연구소와 함께 『한글대장경』의 전산화작업을 진행하고 있다. 지난 37년간 번역해낸 『한글대장경』 318책의 목록은 아래와 같다.

---

114 동국역경원, 『한글대장경』 해제 및 목록 참고.

도표 9 한글대장경 목록[115]

책수	한 글 대 장 경	총수록된 경전 수	총권수	쪽 수			
				차례	해제	본문	소계
제1책	장아함경長阿含經	1부	22권	4	8	528	540
제2책	중아함경中阿含經 1	1부(1~20권)	20권	7	5	460	472
제3책	중아함경 2	(21~41권)	21권	6	0	454	460
제4책	중아함경 3	(42~60권)	19권	5	0	417	422
제5책	잡아함경雜阿含經 1	1부(1~17권)	17권	2	9	516	527
제6책	잡아함경 2	(18~34권)	17권	2	0	492	494
제7책	잡아함경 3	(35~50권)	16권	2	0	508	510
제8책	별역잡아함경別譯雜阿含經	1부	16권	2	7	542	551
제9책	증일아함경增壹阿含經 1	1부(1~25권)	25권	5	4	511	520
제10책	증일아함경 2	(26~51권)	26권	4	0	518	522
제11책	대루탄경(大樓炭經 외	26부	40권	5	8	481	494
제12책	불반니원경佛般泥洹經	38부	45권	3	8	599	610
제13책	아라한구덕경阿羅漢具德經 외	85부	90권	6	0	490	496
제14책	비화경悲華經 외	4부	24권	5	12	548	565
제15책	불본행집경佛本行集經 1	1부(1~29권)	29권	6	8	448	462
제16책	불본행집경 2	(30~60권)	31권	5	0	446	451
제17책	찬집백연경撰集百緣經 외	2부	25권	3	8	591	602
제18책	현우경賢愚經 외	7부	31권	11	5	744	760
제19책	출요경出曜經	1부	30권	4	6	751	761
제20책	법구경法句經 외	4부	15권	8	7	571	586
제21책	대반야바라밀다경大般若波羅蜜多經 1	1부(1~22권)	22권	4	11	432	447
제22책	대반야바라밀다경 2	(23~50권)	28권	4	0	518	522
제23책	대반야바라밀다경 3	(51~75권)	25권	4	0	472	476
제24책	대반야바라밀다경 4	(76~102권)	27권	4	0	442	446
제25책	대반야바라밀다경 5	(103~132권)	30권	4	0	468	472
제26책	대반야바라밀다경 6	(133~165권)	33권	4	0	504	508
제27책	대반야바라밀다경 7	(166~200권)	35권	5	0	552	557

115 동국역경원,『한글대장경』 간행 목록 전재.

제28책	대반야바라밀다경 8	(201~235권)	35권	5	0	535	540
제29책	대반야바라밀다경 9	(236~270권)	35권	4	0	526	530
제30책	대반야바라밀다경 10	(271~300권)	30권	4	0	503	507
제31책	대반야바라밀다경 11	(301~330권)	30권	4	0	546	550
제32책	대반야바라밀다경 12	(331~360권)	30권	4	0	537	541
제33책	대반야바라밀다경 13	(361~390권)	30권	4	0	526	530
제34책	대반야바라밀다경 14	(391~420권)	30권	5	0	547	552
제35책	대반야바라밀다경 15	(421~450권)	30권	5	0	519	524
제36책	대반야바라밀다경 16	(451~480권)	30권	5	0	524	529
제37책	대반야바라밀다경 17	(481~510권)	30권	4	0	581	585
제38책	대반야바라밀다경 18	(511~540권)	30권	4	0	594	598
제39책	대반야바라밀다경 19	(541~570권)	30권	6	0	619	625
제40책	대반야바라밀다경 20	(571~600권)	30권	3	0	504	507
제41책	법화경法華經 외	3부	18권	6	8	502	516
제42책	화엄경華嚴經 1(60권본)	1부(1~24권)	24권	4	17	617	638
제43책	화엄경 2	(25~52권)	28권	4	0	614	618
제44책	화엄경 3 외	(53~60권) 9부	30권	5	0	586	591
제45책	화엄경 1(80권본)	1부(1~24권)	24권	4	15	514	533
제46책	화엄경 2	(25~54권)	30권	6	0	524	530
제47책	화엄경 3	(55~80권)	26권	8	0	531	539
제48책	화엄경 (40권본)	1부	40권	10	6	605	621
제49책	대반열반경大般涅槃經 1	1부(1~26권)	26권	4	6	532	542
제50책	대반열반경 2 외	(27~36권) 2부	16권	3	6	424	433
제51책	대방등대집경大方等大集經 1	1부(1~28권)	28권	5	12	740	757
제52책	대방등대집경 2	(29~60권)	32권	6	0	692	698
제53책	대애경大哀經 외	5부	42권	6	10	641	657
제54책	아차말보살경阿差末菩薩經 외	6부	41권	6	14	652	672
제55책	대집회정법경大集會正法經 외	8부	23권	3	6	501	510
제56책	현겁경賢劫經 외	9부	27권	3	13	442	458
제57책	유마경維摩經 외	4부	19권	5	16	502	523
제58책	입능가경入楞伽經 외	3부	16권	4	15	486	505

제59책	정법염처경正法念處經 1	1부(1~29권)	29권	4	16	595	615
제60책	정법염처경 2	(30~59권)	30권	5	0	627	632
제61책	정법염처경 3 외	(60~70권) 8부	25권	5	0	500	505
제62책	사분율四分律 1	1부(1~20권)	20권	3	13	522	538
제63책	사분율 2	(21~41권)	21권	3	0	584	587
제64책	사분율 3	(42~60권)	19권	3	0	539	542
제65책	선견율비바사善見律毘婆沙	1부	18권	2	13	509	524
제66책	구사론俱舍論 1	1부(1~20권)	20권	3	7	482	492
제67책	구사론 2 외	(21~30권) 10부	22권	5	0	463	468
제68책	중론中論·백론百論 외	4부	17권	5	9	517	531
제69책	현양성교론顯揚聖敎論 외	2부	21권	4	11	456	471
제70책	대승기신론소별기大乘起信論疏別記 외	9부	11권	4	16	541	561
제71책	부휴당집浮休堂集 외	3부	7권	1	6	424	431
제72책	선문염송집禪門拈頌集 1	1부(1~6권)	6권	4	8	494	506
제73책	선문염송집 2	(7~12권)	6권	3	0	517	520
제74책	선문염송집 3	(13~18권)	6권	6	0	456	462
제75책	선문염송집 4	(19~24권)	6권	5	0	469	474
제76책	선문염송집 5	(25~30권)	6권	11	0	469	480
제77책	조당집祖堂集 1	1부(1~10권)	10권	4	2	408	414
제78책	조당집 2	(11~20권)	10권	3	0	357	360
제79책	경덕전등록景德傳燈錄 1	1부(1~11권)	11권	7	26	407	440
제80책	경덕전등록 2	(12~21권)	10권	10	0	437	447
제81책	경덕전등록 3	(22~30권)	9권	10	0	471	481
제82책	무용당집無用堂集 외	3부	8권	2	5	591	598
제83책	백곡집白谷集 외	2부	4권	1	2	666	669
제84책	법원주림法苑珠林 1	1부(1~19권)	19권	4	1	616	621
제85책	법원주림 2	(20~37권)	18권	4	0	599	603
제86책	법원주림 3	(38~59권)	22권	5	0	626	631
제87책	법원주림 4	(60~80권)	21권	4	0	586	590
제88책	법원주림 5	(81~100권)	20권	4	0	625	629
제89책	경률이상經律異相 1	1부(1~24권)	24권	5	1	575	581

5. 한국의 불전번역과 불서 간행 269

제90책	경률이상 2	(25~50권)	26권	6	0	605	611
제91책	본생경本生經 1	1부(총서~1편)	1편	7	14	511	532
제92책	본생경 2	(2~5편)	4편	7	0	556	563
제93책	본생경 3	(6~14편)	9편	4	0	584	588
제94책	본생경 4	(15~21편)	7편	2	0	510	512
제95책	본생경 5	(22편)	1편	1	0	578	579
제96책	대보적경大寶積經 1	1부(1~24권)	24권	3	15	528	546
제97책	대보적경 2	(25~48권)	24권	3	0	667	670
제98책	대보적경 3	(49~72권)	24권	4	0	623	627
제99책	대보적경 4	(73~96권)	24권	3	0	576	579
제100책	대보적경 5	(97~120권)	24권	3	0	627	630
제101책	대지도론大智度論 1	1부(1~20권)	20권	4	21	589	614
제102책	대지도론 2	(21~40권)	20권	3	0	551	554
제103책	대지도론 3	(41~60권)	20권	4	0	498	502
제104책	대지도론 4	(61~80권)	20권	4	0	530	534
제105책	대지도론 5	(81~100권)	20권	3	0	512	515
제106책	종경록宗鏡錄 1	1부(1~25권)	25권	2	4	517	523
제107책	종경록 2	(26~49권)	24권	2	0	632	634
제108책	종경록 3	(50~75권)	26권	2	0	564	566
제109책	종경록 4	(76~100권)	25권	2	0	532	534
제110책	유가사지론瑜伽師地論 1	1부(1~24권)	24권	4	4	582	590
제111책	유가사지론 2	(25~48권)	24권	6	7	580	593
제112책	유가사지론 3	(49~75권)	27권	6	0	613	619
제113책	유가사지론 4	(76~100권)	25권	5	0	602	607
제114책	불성론佛性論 외	16부	26권	5	10	580	595
제115책	아비달마집이문족론 阿毘達磨集異門足論 외	2부	32권	4	10	665	679
제116책	아비달마식신족론阿毘達磨識身足論 외	3부	26권	4	10	491	505
제117책	아비달마품류족론阿毘達磨品類足論 외	2부	30권	3	7	677	687
제118책	아비달마대비바사론 阿毘達磨大毘婆沙論 1	1부(1~25권)	25권	2	12	558	572
제119책	아비달마대비바사론 2	(26~50권)	25권	3	0	584	587

제120책	아비달마대비바사론 3	(51~75권)	25권	2	0	584	586
제121책	아비달마대비바사론 4	(76~100권)	25권	3	0	571	574
제122책	아비달마대비바사론 5	(101~125권)	25권	3	0	596	599
제123책	아비달마대비바사론 6	(126~150권)	25권	3	0	577	580
제124책	아비달마대비바사론 7	(151~175권)	25권	2	0	575	577
제125책	아비달마대비바사론 8	(176~200권)	25권	3	0	584	587
제126책	십송률十誦律 1	1부(1~20권)	20권	3	9	588	600
제127책	십송률 2	(21~40권)	20권	3	0	681	684
제128책	십송률 3	(41~51권)	11권	3	0	397	400
제129책	근본설일체유부비나야根本說一切有部毘奈耶 1	1부(1~25권)	25권	4	11	555	570
제130책	근본설일체유부비나야 2	(26~50권)	25권	5	0	674	679
제131책	정법화경正法華經 외	2부	17권	3	5	711	719
제132책	예념미타도량참법禮念彌陀道場儀法 외	2부	20권	4	32	420	456
제133책	대일경大日經·금강정경金剛頂經 외	8부	25권	4	26	714	744
제134책	기세인본경起世因本經 외	5부	43권	3	7	541	551
제135책	고려국신조대장교정별록高麗國新彫大藏校正別錄	1부	30권	5	8	646	659
제136책	해심밀경소解深密經疏 1	1부(1~5권)	5권	1	7	436	444
제137책	해심밀경소 2	(6~10권)	5권	1	0	543	544
제138책	해동고승전海東高僧傳 외	4부	10권	6	14	459	479
제139책	대각국사문집大覺國師文集 외	4부	39권	32	19	622	673
제140책	범망경술기梵網經述記 외	3부	8권	7	16	500	523
제141책	화엄경탐현기華嚴經探玄記 1	1부(1~5권)	5권	1	9	444	454
제142책	화엄경탐현기 2	(6~10권)	5권	1	0	444	445
제143책	화엄경탐현기 3	(11~15권)	5권	1	0	459	460
제144책	화엄경탐현기 4	(16~20권)	5권	1	0	459	460
제145책	근본설일체유부비나야잡사根本說一切有部毘奈耶雜事 1	1부(1~29권)	29권	6	4	615	625
제146책	근본설일체유부비나야잡사 2 외	(30~40권) 14부	32권	6	14	580	600
제147책	십주비바사론十住毘婆沙論 외	2부	26권	4	13	585	602
제148책	부자합집경父子合集經 외	8부	35권	5	4	593	602

제149책	무량청정평등각경無量淸淨平等覺經 외	21부	39권	7	10	615	632
제150책	대승보살장정법경大乘菩薩藏正法經 외	9부	56권	4	4	592	600
제151책	니야야빈두 외	3부	3권	1	14	572	587
제152책	성실론成實論	1부	16권	7	6	542	555
제153책	지혜와 자비의 말씀 외	2부	2권	7	47	551	605
제154책	대승본생심지관경大乘本生心地觀經 외	20부	50권	5	10	583	598
제155책	방광대장엄경方廣大莊嚴經 외	3부	22권	6	8	627	641
제156책	과거현재인과경過去現在因果經 외	7부	30권	4	9	597	610
제157책	문수사리문경文殊師利問經 외	19부	44권	5	9	592	606
제158책	무소유보살경無所有菩薩經 외	16부	31권	6	4	521	531
제159책	금색동자인연경金色童子因緣經 외	54부	72권	5	11	514	530
제160책	보살영락경菩薩瓔珞經	1부	14권	3	2	548	553
제161책	심밀해탈경深密解脫經 외	40부	54권	6	11	575	592
제162책	제법집요경諸法集要經 외	31부	43권	6	15	599	620
제163책	십력경十力經 외	64부	71권	6	14	592	612
제164책	보우경寶雨經 외	3부	21권	4	4	508	516
제165책	본사경本事經 외	29부	44권	5	8	531	544
제166책	보조국사집普照國師集	9부	9권	2	9	463	474
제167책	나옹화상집懶翁和尙集 외	4부	5권	10	10	726	746
제168책	원감국사집圓鑑國師集 외	2부	3권	7	13	660	680
제169책	소요당집逍遙堂集 외	4부	6권	13	4	616	633
제170책	반니원경般泥洹經 외	16부	28권	5	12	448	465
제171책	불본행경佛本行經 외	3부	9권	5	4	517	526
제172책	불퇴전법륜경不退轉法輪經 외	9부	24권	4	7	469	480
제173책	수릉엄경首楞嚴經 외	3부	16권	2	11	367	380
제174책	도행반야경道行般耶經 외	3부	25권	4	17	564	585
제175책	아비담팔건도론阿毘曇八犍度論	1부	30권	4	6	684	694
제176책	아비달마발지론阿毘達磨發智論 외	5부	26권	4	40	638	682
제177책	아비담심론阿毘曇心論 외	3부	21권	3	16	861	880
제178책	아비달마순정리론阿毘達磨順正理論 1	1부(1~20권)	20권	2	3	532	537
제179책	아비달마순정리론 2	(21~40권)	20권	2	0	491	493

책	제목	부/권 범위	권수				
제180책	아비달마순정리론 3	(41~60권)	20권	2	0	564	566
제181책	아비달마순정리론 4	(61~80권)	20권	2	0	534	536
제182책	아비담비바사론阿毘曇毘婆沙論 1	1부(1~20권)	20권	2	10	614	626
제183책	아비담비바사론 2	(21~40권)	20권	2	0	569	571
제184책	아비담비바사론 3	(41~60권)	20권	2	0	471	473
제185책	사리불아비담론舍利弗阿毘曇論 1	1부(1~20권)	20권	2	15	566	583
제186책	사리불아비담론 2 외	(21~30권) 1부	24권	4	0	729	733
제187책	근본설일체유부필추니비나야 根本說一切有部芯蒭尼毘奈耶 외	5부	28권	10	8	724	742
제188책	근본설일체유부비나야파승사 根本說一切有部毘奈耶破僧事	3부	22권	2	7	571	580
제189책	근본설일체유부니타나목득가근본 說一切有部尼陀那目得迦 외	8부	24권	7	25	590	622
제190책	근본살바다부율섭근본薩婆多部律攝 외	4부	19권	11	19	658	688
제191책	마하승기율摩訶僧祇律 1	1부(1~20권)	20권	3	9	689	701
제192책	마하승기율 2	(21~40)	20권	2	0	756	758
제193책	성유식론成唯識論 외	3부	12권	1	23	454	478
제194책	대방광십륜경大放廣十輪經 외	16부	38권	4	14	652	670
제195책	해탈도론解脫度論 외	13부	28권	4	20	679	703
제196책	십송률十誦律 4	(52~61권)	10권	2	0	437	439
제197책	일자불정륜왕경一字佛頂輪王經 외	9부	18권	2	12	404	418
제198책	유가대교왕경瑜伽大敎王經 외	15부	37권	3	11	455	469
제199책	수호국계주다라니경 守護國界主陀羅尼經 외	19부	31권	3	20	575	598
제200책	아비달마장현종론阿毘達磨藏顯宗論 1	1부(1~20권)	20권	2	11	564	577
제201책	아비달마장현종론 2	(21~40권)	20권	2	0	645	647
제202책	아비달마구사석론阿毘達磨俱舍釋論 1	1부(1~18권)	18권	2	11	578	591
제203책	마하반야바라밀경摩訶般若波羅蜜經 1	1부(1~20권)	20권	4	16	545	565
제204책	마하반야바라밀경 2 외	(21~27권) 4부	18권	4	17	596	617
제205책	광찬경光讚經 외	6부	22권	3	7	641	651
제206책	대승이취육바라밀다경大乘理趣六波羅蜜多經 외	12부	31권	4	10	580	594
제207책	대방광보살십지경大方廣菩薩十地經 외	11부	23권	3	22	563	588

5. 한국의 불전번역과 불서 간행 273

제208책	대승아비달마잡집론 大乘阿毘達磨雜集論 외	3부	32권	4	11	679	694
제209책	대승장엄경론大乘莊嚴經論 외	2부	21권	5	22	657	684
제210책	반야등론석般若燈論釋 외	3부	35권	4	22	680	706
제211책	신화엄경론新華嚴經論 1	1부(1~20권)	20권	3	7	550	560
제212책	신화엄경론 2	(21~40권)	20권	3	0	530	533
제213책	보운경寶雲經 외	14부	29권	2	16	547	565
제214책	십지경론十地經論 외	7부	25권	2	27	566	595
제215책	삼법도론三法度論 외	13부	32권	3	16	596	615
제216책	대당자은사삼장법사전 大唐慈恩寺三藏法師傳 외	2부	20권	3	16	467	486
제217책	속고승전續高僧傳 1	1부(1~10권)	10권	7	2	410	419
제218책	속고승전 2	(11~20권)	10권	8	2	499	509
제219책	속고승전 3	(21~30권)	10권	10	0	502	512
제220책	근본설일체유부비나야약사 根本說一切有部毘奈耶藥事 외	2부	28권	4	13	712	729
제221책	계소재경戒消災經 외	22부	28권	11	29	541	581
제222책	석화엄교분기원통초 釋華嚴教分記圓通鈔 1	1부(1~4권)	4권	1	15	364	380
제223책	석화엄교분기원통초 2	(5~10권)	6권	2	0	468	470
제224책	초의집草衣集 외	9부	16권	27	31	711	769
제225책	연담대사임하록蓮潭大師林下錄 외	4부	11권	25	17	587	629
제226책	아비달마구사석론 2 외	(19~22권) 11부	21권	3	18	522	543
제227책	존바수밀보살소집론 尊婆須蜜菩薩所集論 외	6부	19권	3	16	594	613
제228책	대위덕다라니경大威德多羅尼經 외	2부	28권	2	6	513	521
제229책	대법거다라니경大法炬多羅尼經 외	3부	24권	3	11	485	499
제230책	현증삼매대교왕경現證三昧大教王經	1부	30권	4	17	579	600
제231책	방광반야경放光般若經	1부	20권	4	14	553	571
제232책	대명도경大明度經 외	6부	37권	5	19	563	587
제233책	섭대승론석攝大乘論釋 외	2부	18권	4	13	565	582
제234책	섭대승론석론攝大乘論釋論외	4부	25권	4	14	625	643
제235책	비나야鼻奈耶 외	8부	17권	7	18	507	532

책번호	제목	부수	권수				
제236책	미사색부화혜오분율 彌沙塞部和醯五分律 1	1부(1~15권)	15권	2	7	533	542
제237책	미사색부화혜오분율 2 외	(16~30권) 1부	16권	7	0	528	535
제238책	법계도기총수록法界圖記叢髓錄 외	6부	9권	13	10	522	545
제239책	십구장원통기十句章圓通記 외	3부	6권	2	8	522	532
제240책	여래부사의비밀대승경 如來不思議秘密大乘經 외	20부	55권	5	17	624	646
제241책	아촉불국경阿閦佛國經 외	17부	23권	2	20	566	588
제242책	법집경法集經 외	5부	20권	4	21	584	609
제243책	복개정행소집경福蓋正行所集經 외	10부	36권	5	15	640	660
제244책	사익범천소문경思益梵天所問經 외	5부	20권	3	8	575	586
제245책	미증유정법경未曾有正法經 외	24부	36권	3	23	524	550
제246책	월등삼매경月燈三昧經 외	7부	27권	2	13	691	706
제247책	대승입능가경大乘入楞伽經 외	6부	23권	3	11	667	681
제248책	고승전高僧傳 외	3부	19권	16	14	680	710
제249책	대승집보살학론大乘集菩薩學論 외	9부	38권	4	18	621	643
제250책	입세아비담론入世阿毘曇論 외	12부	31권	4	25	708	737
제251책	석마하연론釋摩訶衍論 외	13부	49권	5	30	690	725
제252책	대반니원경大般泥洹經 외	6부	19권	3	25	530	558
제253책	대반열반경大般涅槃經 1	1부(1~20권)	20권	2	14	472	488
제254책	대반열반경 2	(21~40권)	20권	4	0	628	632
제255책	불공견색신변진언경 不空羂索神變眞言經	1부	30권	4	13	628	645
제256책	대공작주왕경大孔雀呪王經 외	24부	33권	8	22	511	541
제257책	다라니집경陀羅尼集經 외	5부	16권	18	12	477	507
제258책	무구정광대다라니경 無垢淨光大陀羅尼經 외	45부	46권	5	30	539	574
제259책	소실지갈라경蘇悉地羯羅經 외	7부	22권	6	12	472	490
제260책	칠불팔보살소설신주경 七佛八菩薩神呪經 외	56부	60권	4	25	609	638
제261책	문수사리근본의궤경 文殊師利根本儀軌經 외	32부	56권	5	35	470	510
제262책	금강수보살대교왕경 金剛手菩薩大敎王經 외	44부	58권	6	24	488	518

5. 한국의 불전번역과 불서 간행 275

제263책	금강불공삼매대교왕경 金剛不空三昧大教王經 외	22부	41권	5	22	608	635
제264책	불모대공작명왕경 佛母大孔雀明王經 외	34부	42권	3	15	506	524
제265책	칠구지불모다라니경 七俱知佛母陀羅尼經 외	34부	38권	4	15	625	644
제266책	십주단결경十住斷結經 외	7부	16권	2	9	451	462
제267책	대방광총지보광명경 大方廣總持寶光明經 외	40부	49권	3	23	567	593
제268책	살바다비니비바사薩婆多毘尼毘婆沙 외	2부	19권	8	4	509	521
제269책	좌선삼매경坐禪三昧經 외	23부	33권	5	23	644	672
제270책	선법요해禪法要解 외	19부	30권	2	21	623	646
제271책	제경요집諸經要集 1	1부(1~12권)	12권	6	25	621	652
제272책	제경요집 2 외	(13~20권) 1부	18권	12	10	660	682
제273책	대승보요의론大乘寶要義論 외	4부	23권	3	23	570	596
제274책	화엄경수현기華嚴經搜玄記 외	4부	19권	8	22	569	599
제275책	석가보釋迦譜 외	3부	8권	6	7	588	601
제276책	대당서역기大唐西域記 외	5부	22권	7	17	719	743
제277책	집고금불도논형集古今佛道論衡 외	6부	19권	17	19	639	675
제278책	홍명집弘明集	1부	14권	9	9	473	491
제279책	광홍명집廣弘明集 1	1부(1~15권)	15권	6	4	512	522
제280책	광홍명집 2	(16~30권)	15권	17	0	776	793
제281책	어제비장전御製秘藏詮 1	1부(1~14권)	14권	1	3	450	454
제282책	어제비장전 2	(15~30권)	16권	2	0	450	452
제283책	어제연화심윤회문게송 御製蓮花心輪廻文偈頌	1부	25권	4	3	556	563
제284책	어제소요영御製逍遙詠 외	3부	19권	2	9	462	473
제285책	역대삼보기歷代三寶紀 외	3부	21권	17	10	589	616
제286책	출삼장기집出三藏記集 외	3부	20권	13	9	600	622
제287책	대당내전록大唐內典錄 외	8부	20권	13	26	662	701
제288책	개원석교록開元釋教錄 1	1부(1~12권)	12권	8	9	590	607
제289책	개원석교록 2 외	(13~20권) 2부	21권	5	7	650	662
제290책	정원신정석교목록貞元新定釋教目錄 1	1부(1~15권)	15권	9	5	517	531

제291책	정원신정석교목록 2 외	(16~30권) 1부	16권	4	4	524	532
제292책	중경목록衆經目錄 외	5부	31권	7	11	594	612
제293책	일체경음의一切經音義 1	1부(1~12권)	12권	36	10	627	673
제294책	일체경음의 2	(13~25권)	13권	30	0	660	690
제295책	신집장경음의수함록 新集藏經音義隨函錄 1	1부(1~3권)	3권	22	5	569	596
제296책	신집장경음의수함록 2	(4~6권)	3권	21	0	570	591
제297책	신집장경음의수함록 3	(7~9권)	3권	21	0	606	627
제298책	신집장경음의수함록 4	(10~12권)	3권	29	0	616	645
제299책	신집장경음의수함록 5	(13~15권)	3권	22	0	606	628
제300책	신집장경음의수함록 6	(16~18권)	3권	19	0	495	514
제301책	신집장경음의수함록 7	(19~21권)	3권	23	0	521	544
제302책	신집장경음의수함록 8	(22~24권)	3권	12	0	575	587
제303책	신집장경음의수함록 9	(25~27권)	3권	5	0	637	642
제304책	신집장경음의수함록 10	(28~30권)	3권	4	0	553	557
제305책	일체경음의一切經音義 1	1부(1~10권)	10권	12	14	454	480
제306책	일체경음의 2	(11~20권)	10권	13	0	462	475
제307책	일체경음의 3	(21~30권)	10권	13	0	513	526
제308책	일체경음의 4	(31~40권)	10권	17	0	433	450
제309책	일체경음의 5	(41~50권)	10권	22	0	483	505
제310책	일체경음의 6	(51~60권)	10권	22	0	494	516
제311책	일체경음의 7	(61~70권)	10권	18	0	408	426
제312책	일체경음의 8	(71~80권)	10권	17	0	444	461
제313책	일체경음의 9	(81~90권)	10권	6	0	391	397
제314책	일체경음의 10	(91~100권)	10권	5	0	385	390
제315책	속일체경음의續一切經音義	1부	10권	10	4	393	407
제316책	대장일람집大藏一覽集 1	1부(1~4권)	4권	2	15	367	384
제317책	대장일람집 2	(5~10권)	6권	5	0	458	463
제318책	일체경음의慧琳 색인	·	·	1	·	410	411
총계		1618부	7061권	1819	2579	176275	180673

『한글대장경』의 간행은 우리시대의 가장 방대한 불전번역 편찬 사업이었다. 동시에 동아시아의 한자문화권에서 형성된 대장경을 한글세대들에게 전해주는 대형 프로젝트였다. 나아가 불교학 연구를 한 단계 도약시킬 기초자료를 확보하는 사업이었다. 하지만 이러한 방대한『한글대장경』편찬 사업임에도 불구하고 이에 대한 불교계의 평가는 대단히 냉정하다. 모든 일에는 포폄과 공과가 함께 논의되어야 한다. 그래야만 균형감각에 입각한 시각을 견지할 수 있다. 하지만 이 사업에 대해서는 공적과 포상보다는 과실과 폄하의 평가가 적지 않다.[116]

우선 외형적인 문제점으로는 ①정확한 대장경 분류체계에 따라 간행하지 못했다. ②한정된 예산과 촉박한 시간으로 급하게 번역되어 오역과 누락 부분이 많은 채로 간행되었다 지적받고 있다.[117] 특히 이들 두 문제점은『한글대장경』의 학술적 가치를 반감시키고 있으며 학자들로부터 외면을 받게 된 이유가 된다. 때문에 이들 문제가 개선되지 않는 한 불교학 연구를 위한 기초자료 확보의 미비라는 지적은 여전히 남게 된다.『한글대장경』의 분류체계 개선과 개역 작업이 모색되어야 한다.[118] 동시에 ①역경 전문가의 양성이 시급하다. ②정보화 시대에

---

[116] 이미령,「한글대장경 번역 사업에 대한 공과」,『불교평론』제1호, 1999. 논자는 4장의 역경불사의 반성에서 1) 애당초 정부와의 계약은 합리적인 수준이었을까?, 2) 역경예규는 완벽하게 적용되는가?, 3) 증의證義작업은 꼼꼼하게 진행되었는가?, 4) 역자의 태도 마음을 열었는가?, 5) 역경불사 효과의 극대화를 위한 장치는 마련되었는가? 라는 물음을 통해 이 사업의 공적과 과오를 함께 살펴보고 있다.
[117] 이진영, 앞의 글, 앞의 책, p.90 참고.
[118]『대정신수대장경』은『고려대장경』을 저본으로 하면서도 인도의 범본과 팔리본 및 중국의 여러 대장경들을 비교 검토하여 문헌학적 연구 성과와 경전 성립사를

걸맞는 전산화 작업에 힘써야 한다는 과제 역시 지속적으로 준비되어야 하고 개선되어야 하는 것들이다.

하지만 완전 번역이 이루어지려면 해당분야의 학문적 축적과 어학적

반영하여 편찬하였다. 모두 정장 24부(삼장, 55책), 교장 7부(속장, 30책), 도상 및 목록 2부(15책)의 총 33부 100책과 색인 48부(도상 및 목록 제외 31부 분차)로 되어 있다. 구체적으로 말하면 인도와 중국(한국 포함)의 찬술부가 55책, 일본 찬술부가 29책, 돈황사본이 1책, 圖像部 12책, 목록 3책으로 이루어져 있다. 이 중 도상부와 목록을 제외한 85권이 佛典으로 총 3,053부, 1만 1,970권에 이른다. 이 중에서 정장(삼장) 24부는 1) 아함부(1~2책), 2) 본연부(3~4책), 3) 반야부(5~8책), 4) 법화부(9책), 5) 화엄부(9~10책), 6) 보적부(11~12책), 7) 열반부(12책), 8) 대집부(14~17책), 9) 경집부(14~17책), 10) 밀교부(18~21책), 11) 율부(22~24책), 12) 석경론부(25~26책), 13) 비담부(26~29책), 14) 중관부(30책), 15) 유가부((30~31책), 16) 논집부(32책), 17) 경소부(33~39책), 18) 율소부(40책), 19) 논소부(40~44책), 20) 제종부(44~48책), 21) 사전부(49~52책), 22) 사휘부(53~54책), 23) 외교부(54책), 24) 목록부(55책)로 분류되어 있다. 속장(교장) 7부는 1) 속경소부(56~61책), 2) 속율소부(62책), 3) 속론소부(63~70책), 4) 속제종부(70~84책), 5) 실담부(84책), 6) 고일부(85책), 7) 의사부(85책)로 되어 있으며, 도상 및 목록 2부는 1) 도상부(86~97책), 2) 소화법보총목록(98~100책)으로 되어 있다. 반면 『대정신수대장경』의 색인 48부는 1) 아함부, 2) 본연부, 3) 반야부, 4) 법화부~열반부, 5) 화엄부, 6) 보적부, 7) 대집부, 8) 경집부(상), 9) 경집부(하), 10) 밀교부(상), 11) 밀교부(하), 12) 율부, 13) 석경론부~열반부, 14) 비담부(상), 15) 비담부(중), 16) 비담부(하). 17) 유가부, 18) 논집부, 19) 경소부(1), 20) 경소부(2), 21) 경소부(3), 22) 경소부(4), 23) 율소부~논소부(1), 24) 논소부(2), 25) 제종부(1), 26) 제종부(2), 27) 제종부(3), 28) 사전부(상), 29) 사전부(하), 30) 사휘부~외교부, 31) 목록부, 32) 속경소부(1), 33) 속경소부(2, 상), 34) 속경소부(2, 하), 35) 속율소부, 36) 속논소부(1), 37) 속논소부(2, 상), 38) 속논소부(2, 하), 39) 속논소부(3), 40) 속제종부(1), 41) 속제종부(2), 42) 속제종부(3, 상), 43) 속제종부(4), 44) 속제종부(4), 45) 속제종부(5), 46) 속제종부(6), 47) 실담부, 48) 고일부~의사부로 되어 있다.

온축이 전제되어야 한다. 뿐만 아니라 재정적 지원과 인적 지원이 동시에 요청된다는 점을 고려해야만 한다. 그리고 번역은 일정한 시점이 지나면 재번역이 되어야만 동시대인들과 호흡할 수 있다는 점을 고려해서 문제점의 지적과 함께 개선책의 제시도 동시에 이루어져야 한다. 그리하여 다시는 그러한 오류를 범하지 않도록 사전에 예방하고 준비해야만 할 것이다. 어떠한 비판이 가능한 것은 그 비판의 근거가 확보되어 있기 때문에 가능하다는 사실도 간과해서는 아니 된다. 한글이 변하고 사람들의 의식이 변해가는 한 『한글대장경』은 끊임없이 재번역되어야 하기 때문이다.

② 선역본 팔만대장경

1980년대 이후 불전번역사에서 빠뜨릴 수 없는 것이 북한 사회과학원 부설 민족고전연구소(소장 홍기문)가 7년에 걸쳐서 작업을 하여 1987년 7월 간행한 북한판 『팔만대장경 해제』(25책)[119]이다. 북한은 지난 1937년부터 묘향산 보현사에 보관돼 온 해인사 『팔만대장경』 인경印經을 보관해왔다. 6.25전쟁 때에는 묘향산 보현사 뒷산의 깊숙한 금강굴 속에 대장경을 안치하였다. 전쟁 뒤에는 보현사의 절터 가까이에 대장경 보존고를 새로 지어 보관했다. 그 뒤 다시 묘향산의 풍치와 환경에 어울리는 웅장한 조선식 건축물로 『팔만대장경』 보존고를 지어 간직해

---

[119] 북한 사회과학원 민족고전연구소, 『팔만대장경 해제』(25책, 1987)는 '경의 제목과 유통'에 대한 해설, '경전의 중요한 대목을 가려 뽑아 정리한 '해제집'이다. 때문에 해당 경전을 온전히 번역한 것이 아니다. 반면 『選譯本』은 '가려 뽑은[選]' 해당 원문을 비교적 자세히 번역하고 있다. 하지만 이것 역시 온전한 번역이라고 보기는 어렵다.

오고 있다.

　북한은 1980년대 말까지 종교 활동을 거의 허용하지 않았다. 때문에 불교전적에 대한 특별한 관심과 배려가 없었다. 하지만 『리조실록』 번역 사업을 마무리하고 난 뒤 "대장경에 대해 고려 인민들의 높은 기술 수준이 반영되어 있다"며 "『팔만대장경』의 문화사적 가치를 깊이 헤아리시고 그것을 귀중한 국보로 보존하도록 크나큰 배려를 돌려주시었던"[120] 김일성과 김정일의 지시에 의해 이 책의 번역에 착수하게 되었다.

　『팔만대장경』과 목판활자는 우리나라 인쇄기술의 발전면모를 보여주는 귀중한 국보입니다. 물론 『팔만대장경』은 불교를 설교하기 위한 책입니다. 그러나 선조들이 벌써 수백 년 전에 목판활자를 8만 매나 만들어 수천 권에 달하는 방대한 대장경을 훌륭히 출판하였다는 그 자체가 우리나라와 민족의 큰 자랑입니다.[121]

　북한은 대장경 번역 사업의 완성도를 높이기 위해 사회과학원 소속의 30~40대 소장학자들 40여 명을 배치하여 범어를 비롯한 한문 문헌학, 불교 교리 등을 집중 교육한 뒤 본격적인 번역 사업에 투입했다. 수많은 참고도서들을 지원하면서 해제 및 번역 사업에 필요한 여러 가지 기술들과 연구 성원들의 생활문제까지 뒷받침하면서 사업에 착수하게 하였다.
　북한은 『팔만대장경』 속의 복잡한 내용을 간략하게 이해할 수 있도록 전면적 해제 작업을 먼저 시도하였다. 『해제』본 출간 방침의 세부

---

[120] 사회과학원 민족고전연구소, 『팔만대장경 해제』(조선 평양, 1992), p.4.
[121] 『김일성저작집』 제25권 282면. 『팔만대장경 해제』 재인용.

내용은 1) 원본을 최대한 살릴 것, 2) 경전 단위 내용을 서술하고 경전 매 권은 요약하여 알기 쉽게 풀이할 것, 3) 주관적 비판이나 분석을 배제할 것, 4) 불교 관계 자료들은 간략하게 소개할 것 등이다. 이 출간 방침은 민족문화의 중심인 불교의 대장경 번역 사업에 대한 그들의 인식을 보여주고 있다. 이러한 고전 정리의 원칙과 서지학적 방법에 의하여 6,000여 권의 내용을 일일이 해석하여 『팔만대장경 해제』(전25책)를 간행해 내었다.

이 『해제』본은 묘향산 보현사에 보관돼 온 해인사 『팔만대장경』 인경印經을 우리말로 쉽게 풀어 출간한 것이다. 이것은 해인사 장경각 소장 『고려대장경』과 동일한 경판의 내용을 색인화하여 주요 내용만을 풀어 '해제'로 발간한 것이다. "1987년에 출판되었던 이 『해제』(전25책)본은 그 부수가 제한되어 내외의 요구를 충족시킬 수 없었다. 이번에 그 사이 수요자들의 요청과 사회적인 관심을 고려하여 편의상 25책의 내용을 그대로 15책으로 묶어서 재판하였다."[122] 이후 2001년에는 다시 『팔만대장경 선역본』(17책)을 펴냈으며 이것은 남한에서 영인되어 국내외에 널리 퍼져 있다. 『해제』본과 이것의 축약 『영인본』 및 『선역본』의 목록은 아래와 같다.

---

[122] 사회과학원 민족고전연구소, 『팔만대장경 해제』(조선 평양, 1992), 6면. 현재 국내에는 북한판 『팔만대장경 해제』(15책+색인1책, 1992)본이 보급되어 있다. 인쇄 및 발행은 1992년에 10월에 이루어졌다.

도표 10 북한판 팔만대장경 해제와 영인본 및 선역본

책수	팔만대장경 해제 (1987) 경교명	팔만대장경 해제 축약 영인본(1991) 경교명	팔만대장경 선역본 (2001) 경교명	기타
1	대반야경 대품반야경 소품반야경 등	대반야경에서 대품반야경(27권)까지 3종의 반야 계통의 대승경 수록	불본행집경 (1~20)	해제본 대승3장
2	광찬반야경 보성다라니경 보적경 대집경 등	광찬반야경에서 보성다라니경까 지 75종의 반야, 보적, 대집경 등 대승경 수록	불본행집경 (21~40)	대승3장
3	화엄경(1~15)	화엄경(60권본)에서 광박엄정불퇴 전륜경까지 58종의 화엄, 법화, 열반 등 계통의 대승경 수록	불본행집경 (41~60)	대승 3장
4	화엄경(16~30)	불퇴전법륜경에서 제불요집경까 지 248종의 밀교, 정토 등 대승경 수록	비화경(10권) 잡보장경(10권) 법구비유경 (4권) 백유경(4권)	대승 3장
5	화엄경(31~45)	보살영락경에서 문수사리보살문 보리경까지 182종의 다라니, 불명 등의 대승경과 범망 등의 대승률, 반야, 유식 등의 대승론 수록	불설장아함경 (22권)	대승 3장
6	화엄경(46~60)	묘법연화경우파제사에서 십이인 연론까지 86종의 유가, 중론, 섭대 승, 불성, 중변, 기신, 인명, 유식 등 의 대승론 수록	묘법연화경 (7권) 대반열반경 (1~8)	대승3장
7	묘법연화경(7권) 대반열반경(1~8)	장아함경에서 대애도반니원경까 지 108종의 장, 중, 증일, 잡, 별역 등의 아함과 니원, 기세, 대루탄, 중 본기 등의 불전류들 수록	대반열반경 (9~24)	해제본 소승3장
8	대반열반경(9~24)	불설만원자경에서 현자오복덕경 까지 134종의 정법념처, 불본행집, 본사 등의 소승부와 본연부 계통 경 전 수록	대반열반경 (25~40)	소승3장
9	대반열반경 (25~40)	마하승기률에서 승갈마까지 35종 의 십송, 유부비나야, 오분, 사분 등 의 소승률 수록	대방광불화엄경 (1~15)	소승 3장
10	불퇴전법륜경 제불요집경 등 밀교, 정토 등 대승경 수록	니갈마에서 아비담비파사론까지 28종의 우파색, 살바다부, 선견률, 률명론 등 소승률과 팔건도, 발지, 법온족, 집이문족, 식신족, 계신족, 품류족, 아비담, 비파사 등 소승론 수록	대방광불화엄경 (16~30)	소승 3장
11	보살영락경 문수사리보살문보리경	대비파사론에서 벽지불인연론까 지 27종의 구사, 순정리, 성실, 아비	대방광불화엄경 (31~45)	해제본 보유잡

	다라니경, 불명경 등 대승경범망 등 대승률, 반야, 유식 등 대승론 수록	담, 해탈, 비파사 등의 소승론 수록		장
12	묘법련화경우파제사 십이인연론 등 유가, 중론, 섭대승, 불성, 중변, 기신, 인명, 유식 등 대승론 수록	불본행경에서 속고승전까지 97종의 행찬, 백연, 출요, 현우, 도지, 백유, 요집, 보장, 아육, 법구, 석기보, 십구의, 경률, 삼장기, 중경록, 삼보기, 석교록, 음의, 서역기, 론형, 법사전, 고승전 등 전기, 의도, 불전, 목록, 력사류의 잡장들 수록	대방광불화엄경 (46~60)	보 유 잡 장
13	불설장아함경(22권)	변정론에서 부동사자다라니비밀경까지 214종의 파사, 홍명, 니전, 의궤, 불명, 음의, 비장, 화엄(40권본), 반야 등 대승경과 고승론, 사서류와 전기류의 잡장들 수록	금강반야바라밀경 유마힐소설경(3권) 대방광원각수다라요의경 금광명최승왕경 (10권) 불설미륵하생경 불설아미타경 대비로자나성불신변가지경 (7권)	보 유 잡 장
14	대애도반니원경 중, 증일, 잡, 별역 등의 아함과 니원, 기세, 대루탄, 중본기 등의 불전류들 수록	대승유가금강대교왕경에서 불모반야바라밀다명관상의궤까지 165종의 십지, 약사, 파승사, 마하연, 정원, 율사, 신정, 교정별록, 열반 (36권본), 불명, 법원주림, 상론 등 목록류, 사서류, 대승경류, 대승론류, 소승론류의 잡장들 수록	미사색부화혜오분률	
15	불설만원자경에서 현자오복덕경까지 134종의 정법념처, 불본행집, 본사 등의 소승부와 본연부 계통 경전 수록	광명동자인연경에서 화엄경탐현기까지 77종의 대승경과 대승론, 사서류와 보유부의 종경록이하 금강삼매경론, 원통초등 고승론의 잡장들을 수록	미사색부화혜오분률	
16	마하승기률에서 승갈마까지 35종의 십송, 유부비나야, 오분, 사분 등의 소승률 수록	색인	근본설일체유부비나야약사 (18권) 범망경노사나불설보살심지계품 (2권)	
17	니갈마에서 아비담비파사론까지 28종의 우파색, 살바다부, 선견률, 률명료사 소승률과 팔건도, 발지, 법온족, 집이문족, 식신족, 계신족, 품류족, 아비담, 비파사 등 소승론수록		중론(4권) 대승기신론 금강삼매경론 (3권)	

18	대비파사론에서 벽지불인연론까지 27종의 구사, 순정리, 성실, 아비담, 해탈, 비파사 등 소승론 수록			
19	불본행경(1~20)			
20	불본행경(21~40)			
21	불본행경(41~60)			
22	속고승전 등 97종의 행찬, 백연, 출요, 현우, 도지, 백유, 요집, 보장, 아육, 법구, 석기보, 십구의, 경률, 삼장기, 중경록, 삼보기, 석교록, 음의, 서역기, 론형, 법사전, 고승전 등 전기, 의도, 불전, 목록, 력사류의 잡장들 수록			
23	변정론에서 부동사자다라니비밀경까지 214종의 파사, 홍명, 니전, 의궤, 불명, 음의, 비장, 화엄(40권본), 반야 등 대승경과 고승론, 사서류와 전기류의 잡장들 수록			
24	대승유가금강대교왕경에서 불모반야바라밀다명관상의궤까지 165종의 십지, 약사, 파승사, 마하연, 정원, 을사, 신정, 교정별록, 열반(36권본), 불명, 법원주림, 상론 등 목록류, 사서류, 대승경류, 대승론류, 소승론류 잡장들을 수록.			
25	광명동자인연경에서 화엄경탐현기까지 77종의 대승경과 대승론, 사서류와 보유부의 종경록이하 금강삼매경론, 원통초 등 고승론의 잡장들 수록			
총계	25책	색인 1책 포함 16책	17책	

이『해제』본은『고려대장경』의 3장과 잡장(교장)의 내용을『고려대장경』의 편제에 맞추어 크게 '대승 3장'과 '소승 3장' 및 '보유 잡장'으로 분류하여 작업하였다. 반면 남한에 유통된『선역본』은『해제』본(25책)과는 다른 형식으로 간행한 것이다. 이『선역본』은 경전 성립사를 반영하여 17책으로 편집되어 있다.『해제』본은『고려대장경』의 교판 편제에 따라 반야부, 화엄부, 법화-열반부 등의 경부,『미사색부화혜오분률』등의 율부,『중론』등의 논부 등으로 편집되어 있다. 반면 2001년에 펴낸『팔만대장경 선역본』(17책)은『고려대장경』의 편제로 된『해제』(25책, 16책)본과 체재가 다르다. 아마도 북한은『선역본』을 남한에 유통시키기 위해 경전 성립사를 반영하여 종래『해제』본의 편제에 구애받지 않고 현재의『선역본』의 편제로 바꾼 것으로 짐작된다.

　『고려대장경』의 편제에 따른『팔만대장경 해제』본과 달리『팔만대장경 선역본』의 특징은 경전 성립사를 기반으로 하면서도 경장, 율장, 논장을 총섭하고 있다.『선역본』은 해인사의『고려대장경』(재조본)을 인간(印刊)한 묘향산 보현사의『팔만대장경』보존고 소장 밑본을 가려 뽑아(전체의 5% 분량) 풀어낸 것이다.『선역본』1책에 실린 '머리말'에 따르면 모두 22종 294권을 번역하고 그것을 17책으로 묶었다고 전한다.[123] 이 머리말은『고려대장경』체재에 맞춘『해제』본과 달리『선역본』은 경전 성립사를 반영하여 현재의 체재로 편집했음을 암시해준다.

　이『선역본』은 ① 우리말의 역동적인 활기를 살리기 위해 기본 개념을 명사(존재태)가 아니라 동명사(생성태)로 옮기고 있고, ② 번역문의 편의를 도모하기 위하여 원문의 소주와 역자의 주해를 덧붙이고 있으

---

[123] 고영섭,「북한 선역본 팔만대장경」,『불교적 인간』(신아사, 2010), pp.233~237.

며, ③각 품 속에 들어 있는 게송 수를 품명 밑에 괄호 처리하여 소개하고 있고, ④두음법칙을 무시하고 표시하고 있으며, ⑤가능한 한 우리말로 풀이하되 그렇지 않은 것은 한자 병기 없이 '음'만을 취하여 한글 전용으로 통일하였다. 이것은 괄호 속에 한자를 일부 부기한 『해제』본과는 변별된다. 이 때문에 『선역본』역시 적지 않은 문제점을 지니고 있다.

가장 중요한 지적 사항은 불교전적임에도 불구하고 ①불교학 전공자들이 가세하지 못했으며, ②그 결과 잘못된 번역(오역)과 빠뜨린 번역(결역) 부분이 많으며, ③음독을 넘어 훈독을 하는 과정에서 부사가 남용된 점이다. 이 외에도 ①뜻을 분명히 하기 위해 한글로 풀어 쓰면서도 한자 병기를 하지 않아 의미가 잘 통하지 않고, ②주요한 개념들을 유물론적 관점에서 풀어쓰고 있으며, ③번역자의 주석(각주)이 달려 있지 않아 번역서로서의 무게를 떨어뜨리고 있다. 하지만 이러한 몇몇 단점에도 불구하고 『선역본』은 대체적으로 쉽게 읽히고 있고 의미가 잘 전달되고 있어 남한의 『한글대장경』보다 가독률이 높다고 평가받고 있다. 남북한 대장경의 장점을 계승하고 단점을 줄이기 위해서는 하루빨리 남북통일이 되어 『우리말 통일대장경』의 간행사업이 이루어지기를 기대해 본다.

③ 한글본 한국불교전서[124]

『한국불교전서』는 고려 대각국사 의천이 집성한 『고려교장』 간행 이후 우리나라의 불교전적을 집대성한 것이다. 동국대학교 불교문화

---

[124] 동국대출판부, 『한국불교전서』 책소개 참고.

연구소가 작업을 시작하여 1989년에 전 10책으로 동국대학교 출판부에서 간행하였고, 1997년에 2책의 보유편과 2003년에 2책의 보유편을 덧붙여 총14책으로 재차 완간했다. 한국판 교장인『한국불교전서』는 한문으로 된 불교전적을 발굴 조사하고, 고증을 거쳐 시대 순으로 정리한 대총서大叢書이다. 때문에 국내외 학계에서 일차 학술 원전으로서 널리 인정받고 있다. 하지만 최근까지만 해도 일부만이 번역되어 있어『한글본 한국불교전서』(250책 예정)의 간행은 우리 인문학계의 오랜 과제가 되어 왔다.

2008년부터 문화체육관광부의 지원을 받아 진행 중인『한국불교전서』의 우리말 역주사업은『한글대장경』편찬 사업에 필적하는 대형 프로젝트이다. 현재 동국대학교 불교문화연구원 산하의 〈한국불교전서 역주단〉이 중심이 되어『한국불교전서』(14책)를 우리말로 옮겨가고 있다. 이 사업은『한국불교전서』에 실린 180인의 저술 322종을 2020년까지 완역 출판을 목표로 하고 있다. 1차분으로 2010년 6월 10일에『인왕경소』(신라, 원측),『일승법계도원통기』(고려, 균여),『작법귀감』(조선, 백파) 등 7권의『한글본 한국불교전서』를 출간하였다. 1차분으로 간행된 목록은 아래와 같다.

도표 11 **한글본 한국불교전서 1차분**

시대	권차	저 술 명	저 자 명	기타
신라	1	인왕경소 仁王經疏	文雅 圓測	1차분
고려	1	일승법계도원통기 一乘法界圖圓通記	圓通 均如	1차분
	2	원감국사집 圓鑑國師集	圓鑑 冲止	1차분
조선	1	작법귀감 作法龜鑑	白坡 亘璇	1차분

2	정토보서 淨土寶書	栢庵 性聰	1차분
3	백암정토찬 栢菴淨土讚	栢庵 性聰	1차분
4	일본표해록 日本漂海錄	楓溪 賢正	1차분

* 2020년까지 250여 권 번역 예정

이 사업을 통해 한글본 전체가 완간되면 대략 200~300권 분량이 될 것으로 짐작된다. 200자 원고지 분량으로는 약 24만 매에 달할 것으로 추정된다. 현재까지 번역 작업에 투입된 인원만 해도 연인원 60여 명에 이르며 참여하는 번역자들도 불교 연구자들뿐 아니라 문文·사史·철哲 분야의 전공자들을 망라해 구성했다. 더욱이 이 번역본 다수가 국내에서 초역되는 것이어서 한국 인문학 연구에 일정한 공헌이 있을 것으로 기대된다. 2010년 9월부터 동국대학교 불교학술원은 산하의 불교문화연구원이 주관하는 『한국불교전서』 번역 사업과 함께 현재 『한국불교전서』 증보편이 될 사지寺誌와 사기私記 등을 정리하는 후속작업도 진행하고 있다.

④ 백련선서간행회 번역본

해방 이전과 이후의 불전번역은 주로 교학 서적 중심으로 진행되었다. 해방 이후 선학원 내에 '한글선학간행회'가 조직되어 『선가귀감』(김용담 역, 1949) 1종을 간행한 적이 있었다. 하지만 6.25전쟁이 일어나면서 더 이상 진행되지 못했다. 선종의 전통이 강한 나라임에도 불구하고 선서 번역이 이루어지지 않은 것은 시절 인연(번역자+후원자 등)이 이루어지지 않았기 때문이었다. 그래서 종래의 선서 번역은 공적 기구에 의해 이루어지지 못한 채 대부분이 개인 의지에 의해 이루어졌다.

그러나 백련불교재단 내에 백련선서간행회白蓮禪書刊行會가 조직되면서 공적 기구에 의한 선서 번역이 본격화되었다.

1988년 7월부터 1997년 10월까지 번역과 정서, 대역과 보완, 윤문과 체제를 잡으며 최종적으로 퇴옹 성철(退翁 性徹, 1912~1993)의 증의를 거쳐 총 37권으로 간행하였다.[125] 성철은 증의를 통해 초벌된 원고에 선기의 활력을 불어넣은 것으로 짐작된다. 이 번역작업은 한국불교사에서 본격적인 선서의 번역이라는 독자적인 위상을 확보했다. 백련불교재단 백련선서간행위원회는 이들 주요 선서의 번역작업을 마무리하면서 성철선사상연구원을 설립하고 그동안 녹음해둔 성철의 법어를 풀어 『성철선사법어집』(총11권)을 간행하였다.

도표 12 선림고경총서 목록

권차	선 서 명	저자	증의/감수	연도	간행처
1	선림보전禪林寶典	退翁 性徹	退翁 性徹	1988.7	장경각
2	산방야화山房夜話	天目 中峰	이하 동일	1988.7	이하 동일
3	동어서화東語西話	天目 中峰		1992	
4	치문숭행록緇門崇行錄	雲棲 株宏		1993	
5	참선경어參禪警語	博山 無異		1993	
6	선림보훈禪林寶訓	妙喜 宗杲 竹庵 士珪 衡岳 淨善		1989	
7	임간록林間錄 상	慧洪 覺範		1989	
8	임간록林間錄 하	慧洪 覺範		1989	
9	오가정종찬五家正宗贊 상	白雲 守端		1990	

---

125 백련선서간행회의 발기인으로는 월운(동국역경원장), 원융(해인사선원장), 송찬우(중앙승가대교수) 등 7인을 위촉하였다.

10	오가정종찬五家正宗贊 하	白雲 守端	1990	
11	마조록馬祖錄/ 백장록百丈錄	馬祖 道一 百丈 懷海	1989	
12	임제록臨濟錄/ 법안록法眼錄	臨濟 義玄 法眼 文益	1989	
13	위앙록潙仰錄	潙山 靈祐		
14	조동록曹洞錄	曹山 本寂	1989	
15	운문록雲門錄 상	雲門 文偃	1992	
16	운문록雲門錄 하	雲門 文偃	1992	
17	양기록楊岐錄/ 황룡록黃龍錄	楊岐 方會 黃龍 慧南	1990	
18	조주록趙州錄	趙州 從諗	1991	
19	설봉록雪峰錄	雪峰 義存	1991	
20	현사록玄沙錄	玄沙 師備	1991	
21	태고록太古錄	太古 普愚	1991	
22	나옹록懶翁錄	懶翁 惠勤	1992	
23	인천보감人天寶鑑	四明 曇秀	1988	
24	나호야록羅湖野錄	曉瑩 仲溫	1992	
25	종문무고宗門武庫	大慧 宗杲	1992	
26	총림성사叢林盛事	古月 道融	1992	
27	운와기담雲臥紀談	曉瑩 仲溫	1992	
28	고애만록枯崖漫錄	枯崖圓悟	1992	
29	산암잡록山菴雜錄	恕中 無은	1992	
30	원오심요圓悟心要 상	圜悟 克勤	1993	
31	원오심요圓悟心要 하	圜悟克勤	1993	
32	종용록從容錄 상	宏智 正覺	1993	
33	종용록從容錄 중	宏智 正覺	1993	
34	종용록從容錄 하	宏智 正覺	1993	
35	벽암록碧巖錄 상	圜悟 克勤	1993	

36	벽암록碧巖錄 중	圜悟 克勤	1993	
37	벽암록碧巖錄 하	圜悟 克勤	1993	
총계	총 32종			

　백련선서간행회에서 펴낸 37종은 종래 동아시아 선종사에서 널리 읽혀왔던 선서들이다. 구산선문九山禪門이 형성된 신라 하대부터 고려 초기 이래 한국불교는 선서들을 본격적으로 입수하였고 이들에 입각하여 수행과 저술이 이루어졌다. 이후 보조 지눌(普照 知訥, 1155~1201)의 여러 저술들이 한국 선서의 주류를 형성하였지만, 한편으로는 중국의 당송대 어록과 명청대 여러 불서들이 절집 안에서 널리 읽혔다. 특히 남종선 중 임제종의 양기파 계통을 주류로 인식해온 한국의 선사들은 중국의 선서들을 자연스럽게 수용하면서 자신의 살림살이를 살찌웠다.

　이러한 맥락을 통해서 알 수 있는 것은 번역된 대부분의 선서들이 동아시아 선종사에서 공유되었던 서적들이며 이들 중 몇몇 저술들은 그 원문이 강원의 주요 필독서로 채택되어 왔다는 사실이다. 하지만 한문세대의 단절과 한문해독력의 부족 및 시대적 변화와 스피디한 속도에 의해 강원의 학승들도 이들 한글본 총서들을 선호해가고 있다. 최근에는 조계종 교육원이 마련한 강원 교과목들 일부는 한글본으로 대체되어 가고 있다. 이러한 상황은 한문 불전의 한글 번역을 더욱 재촉하고 있다. 근래 대한불교조계종이 소의경전인 한글본 『금강경』을 간행한 것도 같은 맥락 속에서 이해할 수 있다.

4) 우리말 옮김

종래의 한문 불전의 한글 번역에서 한걸음 더 나아가 팔리어와 범어 및 티베트본의 우리말 옮김도 다양하게 이루어지고 있다. 여기서 '우리말'이란 객관화와 타자화된 '한글'이란 표현과 달리 주체화와 자내화에 좀 더 의미를 둔 표현이다.[126] 다시 말해서 한자문화권과 변별되는 의미에서의 '한글(한국어) 옮김'이란 표현과 달리 '우리말 옮김'이란 표현은 한자문화권 바깥에 있는 다른 문화권을 우리말로 곧바로 옮겨내려는 주체적이고 자내적인 의미를 담고 있다. 이것은 가급적 한자문화권의 전통을 매개하지 않고 오늘 이 시대의 우리말로 곧바로 옮겨오겠다는 의미를 지니고 있다.

자유로운 유학활동과 인터넷 구매를 통해 한문 이외 불교고전어인 범파장본 불전이 직수입되면서 이들에 대한 번역 요구가 증가하고 있다. 더욱이 사마타와 위빠사나 및 아나빠나사띠Anapana sati 등의 수행을 통해 남방불교의 잦은 접촉은 이들 불전들의 우리말 옮김 욕구들을 확장시켰다. 최근 사단법인 한국테라와다 불교(2008. 12)가 발족되었지만 아직 공적 기구에 의해 이루어진 것은 없다. 다만 개인들의 의지로 연구원(소)을 세워 저마다 번역작업을 해가고 있다. 아래에서는 범파장본의 대표적인 우리말 옮김 작업들에 살펴보기로 한다.

① 팔리본

2000년대에 들어서면서 간행된 오부 니카야 전 부분의 번역본과 아비달

---

[126] 이것은 우리의 '국학'이 국제화와 세계화시대를 맞이하여 '한국학'이란 표현으로 명명하는 것과도 관련된다. '한글(한국어) 옮김'은 '한문'을 부분적으로 매개하면서 객관적이고 타자적으로 옮겨온다는 표현이지만 '우리말 옮김'이란 한자문화권의 전통을 매개하지 않고 곧바로 바깥에 있는 다른 문화권을 주체적이고 자내적으로 옮겨온다는 표현이라고 할 수 있다.

마 논서의 일부 번역본들이 종래의 한역 4아함의 한글 번역본에 필적할 정도로 널리 읽혀지고 있다. 이러한 경향은 근래 한역 경론 중심의 불교에서 벗어나 붓다의 원음과 직접 만나려는 불자들의 수요가 늘어나고 있는 현실과도 연결된다. 더욱이 불자들로 하여금 '독경의 일상화'와 '수행의 주체화'로 이어지게 하는 위빠사나와 사마타 및 아나빠나 사띠 수행은 팔리본 삼장을 더욱 친근하게 할 것으로 예측된다. 1990년대부터 최근까지 우리말로 옮겨진 팔리본 텍스트의 목록은 아래와 같다.

도표 13 **팔리본 우리말 옮김 목록**

번호	분류	경교명	번역처	한역
1	경부	장부(디가) 니카야 실라칸다왁가 및 범망경(梵網經,Brahmajāla Sutta) 외 34경	팔리불전연구소 초기불전연구원	장아함 30경 상응
2		중부(맛지마) 니카야 제번뇌단속경 (Sabbaasavasamvara Sutta) 외	초기불전연구원 등	중아함 221경 상응
3		상응부(상윳따)니카야 유게취유게聚 외 2889경 5권 56편 203품 2889경	한국팔리성전협회 초기불전연구원	잡아함 1362경 상응
4		증지부(앙굿따라) 니카야 '숨은 뜻을 알아내어야 할 경' (neyyattha suttanta) 외	초기불전연구원 한국팔리성전협회	증일아함 471경 상응
5		소부(코다카) 니카야 숫타니파타, 담바빠다 등 15부	부분 번역 법구경 다수	법구경 등
6	율부외 건도부	마하 박가(대품)	팔리불전연구소	
7		마하 붓다왕사(대불전경, 밍군 사야도)	최봉수(영역참고)	2009
8	논부외 주석서	청정도론	초기불교연구원	2004
9		빠띠삼바다 박가 (마하 박가/ 유가난다 박가/ 빤냐 박가)	가산불교문화연구원 임승택	2001
총계				

팔리본의 우리말 옮김은 경부인 오부 니카야 중심에서 최근에는 논부(외)로 확산되고 있다. 아비달마의 교학에 근거한 논서들은 더욱 더 번역될 것으로 전망되고 있다. 하지만 아직 율부에 대한 번역은 본격적으로 진행되고 있지 못하다. 반면 최근에는 논서 이외의 주석문헌들도 번역되고 있다. 남방불교의 소의 삼장과 주석서들이 온전히 번역된다면 종래의 북방불교 중심과 대승불교 중심의 틀에서 좀 더 확장된 불교관을 가지게 될 것으로 기대된다. 팔리본의 우리말 옮김은 아직 초기단계이기는 하지만 수행에 대한 관심을 통해 그 지평이 점차 확산되고 있다. 이러한 분위기는 범본과 티베트본 번역에도 일정한 영향을 미치고 있다.

② 범어 티베트본

대승경전의 범본이 몇 종 남아 있지 않지만 현존하는 주요 범본 경전들은 점차 우리말로 옮겨지고 있다. 『금강경』과 『반야심경』의 역주본은 이미 몇 종이 나와 있으며 최근에는 티베트 텍스트에 대한 역주본도 간행되었다. 또 율장에 영향을 받아 창작된 불전문학의 대표작 『붓다차리타』의 역주와 논장인 『아비달마구사론』 일부분과 티베트 주석문헌들이 번역되었다. 더욱이 최근의 서구 불교학의 경향이 티베트불교 및 중앙아시아의 사본 연구에 모아지고 있어 이들 번역본들에 대한 관심도 증가하고 있다. 지금까지 번역된 범어 티베트본의 우리말 옮김 목록은 아래와 같다.

도표 14 범어 티베트본 우리말 옮김 목록

번호	분류	경교명	번역처	원전
1	경장	금강경	초기불교연구원 전재성 양승규	범본 티베트본
2		반야심경	다수	
3		팔천송반야경	경전연구소 김형준	범본, 일역본 참고
4		칭찬정토불섭수경 외	팔리불전연구소 최봉수	범장한본 비교
		아미타경	중앙승가대불전국역연구소 최종남 외	
5	율장 외	붓다차리타	정태혁	일역본 참고
6	논장 외 주석서들	아비달마구사론: 근품/계품	박인성/김영석	
7		보리도차제론	청전	
8		보리도차제약론	양승규	
9		람림	초펠	티베트본
10		입보리행론 입보리행론	청전 최로덴	티베트본
총계				

티베트 논장 외 주석문헌들 중 쫑카파와 샨티데바의 번역본들이 점차 늘어나고 있다. 특히 샨티데바의 『입보리행론』은 널리 읽히고 있다. 최근에는 쫑카파의 『보리도차제론』도 많은 독자층을 확보해가고 있다. 이들 티베트 주석서들은 모두 국내 첫 우리말 번역이라는 점에서 신선함을 주고 있으며 자비행이 부족하다고 자평하고 있는 한국불교의 현실에 비추어 볼 때 이들 번역본은 보리행과 자비행의 균형적 겸비를 강력히 시사해주고 있다.

5. 담당 기관과 역경 주체

한국의 불전번역은 역경원과 같은 공적 기관에 의한 번역과 개인 의지에 의해 이루어져 왔다. 고중세에는 왕의 명에 의해 공식적인 기관이 설치되면서 편찬 사업과 번역 사업이 이루어졌다. 대장경과 교장 편찬을 위한 '도감'은 공적 기관의 대표적인 기구이다. 이외에 국가의 지원이 아니더라도 해당 종교단체 등에서 설치한 공적 기구가 있다. 공적 기구는 종단의 부설 기관이거나 아니면 종단의 책임 있는 이들의 지원 아래 공식적으로 만든 곳이다.

이와 달리 개인의 의지에 의해 몇몇 뜻있는 이들의 후원을 받아 연구소(원)를 개설하여 번역에 임하는 사적 기관도 있다. 또 최근에는 정부나 공공기관의 프로젝트 공모에 응모하여 번역 작업을 하는 공적 기관과 사적 기구가 늘어나고 있다. 이 경우에도 대학 연구원(소)의 틀을 빌어 하는 공적 기구와 개인이 해당 저술에 대한 번역신청서를 제출한 뒤 채택되어 진행하는 사적 기구가 있다. 특히 도감과 연구원 및 역주단이 공적 기관이라면 개인은 스스로의 필요와 사명에 의해 번역 사업을 하는 사적 기구라고 할 수 있다.

1) 도감과 역경원

공적 번역을 위해서는 먼저 전서 혹은 총서의 집성이나 전체적 윤곽이 전제되어야 한다. 이러한 작업을 위해서는 공식적인 기구가 조직되어야 한다. 고려시대에는 대장경을 판각하기 위해 대장도감(초조본, 재조본)을 설치하였고 교장을 판각하기 위해 교장도감을 시설하였다. 조선시대에는 언해본을 간행하기 위해 간경도감을 설치하였다. 이들 도감은 국가의 정책 아래 설치한 공공 기관이기 때문에 모든 작업이 공적으로 이루어진다. 이를테면 전서의 집성을 위해 설치된 공적 기관에서는 우선 해당 전서의 목록을 편찬한 뒤 그 위에서 번역에 임하게 된다. 그렇게 해야만 전체적인 지형도 아래서 온전히 작업을 해나갈 수 있기 때문이다.

역경원은 경전을 번역하는 기관을 가리킨다. 대한시대에 이루어진 삼장역회는 삼장의 번역을 위해 용성 진종이 세운 번역기관이다. 만해 역시 법보회를 구성하고 번역을 시도했다. 또『불교』지(영호), 만상회(진호), 『불교시보』(대은) 등을 통한 번역도 이루어졌다. 이와 달리 일제시대에는 역경을 위해 경남 삼사(통도사, 해인사, 범어사)의 후원아래 해동역경원(원장 구하, 주임역경사 영호)이 세워졌다. 해방 이후에도 선학원에서 해동역경원(적음)과 한글선학간행회가 구성되어, 경교의 번역에 착수했다. 이후에도 법보원(석주), 해인사(천화율원), 동국역경원(운허, 월운) 등에 의해 번역이 이루어졌으며 이들은 공적인 역경기관이었다.

2) 연구원과 역주단 및 개인

대학의 연구원(소)을 주체로 하는 번역 사업은 대체적으로 학교 예산이 아니라 정부나 공공기관의 프로젝트 수주를 통해서 진행하는 경우가 대부분이다. 동국대학교 '한국불교전서역주단'이 여기에 해당된다. 정부의 예산으로 학교에서 설치한 이 역주단(모임) 역시 공적기관이라 할 수 있다. '한국불교전서역주단'은 2008년부터 문화관광부의 지원을 받아 동국대학교 불교문화연구원 산하에 소속된 번역집단이다. 2008년부터 불교학자들과 함께 문·사·철 분야의 번역·연구자들을 다양하게 참여시켜 증의, 교감, 주석, 해제 등 학술적 완성도를 높이는 번역작업을 추진해오고 있다. 또한 불교문헌들 중 상당한 비중을 차지하는 문집들에 대해서는 일반 독자들도 쉽게 읽을 수 있도록 윤문과정을 거치며『한글본 한국불교전서』를 번역 편찬해가고 있다.

이와 달리 개인이 자발적 발의에 의해 연구원을 설치하고 주변의 도움을 받아 번역에 임하는 경우도 있다. 초기불전연구원(각묵, 대림)이나 한국팔리성전협회(전재성) 및 경전연구소(돈연)와 팔리불전연구소(최봉수)가 여기에 해당된다. 또 개인의 자발적 의사에 의해 번역이 이루어지는 경우도 있다. 이 경우는 공동 기구에 의한 번역과 달리 자기와의 싸움이 전제된다. 때문에 이러한 지난한 과정 속에서는 전문적인 번역과 지속적인 번역이 이루어지기가 쉽지 않다. 무엇보다도 철저한 시간관리의 어려움이 있을 뿐만 아니라 번역, 교정, 윤문, 주석, 증의 등의 유기적인 작업이 오로지 자신에 의해 이뤄지기 때문에 매너리즘에 빠지기 쉽다. 반면 공적 기관에 소속되어 진행하는 경우는 상호 번역과 검토가 가능하므로 번역작업이 유기적으로 이루어질 수 있다.

때문에 번역 주체의 설정은 어느 한쪽만의 장점만을 취할 것이 아니라 공적 기구에 의한 번역과 개인의 의지에 의한 번역의 장점을 모두 고려하여 양질의 번역을 일궈내는 것이 중요하다. 또 번역 언어의 문체는 ① 향찰과 한역을 넘어 순한문의 현토 구결화와 ② 선한鮮漢 호용문의 사용을 거쳐 ③ 순언문과 한글 번역 및 ④ 우리말 옮김 등의 역사적 변천 과정을 충분히 검토하면서 선택해야 할 것이다. 그리하여 가급적 완전한 번역을 통해 불교문화를 보편화하고 불교적 세계관을 공유하여 모든 사람들에게 안락하고 이익 되는 삶을 누릴 수 있도록 해야 할 것이다.

6. 불전번역과 불서 간행

고대에서 현대에 이르기까지 한국에서 이루어진 불전번역과 불서 간행의 주체는 ① 공적 기관을 통해서 이루어진 경우와 ② 개인 의지에 의해 이루어진 경우로 나눠진다. 그리고 번역 언어는 ① 향찰과 한역을 넘어 순한문의 현토 구결화와 ② 선한鮮漢 호용문의 사용을 거쳐 ③ 순언문과 한글 번역 및 ④ 우리말 옮김으로 구분해볼 수 있다.

삼국시대의 서민들은 한자를 사용했던 귀족들과 달리 주로 한자를 빌어 표기하던 이두吏讀와 향찰鄕札 및 각필角筆 구결口訣 등으로 자신의 의사표시를 해왔다. 때문에 한자를 빌어 표기하는 이두와 향찰 및 각필 구결 등은 당시 사람들의 언어생활을 보여준다는 점에서 번역翻譯의 맥락에서 이해해볼 수 있다. 즉 한자를 빌려 시적 감흥(영감)을 표현한 향찰시와 이들 시를 다시 한자로 옮긴 한역시의 경우 역시 번역의 범주에서 살펴볼 수 있다.

균여의 향찰시는 최행귀의 한역시에 의해 비로소 번역에 대한 인식의 전환을 가져다주었다. 중국인들도 최행귀의 한역화에 의해 비로소 고려시의 미학에 대해 접할 수 있었다. 하지만 최행귀의 번역이 균여 향찰시의 한역화였다는 점, 그리고 그것은 훗날 세종의 한글 창제를 경험한 우리에게 있어 여전히 한글 번역의 과제로 남을 수밖에 없었다는 점에서 우리는 향찰시와 한역시가 지니고 있었던 시대적 상황과 역사적 한계를 느끼게 된다. 따라서 한국에서 타자화 혹은 객관화로서 '번역'에 대한 첫 인식은 조선 전기에 새롭게 창제된 한글에 의해 비로소 이루어지기 시작했다고 할 수 있다.

불교문화의 집대성인 대장경과 교장을 판각하기 위해서는 장경 목록과 소초 목록이 전제되어야 한다. 마찬가지로 전서와 총서를 간행하기 위해서는 전서 목록과 총서 목록이 전제되어야 한다. 왜냐하면 목록은 새롭게 펴낼 전서와 총서의 지형도이기 때문이다. 초조본 『고려대장경』과 『고려교장』 및 재조본 『고려대장경』도 목록 편찬 이후에 판각되었다. 고려 후기 이래 불교 지식계에서는 불경의 현토 구결본이 다량으로 유통되었다.

이러한 시대적 흐름은 현토와 구결을 넘어 한글과 유사한 표기로 확장되었고 한글 창제의 필요성은 더욱더 강하게 제기되었다. 조선 초기 세종은 시대적 요청들을 수용하여 한글을 창제하였고 급기야는 불경 언해본들을 탄생시켰다. 한글 창제 이후 불경 언해본이 널리 간행되면서 현토 구결본과 언해와 한자 호용互用문의 사용은 시대적 요청이자 거스를 수 없는 대세가 되었다.

선한문鮮漢文은 한글과 한문을 상호 활용한 문체를 일컫는다. 대부분의 언해본들은 한글과 한문을 상호 활용한 선한 호용문鮮漢互用文이라고 할 수 있다. 때문에 한문 원문에 구결을 달고 언해문을 나란히 배열하는 전형적인 불경 언해서는 간경도감에서 간행한 『능엄경언해楞嚴經諺解』(10권, 校書館, 1461)가 처음이었다. 이들 언해본들은 수요가 많았던 전적들 중심으로 간행되었다. 또 조선 중후기가 되면서는 경전 언해본은 점차 줄어들고 불교의례집들이 주로 간행되었다. 대한시대에는 조선글을 강조했던 용성 진종의 삼장역회가 대표적이었다. 그 외에도 몇몇 역경들이 이루어졌지만 개인적인 작업들이 대부분이었다. 해방과 6.25 이후에는 운허 용하의 무대였던 법보원과 동국역경원을 통해 주요 경전들이 번역되었다. 탄허 택성은 학승과 학자들을 위해 화엄과 선학이 결합된 화엄선 계통의 저술들을 축자역하면서 선한鮮漢 호용문체로 번역을 하였다.

『한글대장경』(318책)의 간행은 우리 시대의 가장 방대한 번역 사업이었다. 『한글대장경』 간행 이후 이제 한국판 교장인 『한글본 한국불교전서』(250책 예정)가 번역 출판되고 있다. 이들 두 전서는 불교학 연구를 뒷받침할 일대 전서이며, 북한판 『팔만대장경 선역본』과 백련선서간행회의 『선림고경총서』 역시 순언문을 거쳐 한글로 옮겼다는 점에서 불전번역의 가장 모범적인 사례가 된다. 뿐만 아니라 근래에 활발한 범파장본의 우리말 옮김 역시 한문본 중심의 한글 번역을 넘어 우리말의 주체화와 자내화를 꾀하고 있다는 점에서 새롭게 평가할 수 있다.

이제 번역의 주체의 설정은 개인 혹은 공동 어느 한쪽만의 장점만을 취할 것이 아니라 공적 기구에 의한 번역과 개인의 의지에 의한 번역의 장점을 모두 고려하여 양질의 번역을 일궈내는 것이 중요하다. 번역 언어의 문제는 1) 향찰과 한역을 넘어 순한문의 현토 구결화와 2) 선한鮮漢 호용문의 사용, 그리고 3) 순언문과 한글 번역 및 4) 우리말 옮김 등의 역사적 변천과정을 충분히 검토하면서 선택해야 할 것이다. 그리하여 가급적 완전한 번역을 통해 불교문화를 보편화하고 불교적 세계관을 공유하여 보다 많은 사람들이 안락하고 이익 되는 삶을 누릴 수 있도록 해야 할 것이다.

참고문헌

원전류

覺訓, 『海東高僧傳』 권2, 「安含傳」.
『高麗國新造大藏校正別錄』(『고려대장경』 제38책)
고려대장경연구소, 『개원석교록』 해제.
金富軾, 『三國史記』 권4, 新羅本紀 眞興王 26년조.
『大藏目錄』(『고려대장경』 제39책)
동국역경원, 『한글대장경』 해제 및 목록.
동국대출판부, 『한국불교전서』 책소개
동국역경원, 『한글대장경』 해제 및 목록.
동국대출판부, 『한국불교전서』 책소개
북한 사회과학원 민족고전연구소, 『팔만대장경 해제』(25책, 1987)
북한 사회과학원 민족고전연구소, 『팔만대장경 해제』(16책, 1991)
북한 사회과학원 민족고전연구소, 『팔만대장경 선역본』(17책, 2001)
북한 사회과학원 민족고전연구소, 『팔만대장경 해제』(25책, 1987)
북한 사회과학원 민족고전연구소, 『팔만대장경 해제』(16책, 1991)
徐居正, 『東文選』 권117, 「臥龍山慈雲寺王師贈諡眞明國師碑銘」.
『세조실록』 제4책, 7년조, 27목.
一然, 『三國遺事』 「紀異」, '阿道基羅'.
『雜貨布』『조선불교월보』 제19호, 조선불교월보사.
『조선불교총보』 제21호, 조선불교총보사.
「위키백과」 향찰, 구결. www.seelotus.com/.../hyang-ga-outline.htm
『해동불보』 제5호, 해동불보사.
『해동불보』 제6호, 해동불보사.

논저류

강순애, 「고려국신조대장교정별록의 분석을 통해 본 초조 및 재조대장경의 변용에 관한 연구」, 『한국비블리아학회지』 제7집, 한국비블리아학회, 1994.

강순애,「고려대장경교정별록의 학술적 의의」,『서지학연구』제20집, 서지학회, 2000.
고영섭,「균여의 주측학」,『한국불학사』, 연기사, 1999.
고영섭,「부파불교의 전래와 전통 한국불교: 테라와다 불교의 전래와 관련하여」,『한국선학』제24호, 한국선학회, 2009.
고영섭,「금강산의 불교 신앙과 수행 전통」,『보조사상』제34집, 보조사상연구원, 2010.
고영섭,「한국의 근대화와 전통 불교의례의 변모」,『불교학보』제56집, 동국대학교 불교문화연구원, 2010.
고영섭,「북한 선역본 팔만대장경」,『불교적 인간』, 신아사, 2010.
고익진,「삼국의 교학사조」,『한국고대불교사상사』, 동국대출판부, 1989.
김광식,「해방공간의 불교인물 행적 조사록」,『한국근대불교의 현실인식』, 민족사, 1998.
김광식,「일제하의 역경」,『대각사상』제5집, 대각사상연구원, 2002.
金斗鍾,『韓國古印刷技術史』, 탐구당, 1974.
김무봉,「조선시대 불전언해 연구」,『불교어문논집』, 한국불교어문학회, 1999.
김법린(鐵啞),「民衆本位的 佛教運動의 提唱」,『一光』2호, 1929. 9.
김복순,『신사조로서의 신라불교와 왕권』, 경인문화사, 2008.
김영배,『국어사자료연구: 불전언해 중심』, 월인, 2000.
김영배,「조선 초기의 역경」,『대각사상』제5집, 대각사상연구원, 2002.
김완진,『향가해독법연구』. 서울대출판부, 1983.
김윤곤,「고려 '國本' 대장경의 혁신과 그 배경」,『民族文化論叢』제27집, 영남대학교, 2003.
김윤곤,『고려대장경의 새로운 이해』, 불교시대사, 2002.
김종명,「세조의 불교관과 치국책」,『한국불교학』제58집, 한국불교학회, 2010.
金呑虛,『懸吐譯解 新華嚴經合論』1책, 화엄학연구소, 1975.
金泰洽,「대중불교경전간행의 요망」,『불교시보』12호, 1936.
나종우,「조선 전기 한일 문화교류에 대한 연구—고려대장경의 일본 전수를 중심으로」,『사상과 문화의 전개』, 경서원, 1989.
류부현,「『고려대장경』의 저본과 판각에 관한 연구」,『한국도서관정보학회지』Vol.32, No.3, 한국도서관정보학회, 2001.
류부현,「고려 재조대장경과 대장목록의 구성」,『서지학연구』제33집, 서지학회, 2006.

박영수, 「고려대장경의 연구」, 『백성욱박사송수기념 불교학논문집』, 동국문화사, 1959.
배상현, 「『고려국신조대장교정별록』과 수기」, 『민족문화논총』 제17집, 영남대학교 민족문화연구소, 1997.
백성욱(無號山房), 「譯經의 必要는?」, 『불교』 58호, 1929. 4.
신규탁, 「漢譯 불전의 한글 번역에 나타난 경향성 고찰: 간경도감, 백용성, 이운허, 김월운 스님들의 경우를 중심으로」, 『동아시아불교문화』 제6집, 2010. 12.
신종원, 「안홍과 신라불국토설」, 『신라초기불교사연구』, 민족사, 1987.
呂澄, 『聲明略』, 남경: 지나내학원, 1933.
오용섭, 「고려국신조대장교정별록 연구」, 『서지학연구』 창간호, 서지학회, 1986.
윤창화, 「해방 이후 譯經의 성격과 의의」, 『대각사상』 제5집, 대각사상연구원, 2002.
이미령, 「한글대장경 번역 사업에 대한 공과」, 『불교평론』 제1호, 1999.
이병욱 편, 『한국의 사상가 10인: 의천』, 예문서원, 2002.
이운표, 「고려대장경에 나타난 고전 범어문법(聲明論)의 統辭에 대하여」, 『고려대장경의 고전범어문법 연구』, 고려대장경연구소, 2000.
이진영, 「한국의 경전번역 실태: 동국역경원 한글대장경을 중심으로」, 경전연구소, 『세계 각국의 경전번역 실태 및 체계에 관한 연구 발표회 자료집』, 2006.
李忠九, 『經書諺解研究』 성균관대 박사학위논문, 1990.
정필모, 「고려재조대장목록고」, 『圖書館學』 Vol.17, No.1, 한국도서관학회, 1989.
조명기, 「대각국사의 천태의 사상과 속장의 업적」, 『백성욱박사송수기념불교학논문집』, 동국대출판부, 1959.
조종현, 『불교』 93호, 1932. 3.
천혜봉, 「고려 팔만대장경과 강화경」(기조연설), 『고려 팔만대장경과 강화경』, 새얼문화재단, 2001.
최영호, 『강화경판 「고려대장경」의 판각사업 연구』, 경인문화사, 2008.
한보광, 「백용성 스님의 역경 활동과 그 의의」, 『대각사상연구』 제5집, 대각사상연구원, 2002.
한용운, 「불교의 2대 문제」, 『一光』 3호, 1931. 3.
한용운, 「조선불교의 개혁안」, 『불교』 88호, 1931. 10.
한용운, 「譯經의 急務」, 『불교』 신3집, 1937. 5.
한우근, 『유교정치와 불교-여말선초대 불교정책』, 일조각, 1993.

일본의 대장경

최종남(중앙승가대학교 역경학과 교수)

1. 들어가는 말

일본에 불교가 전래된 이후 일본의 불교는 불전의 사경, 불전에 각필角筆[1]로 부호 구결符號口訣의 기입, 불전 찬술, 대장경 개판開版, 그리고 불전들을 일본어로 번역을 하는 순으로 전개·발전되었다.

이들의 역사 속에서 대장경의 개판과 불전들의 일본어 번역은 신앙과 교학연구에 큰 영향과 변화를 주었다. 이와 같은 변화와 발전에 의해

---

[1] 각필은 상아, 나무, 대나무 등의 재료로 연필처럼 그 끝을 뾰족하게 깎아 만든 것이다. 이 도구로 종이(인경본 대장경)를 눌러서 패이게 하여 부호, 즉 점点, 선線 등을 기입한다. 이 부호의 의미는 조사, 조동사, 경어 등을 표시한 것이다. 이와 같은 각필에 의한 부호구결은 다수의 초조대장경 인경본에서 확인할 수가 있다. 정재영(2003), p.8 참조.

일본불교는 중국불교 및 한국불교의 영향에서 벗어나 독자적으로 신앙, 수행, 학술적인 연구 등이 이루어졌다. 이러한 성장에 의해 지금은 경제적인 발전과 함께 세계 불교계·학계의 중심에서 큰 역할을 하고 있다. 본 논문에서는 이와 같은 전개 과정 속에서 개판된 장경류들과 일본어 번역본들을 중심으로 분류 및 고찰을 하고자 한다.

일본에서 대장경이 개판된 것은 불교가 전래된 이후 1,100여 년이 지난 1637년(寬永 14)부터이다. 일본의 대장경 개판은 중국과 한국(고려대장경 재조본[2])에서 판각·인경된 장경류들의 영향에 의해 간행되었다.

일본의 장경류들은 목판본과 금속활자본의 2가지 유형으로 간행되었다. 그리고 개판은 중국의 북송촉판대장경[3]과 같이 관판官版이 아닌 모두 사판私版본들이다. 일본의 장경류들은 황벽사판대장경을 제외하

---

2 고려대장경에는 3가지가 있다. 초조대장경(1011년〔현종2〕~1087년〔선종4〕), 교장 (1092년~1102년), 재조대장경(1236년〔고종23〕~1251년〔고종38〕)이다. 초조대장경은 현재 국내에 214권, 일본 南禪寺 소장 1,712권, 그리고 對馬島 소재 사찰들에 600여 권 등이 현존하고 있다. 교장은 현재 일본 東大寺에 『大方廣佛華嚴經隨疏演義鈔』와 大東急文庫에 『貞元新華嚴經疏』만이 현존하고 있다. 재조대장경은 현재 해인사에 판본으로 81,238판(중복판 108판; 유네스코 등록 시 판수: 81,268판)이 보존되어 있다. 박상국(1998), pp.75~96; 최종남 외(2006), pp.17~20; 남권희·정재영(2010), p.27, pp.35~39; 해인사 팔만대장경연구원(2009) 참조.
3 북송촉판대장경(혹은 蜀版大藏經, 蜀版, 北宋官版, 開寶版, 開寶藏)은 중국 최초의 대장경이다. 同 대장경은 태조의 칙명으로 宋 太祖 開寶 4年(971)에 판각이 시작되어 太宗 太平興國 8年(983)까지 12년에 걸쳐 완성된 대장경이다. 태조는 高品 張從信을 당시 인쇄 문화의 중심지였던 蜀의 益州로 보내 雕造하도록 하였다. 북송촉판대장경은 『開元釋敎錄』에 기록되어 있는 경·율·논의 삼장 1,076부·5,048권 전체를 판각한 것이다. 목판 수는 13만여 장이다. 목판들은 태종의해 설립된 太平興國寺 印經院으로 옮겨져 인경되었다. 인경본은 총 480함이다. 同 대장경은 고려대장경 초조본의 저본으로 사용되었다. 최종남(2006), p.16 참조.

고는 개판의 시기에 따라 지역별·승려별·제종별諸宗別 등의 찬술서들을 각각 추가 수록하여 간행되었다. 따라서 각 대장경마다 부部의 특징이 다르고, 새로운 찬술서들의 수록, 대교, 편찬들이 다르게 개판되었기 때문에 불교계 및 관련학자들이 일본 장경류들을 자주 이용하고 있다.

근대 이후 일본에서는 불전을 일본어로 번역하자는 요구에 의해 번역본 대장경들이 출판되었다. 번역본 대장경들은 2가지 언어를 일본어로 번역·출판된 것들이다. 한역불전을 일본어로, 그리고 빠알리어 원전을 일본어로 번역하여 출판된 것들이다.

한역 불전을 일본어로 번역한 대장경은 국역대장경(2부·부록, 1917~1928), 소화신찬국역대장경(4부·48권, 1928~1932), 국역일체경(2부·257권, 인도찬술: 1930~1936, 화한찬술: 1936~1988) 등이다. 이들 번역 대장경은 중국 및 한국의 장경류들에서 인도, 중국, 한국 찬술서들을 부部와 내용에 맞게 선정하여 일본어로 번역·출판된 것이다.

빠알리어 원전에서 일본어로 번역한 대장경은 남전대장경(65권·70책, 1935~1941)이다. 동同 대장경은 빠알리어성전협회(Pāli Text Society)에서 출판한 빠알리어 삼장(Ti-piṭaka)과 일부 빠알리어 장외 문헌들을 일본어로 번역·출판한 것이다.

이와 같이 시대의 요구에 의해 일본 대장경사 속에서 먼저 한역불전을 일본어로 번역·출판하고, 그리고 빠알리어 원전 번역·출판이 이어졌다. 이것은 일본불교계 및 학계의 정황에 의해 전개된 번역양상이다.

먼저 한역 불전을 일본어로 번역한 것은 한문 불전이 일본인들에 있어서 익숙하고, 사찰에서의 의식·독송, 신앙생활 등에서 한역불전이 이용되고, 그리고 학계에서는 많은 학자들이 한역 불전을 이용하여 연구하였고, 한편으로 원전어를 연구·번역할 학자의 수가 적었기 때문이다.

국역일체경의 인도 찬술부가 출판된 이후 남전대장경이 번역·출판되었다. 이는 전통 방법, 즉 한역 불전을 중심으로 연구해오던 불교학이 명치明治시대 이후부터 유럽의 독일·영국·프랑스 등에 일본의 불교 종단에서 해외 유학생을 선발하여 파견하고, 그리고 여러 대학들에서도 해외에서 연구 활동을 하도록 적극적으로 지원함으로 인하여 새로운 불교학 연구·방법이 전개된 이후이다. 당시 대표적인 학자들은 다음과 같다.

남조문웅(南條文雄; 영국)을 비롯하여 고남순차랑(高楠順次郎; 영국·독일·프랑스), 적원운래(荻原雲來; 독일), 자기정치(姉崎正治; 독일·영국·인도), 도변해욱(渡邊海旭; 독일), 입화준도(立花俊道; 스리랑카·영국), 우정백수(宇井伯壽; 독일·영국), 적소지선(赤沼智善; 인도·스리랑카·영국), 목촌태현(木村泰賢; 영국), 산구익(山口益; 프랑스) 등이다.[4] 이들 학자들은 유럽의 학문 방법인 문헌학과 언어학적인 방법론을 익히고 귀국하여 각자의 전공 분야에서 원전을 중심으로 한 연구·방법을 펼치고, 많은 영향을 주었다. 이로 인하여 원전에 대한 관심과 연구가 많아지고, 원전을 중심으로 연구하는 관련 학자가 증가되어 빠알리어 원전의 일본어 번역 필요성을 느끼게 되었다. 이에 빠알리어성전협회에서 출판한 빠알리어 대장경을 앞에서 언급한 10여 명의 학자들이 중심이 되어 일본어로 번역한 남전대장경이 출판되게 되었다.

---

4 김재성(2006), p.146 참조.

이와 같은 선대 학자들의 공헌과 업적을 토대로 하여 현재 일본에서는 산스크리트어와 빠알리어 경·율·론 삼장들이 부분별로 번역·출판되고 있고, 그리고 동남아시아에서 발견된 필사본 연구와 함께 번역·출판이 이어지고 있다.

일본에서 개판된 장경류들과 번역 장경류들은 세계의 불교계 및 학계에서 제일 많이 이용되고 있다. 그만큼 개판과 편찬이 우수하다는 의미이다. 그러나 금강조광金岡照光[3. 8)에서 언급]과 수야홍원水野弘元[4. 3)에서 언급] 등이 지적하고 있듯이 한역 장경류들과 남전대장경에는 다량의 오류, 오역, 탈루 등이 있다. 따라서 미래의 불교, 정확하고 깊이 있는 불교학연구를 위해서는 철저한 재점검 및 편찬이 있어야 하리라고 본다.

2. 불교의 전래

일본에 불교가 전래된 것은 백제 26대 성왕(聖王, 523~554년 재위) 시대이다. 일본의 불교전래는 두 가지 설로 전해지고 있다. 하나는 정사正史인 『일본서기日本書紀』에 기록되어 있는 552년(欽明 13) 10월 설이다. 그리고 다른 하나는 원홍사元興寺의 『가람연기병류기자재장伽藍緣起幷流記資財帳』(이하『원홍사연기』)에 기록되어 있는 538년(欽明 7) 12월 설이다. 『일본서기』와 『원홍사연기』에서는 불교의 전래에 대해서 다음과 같이 각각 기록하고 있다.

『일본서기』: "552년 흠명欽明 13년 10월 백제의 성왕이 흠명 대왕에게 사자를 보내서 석가금불동상 1구와 장엄을 위한 번幡 및 개蓋와 함께 경론을 헌납하고, 별도로 표表를 만들어서 불법의 공덕을 기리고, 백제에서 불교를 제국에 전함으로 해서 아법동류我法東流의 불언佛言을 다할 수 있었다고 하는 기쁨과 만족의 뜻을 보였다."

『원흥사연기』: "538년(戊午, 欽明 7) 12월에 백제의 성왕이 사자를 보내 태자상과 관불灌佛 기구, 불기佛起를 설명한 문서를 보내고, 또한 '불법은 세간의 무상無上의 법이니 왜倭에서도 수행하도록 하여라'라고 하는 성왕의 말씀을 흠명欽明 대왕에게 전했다."[5]

이와 같이 일본에서는 위의 두 사료史料 및 백제의 사료들을 토대로 하여 일본에 불교가 전래된 시기를 두 가지로 추정하고 있다. 그러나 현재 일본불교계에서는 천황의 재위 시대들과 『원흥사연기』의 사료를 인정하여 일본불교 전래시기를 538년(戊午)으로 하고 있다.

3. 일본의 장경류

1) 관영사판대장경

일본불교사 중에서 최초의 대장경 간행은 불교 전래 이후 약 1,100여 년이 지난 1637년(寬永 14)이다.

일본의 대장경 판본 유형은 2가지로서 목판본과 금속활자본이다. 이 중에서 목판본으로서, 그리고 대장경으로서 일본 최초로 만들어진 대장경은 관영사판대장경(寬永寺版 혹은 天海藏, 天海版)이다.

관영사판대장경은 강호江戶시대 장군 덕천가광德川家光의 경제적인 도움으로(檀越), 즉 덕천막부德川幕府의 도움으로 1637년(寬永 14)부터

---

[5] 이광준(2007), pp.44~49; 田村圓澄 著, 노성환 역(1997), pp.29~37 참조.

1648년(慶安 元年)까지 천태종의 대승정 자안대사慈眼大師 천해天海 스님에 의해 개판開版되었다.

동同 대장경은 남송판대장경南宋版大藏經[6]을 저본底本으로 하고, 필요에 의해 일부의 삼장은 원판대장경元版大藏經[7]에서 보충하여 편집한 대장경이다. 관영사판대장경은 동예산東叡山 관영사寬永寺의 경국經局에서 이루어졌다. 동 대장경은 판목에 글자를 인각하여 만든 판본이 아니라, 목활자를 별도로 한 자 한 자 인각하여서 경전의 문구에 맞게 틀을 짜 만든 대장경이다. 천해天海는 관영사판대장경이 완성되기 이전인 1643년 10월 20일에 108세로 입적하였다.

동 대장경은 한 절折이 24행이며, 매 행은 17자이다. 그리고 4절로 된 절첩본折帖本[8]으로 되어 있다. 관영사판대장경 목활자의 자형은 남송판대장경의 인경본을 참조한 것이다. 동 대장경의 분량은 665함函,

---

6 남송판대장경(혹은 南宋藏, 湖州本, 思溪版, 圓覺寺版)은 靖康 元年(1126)부터 紹興 2年(1132)까지 浙江城 湖州 思溪 圓覺禪院의 印經房에서 판각된 대장경이다. 同 대장경은 密州 觀察使 王永從과 동생 崇信軍承宣使 王永錫 등 王氏 일가의 경제적인 도움에 의해 판각된 사판본이다. 남송판대장경은 圓覺禪院 懷深스님과 平江府 大慈院 淨梵 스님의 주재에 의해 仲謙, 行堅, 靜仁, 道融, 修敏스님 등이 저본과의 敎合, 眞悟스님이 교감을 맡아 완성된 판본이다. 판본의 분량은 약 6,000여 권이다. 同 대장경은 일본의 관영사판대장경, 대일본교정축쇄대장경, 대정신수대장경 등의 영인에 많은 영향을 주었다. 최종남 외(2006), pp.16~17 참조.

7 원판대장경(혹은 元藏, 普寧寺版大藏經, 元版白雲宗門藏經, 杭州本)은 元代에 판각된 대장경이다. 同 대장경은 至元 14年(1277)부터 27年(1290)까지 浙江省 杭州 普寧寺 大藏經局에서 古山 道安과 白雲宗의 스님들에 의해 완성된 사판본이다. 원판대장경은 남송판대장경의 내용과 구성을 따른 판본이다. 同 대장경의 분량은 558함, 6010권이다. 최종남 외(2006), p.17 참조.

8 절첩본折帖本은 병풍처럼 접어서 첩으로 된 것이다. 권자본卷子本은 두루마리 형이다. 그리고 방책본方冊本은 접어서 네 귀퉁이가 일치하게 제본된 책자이다.

1,453부·6,323권이다. 목활자⁹는 현재 관영사의 지장당地藏堂에 보존되어 있다. 관영사판대장경은 소량만 인경되어서 현재 일부 사찰에만 보존되어 있다.¹⁰

2) 황벽사판대장경

황벽사판대장경(黃檗寺版大藏經 혹은 黃檗藏, 黃檗版)은 관영사판대장경과 같은 시기인 1669년(寬文 9)부터 1681년(天和 元年)까지 황벽산黃檗山 임제종 만복사万福寺 철안鐵眼 도광道光선사에 의해 개판開版된 대장경으로서 목판본이다.

철안鐵眼은 만복사 개산開山 명승明僧 은원隱元선사의 제자이다. 철안은 처음에 중국에서 판각·인경된 대장경을 구입하고자 하였다. 그러나 1663년 웅본熊本 유장원流長院에 머무르면서 대장경을 직접 개판하고자 하여『화연소化緣疏』를 기초起草하였다. 그 후 철안이 난파難波의 월강원月江院에서『대승기신론』을 강의할 때 청강한 관음사의 묘우妙宇가 철안으로부터 대장경 개판에 대한 소식을 듣고 백금白金 일천냥을 보시하였다. 이를 은사인 은원에게 전하자, 은원은 철안에게 대장경을 모각模刻하라는 글(偈)을 하사하고, 그리고 명대의 만력판万曆版¹¹ 한 질과 대장경을 보존할 부지를 주면서 격려하였다.

---

9 관영사판대장경의 목활자에 대한 연구보고서가 2002년 實踐女子大學校 渡辺 守邦 교수 연구팀에 의해 발표되었다. 渡辺守邦(2002), 참조.

10 大藏會 編(1964), pp.98~100. 최종남 외(2006), p.23 참조.

11 만력판(혹은 万曆藏, 嘉興藏, 楞嚴寺版)은 万曆年間(1573~1619)에 楞嚴寺에서 了凡거사에 의해 開版된 사판본이다. 同 대장경의 분량은 210함 2,090부·12,600권이다. 최종남 외(2006), p.17 참조.

철안은 그의 나이 39세인 1668년에 은원隱元이 기증한 부지에 보장원 寶藏院을 세우고, 그리고 경도京都 이조二條에 인경방印經房을 개원하여 먼저 목록 중에서 10여 함을 개판하였다. 그는 대장경 개판의 완성을 위하여 개판의 취지를 담은 『권연소勸緣疏』를 작성하여 구주九州부터 강호江戶까지 전국을 방문하면서 비용을 조달하였다. 따라서 관영사판 대장경은 덕천막부의 적극적인 지원에 의해 개판되었지만, 철안의 황벽사판대장경은 서민들의 정재에 의해 개판된 것이다.

황벽사판대장경은 명明의 만력판을 모각한 것이다. 동 대장경은 경도의 인방印房에서 만력판의 방책본方冊本을 전체 해체하여 벚나무 판목 위에 한 장씩 뒤집어 풀로 붙인 다음 판목에 비치는 글자를 판각한 판본이다. 따라서 동 대장경은 교정이 되어 있지 않다. 그리고 아쉽게도 만력판에 판각되어 있는 사주四周의 쌍선雙線(두 줄)과 행간의 계선界線 은 대부분 빠져 있다. 황벽사판대장경의 전체 분량은 1,618부·7,334권 이다. 동 대장경은 현재 황벽산 보장원에 전 판본 6만장이 국보로 지정되어 보존되고 있다.[12]

3) 대일본교정축쇄대장경

대일본교정축쇄대장경(大日本校訂縮刷大藏經 혹은 縮刷大藏經, 縮刷藏) 은 일본 최초의 금속활자본 대장경으로서 1880년(明治 13) 4월부터 1885년(明治 18) 5월까지 동경東京에 있는 홍교서원弘敎書院에서 간행 된 대장경이다.

대일본교정축쇄대장경은 교부성敎部省 사사국社寺局에 근무한 도전 번근(島田蕃根, 1827~1907)이 『대장대교록大藏對校錄』을 열람한 후 새

---

[12] 大藏會 編(1964), pp.100~102. 최종남 외(2006), p.23 참조.

롭게 교정 개판한 대장경이 필요하다는 것을 통감하고 전통원伝通院 복전행계(福田行誡, 1809~1888)의 지지, 미국에서 인쇄기술을 수학하고 온 인쇄기술자인 색천성일色川誠一, 그리고 도전좌병위稲田佐兵衛와 산동직지山東直砥의 경제적인 도움 등에 의해 간행이 시작되었다.

　동 대장경은 덕천가강德川家康의 지원에 의해 정본定本과 교본校本을 지삼연산芝三緣山 증상사增上寺에 소장된 고려대장경, 남송장(南宋藏, 南宋版大藏經, 思溪法寶寺版), 원장(元藏, 大普寧寺版)들이 제공되었다. 교정은 각 종단의 관장(管長, 한국의 종정에 해당)들이 위촉한 60여 명이 참여하였다.

　대일본교정축쇄대장경은 명나라 때의 지욱(智旭, 1599~1655)이 저술한 『열장지진閱藏知津』(44권)을 참조하여 분류는 경·율·론·비밀 및 잡雜의 5부·25문門으로, 그리고 분량은 40질帙·480책册, 916부·총 8,534권[13]으로 구성되어 있다.[14]

　동 대장경은 엄밀한 교정으로 인하여 명치시대 불교계에 많은 기여를 하였으며, 그리고 불교교학진흥에도 큰 공헌을 하였다. 1911년에는 중국 상해에서 빈가장(頻伽藏; 40帙, 일본 찬술을 제외한 8,416권)으로 간행되었다.[15]

4) 만자장경

만자장경(卍字藏經 혹은 卍藏)은 명치시대 후기인 1902년(明治 35)부터

---

[13] 末木文美士(1990, p.4)는 대일본교정축쇄대장경의 분량을 40帙·418冊 1,918부·총 8,539권으로 기록하고 있다.
[14] 大藏會 編(1964), pp.102~103. 末木文美士(1993), pp.42~43 참조.
[15] 大藏會 編(1964), p.103. 최종남 외(2006), p.23 참조.

1905년(明治 38)까지 경도의 장경서원藏經書院에서 간행된 대장경이다.

동 대장경은 전전혜운(前田慧雲, 1857~1930)스님과 중야달혜(中野達慧, 1871~1935)스님이 주재하고, 경도 정토종 법연원法然院의 개산인 징(開山忍徵, 1645~1711)이 일본의 황벽사판대장경(明시대의 만력판을 模刻한 것)과 고려대장장경을 대교한 여명대교본麗明對校本을 정본으로 하여 간행된 것이다.

만자장경의 형식은 만력판, 황벽사판대장경, 대일본교정축쇄대장경과 같이 방책본方冊本으로 제본되어 있다. 그리고 각 책冊의 표지에 '만卍'이 인쇄되어 있다.

만자장경의 분량은 31투套·347책冊 1,625부·7,082권으로 구성되어 있다. 만자장경의 특색은 대장경으로서는 처음으로 각 쪽을 2단으로 구성하였으며, 그리고 전 권에 구독점을 표기한 점이다. 그러나 동 대장경의 아쉬운 부분은 내용적으로 대일본교정축쇄대장경보다 대교가 미흡하다는 점이다.[16]

5) 대일본속장경

대일본속장경(大日本續藏經 혹은 卍대일본속장경, 卍字續藏, 續藏)은 1905년(明治 38)부터 1912년(大正元年)까지 약 7여 년간에 걸쳐 만卍자장경과 같은 장소인 경도의 장경서원에서 간행된 대장경이다.

동 대장경은 만자장경의 속편續編으로 간행되었다. 대일본속장경의 편찬 의도는 만자장경을 보완하여 간행한다는 학술적인 목적도 있었지만 대장경의 편찬사업을 시작한 시점이 러일전쟁의 시기였기 때문에

---

16 大藏會 編(1964), pp.103~105. 末木文美士(1993), p.43. 최종남 외(2006), p.23 참조.

또 다른 편찬의 의미로서 당시 불교계에서도 활발히 전개된 일련의 전쟁협력사업과도 연계하여 간행되었다. 따라서 정국기념사업靖國記念事業으로 삼아 매 책 끝 부분에 전사자의 성명을 기재하고 있고, 그리고 러일전쟁의 전승을 기념하고 전몰장병에 대한 애도를 표하고 있다.[17]

대일본속장경은 10부문으로 구성되어 있다. 제1부문부터 4부문까지는 인도 찬술, 그리고 제5부문부터 10부문까지는 중국 찬술서들이 수록되어 있다. 동同 대장경은 주로 각종各宗, 장章, 소疏, 선적禪籍 등의 중국 찬술서들이 다량 수록되어 있다. 따라서 일부 중국 찬술서들은 중국에서 개판된 장경류들에 수록이 되어 있지 않지만, 대일본속장경에는 수록되어 있는 경우도 있다.[18] 동 대장경은 중국불교를 연구하는 학자들이 많이 이용하고 있다. 대일본속장경의 분량은 150투套·750책 1,660부·6,957권이다.[19]

6) 대일본불교전서

대일본불교전서大日本佛敎全書는 일본에서 찬술된 교학, 종학, 역사, 문학 등을 종합하여 1912년(大正元年) 5월부터 1922년(大正 11)까지 약 10년에 걸쳐 편찬된 전서이다. 동 전서는 망월신형望月信亨이『불교대사전佛敎大辭典』을 편찬하던 중 사전 편찬에 필요한 자료와 간행 자금을 얻고자 한 의도에서 시작되었다.

---

17 大藏會 編(1964), p.8. 윤기엽(2008), pp.29~30 참조.
18 大藏會 編(1964), pp.103~105. 최종남 외(2006), p.23 참조.
19 末木文美士(1990, p.5)는 대일본속장경의 분량을 151套·751冊 1,756部로 기록하고 있다.

1911년(明治 44년)에 대일본불교전서를 간행하고자 남조문웅南條文雄, 고남순차랑高楠順次郎, 망월신형望月信亨, 대촌서애大村西崖 등에 의해 불서간행회佛書刊行會가 설립되고, 회장은 남조문웅南條文雄이 맡았다. 그 다음해인 1912년(大正元年)에 위의 학자들과 함께 이 외의 다수의 학자들이 참여하여 대일본불교전서 편찬 작업이 시작되었다.

동 전서는 일본불교의 귀중한 문헌들을 집대성한 자료집이다. 그동안 일본의 각 고사寺古社寺와 장서가들이 소장하고 있었던 불교 교학에 관련된 전적 및 승사사기문예僧史寺記文藝, 사본 등의 자료들이 다량 수록되어 있다. 따라서 대일본불교전서는 일본불교의 교학에 관한 기록 등뿐만 아니라, 일본 역사를 연구하는 데에도 중요한 자료로서 제공되고 있다.

동同 전서는 목록, 총기, 제경, 화엄, 법화, 태밀, 진언, 실담, 정토, 융통염불, 시종, 계율, 삼론, 법상, 인명, 구사, 기신, 선종, 행사, 종론, 사전, 보임, 계보, 지지, 사지, 일기, 사조, 잡의 28부로 분류·구성되어 있고, 그리고 분량은 본편 151권, 권자본 10권, 목록 1권으로 총 953부·3,369권이다.[20]

7) 일본대장경

일본대장경日本大藏經은 1914년(大正 3년)부터 1921년(大正 10년)까지 약 8여 년에 걸쳐 송본문삼랑(松本文三郎; 日本大藏經編纂會 會長)과 중야달혜中野達慧 등에 의해 편찬·완성된 대장경이다. 동 대장경은 명치시대에 몇 차례에 걸쳐 장경류들이 편찬·간행되었지만, 일본불교

---

[20] 末木文美士(1990), p.6. 世界聖典刊行協會(1966), pp.3348~3349 참조.

입장에서 볼 때 부족한 부분이 있어 기획된 대장경이다.[21]

일본대장경은 경장부, 율장부, 논장부, 종전부의 4부로 분류·구성되어 있다. 동 대장경은 한역 장경류들 중에서 중요한 경·율·론의 삼장들, 그리고 일본 찬술서인 종조·고승들의 찬술과 주석서, 각 종宗의 문헌들을 수록하고 있다. 특히 일본대장경에는 수험도修驗道 관련 전적으로서 비전秘伝·비서류秘書類들이 다량 수록되어 있다. 따라서 동 대장경은 일본불교의 고대·근대를 연구하는 데 중요한 자료로서 제공되고 있다.[22] 일본대장경의 분량은 본문 48권, 해제 2권, 총목록색인 1권으로서 총 51권, 945부·2,200권으로 구성되어 있다.[23]

8) 대정신수대장경

대정신수대장경(大正新修大藏經 혹은 新修大藏經, 大正藏, 大正藏經, 이하 대정장)은 대정大正 시대(1912~1925)에 간행된 대장경으로서 일본 및 세계의 불교학자들, 그리고 인접학문 학자들이 가장 많이 이용하고 있는 대장경이다.

대정장은 명치明治시대에 간행된 대장경들이 고가이고, 사용에 불편하고, 그리고 교정의 필요성 등을 느껴 1920년경에 당시 동경대학의 교수인 고남순차랑(高楠順次朗, 1866~1945)에게 도변해욱(渡邊海旭, 1872~1933) 교수 및 여러 불교학자들의 새로운 대장경 편찬 제안에

---

21 松本文三郎(1921), p.5. "… 各一方に偏し, 日本佛教全體を通覽するには, 尙ほ甚しく不足を感ぜざるを得ない, 『日本大藏經』の編纂刊行は實に此の如くにして起ったのである.…"
22 末木文美士(1990), p.8 참조.
23 松本文三郎(1921), p.6 참조.

의해 기획되었다. 이에 1923년(大正 12) 1월부터 고남순차랑과 종교대학(宗敎大學: 현 大正大學) 교수인 도변해욱이 도감都監의 소임을, 그리고 종교대학의 교수인 소야현묘(小野玄妙, 1883~1939)가 편집 주임 소임을 맡아 편찬 사업이 시작되었다. 대정장 편찬 사업에는 일본의 많은 불교학자들 및 각 불교학 관련 대학들이 참여하였다. 대정장은 1923년(大正 12)부터 1934년(昭和 9)까지 약 11여 년에 걸쳐 완성되었다.[24]

1923년 4월에「대정일체경간행회大正一切經刊行會」를 조직하고, 그리고 이어서 고남순차랑과 도변해욱 두 학자 이름으로 대정장 편찬을 위한 다음과 같은 취의서趣意書를 발표하였다.

"보라! 철안선사의 황벽판은 현실적으로 그 간행물을 우치宇治의 비밀 서고에 보존되고 있지만, 그 광대한 용량은 서고 건물을 메우고, 용마루에 닿도록 가득하니 이미 지극히 어려운 일이다.
명치시대의 축쇄대장경·만자장경은 책을 펴놓고 읽기에는 편리함이 있을지라도, 그 책은 수량이 너무 부족하고 천금을 가지고도 또한 이를 구할 수 없는 것이 아닌가. 그리고 또한 다행히도 이를 구해 경책을 한번 손에 넣는 기쁨을 만난다 하더라도 그 편찬의 구습舊習을 물려받아 옛날부터의 전승에 따르기 때문에 편찬내용이 복잡하고, 뒤섞여 전체를 쭉 훑어보는 데는 편의성이 부족하고, 거의 연구 내용을 갈피를 잡을 수 없는 한심스러운 데가 있다. 그 교정 같은 것도 또한 시대의 진운進運과 함께 크게 개선해야 할 여지가 적지 않은 것이다."[25]

---

24 윤기엽(2008), pp.26~27 참조.

이와 같이 당시의 일본불교계 및 학자들은 관영사판대장경부터 만자장경까지 영인된 장경류들의 문제점을 지적하면서 시대에 걸맞게 재편찬, 재교정의 필요함을 느껴, 취의서 내용에 준하여 엄밀한 교감과 편찬, 범梵·파巴·한漢 대교, 강독의 편리함을 위하여 구독점을 표기하고, 수록된 불전들의 용어색인 수록, 그리고 손쉽게 이용하고, 휴대할 수 있으며 저렴한 가격으로 구입할 수 있도록 편찬하고자 하였다.

대정장은 위의 취지에 맞게 완성시키기 위하여 고려대장경을 저본으로 하고, 고려대장경에 수록되어 있지 않은 불전들은 다른 대장경에 수록되어 있는 불전들을 저본으로 하였다. 이 저본들을 남송판대장경南宋版大藏經, 원판대장경元版大藏經, 명판대장경明版大藏經 3본(이상 增上寺 소장본)의 중국 장경류들, 정창원正倉院 소장 사본, 여러 사찰, 혹은 개인 소장 사본, 그리고 돈황사본들을 대조·교감하였다. 이들 교감 내용은 각 쪽 하단에 각주로 기록하였다. 또한 대정장에 수록되어 있는 전체 불전들을 번호로 표기하였으며, 아함부에 수록되어 있는 경전들은 빠알리어 원전과 대조하여 빠알리어 경명을 각 쪽 하단에 각주로 기록하였다.

대정장은 불전을 수록한 100권과 48권의 색인으로 구성되어 있다. 100권을 불전별로 분류하면 정장正藏, 속장續藏, 도상부圖像部, 목록부

---

25 大正新修大藏經刊行會(1969, p.3): "… 見よ, 鐵眼禪師の黃檗版は現に其梨棗を宇治の秘庫に留むるも, 廣大の容積, 屋を埋め, 棟に充ち, 剞劂旣に至難の業なり. 明治年間の縮藏, 卍字藏は稍繙讀に便なりと雖, その本甚だ乏しく千金猶之を得る能はざるにあらずや. 而してまた幸に之を得て一たび經本を手にするの快に逢ふも, その編纂舊習を襲ひ古傳に從ふが爲に, 錯雜混淆, 通覽の便を欠き, 講究殆んど望洋の嘆あり. その校訂の如きも, 時代の進運と共に大いに改善を加ふべき餘地少なからず. …" 末木文美士(1993), pp.40~41 참조.

의 4부로 대별된다.

이 중에서 정장은 인도·중국 찬술의 55권(1~55; 인도 찬술의 경·율·론 삼장 32권, 중국·한국·일본[26] 찬술의 23권)이며, 속장은 일본 찬술 불전을 중심으로 수록한 29권(56~84)과 돈황 사본 1권(85), 도상부는 12권으로, 그리고 목록부는 3권으로 각각 구성되어 있다.

정장의 55권(2,276부·9,041권)은 1924년(大正 13) 5월부터 1928년(昭和 3) 11월까지, 속장의 30권(777부·2,929권)은 1929년(昭和 4) 9월부터 1932년(昭和 7) 2월까지, 그리고 도상부의 12권과 목록부의 3권(도상부 및 총목록 440부·1,550권)은 1929년(昭和 4) 4월부터 1934년(昭和 9) 11월까지 각각 간행되었다. 대정장은 4부·100권, 전체 분량은 3,493부(불전 수)·13,520권[27]으로서 10년에 걸쳐 간행·완료되었다.

불전 수록의 순서는 대소승의 경·율·론 순서에 의한 것이 아니고 불전의 역사적 발달 및 찬술 순서에 의해 오랜 것에서 새로운 것으로 배열되어 있다.[28]

대정장은 한쪽이 상·중·하 3단으로 구성되어 있으며, 각 단은 29행이며, 매 행은 17자로 편집되어 있다.

대정장의 4부·100권은 불전들을 내용별로 분류하여 정장은 24부, 속장은 7부, 도상·목록은 2부로 각각 구성되어 있다.

정장의 24부는 아함부阿含部, 본연부本緣部, 반야부般若部, 법화부法華部, 화엄부華嚴部, 보적부寶積部, 열반부涅槃部, 대집부大集部, 경집부

---

[26] 일본 찬술은 제종부, 사전부, 그리고 목록부에 일부 수록되어 있다. 목록부의 권55에는 27부(No.2159~No.2183)가 수록되어 있다.
[27] 최종남 외(2006), pp.23~24. 윤기엽(2008), p.34 참조.
[28] 미즈노 고겐 저, 이미령 번역(1996), p.197 참조.

經集部, 밀교부密教部, 율부律部, 석경론부石經論部, 비담부毘曇部, 중관부中觀部, 유가부瑜伽部, 논집부論集部, 경소부經疏部, 율소부律疏部, 논소부論疏部, 제종부諸宗部, 사전부史傳部, 사휘부事彙部, 외교부外敎部, 목록부目錄部로 구성되어 있다. 속장의 7부는 일본 찬술의 성립 연대와 불전 내용으로 분류하여 속경소부續經疏部, 속율소부續律疏部, 속론소부續論疏部, 속제종부續諸宗部, 실담부悉曇部와 돈황사본들을 수록한 고일부古逸部, 의사부疑似部로 각각 구성되어 있다. 그리고 도상·목록의 2부는 만다라, 불상, 보살상 등을 수록한 도상부와 각종 대장경의 목록 및 여러 종류의 목록들을 수록한 목록부로 구성되어 있다.[29]

이들 33부·100권과 색인 48권을 분류·요약하면 다음과 같다.[30]

정장 24부·55권

부	권	불전의 종류
아함부	권1~2	장아함경, 중아함경, 잡아함경, 증일아함경
본연부	권3~4	생경, 불소행찬, 잡보장경, 잡비유경, 백유경, 법구경, 출요경, 불설비유경 등
반야부	권5~8	대반야바라밀다경, 마하반야바라밀다경, 도행반야경, 금강반야바라밀경 등
법화부	권9	묘법연화경, 정법화경, 금강삼매경 등
화엄부(상)	권9	대방광불화엄경(60권)
화엄부(하)	권10	대방광불화엄경(80권), 불설십지경, 대방광불화엄경(40권) 등
보적부	권11~12	대보적경, 아축불국경, 불설아미타경, 칭찬정토불섭수경 등
열반부	권12	대반열반경, 불설대반니항경, 중음경 등
대집부	권13	대방등대집경, 지장보살본원경, 불설반주삼매경 등
경집부	권14~17	불설유마힐경, 불설안반수의경, 심밀해탈경, 정법념처경, 사십이장경, 대방광원각수다라요의경 등
밀교부	권	금강정유가중략출염송경, 불정존승다라니, 불설대승장엄보왕경, 불공견색

---

29 水野弘元 編(1966), pp.55~56 참조.
30 大正新修大藏經刊行會(1969) 참조.

6. 일본의 대장경

부	권	불전의 종류
율부	권 18~21	신변진언경, 육문다라니경 등
	권 22~24	오분율, 마하승기율, 사분율, 십송율, 근본설일체유부비나야, 범망경, 우바세계경, 보살계본 등
석경 론부	권 25~26	대지도론, 금강반야바라밀경론, 능단금강반야바라밀다경론석, 십주비바사론, 십지경론, 대보적경론, 불지경론 등
비담부	권 26~29	아비달마집이문족론, 시설론, 아비담심론, 아비달마구사론, 아비달마구사론석, 아비달마순정리론 등
중관부	권30	중론, 반야등론, 십이문론, 백론, 대승광백론석론, 육십송여리론 등
유가부	권 30~31	유가사지론, 성유식론, 유식삼식론송, 유식이십론, 섭대승론, 현양성교론, 대승백법명문론, 관소연론 등
논집부	권32	인명정리문론, 회정론, 방편심론, 여실론, 성실론, 해탈도론, 대승기신론, 나선비구경 등
경소부	권 33~39	금강반야경소, 법화현의, 화엄경탐현기, 대방광불화엄경소, 무량수경소, 열반종요, 미륵상생경종요 등
율소부	권40	사분율비구함주계본, 승갈마, 니갈마, 보살계본소, 범망경고적기 등
논소부	권 40~44	법화론소, 구사론기, 중관론소, 유가론기, 유가사지론략찬, 성유식론술기, 기신론소, 대승의장 등
제종부	권 44~48	삼론현의, 조론, 화엄일승법계도, 마하지관, 안락집, 무문관, 육조대사법보단경, 신심명, 진심직설, 치문경훈 등
사전부	권 49~52	역대삼보기, 삼국유사, 마명보살전, 용수보살전, 바수반두법사전, 고승전, 송고승전, 해동고승전 등
사휘부	권 53~54	경율이상, 법원주림, 남해기귀내법전, 일체경음의, 번범어, 번역명의집, 실담자기, 범어천자문 등
외교부	권54	마니교화부찬, 마니광불교법의략 등
목록부	권55	출삼장기집, 중경목록(법경 등), 중경목록(언종), 대당내전록, 개원석교록, 입당신구성교목록 등

속장 7부·30권

부	권	불전의 종류
속경소부	권 56~61	승만경의소, 유마경의소, 법화의소, 대일경소연오초, 대일경소초, 금강정경개제, 금강정대교왕경소 등
속율소부	권62	범망경개제, 범망계본소일주초, 자행초
속론소부	권 63~70	구사론본의초, 중론소기, 유가론문답, 성유식론략소, 기신론초출, 석마하연론지사, 금강정발보리심론사초 등
속제종부	권 70~84	대승삼론대의초, 삼론현소문의요, 진심요결, 이권초, 정법안장, 영평청규, 탄리초, 왕생요집, 입정안국론 등
실담부	권84	범자실담자모석의, 실담장, 어산목록, 사좌강식 등

부	권	
고일부, 의사부	권85	인왕경소, 법회의기, 화엄경장, 무량수경의기, 광백론소, 유가사지론서문기, 섭대승강소, 예참문 등

도상·목록 2부·15권

부	권	불전의 종류
도상부	권 86~97	태장계만다라, 태장도상, 당본만다라, 만다라집, 아미타, 팔대보살상, 천수관음, 고승상, 문엽기 등
소화법보 총목록	권 98~100	대정신수대장경총목록, 대정신수대장경일람, 대정신수대장경감동목록, 대정신수대장경저역목록, 대장목록 등

대정장 색인 48권

권	부	권	부
1	아함부	25	제종부(1)
2	본연부	26	제종부(2)
3	반야부	27	제종부(3)
4	법화부·열반부	28	사전부(상)
5	화엄부	29	사전부(하)
6	보적부	30	사휘부·외교부
7	대집부	31	목록부
8	경집부(상)	32	속경소부(1)
9	경집부(하)	33	속경소부(2, 상)
10	밀교부(상)	34	속경소부(2, 하)
11	밀교부(하)	35	속율소부
12	율부	36	속논소부(1)
13	석경론부·열반부	37	속논소부(2, 상)
14	비담부(상)	38	속논소부(2, 하)
15	비담부(중)	39	속논소부(3)
16	비담부(하)	40	속제종부(1)
17	유가부	41	속제종부(2)
18	논집부	42	속제종부(3, 상)
19	경소부(1)	43	속제종부(3, 하)
20	경소부(2)	44	속제종부(4)

21	경소부(3)	45	속제종부(5)
22	경소부(4)	46	속제종부(6)
23	율소부·논소부(1)	47	실담부
24	논소부(2)	48	고일부·의사부

 이와 같이 대정장은 총 33부·100권과 색인 48권으로 분류·간행되었다.

 대정장의 특징은 다음과 같다. ①대정장에는 인도, 중국, 한국, 일본 등의 찬술서들이 다량 수록되어 있다. ②대정장은 저본과 대교본 등을 서로 대조·교감하여 각 쪽의 하단에 각주로 기록하고 있다. ③대정장은 한역본의 내용을 빠알리어 및 산스크리트어 원전과 서로 대조하여 재편집하고 있다. ④일부의 한역 불전에 대해서는 원전의 경명 및 원전의 위치 정보 표기를, 그리고 일부 한역 명사에 대해서는 원전의 단어를 각각 쪽의 하단 각주 란에 표기하고 있다. ⑤각 쪽을 상·중·하의 3단으로 구성하고 있다. ⑥독자들이 쉽게 불전을 강독 할 수 있도록 읽는 순서 표기인 구독점(가에리뗀[返り点] : レ 一 二 三 四, 上 中 下, 甲 乙 丙 丁, 天 地 人)을 각 문장 왼쪽에 표기하고 있다. ⑦종래의 대장경들은 화장본和裝本 함函으로 간행되었으나, 대정장은 손쉽게 이용할 수 있도록 양장본으로 간행하였다. 이와 같은 특수성에 의해 대정장은 1929년 5월에 프랑스 학사원學士院으로부터 쥬리앙 상을 받았다.

 일본의 불교학자인 화산신승花山信勝은 대정장의 간행 의미를 다음과 같이 평하고 있다. ①학술적 입장에 있어서 편수하였다. 중국에서 보이는 왕명에 의한 편찬과는 달리 학술연구의 목적을 띠었다. ②최대량의 불서대장佛書大藏이다. 정장 55권, 속장 30권은 이전 『축책대장경』의 대부분, 『일본대장경』과 『대일본불교전서』의 절반, 새롭게 발견된 고일서古逸書, 일본 각종各宗 조사祖師의 저서를 담고 있다. ③조직이 정연하다. 정·속장正續藏 85권의 체재가 질서정연하게 배열되었다. 『신수대장경』의 조직 체재는 이전의 경전 분류법에 의한 것과는 달리 매우 새롭고 합리적이다. ④체재를 시대에 맞게 하였다. 양장과 화장和裝 2종류를 사용하고, 46배판 5호 활자 3단의 체재이다. ⑤교정이 엄밀하다. 메이지 시대의 가장 권위 있는 대장경인 『축책대장경』이 4대장경(고려·송·원·명장)을 대교한 것인데, 『신수대장경』은 이것에 더하여 정창원正倉院의 천평고사경天平古寫經, 궁내성도서료宮內省圖書寮의 구송판일체경舊宋版一切經, 중국 돈황 천불동의 육조고사경六朝古寫經, 명산 거찰의 귀중본, 『일본대장경』과 『대일본불교전서』에 수록된 여러 본을 폭넓게 대교했다. ⑥가점加點에 권위가 있다. 중요한 경전, 율전, 논전, 장소章疏, 종전宗典, 사전史傳 등에 구두점을 찍어 이전의 대장경에 비해 진보되고 해독이 매우 쉬워졌다. ⑦범어·빠알리어 원전과 대교하였다. 경명, 품명, 고유명사, 학술어 등에 로마자로 원어를 주기하여 학자들에게 편리함을 제공했다. ⑧새로 발견된 귀중서를 실었다. 돈황에서 발견된 고일경류古逸經類를 비롯하여 조선, 일본의 고사원古寺院에서 발견된 진귀한 서적을 담았다는 것이다.[31]

그러나 대정장의 문제점으로는 오독誤讀에 의한 구독점과 마침표들이 잘못 표기된 곳이 많고, 교감의 오류가 많다는 점이다.[32]

---

[31] 花山信勝(1923), pp.33~36. 윤기엽(2008), pp.33~34 재인용.
[32] 金岡照光(1978, p.224): "… 現在われわれが, 漢譯を研究するに當たって, もっとも依り所としている『大正新修大藏經』においてすら, 多くの誤讀, 句讀の誤り, 初歩的な誤値, 校勘の不備(これはとくに敦煌本等の錄文において著しい)が見られる

4. 일본어 번역본 장경류

1) 국역대장경

국역대장경國譯大藏經은 국민문고간행회國民文庫刊行會에 의해 1917년 (大正 6)부터 1928년(昭和 3) 10월까지 번역·출판된 대장경이다. 동同 대장경은 경부·논부의 2부와 부록으로 분류되어 있다. 2부 중에서 경부는 14권, 논부(논서·율전 포함)는 15권, 그리고 부록은 계율연구로서 2권으로 각각 구성되어 있다.

국역대장경은 인도에서 찬술된 경·율·론의 삼장들을 중심으로 번역·출판되었다. 동 대장경의 경부에는 법화·정토·반야·화엄·열반·밀교·유식 등의 순으로 분류·배열되어 있다. 경부에는 한역 경전뿐만 아니라 빠알리어 원전의 『미린다왕문경』, 『법구경』, 『장로게』, 『장로니게』(이상 권12에 수록) 등이 번역·수록되어 있다. 논부에는 지도·기신·중관·유식·성실·구사 등의 논서 순으로 분류·배열되어 있다. 논부에는 논서들과 함께 율장 중의 『대품』과 『소품』(이상 권14에 수록)이 번역·수록되어 있다. 『대품』과 『소품』은 빠알리어 율장을 번역한 것이다.[33]

국역대장경의 특징은 수록된 대장경의 분량은 적지만, 앞에서 언급한 바와 같이 한역 불전들과 함께 빠알리어 원전을 번역·수록했다는

のである. 極言すれば, 大正藏は, 現在あるいは, 徹底的な再檢討を必要とする時期に來ているともいえるのではあるまいか. … 大正藏においても, いまなお返り点の付されぬ未解讀のまま經·論·律各書の多いことは, 日本の佛敎學にとって決して望ましいこととは思われない. 而して, これの再檢討には, 古譯·舊譯·新譯, さらには中國撰述の各種擬經·語錄·注疏の類を, それぞれの時代背景に應じた言語相としてとらえる作業がなされなければならない. …"

33 世界聖典刊行會(1966), p.1156 참조.

점이다. 그리고 동 대장경에는 각 불전의 번역 앞부분에 해제가 수록되어 있다. 또한 매 쪽 하단에 자세한 용어 설명이 주기註記되어 있다.

국역대장경의 번역 유형은 전체가 가끼구다시(書き下し, 한문에 가나〔假名〕가 섞인 문체) 문장이며, 이와 함께 전권이 후리가나(ふりがな, 한자 옆에 읽는 법을 가나로 단 것)가 표기되어 있다.

2) 소화신찬국역대장경

소화신찬국역대장경昭和新纂國譯大藏經은 유발 승려로서 동방서원東方書院 섭립자인 삼정창사三井晶史가 중심이 되어 1928년(昭和 3)부터 1932년(昭和 7)까지 번역·출판된 국역대장경이다.

동 국역대장경은 경전부(12권), 논율부(12권), 종전부(22권), 해설부(2권)의 4부·48권으로 분류·구성되어 있다. 4부의 내용은 인도와 중국에서 찬술된 중요한 경·율·론의 삼장들과 일본의 여러 종파[34] 승려들에 의해 찬술된 전적들이 다량 수록되어 있다. 소화신찬국역대장경은 불교의 시대별, 학파별, 종파별 등의 흐름을 잘 이해할 수 있도록 편찬·구성하고 있다.

동 국역대장경의 번역 유형은 국역대장경과 같이 전체가 가끼구다시 문장이며, 그리고 전권에 후리가나를 표기하고 있다. 특히 소화신찬국역대장경은 읽기 쉽고, 이해하기 쉽게 편찬되어 있어 '읽는 대장경'이라고 불리고 있다.[35] 그리고 매 쪽을 두 단으로 나누어 상단의 두주頭註에 용어들을 자세히 주기하고 있다.

---

[34] 천태종, 진언종, 정토종, 진종, 조동종, 임제종, 일련종, 화엄종, 법상종, 율종, 융통염불종, 시종 등.

[35] 末木文美士(1990), p.10 참조.

3) 국역일체경

국역일체경國譯一切經(大東出版社)은 근대 이후 일본에서 불전의 일본어 번역본에 대한 요구에 의해 1930년부터 1936년까지 한역불전들을 일본어로 번역하여 모은 일체경이다.

국역일체경은 총 257권으로 출판되었으며, 구성은 2부로서 인도 찬술부와 화한 찬술부和漢撰述部로 되어 있다. 이중 인도 찬술부는 155권으로서 1930년부터 1936년까지, 화한 찬술부는 100권으로서 1936년부터 1988년까지 출판되었다.[36] 나머지 2권은 인도 찬술부와 화한 찬술부에 대한 각각 한 권씩의 색인으로서 총목록 및 내용 색인이 수록되어 있다. 인도 찬술부는 한역불전 중에서 중요한 불전 355부·3,300권이 수록되어 있다. 국역일체경은 그동안 여러 번에 걸쳐 교정 및 재판되었다.

국역일체경 중의 인도 찬술부는 대정신수대장경의 순서인 아함부, 본연부, 반야부, 법화부, 화엄부, 보적부, 열반부, 대집부, 경집부, 밀교부, 율부, 석경론부, 비담부, 중관부, 유가부, 논집부 순으로 배열되어 있다. 화한 찬술부는 중국, 한국, 일본에서 찬술된 경·율·론 삼장에 대한 소석疏釋, 사전史傳, 그리고 각 종파의 찬술서 등을 수집하여 번역한 것이며, 순서는 경소부, 율소부, 논소부, 제종부, 사전부, 호교부 순으로 배열되어 있다.

인도 찬술부[37]와 화한 찬술부의 분류와 배열은 다음과 같다.

---

36 최종남 외(2006), p.24 참조.
37 蓮澤 成悖 編(1930) 참조.

인도 찬술부

1.아함부	잡아함경, 중아함경, 장아함경, 증일아함경
2.본연부	잡보장경, 불소행찬, 출요경, 법구비유경, 생경 등 20경
3.반야부	대반야바라밀다경
4.법화부	묘법연화경, 무량의경, 관보현상행법경, 대법고경 등 6경
5.화엄부	대방광불화엄경, 불화엄입여래덕지불사의경계경 등 5경
6.보적부	대보적경, 불설무량수경, 불설관무량수경, 불설아미타경 등 13경
7.열반부	대반열반경
8.대집부	대방등대집경, 반주삼매경, 지장보살본원경 등 12경
9.경집부	현겁경, 해심밀경, 금광명경, 입능가경, 정법념처경 등 106경
10.밀교부	금강정경, 유가수습비로자나삼마지법, 도부다라니목 등 37경
11.율부	사분율, 십송율, 마하승기율, 근본설일체유부비나야 등 33율전
12.석경론부	대지도론, 열반론, 분별공덕론, 십주비바사론 등 16논서
13.비담부	아비달마집이문론, 아비달마대비바사론, 아비달마구사론 등 16논서
14.중관부	중론, 백론, 십이문론, 반야등론, 육십송여리론, 광백론본 등 13논서
15.유가부	유가사지론, 성유식론, 유식이십론, 섭대승론석, 불성론 등 18논서
16.논집부	인명입정리론, 방편심론, 회정론, 성실론, 해탈도론 등 48논서

화한 찬술부

1.경소부	법화의소, 화엄경탐현기, 관무량수경소, 대열반경소, 원각경략소, 승만경의소, 반야심경의소, 금강정대교왕경소 등
2.율소부	사분율책계보궐행사초, 보살계경의소, 범망경보살계본소
3.논소부	구사론기, 중관론소, 백론소, 십이문론소, 유가론기, 성유식론술기, 성유식론료의등, 인명론소명등초, 인명입정이론소 등
4.제종부	삼론현의, 조론, 마하지관, 안락집, 무문관, 보조국사어록 등
5.사전부	출삼장기집, 석가보, 바수반두법사전, 양고승전, 삼국유사, 송고승전, 대당서역기, 대일본국법화험기, 일본왕생극락기, 입당구법순례행기 등
6.호교부	홍명집, 파사론, 변정론, 집고금불도론형, 삼고지귀 등

국역일체경의 특징은 다음과 같다. ① 모든 불전에 대한 구체적인 해제, 저자 소개, 성립 과정, 경전의 특색, 내용 개요 등을 자세히

서술하고 있다. ②단어, 혹은 문장에 대한 주해 및 산스크리트어·빠알리어 원전, 혹은 한역 이역본과의 대조 등의 내용들을 각주로 자세히 기록하고 있다. ③내용에 따라 분류하여 각 단락 첫 머리에 이해하기 쉽게 과제를 기록하고 있다. ④3쇄 이후부터는 독자들의 편이를 위하여 상단에 대정신수대장경에 대한 정보 표기를 기록하고 있다.

이와 같은 특징은 불교 보급 및 불교학 연구 발전에 큰 영향을 주었다. 그러나 국역일체경의 번역 유형은 한문에 오꾸리가나(送り假名, 한자에 붙여 쓰는 가나〔假名〕)가 섞인 가끼구다시(書き下し) 문체이다.

이와 같은 번역 유형은 이해에 난해함이 있어 1980년 후반에 번역이 시작되어 1993년부터 신국역대장경(新國譯大藏經, 大藏出版社)이라는 이름으로 출판되었다.

신국역대장경은 국역일체경보다 용어의 일관성이 있고, 알기 쉽게 번역을 하였고, 그리고 한 행, 한 행을 산스크리트어·빠알리어 원전, 티베트어 번역본, 한역 이역본 및 관련 문헌들을 참조하여 각 쪽 상단에 자세히 두주頭註로, 설명이 많이 필요한 용어 및 어휘들에 대해서는 보주補註로서 미주로 각각 기록하고 있다. 또한 각권에 로마자 색인과 한문 색인을 수록하고 있다. 순서는 대정신수대장경의 배열에 따르고 있다. 간행의 순서는 국역일체경과는 달리 번역 완료 순서에 의해 출판되고 있고, 현재(2010년) 50여 권이 출판되었다.

4) 남전대장경

남전대장경南伝大藏經은 1935년부터 1941년까지 고남순차랑高楠順次朗 공적 기념회 사업으로 빠알리어성전협회(Pāli Text Society, 약칭 PTS)에서 출판된 빠알리어 삼장(Ti-piṭaka)과 일부의 빠알리어 장외

문헌들을 편집인 9명, 번역자 51명의 참여에 의해 일본어로 번역·출판된 것이다. 대장경의 분량은 총 65권·70책이다.

부처님 입멸 후 95일에 1차, 입멸 후 100년에 2차, 그리고 입멸 후 234년에 3차에 걸쳐 결집된 불전들이 아쇼카 왕의 아들인 마힌다 Mahinda에 의해 세일론(Ceylon, 지금의 스리랑카)에 전래되었다. 전래된 불전의 삼장들은 기원전 94년에 와따가마니(Vattagamani Abhaya)왕 재위시 알루위하라Aluvihara 사원에서 패엽경으로 주석서와 함께 성문화되었다.

성문화된 불전들은 미얀마, 태국, 캄보디아, 라오스 등에 전래되어 각각 자국어로 번역·전승되어 왔다. 이들 동남아시아 각국에 전승되어 온 필사본들과 유럽의 각 대학 도서관 및 박물관 등에 소장되어 온 필사본들을 리즈 데이비스(T.W. Rhys Davids)에 의해 수집되어 1882년 빠알리어성전협회의 주관으로 전체가 로마자(Roman scripts)와 특수문자로 옮겨지고, 그리고 관련 전문 학자들에 의해 엄밀한 교정과 편집을 거쳐 출판이 이루어졌다.

빠알리어성전협회에서 출판된 빠알리어 대장경은 우정백수宇井伯壽, 장정진금長井眞琴, 십직사랑辻直四郎의 주제 하에 일본어로 번역되어 남전대장경이라는 이름으로 대장출판사大藏出版社에서 출판되었다. 남전대장경의 감수는 고남순차랑이 하였다.

남전대장경은 율장 5권(권1~5), 경장 39권·42책(권6~44; 장부경전: 권6~8, 중부경전: 권9~11하, 상응부경전: 권12~16하, 증지부경전: 권17~22하, 소부경전: 권23~44), 논장 14권·15책(권45~58), 장외(삼장 외의 불전) 7권·8책(『미란왕문경』(권59상·하), 『도왕통사』·『대왕통사』(권60), 『소왕통사』(권61), 『청정도론』(권62~64), 『일체선견율주서』・『섭아비달마의론』・『아육왕각문』(권65)의 순으로 수록되어 있다. 이와 같이 남전대장경은 빠알리어의 경·율·론 삼장뿐만 아니라 장외의 중요한 문헌들인 불전, 사서史書 및 고대 인도의 지리, 역사, 풍속 등을 알 수 있는 중요한 자료들이 수록되어 있다.

남전대장경에 수록된 불전들과 배열순서는 다음과 같다.[38]

남전대장경에 수록된 불전 배열 순서

권	부	불전의 종류
1	율장 1	경분별 1
2	율장 2	경분별 2
3	율장 3	대품
4	율장 4	소품
5	율장 5	부수
6	장부경전 1	범망경, 사문과경, 아마주경, 종덕경, 구라단두경 등 14경
7	장부경전 2	대연경, 대반열반경, 대선견왕경, 대념처경 등 9경
8	장부경전 3	파리경, 우담바라사자후경, 전륜성왕사자후경 등 11경
9	중부경전 1	근본법문경, 일체루경, 정견경, 념처경 등 40경
10	중부경전 2	범천엉경, 유학경, 교계라후라대경, 장조경 등 36경
11상	중부경전 3	선생우다이대경, 도사경, 앙굴라마경, 천비경 등 34경
11하	중부경전 4	부단경, 입출식념경, 신행념경, 공소경, 공대경 등 42경
12	상응부경전 1	유게편 등
13	상응부경전 2	인연편 등
14	상응부경전 3	건도편 등
15	상응부경전 4	육처편(제1~제7)
16상	상응부경전 5	육처편(제8~제10), 대편

---

38 水野弘元 編(1977) 참조.

16하	상응부경전 6	대편
17	증지부경전 1	1집~4집
18	증지부경전 2	4집
19	증지부경전 3	5집
20	증지부경전 4	6집, 7집
21	증지부경전 5	8집
22상	증지부경전 6	9집, 10집
22하	증지부경전 7	10집
23	소부경전 1	법구경, 자설경, 여시아경
24	소부경전 2	경집, 천궁사경
25	소부경전 3	아귀사경, 장로게경, 장로니게경
26	소부경전 4	비유경 1
27	소부경전 5	비유경 2
28	소부경전 6	본생경 1: 인연물어(/인연 이야기): 1~50
29	소부경전 7	본생경 2: 인연물어: 51~150
30	소부경전 8	본생경 3: 인연물어: 151~250
31	소부경전 9	본생경 4: 인연물어: 251~350
32	소부경전 10	본생경 5: 인연물어: 351~416
33	소부경전 11	본생경 6: 인연물어: 417~463
34	소부경전 12	본생경 7: 인연물어: 464~496
35	소부경전 13	본생경 8: 인연물어: 497~520
36	소부경전 14	본생경 9: 인연물어: 521~532
37	소부경전 15	본생경 10: 인연물어: 533~539
38	소부경전 16	본생경 11: 인연물어: 540~545
39	소부경전 17	본생경 12: 인연물어: 546~547
40	소부경전 18	무애해도 1
41	소부경전 19	무애해도 2
42	소부경전 20	대의석 1

43	소부경전 21	대의석 2
44	소부경전 22	소의석
45	법집론	법집론: 제1 심기품~제4 의석품
46	분별론 1	분별론 1: 제5 온분별~제15 무애해분별
47	분별론 2	분별론 2: 제16 지분별~제18 법심분별, 계론, 인시설론
48상	쌍론 1	제1 근쌍론~제6 행쌍론
48하	쌍론 2	제7 수면쌍론
49	쌍론 3	제8 심쌍론~제10 근쌍분
50	발취론 1	순삼법발취 제1 선삼법
51	발취론 2	순삼법발취 제2 수삼법~제8 견삼법
52	발취론 3	순삼법발취 제9 견소단인삼법~제22 유견유대삼법
53	발취론 4	순이법발취 제1 인이법~제54 집불상응이집이법
54	발취론 5	순이법발취 제55 유소연이법~제100 유쟁이법
55	발취론 6	순이법삼법발취
56	발취론 7	순삼법삼법발취, 순이법이법발취
57	논사 1	제1품~제5품
58	논사 2	제6품~제23품
59상	미란왕문경 1	
59하	미란왕문경 2	
60	도왕통사, 대왕통사	도왕통사, 대왕통사 제1장~제36장
61	소왕통사	소왕통사 제37장~제101장
62	청정도론 1	제1품~제7품
63	청정도론 2	제8품~제13품
64	청정도론 3	제14품~제23품
65	I. 일체선견율주서, II. 섭아비달마의론, III. 아육왕각문	I. 일체선견율주서: 제1~제5, II. 섭아비달마의론: 1. 섭심분별~9. 섭업처분별, III. 아육왕각문: 제1류 마애법칙~제4류 소마애법칙, 부록: 십차왕각문

남전대장경이 번역·출판된 이후 1977년 수야홍원水野弘元에 의해 『남전대장경목록南傳大藏經目錄』(大藏出版社) 1권과 동 교수에 의해 1986년에 『남전대장경목록 총색인總索引』(東方出版) 1권이 각각 출판되었다.

남전대장경에는 각 권의 목차에 자세한 해제, 그리고 각 불전의 번역 끝부분에 미주 및 색인 등이 수록되어 있다. 남전대장경의 출판은 원시불교, 부파불교, 그리고 율장 연구에 많은 영향을 주었다.

남전대장경은 수야홍원이 『남전대장경목록 총색인』의 서문에서 언급하고 있는 바와 같이 1935년 4월부터 1941년 2월까지 약 6년 만에 번역·출판되었다.[39] 남전대장경의 70책을 매달 한 권씩 출판한 샘이 된다. 따라서 앞에서 언급한 바와 같이 51명의 번역자들에 의해 번역된 각 불전들은 번역 용어들이 통일성이 없고, 동일 원전 용어가 여러 개의 번역 용어들을 사용하여 번역되어 있다. 그 중에는 10여 종의 번역 용어들이 사용되고 있는 것도 있다. 이어서 수야홍원은 '남전대장경은 엄밀하게 말하면 오역, 졸역, 그리고 탈루 등이 없다고 할 수는 없다. 그러나 이러한 결함들이 있다고 하더라도 빠알리어 원문으로 읽는 것에 비교하면, 이것이 학계나 불교계에 큰 이익을 주었다는 공적은 인정할 수 있을 것이다'라고 언급하고 있다.[40] 또한

---

[39] 水野弘元(1986), 서문 참조.
[40] 水野弘元(1986, 서문): "……とにかくこれだけ大部のパーリ文獻が滿6年足らずで出版されたことは驚嘆に値する所であるが, その飜譯者は, 各冊の卷末の附記によっても知られる如く, 全體で51人に及んでいる. このように多くの人が銘々に飜譯をなしたために, その譯語もまちまちで, そこに全體的な統一は見られない. 例えば同一言語に對する譯語が數種のものは珍らしくなく, 中には十數種の異った譯語がなされているものもある. しかも毎月1冊の刊行を勵行したために, 多少の拙速

남전대장경의 번역은 대부분 한문 용어를 그대로 사용하고 있고, 이해하기 어려운 고어체로 되어 있다.

이에 남전대장경은 읽기 어렵고, 원전과 대조하여 보면 불완전한 부분이 많고, 그리고 현대어적인 번역 요망과 관련 학자들이 증가하므로 인하여 다음과 같은 다양한 빠알리어 원전 번역서들이 번역·출판되었다.

남전대장경 출판 이후 중촌원中村元에 의해『ブッダのことば』(改譯版, 岩波文庫, 1984),『ミリンダの問い』(早島 鏡正 共譯, 平凡社, 1978),『ブッダの最後の旅』(岩波文庫, 1982),『佛弟子の告白－テーラガータ－』(岩波文庫, 1982),『ブッダの眞理のことば·感興のことば』(岩波文庫, 1984),『佛弟子の告白－テーリーガーター－』(岩波文庫, 1986),『ブッダ, 神神との對話－サンユッタ·ニカヤ』(岩波文庫, 1986),『ブッダ, 惡魔との對話－サンユッタ·ニカヤ』(岩波文庫, 1986) 등 미산웅일梶山雄一, 앵부건櫻部建, 조도경정早島鏡正, 등전굉달藤田宏達에 의해 1985년부터 1986까지『원시불전原始佛典』(講談社) 시리즈 번역서로 전10권인『ブッダの生涯』,『ブッダの前生』,『ブッダのことば I』,『ブッダのことば II』,『ブッダのことば III』,『ブッダのことば IV』,『ブッダの詩 I』,『ブッダの詩 II』,『佛弟子の詩』,『ブッダチャリタ』등, 등전굉달藤田宏達, 전전전학前田專學, 편산일랑片山一郞, 오전청명奧田淸明 등 21명의 학자들에 의해 1984년부터 1995년까지 전10권인『ジャータカ全集』(春

主義も免れず, 嚴密な意味では, 誤譯, 拙譯, 脫漏等がないとは云えない. 然したとい多少の缺陷はあるとしても, パーリ原文で讀むことを思えば, これが學界や佛敎界にどれだけ大きな便益を與ているか知れない. ……" 김재성(2006), pp.147~148 참조.

秋社)이 각각 번역·출판되었다.

그리고 1991년부터 일본의 소장 학자들에 의해 『원시불교』(中山書房佛書林)라는 서명으로 미얀마 6차 결집본을 저본으로 하여 장부경전과 중부경전 중에서 일부 경전을 18책으로 번역·출판되었다. 그 이후 『원시불교』에 수록된 번역본들은 일부 각주를 보완하여 1997년에 대장출판사에서 『パーリ佛典』 중부와 장부로 나뉘어 각각 6책씩 총 12책으로 출판되었다. 이 외에도 다수의 빠알리어 아함경전들이 일본어로 번역·출판되었다.

5. 일본의 장경류가 주는 시사점

일본불교사에 있어서 한문 장경류 간행과 번역본 장경류 출판은 일본불교계 및 불교학계의 발전과 성장에 큰 영향을 주었다. 또한 이 두 종류의 장경류들은 일본뿐만 아니라 세계 불교계 및 불교학계, 그리고 인접학문 발전에도 큰 기여와 영향을 주었다.

한문 장경류는 일본에 불교가 전래된 이후 1,100여 년이 지난 1637년에 개판된 관영사판대장경부터 1923년에 간행된 대정신수대장경까지 약 300여 년간 10여 회에 이르는 장경류가 간행되었다. 이들 장경류들은 관판본이 아닌 승려들과 불교도들의 발원에 의해 간행된 사판본들이다.

일본 장경류들의 특징은 일본불교계 및 불교학계의 성장과 함께 변화의 요구가 있었고 그에 따라 간행의 회가 거듭되면서 편찬의 유형이 발전되었다는 데 있다. 변화·발전되는 과정에서의 일본의 장경류는 중국과 한국의 장경류의 문화와 편찬의 유형에서 벗어나 독자적인 장경류 문화에 의해 간행되었다.

일본의 장경류들은 간행의 회가 거듭되면서 부, 지역별 찬술서(인도·중국·한국·일본), 교감, 편찬 형식 등이 다양화되고, 엄격해지고, 창조적이며, 그리고 독자들이 이용하기 편하게 편찬·간행되었다. 다양화와 이용하기 편한 편찬은 한문권 불교·학계뿐만 아니라 서구의 불교학계에도 큰 영향을 주어 한문 불전 및 중국불교에 대한 관심과 불교학 연구에 많은 변화와 기여를 하였다.

번역본 장경류는 시대적인 변화·요구 및 불교학자들의 증가와 전문성 향상 등에 의해 번역의 대상 언어와 번역의 유형이 발전·전개되었다.

일본의 번역 장경류는 처음에는 한문 장경류들을 일본어로 번역하였다. 그 이후 유럽에서 원전 중심의 연구 방법을 익히고 돌아온 학자들의 참여와 영향에 의해 학문적인 변화와 함께 빠알리어 및 산스크리트어 원전들을 일본어로 번역하였다.

번역의 유형은 처음에는 가끼구다시 문체의 번역 유형으로 번역을 하였다. 그 이후에는 대부분 번역 유형이 한문에 오꾸리가나가 섞인 고어체 문체로 번역들을 하였다. 그러나 이와 같은 번역 유형이 강독과 이해에 어려움이 있어 1990년을 전후로 하여 현대어적이며, 원전에 충실한 번역들을 하였다.

이와 같이 일본불교사 속에서 한문 장경류 간행과 번역본 출판은 시대의 요구와 환경의 변화에 의해 발전·전개되었지만, 일본불교계의 적극적이고, 지속적인 지지와 동참, 불교대학의 수,[41] 불교학 관련 연구 기관들의 연구 활동, 불교학자들의 증가와 전문성, 그리고 불교도들의 교학과 신앙에 대한 관심 등이 있었기 때문에 중국·한국과는

---

41 일본의 불교대학: 駒澤大學, 國際佛敎大學院大學, 大正大學, 東洋大學, 身延山大學, 四天王寺大學, 大谷大學, 佛敎大學, 龍谷大學, 花園大學, 高野山大學.

다른 독창적인 장경류 문화를 탄생시켜 간행되었고, 현재 또한 이어지고 있다. 이와 함께 불교학 연구 발전과 성장 또한 위와 같은 환경에 의해 전개되어 현재 불교학의 전반적인 분야에 있어서 큰 역할을 하고 있다.

참고문헌

金岡照光,『佛敎漢文の讀み方』, 春秋社, 1978.
김재성,「일본의 경전 번역 실태」,『세계 각국의 경전 번역 실태 및 체계에 관한 연구 발표회』(자료집), 경전연구소, 2006.
남권희·정재영,『고려 초조대장경 조사완료 국내보고회』(자료집), 고려대장경연구소, 2010.
大藏會 編,『大藏經』, 百華苑, 1964.
大正新修大藏經刊行會,『大正新修大藏經 目錄』(改訂新版), 大藏出版社, 1969.
渡辺 守邦,『寬永寺藏天海版木活字を中心とした出版文化財の調査·分類·保存に關する總合的硏究』, 實踐女子大學校, 2002.
末木文美士,「大藏經と辭典の編纂−回顧と展望−」,『名著通信』, 名著普及會, 1990.
末木文美士,『日本佛敎 思想史論考』, 大藏出版社, 1993.
미즈노 고겐 저, 이미령 번역,『경전의 성립과 전개』, 시공사, 1996.
박상국,「의천의 敎藏」,『보조사상』제11집, 보조사상연구원, 1998.
世界聖典刊行協會,『望月 佛敎大辭典』, 東京, 1966.
松本 文三郎,「日本大藏經序」,『日本大藏經』, 日本大藏經編纂會, 1921.
水野弘元 編,『佛典解題事典』, 春秋社, 1966.
水野弘元 編,『南傳大藏經目錄』, 大藏出版社, 1977.
水野弘元,『南傳大藏經目錄 總索引』, 東方出版, 1986.
蓮澤成惇 編,『國譯一切經 印度撰述部 總索引』, 大東出版社, 1930.
윤기엽,「다이쇼 신수대장경(大正新修大藏經)의 편찬과 그 체재」,『전자불전』제10집, 동국대학교 전자불전·문화콘텐츠연구소, 2008.
이광준,『韓·日 佛敎文化交流史』, 우리출판사, 2007.
田村圓澄 著, 노성환 역,『고대 한국과 일본불교』, 울산대학교 출판부, 1997.
정재영,「연구 목적과 의의」,『한국 角筆 符號口訣 資料와 日本 訓點 資料 연구』, 태학사, 2003.
최종남 외,『대장목록집』, 고려대장경연구소, 2006.

下田正弘 編, 『大乘經典 解說事典』, 北辰堂, 1997.
해인사 팔만대장경연구원, 『해인사 팔만대장경 경판 제원조사 자료집』, 해인사, 2009.
花山信勝, 「大正新修大藏經の眞價」, 『現代佛敎』 91號, 大雄閣, 1923.

역경학 개론 _ 7

티벳불교의 역경사적 이해

최로덴(동국대학교(경주) 티벳장경연구소 전문연구원)

1. 들어가는 말

인도와 중국의 접경 히말라야 안쪽에 위치한 티벳은 원래 중국 영토의 약 1/4에 해당하는 250만km² 크기였는데, 중국 점령 이후 서장자치구西 藏自治區로 축소되어 약 122만km² 정도로 축소 편제되었다. 1959년 이전 티벳의 주요 지역이었던 북동쪽의 암도, 남동쪽의 캄, 중앙의 위-짱 지방의 많은 지역이 지금은 중국의 청해성, 감숙성, 사천성, 운남성 등지로 분리 편입되어 있다. 지상에서 가장 높은 산들과 평균고도 약 4천 미터에 달하는 고원으로 이루어진 티벳 본토에는 약 6백만 명의 티벳 민족이 거주하고 있었으나 지금은 서장자치구 내에 약 250만 명의 티벳인과 중국 본토에서 이주한 한족 650만 명 정도가 함께 거주하고 있다. 티벳 본토의 수도는 라싸Lhasa[1]이다. 1959년 이후 중국의 티벳 점령을 피해 망명한 티벳인들이 인도와 네팔, 부탄, 스위스 등지에 약 10만 명 이상이 거주하고 있으며 망명 정부는 인도 히마찰 쁘라데쉬(H.P) 주에 있는 다람살라에 있다. 티벳 본토에서는 중국 측 서장자치구의 수장이 정치적 리더로 활동하고 있지만, 인도에 있는 망명 정부에서는 현 제14대 달라이 라마가 망명 티벳인들의 정치와 종교의 중심에 서 있다. 티벳은 또한 인더스, 메콩, 양쯔, 황하 등 아시아 주요 강들의 발원지와 약 1만 5천 개의 자연호수를 가진 풍부한 수자원과 우라늄, 리튬, 철, 금, 은, 구리 등의 수많은 광물질 등의 보고이자 중앙아시아와 남동아시아에 이르는 광대한 영역의 정치적 전략적 요충지이기도 하다. 언어적으로는 티벳-버마(Tibeto-Burmese) 어족에 속하며 티벳어와 중국어를 공식어로 사용한다. 주식은 볶은 보리가루인 짬빠와 야크 고기, 모모(만두), 땐뚝(수제비) 등이며, 소금과 버터와 차를 섞어 만든 버터차(뵈자)를 주로 마신다. 이외에 국가와 민족에 대한 구체적인 내용들은 중국 측의 자료를 주로 담고 있는 서장자치구 관련 자료들과 망명 티벳 정부의 공식 자료[2]에서 역사,

---

1 본문에 사용하고 있는 철자표기는 일명 'Wylie system(T.V. Wylie, 「A Standard system of Tibetan transcription」, Harvard Journal of Asiatic Studies, 1959, vol.22, pp.261~7)'을 사용하였는데, ⟨g.yag⟩이나 ⟨rgyal⟩과 같이 기본자에 유의해야 하는 글자들도 티벳어에 익숙한 경우는 쉽게 구분할 수 있기 때문에 구분 없이 사용하였다. 그리고 철자표기에서 경전의 제명이나 이름의 첫 기본자는 대문자로 표기하였고, 문헌문학개관의 몇몇 경전 제명들은 필요에 따라 해석 없이 발음과 원문만 소개한 것도 있다. 티벳어 한글표기는 '『티벳어 한글 표기안』, 동국대학교 경주캠퍼스 티벳장경연구소편, 2010년'을 사용하였다.

2 이와 관련한 기본 자료는 http://www.ko.wikipedia.org/wiki/(2010년 10월 현재) 외에 '서장자치구(西藏自治區, Xīzàng Zìzhìqū)'와 관련된 검색어에 해당하는 다양한 자료들이 있다. 중국 측 서장자치구의 공식 사이트는 http://www.xizang.gov.cn/이

지리, 주민, 경제, 정치 등에 관한 구체적인 개요들을 살펴볼 수 있다.

티벳에서 역경의 역사는 곧 티벳문화의 발달사를 의미한다. 또한 역경의 역사는 흔히 불법의 전기 전파(前傳佛敎, bstan pa snga dar)와 후기 전파(後傳佛敎, bstan pa phyi dar)로 구분되는 티벳의 불교사적 흐름과 함께한다.

최초의 역경이 이루어진 것으로 알려진 7세기경은 티벳이 제국을 형성하던 시기였고, 그에 따른 국가의 정체성을 확립해야 하는 시기였다. 불교는 그와 관련한 국가통합의 이념으로 수용되었다. 이렇게 시작된 전기 전파시기의 역경사업은 국가의 이념적 통합을 주도하던 왕권에 의해 주로 이루어졌다. 역경의 원문을 다루는 데 있어서 번역어휘나 구문적 차이를 살피고 새로운 용어를 국가적 공인 하에 사용하도록 하는 규정을 왕이 직접 제정하였고, 불교 용어를 정리한 일종의 사전적 어휘집인 『번역명의대집(飜譯名義大集, Mahāvyutpatti)』과 『이권본역어석(二券本譯語釋, Madhyavyutpatti)』, 경전편찬 목록인 『댄까르마Dan kar ma 목록』 등을 왕궁이 주도하여 편찬하기도 하였다.

전기 불교를 마감하는 9세기 이후 약 120여 년간(850~970년경)은 흔히 랑 다르마(gLang dar ma, r[재위기간]. 838~842) 왕의 훼불 사건으로 대변되는데, 이 시기는 정치적으로 아주 혼란스러웠던 티벳문화의 암흑기에 해당한다. 따라서 역경사업이 거의 이루어지지 않았던 시기이기도 하다.

다. 현재 티벳의 상황을 객관적으로 살펴보기 위해서는 망명 티벳 정부 공식 홈페이지 http://www.tibet.com(2010년 10월 현재) 등도 참조할 수 있다. CRCA(1991), pp.4~193.

티벳불교의 새로운 정립기를 맞은 후기 전파의 시기는 지방의 승원을 중심으로 분권적 역량을 발휘하던 불교학자들이 인도의 스승들로부터 법맥을 전승받아 자기 전통의 종파를 세우던 시기였기 때문에, 역경 역시 위대한 학자이자 역경사였던 티벳인 스승들의 독자적인 노력으로 이루어진 경우가 많았다.

역경의 과정은 일반적으로 경전의 편찬사와 맞물려 있다. 국가적 차원이든 개인적 차원이든 하나의 경전을 입수하고 편찬하는 것은 경전어의 습득과 이해, 그리고 번역과 교정의 과정을 거쳐야 하기 때문이다. 즉 하나의 경전이 편찬되었다는 것은 그와 관련한 언어학, 문헌학 등의 부수적인 학문의 발달과 출판 가능한 물리적 환경이 적절히 뒷받침되었다는 의미이다.

전기 전파시기의 티벳의 경우는 주로 왕권을 중심으로 한 정치적 후원에 힘입어 역경이 이루어졌는데, 이것은 불교의 전파와 관련한 티벳의 역사를 통해 자세히 살펴볼 수 있다. 이렇게 해서 확보된 경론들이 의미 있는 양을 넘어서게 되고 그 동안 편찬된 자료들을 일목요연하게 정리한 목록이 만들어지게 되면서, 결과적으로 큰 단위의 장경이 집성되게 된다. 이러한 티벳의 문헌문학의 큰 틀은 '깐규르(bKa' 'gyur, 佛說部)와 땐규르(bsTan 'gyur, 論疏部)'로 알려져 있는 티벳대장경의 구성과 내용을 통해 그 면모를 살펴볼 수 있다.

이외에도 티벳의 역경사譯經史와 맞물려서 살펴볼 수 있는 것은, 불교경론의 내용뿐만 아니라 세속문학의 유통과 문화적 흡수, 인도문헌 위주로 발달한 산스크리트어 문화의 흡수와 융해, 중국이나 네팔, 몽골 등 주변국의 정세와 맞물린 문헌문학의 흡수와 영향 등 바라보는 관점에 따라 다양하게 조망해볼 수 있다. 더불어 제국의 성립 시기부터 티벳은 전통적으로 불교를 국가 정신의 기본 이념으로 발전시켜왔기 때문에, 티벳의 정신과 문화는 곧 불교의 전파와 종학宗學의 발달사라고 해도 과언이 아니다. 따라서 티벳불교의 전래와 발달[3]을 살펴봄으로써 역경의 역사와 내용도 함께 이해할 수 있을 것이다.

2. 티벳불교의 전래

석가모니 붓다가 대반열반에 든 지 12세기가 지난 후, 불교는 히말라야 산맥을 가로 질러 설역雪域의 고원 티벳에 이르게 되었다. 이때부터 불교는 티벳인들의 삶과 문화의 모든 면에 스며들었고, 티벳인들은 붓다의 가르침 속에서 깊은 평화와 행복을 발견하게 되었다.

　불교가 처음 전래 되었을 때, 티벳에는 이미 뵌(Bon; 토속종교), 무속, 태양, 달, 산, 나무 같은 정령 숭배가 신앙의 주류를 이루고 있었다. 역사적으로 보면, 기원전 2세기 이전의 티벳은 통일된 국가를 이루지 못한 채 지역의 군소 영주들과 군벌軍閥, 그리고 유랑하는 유목민들이 대부분이었는데, 기원전 2세기가 끝나갈 무렵 냐티 짼뽀(gNya' khri btsan po, B.C. 126년/414년?)라는 티벳 이름을 가진 서부 인도의 한 왕자가 티벳으로 들어오게 되었다. 이 왕자가 나중에 티벳의 주요한 지역들을 하나씩 통치하게 되었고, 결국 기원전 127년경에 티벳 최초의 왕위에 오르게 된다. 냐티 짼뽀는 야르룽Yar klungs 계곡의 윰부 라강Yumbu bla sgang에 최초의 궁전을 건설한 후에도, 끊임없는 영토 확장과 국가적 체계를 정비함으로써 마침내 티벳 전역을 통치하게

---

[3] 최로덴(2009a), pp.18~36.

된다. 이 왕의 계보를 티벳에서는 최걀(Chos rgyal, 法王) 왕조라고 부른다. 최걀 왕조를 세운 티벳의 첫 번째 왕인 냐티 쩬뽀로부터 남리 쏭쩬(gNamri srong btsan, 6~7세기?)[4]에 이르는 왕들의 재위기간 동안, 티벳에는 불교의 흔적이 거의 보이지 않는다.

약 5세기경 최걀 왕조를 계승하여 왕이 된 하 토토리 낸쩬(Ha thothori snyan btsan)은 종교에 대한 관심이 아주 많은 인물이었다. 보현(普賢, Samantabhadra)의 화현으로 알려진 이 왕은 불교의 경전들과 여러 가지 종교적 성물들을 들여왔는데, 『빵꽁 착갸 락밤sPang skong phyag brgya'i glags bam(過誤轉換一百歸依書?)』 등의 책들이 하늘에서 내려온 것으로 알려져 있다. 하 토토리 왕의 꿈에 예견되기를, '다섯 세대가 흐르는 동안 이 경전의 의미를 아는 자가 나타날 것'이라고 했다고 전해진다. 왕은 비록 그 말과 뜻을 이해할 수는 없었지만, 그 경전과 성물들에 대해 '쌍와르 딱내 최bSang bar btags nas mchod(비밀스러운 외경)'라는 이름을 부여하고 신앙적인 외경심으로 대하였는데, 이것이 티벳에서 불법佛法의 서막을 여는 첫 시작이라고 할 수 있다.[5]

1) 불법의 전기 전파(前傳佛敎, bstan pa snga dar)

최걀 왕조의 제33대 왕이었던 쏭쩬 감뽀(Srong btsan sgam po, d. 649/50)[6]

---

4 쏭쩬 감뽀 왕의 아버지로 알려져 있다. 이 시기의 티벳 역사는 티벳이나 중국 측 사료 어느 것이든 대략 20~30년 이상의 편차들이 있기 때문에 학자들 간에도 연대기에 관한 이설들이 있다.

5 Thu'u bkwan blo bzang chos kyi nyi ma(1984; 2006), pp.49~51; Roerih, George N.(1949; 1976), pp.1~63, 102~203; Tucci, Giuseppe(1980), Chapter 1(연표 참조); Lopez, Jr. Donald S(1997a), pp.69~76; Bu ston(1932; 1996b), pp.181~224.

6 Bu ston(1932; 1996b), pp.181~224; Lopez, Jr. Donald S.(1997a), pp.69~76.

는 관세음보살의 화현으로 알려진 티벳의 위대한 세 명의 법왕 중에 첫 번째 왕이다. 쏭짼 감뽀 왕은 티벳불교의 가장 중요한 예경대상인 아촉금강불(Mi bskyod rdo rje)과 석가모니불(Jobo Shākyamuni)을 티벳으로 들여왔고, 라싸 튈낭Rasa 'phrul snang에 조캉(gTsug lag khang chen po) 사원을 설립하였다. 또한 『화엄경(華嚴經, Sangs rgyas phal po che)』 등의 여러 경전들을 티벳어로 번역하도록 후원하였는데, 쏭짼 감뽀 이전에는 티벳에 문자가 없었기 때문에 왕은 자신의 신하였던 퇸미 삼보타Thonmi sambhoṭa를 여러 권속들과 함께 북인도로 보내 다양한 언어들을 공부하게 하고 산스크리트어를 원형으로 하여 최초의 티벳 문자를 창안하도록 하였다.

문수묘음文殊妙音의 화현으로 알려진 제 37대 최걀 티 쏭데짼(Khri srong lde btsan, r. 755/56~97?)[7] 왕은 티벳의 위대한 법왕들 중에 두 번째 왕이다. 티 쏭데짼 왕은 수많은 인도 학자들과 요가 수행의 대가들을 티벳으로 초청하였다. 날란다Nalāṇḍa 대학의 대학장이었던 샨따락시따(Śāntarakṣita, mKhan chen zhi ba 'tsho), 인도의 위대한 딴뜨라 스승이었던 구루 린포체 빠드마삼바바Padmasam-bhava(Lob dpon padma 'byung gnas), 덕망 있는 학자이자 수행의 대가였던 비말라미뜨라Vimalamitra 등과 같은 여러 스승들을 라싸로 초빙하여 티벳 최초의 승원인 쌈예bSam yas 승원을 세웠다. 왕은 바이로짜나Vairotsana 등 일곱 명의 청년을 출가시켜 사미계를 받도록 하였고, 마침내 그의 재위 기간 동안 비구계 계단戒壇이 세워져 공식적인 첫 티벳인 비구가 탄생하게 되었다. 이때부터 티벳에는 사프론saffron색 가사를 입은

---

[7] Bu ston(1932; 1996b), pp.186~96.

출가자들이 점점 늘어나게 되었다. 왕의 후원으로 활동하던 인도의 학자들과 산스크리트어와 티벳어 2개 국어에 능통한 퀸루 왕뽀 쑹'khon klu'i dbang po bsrungs, 빠고르 바이로짜나Pagor vairotsana, 아짜리야 린첸촉Ātsarya rinchen mchog, 예쎄 왕뽀Ye shes dbang po, 까와 뺄쩩sKa ba dpal brtsegs, 쪽로 뤼 걀짼Cog ro klu'i rgyal mtshan, 마 린첸 촉rMa rin chen mchog 등과 같은 108명에 이르는 티벳인 역경사譯經師들은 수많은 수뜨라Sūtra(顯敎經典)와 딴뜨라Tantra(密敎經典)를 산스크리트어에서 티벳어로 번역하였다. 더불어 전교사 샨따락시따는 율장에서 중관에 이르기까지 설법의 책임을 지고 불법의 가르침과 공부를 널리 확산시켰다. 빠드마삼바바는 근기를 갖춘 제자들에게 비밀 진언의 가르침을 구전하였고, 제자들 중 몇몇은 대가람의 승원장이 되었다. 나중에 화상(和尙, Hwa shang) 마하연(摩訶衍, Mahāyana)이 중국에서 티벳으로 들어왔는데, 그는 '불선의不善意가 윤회의 속박을 짓는다. 그러므로 선의善意를 지어야 한다. 황금으로 된 것이든 철로 된 것이든 고리는 여전히 우리를 속박한다.〔고리라는 점에서〕그 둘이 다르지 않으므로 우리는 오직 무심無心의 무분별(Yid la mi byed pa, 無作意, amansikāra)을 통해서만 해탈할 수 있다'고 설파하였다. 마하연의 가르침이 상대적으로 쉽고 빠르게 느껴졌던 티벳인들은 대부분 그의 추종자가 되었다. 반면, 인도불교의 정통성을 따라 정견을 갖추고 수행하도록 가르친 전교사 샨따락시따를 따르는 이들은 극히 소수에 불과했다. 이에 법왕은 법력을 갖춘 전교사 까말라실라Kamalaśīla(mKhas pa'i dbang po)를 초청하여 화상과 논쟁하게 하여 정법을 바로 세우도록 하였다. 화상의 견해를 논리적으로 반박한 후, 까말라실라는 정견과 정행을 바로 세우기 위한 『곰림 쑴sGom rim gsum(修行次第三篇)』을

저술하기도 하였다.[8]

세 번째 위대한 법왕은 티 랠빠쨴(Khri ral pa can, 866~901년경)[9]으로 최갈 왕조의 제40대 왕이다. 티 랠빠쨴 왕의 주된 공적은 불교 산스크리트어 경전을 티벳어로 번역하는 방법을 표준화한 것인데, 실제 이 시기 이후에 번역된 경전들은 모두 새로운 번역 체계에 따라 다시 번역되었으며, 역경에 참여한 사람들은 고도의 정확성과 학자적 깊이를 가지고 불교경전번역에 임할 수 있게 되었다. 왕은 또 지나미뜨라 Jinamitra를 포함한 인도의 여러 학자들을 티벳으로 초청하였고, 수많은 경전들을 티벳어로 번역하였다. 하지만 불행하게도 그는 36세의 나이에 자신의 선대先代 뵌교 장관들에 의해 암살됨으로써 법왕의 위업을 끝까지 다 할 수 없게 되었다.

이어서, 티 랠빠챈의 손위 형이었던 랑 다르마(gLang dar ma, r. 838~842)가 901년에 왕위에 오르게 되었다. 그는 최갈 왕조의 마지막 제41대 왕이었다. 비불교도였던 랑 다르마는 선대 뵌교 장관들의 도움으로 중앙 티벳의 불교를 체계적으로 무너뜨리기 시작했다. 특히 비구 상가(僧伽)에 심한 박해가 가해졌으며, 수많은 스님들이 강제로 환속되고 살해되었다. 그 결과 거의 반세기 이상 동안 중앙 티벳에는 불교를 공부하는 승원들의 모습을 찾아볼 수 없게 되었다. 하지만 많은 밀교수행자(Tantrika)들이 일반인의 모습으로 은밀히 수행을 계속하였고, 눕첸 쌍계 예셰와 같은 영향력 있던 밀교수행자들은 왕에게 밀교수행자

---

[8] Thu'u bkwan blo bzang chos kyi nyi ma(1984; 2006), pp.49~51; Roerih, George N.(1949; 1976), pp.1~63, 102~203; Tucci, Giuseppe(1980), Chapter 1(연표 참조); Lopez, Jr. Donald S(1997a), pp.69~76.

[9] Bu ston(1932; 1996b), pp.196~197.

와 밀교경전들을 해하지 않겠다는 약속을 받아 내기도 하였다. 랑 다르마는 5년간의 실정失政 끝에 한 불교 승려에 의해서 살해되었다. 랑 다르마가 죽은 후에도 그의 아들들은 공석이 된 왕위를 놓고 서로 심한 다툼을 벌였지만, 그들 중 어느 누구도 이를 계승하지 못하고, 이후 약 3세기 반가량 유력한 중앙 집권자가 들어서지 못한 티벳은 지방 영주들에 의해 각 지역들이 하나의 독립국가처럼 다스려졌다.

한편, 랑 다르마의 박해 시기 동안, 뻴첸 추보dPal chen chu bo 산에 머물다가 동부 티벳의 캄 지방으로 이주한 세 명의 승려들이 거기서 승가의 계율 전통을 그대로 보전하고 있었다. 이 세 명의 승려들에게서 법을 모두 이어받은 제자가 라첸 공빠 랍쌜(bLa chen dgong pa rab gsal, 952~1035)인데, 약 반세기 가량 중앙 티벳에서 사라졌던 승가 계율의 법맥이 그와 루메 출팀 쎄랍kLu mes tshul khrims shes rab 등 중앙 티벳에서 온 10명의 제자들에 의해 다시 이식되었다. 이렇게 해서 10세기 중반 중앙 티벳의 승원들은 활동을 재개할 수 있었고, 번역 작업과 수행의 전통을 다시 이어갈 수 있게 되었다.

이와 같은 10세기 말까지의 불교사를 티벳 역사서에서는 불법의 전기 전파시기로 기록하고 있다. 또 이 시기까지 번역된 딴뜨라들을 '전기번역 딴뜨라(gSang sngags snga 'gyur) 혹은 고(古譯) 딴뜨라'라고 부르는데, 이 이름들은 그대로 불법의 전기 전파시기를 의미하기도 한다. 이 시기는 스므르띠갸나Smṛtijñāna라는 마지막 번역자를 끝으로 그 시기를 마감하게 되는데, 이들 경전들에 기초한 가르침의 법맥이 바로 티벳의 4대 종파 중에서 가장 오래된 닝마파rNying ma pa(舊派)의 전통이다. 이 시기의 티 쏭데짼 왕은 종학적으로, "견해와 수행은 위대한 전계사 보살의 체계[10]에 따라야 한다"고 하였고, 마하연 화상의 출현 이후에는, "지금부터는 스승 용수보살의 견해를 따르도록 하라. 누구든 화상의 체계를 따르게 되면 처벌받으리라"고 공포하기도 하였다. 또한, 이 시기에도 유식의 체계를 견지하는 학자들이 있었지만, 샨따락시따와 까말라실라의 견해가 주를 이루었기 때문에 이 시기에는 주로 중관자립논증학파의 견해가 널리 확산되었다.[11]

2) 불법의 후기 전파(後傳佛敎, bstan pa phyi dar)[12]

불법의 전기 전파시기를 마감하고, 11세기가 시작 되면서 이루어진 번역 경전들은 '신(新譯) 딴뜨라(sNgags gsar ma)'라고 한다. 티벳 종교역사가들은 티벳 역사에서 이 시기를 '불법의 후기 전파시기'라고 기록하고 있다.

신 딴뜨라 시대의 첫 번째 위대한 역경사는 린첸 상뽀(Rin chen bzang po, 958~1056?)이다. 그리고 마르빠 최끼 로되(Chos kyi blo gros, 1012~1099)와 독미 싸꺄 예쎼('Brog mi sakya ye shes, 993~1050) 같은 이들도 이 시기에 배출된 위대한 역경사들이다.

다양한 종파와 부파들이 이 신 딴뜨라 계열에 속한 경전들을 근거로

---

10 일반적으로 샨따락시따의 자립논증중관학파(自立論證中觀學派, Svātantrika Madhyamaka)를 의미한다.

11 Thu'u bkwan blo bzang chos kyi nyi ma(1984; 2006), pp.49~51; Roerih, George N(1949; 1976), pp.1~63, 102~203; Tucci, Giuseppe(1980), Chapter 1(연표참조); Lopez, Jr. Donald S(1997a), pp.69~76.

12 이 시기는 보통 티벳력 第一丁卯年 53年前의 癸酉年으로 계산된다. 티벳력은 깔라짜끄라의 책력에 따라 1027년을 60년 주기의 첫 번째 해로 삼는다. 따라서 1027년을 전후로 한 연도계산은 이 주기에 따라 역산하거나 가산하는 방식으로 계산할 수 있다.

하여 발전하였다. 까규파bKa' brgyud pa는 마르빠Marpa에 의해 세워졌고, 싸꺄파Sa skya pa는 꾄촉 걀뽀(dKon mchog rgyal po, 1034~1102)에 의해 세워졌다. 또 겔룩파(dGe Lugs/新 까담파)의 전신인 까담파bKa' gdams pa는 인도의 유명한 불교 승원 대학이었던 비끄라마쉴라 Vikramaśīla의 승원장 아띠샤(Atiśa, 982~1054)를 개조로 한다.

불법의 후기 전파가 시작된 실질적인 시기는 중앙 티벳에서 사라졌던 계맥戒脈을 다시 이은 라첸 공빠 랍쌜과 그 일행이 불법의 재계齋戒일을 지키면서 아래 동부 지방에서부터 새롭게 계율 중심주의의 교학과 수행체계를 세우기 시작하면서부터이다. 이들의 가르침이 점점 확산되면서 위짱(dBus gTsang; 중앙티벳) 지방은 승가의 구성원들로 가득차고 논소와 실제 수행의 가르침이 자리 잡기 시작하였다. 이렇게 새로운 불교의 전기를 마련한 공빠 랍쌜과 루메 등은 나중에 티벳에서 가장 존경받는 율사들이 되었다.

한편, 그 당시 서부 티벳 지방에서는 하 라마 예쎼 외lHa bla ma ye shes 'od 왕이 집권하고 있었는데, 이 시기에 역경사(譯經師, lotsāba)[13] 린첸 상뽀가 인도로 유학하여 불법을 공부하고 위대한 학자가 되어 돌아오면서 수많은 현교와 밀교의 경전들을 번역하고 그 내용을 연구하고 발현하여 스승들의 가르침을 전파하였다. 이 시기의 서부 티벳은 정법을 수호하던 라지 까르걀Ra dzi skar rgyal(醉星王)이라는 스승이 잘못된 딴뜨라 행법을 수호하던 나가 까르걀Nāga skar rgyal(龍星王)을

---

[13] 티벳어 경론에서 사용하는 로짜와(Lotsaba, 譯經師)라는 말은 단순한 번역가를 의미하지 않는다. 경전을 번역하는 능력뿐만 아니라 그 내용을 설법할 수 있는 능력을 갖춘 스승의 지위를 의미하기 때문에, 실제 번역가가 아니더라도 설법의 위대한 스승이나 성취행을 통해 역경의 위업을 남긴 이들을 의미한다.

조복시켰지만 그의 현혹된 마법으로 인해 사법邪法이 득세하던 때였는데, 린첸 상뽀가 돌아와 이들을 조복시켰다. 결과적으로 린첸 상뽀의 청정한 가르침은 이 지역의 백성들에게 자비와 보리심을 충만하게 하는 결실을 맺게 하였다. 이에 대해 괴 로짜와 쉰누 뻴dGos lo gzhon nu dpal은 "제대로 된 밀교의 가르침이 대부분 불법의 전기 전파시기보다 후기 전파시기에 더 확산된 것은 이 위대한 역경사의 자비로 인한 것이다"[14]라고 말하기도 하였다. 린첸 상뽀의 업적과 행적으로 볼 때 이것은 결코 과장된 것이라고 할 수 없을 것이다.[15] 인생의 후반부를 대부분 수행에만 전념한 그는 마침내 원적圓寂에 들어 다끼니ḍākinī의 세계로 갔다고 한다. 이 위대한 역경사의 견해는 흔히 '무주중관(無住中觀, rab tu mi gnas pa'i dbu ma)'으로 대변된다.

더불어 서부 지방의 계맥은 하 라마 예쎄 외가 동인도에서 성자 다르마빨라Dharmapāla와 그의 유명한 세 제자인 사두빨라Sādhupāla, 구나빨라Guṇapāla, 쁘라갸빨라Prajñāpāla를 함께 초청한 것으로부터 시작된다. 이들 인도인 스승들로부터 계를 받은 샹슝 걀외 쎄랍Zhang zhung ba rgyal ba'i shes rab은 수계 후 곧바로 네팔로 가서 율사 쁘레따깔라 Pretakala에게 계율의 실제와 해석을 요청하고 수지하였다. 이렇게 계맥을 전승한 샹슝은 그의 제자인 뻴 조르 쎄랍dPal 'byor shes rab, 싱모체와 장춥 쎙게Zhingmo cheba byangchub sengge 등에게 율맥을 전승한 것으로 알려져 있다. 또 하데lHa lde 왕의 치세기에 위대한 카슈미르Kashmir 학자 샤꺄슈리(Śākyaśrī, d. 1225)를 티벳으로 초청하여 수많은 경론들을 번역하고 가르침을 꽃피웠는데, 그로부터 전승된 율맥을

---

14 Roerih, George N(1949; 1976), p.62.
15 Tucci, Giuseppe(1932; 1988), pp.5~36 참조.

'위대한 학자의 율맥(Paṇchen sdom rgyun)'이라고 부른다. 이와 같이 후기 전파시기의 불법은 율맥으로부터 시작한다. 그래서 후기 전파의 시기는 율맥의 전승방식을 통해 정의하고 설명하는 것이 보통이다.

정치사적인 면에서 살펴보면, 불법의 후기 전파시기가 시작되면서 크게 성장한 13세기 싸꺄파와 그 뒤를 이은 14세기의 겔룩파의 발전기에 불교는 다시 한 번 티벳에서 강력한 영향력을 발휘하게 되는데, 이것은 승가권력이 이후 티벳의 정치적 정신적 삶을 완전히 주도하게 되었음을 의미한다.

이 시기의 티벳 발전은 13세기 싸꺄파의 도괸 최걀 팍빠('Gro mgon chos rgyal 'phag pa, 1235~1280)가 후에 원元의 황제가 된 쿠빌라이 칸의 정신적 스승이 되면서 시작된다. 팍빠의 가르침과 가피에 감사한 칸은 1253년 그를 티벳의 통치자로 옹립하는데, 이것은 티벳에 승려에 의한 권력이 최고 세속적 권위를 갖게 된 첫 번째 사건이기도 하다. 팍빠 이후 거의 백 년 동안 티벳은 싸꺄파를 중심으로 움직인다. 그러다 1349년에 이르러 팍두Phag Gru의 일족인 장춥 걜챈Byang chub rgyal mtshan이 싸꺄파의 통치를 전복하고 티벳의 새로운 통치자로 등극하는데, 이후 그의 뒤를 이은 11명의 계승자들이 106년 동안 티벳을 다스린다. 이 기간 동안 서부 티벳의 암도 땅 쫑카Tsongkha에서 온 명망 높은 학자 쫑카빠 롭상 닥빠(bLo bzang grag pa, 1357~1419)가 겔룩파를 세우게 된다. 잘 알려진 대로 쫑카빠 대사는 수많은 저서들을 남긴 위대한 불교 학자이자 그의 제자들과 함께 수많은 승원들을 건설한 홍법자弘法者였다. 쫑카빠 대사는 엄격한 승가 계율과 부처님의 기본적인 가르침들의 중요성을 강조했다. 이러한 전통이 티벳 전역으로 확산됨에 따라 겔룩파는 이 시기에 정치적으로도 티벳에서 가장 힘 있는 학파가 되었다.

　한편, 겔룩파가 권력을 잡기 이전, 티벳은 두 번을 연속으로 지방 왕조들이 통치한 적이 있다. 1435년 린뿡Rinpung족의 된외 도르제 Donyod rDorje가 팍두 왕조를 무너뜨리고 4대에 걸치는 린뿡빠 전통을 세워서 티벳을 130년 동안 통치했다. 또 1566년 짱빠gTsang pa의 체땐 도르제Tshebrtan rDorje가 린뿡 통치자들을 전복하고 자신들의 전통을 이었는데, 세 명의 왕에 의해 76년간 티벳을 다스리는 왕조가 되었다. 그 말미에 초소트Qosot 몽고의 구씨 칸Gusri Khan의 군대가 짱빠 통치자들을 물리치고 제5대 달라이 라마(Dalai Lama, 1617~1682)에게 티벳의 통수권을 부여하였다. 그 이후 17세기부터 1959년까지 겔룩파의 달라이 라마들이 티벳의 정신적 세속적 지도자의 역할을 맡아왔는데, 현제14대 달라이 라마가 1959년 이후 인도로 망명 중에 있는 지금까지도 그 전통은 계속되고 있다.

　이렇게 티벳은 불교적 이념을 수용하고 정착시킨 법왕과 역경사들의 노력과 함께 티벳인들의 공덕을 더하여 고귀한 부처님의 가르침을 설역에 전파하고 확산시켜왔다. 이 과정에서 티벳의 독창적이고 다양한 학파적 체계가 나타나게 된다. 티벳의 학파적 체계는, 인도의 불교학적 체계들이 존재의 본질과 관련한 수행의 지침이나 스승의 가르침을 이름으로 사용하는 것과는 달리, 소승(Vaibhāṣika, Bye brag smra ba'i sde pa)의 18부파처럼 특정한 장소나 스승의 이름을 따라 명명하는 전통을 만들었다. 예를 들면, 싸꺄빠Sa skya pa, 조낭빠Jo nang bpa, 썅빠Shangs pa, 디궁빠'Bri gung pa 등의 종파이름은 대부분 장소와 관련된 것이고, 까르마빠Karma pa, 부룩빠Bu Lugs pa 등은 스승의 이름과 관련된 것이며, 까담빠bKa' gdams pa, 족첸빠rDzogs chen pa,

착첸빠Phyag chen pa, 시제빠Zhi byed pa 등은 수행의 견해에 따른 이름이다.[16] 이와 같은 종학적 발달과 함께 티벳의 문헌과 문학 역시 질적 양적 다양성을 확보하며 성장을 거듭하게 되었다.[17]

이와 함께 티벳불교에서 인도 불교를 구분할 때는 보통 수행 방식에 따라서 소승, 대승, 금강승으로 나누고, 사상적 견해에 따라서는 유부有部, 경부經部, 유식唯識, 중관中觀의 네 가지 주요 학파로 나눈다. 이것은 각기 특정한 가르침의 법맥과 경전, 교의와 수행에 따른 분류이다. 인도불교가 종학의 발달사나 개인의 근기에 따라 다양하게 발전한 것처럼, 티벳불교가 4대 주요종파와 다양한 부파로 나누어져 온 것도 각각의 법맥과 중생의 근기, 역사적 흐름에 따라 필요에 의해서 형성된 것이다. 따라서 이러한 구분은 종파적 우열에 따른 것이 아니다. 실제 티벳의 4대 주요 종파들은 인도 불교에서 구분하는 삼승三乘의 체계와 주요 학파의 경전들을 자기 승원의 체계에 따라 모두 함께 공부하고 있다. 또 티벳불교의 4대 종파 안에서 가르치고 있는 기본적인 수뜨라 경전들은 거의 비슷하다. 종파적 차이는 딴뜨라를 수행하는 방식에 있어서 각 종파가 각자 자신들의 법맥과 체계에 따라 다양한 전통을 가지고 있다는 것이다.

티벳의 모든 종파들이 공감하는 보편적인 불법의 가르침은, 모든 중생들을 위해 보리심을 일깨우고 육바라밀의 수행을 통한 보살도를

---

16 Thu'u bkwan blo bzang chos kyi nyi ma(1984; 2006), pp.54~55.
17 Thu'u bkwan blo bzang chos kyi nyi ma(1984; 2006), pp.51~54; Roerih, George N.(1949; 1976), pp.63~101, 204~398; Tucci, Giuseppe(1980), Chapter 2(연표 참조); Bu ston(1991; 1996a), le'u gsum pa, pp.180~205; Bu ston(1932; 1996b), pp.181~224; 마츠모토 시로(2008), pp.27~66.

발전시키며 윤회를 벗어나 대 해탈을 성취하고자 하는 기본적인 원칙들이다. 더불어 딴뜨라는 모든 불교의 수행 중에 가장 수승한 길이라 믿고 있으며, 법맥과 근기에 따라 다양한 수행 전통들이 공존한다. 예를 들어 가장 오래된 닝마파의 경우에는 '족첸(Dzog chen, 大圓滿)'이라는 수행을 강조하며, '매장서埋藏書'들에 대한 수행 전통이 있다. 까규파는 인도의 스승인 띨로빠Tilopa로부터 유래한 '마하무드라 Mahāmudrā(大印)'의 수행을 강조하는데, 이것은 주로 '구히야삼마자 Guhyasamāja(秘密集會)'나 '짜끄라상와라Cakrasaṃvara(總攝輪)' 딴뜨라들에 근거한 가르침이다. 겔룩파 역시 '구히야삼마자'와 '짜끄라상와라' 딴뜨라를 밀법의 기초로 삼고 있으며, 더불어 '깔라짜끄라딴뜨라 Kalācakratantra(時輪)'의 수행도 함께 전승하고 있다. 또 싸꺄파는 '헤바즈라딴뜨라Hevajratantra(呼金剛)'에 기초한 '람대(道果)' 수행전통을 이어가고 있다.

3) 티벳불교의 역경사적 전개

티벳불교의 역경사譯經史는 곧 산스크리트어 문헌의 번역사와 같다고 할 수 있다.[18] 티벳문학에 끼친 인도(語民)의 영향은 최소한 1,200년 전부터 시작된다. 그 영향력은 불교철학, 역사, 과학은 물론 서사시, 서정시, 드라마, 설화와 같은 다양한 유형의 문학작품에 망라되어 있는 인도적인 내용에서 살펴볼 수 있다. 전적으로 인도인의 특성을 그대로 간직한 것들도 있으며, 전기나 서사, 역사와 같은 유형의 문헌에 나타나는 티벳인들만의 독특한 문학형태도 있다.

---

18 이하, Sheldon Pollock (ed.), Matthew T. Kapstein(2003), pp.747~803; Matthew T. Kapstein(2006); Matthew T. Kapstein(2001); Matthew T. Kapstein(2000) 참조.

7세기의 쏭짼 감뽀 왕은 제국의 국가적 기반을 마련하기 위해 정치적 위계질서를 정비하고 규율, 법령 등을 성문화하여 제국의 위상과 자국민의 화합을 도모하였으며, 특히 정신적 통합의 이데올로기를 구축하고자 불교를 처음으로 도입하였다. 그리고 이러한 모든 사업을 성문화하기 위해 꼭 필요한 티벳어 문자를 창제하고자 하였다. 그래서 신하인 퇸미 삼보타를 카슈미르에 파견하여 문자의 원리, 어문학 등을 공부하게 하였는데, 공부를 마치고 돌아온 퇸미 삼보타는 티벳어 문자를 창제하고 최초의 티벳어 문법서를 출간하였다. 학자들 간의 이견이 있기는 하지만 티벳어 문자가 이 시기의 인도 문자에 기초하여 창제된 것만은 틀림없다. 실제 인도에서 다양한 학문을 수학하고 돌아온 퇸미 삼보타는 두 가지 문자를 창제하였다고 하는데, 하나는 글자 위에 머리 선을 가진 수직 형태의 글자로 인도의 데바나가리Devanāgari 문자를 모델로 한 것이고, 다른 하나는 머리 선이 없이 수평으로 더 늘어진 형태의 글자로 위와르따Vivarta 문자를 모델로 한 것이라고 한다. 이것은 티벳이 7세기 초중반의 인도 문화를 문자적으로 흡수하였음을 말해주는 것이기도 하다.[19] 이렇게 창제된 티벳어를 활용하여 퇸미 삼보타와 여러 학자들은 불교경전을 포함한 다양한 산스크리트어 문헌들을 티벳어로 번역하기도 하였다.[20]

부뙨Bu sTon의 『불교사』[21]에 따르면, 산스크리트어 문헌을 티벳어로

---

19 Sheldon Pollock (ed.), Matthew T. Kapstein(2003), p.750.
20 Thu'u bkwan blo bzang chos kyi nyi ma(1984; 2006), pp.49~51; Roerih, George N(1949; 1976), pp.1~63, 102~203; Tucci, Giuseppe(1980), Chapter 1(연표참조); Lopez, Jr. Donald S(1997a), pp.69~76.
21 Bu ston(1932; 1996b), pp.181~224.

처음 번역한 것은 퇸미 삼보타가 당시 인도의 카슈미르 문자를 본떠서 티벳어 문자를 만든 후에 8편의 티벳어 문법책을 저술하면서 번역한, 『불설대승장엄보왕경(佛說大乘莊嚴寶王經, Karaṇḍavyūha-sūtra)』(동북판 No.116)[22], 『불설제개장보살소문경(佛說除蓋障菩薩所問經, Ratna-meghasūtra)』(No.231) 등이다. 이렇게 해서 시작된 전기 전파시기의 문헌들은 물라꼬샤Mūlakośa의 『백업(百業, Karmaśata-ka)』(No.340)과 갸나꾸마라Jñānakumāra의 『합부금광명경(合部金光明經, Suvarṇapra-bhasottama)』(No.556~557)을 필두로 수학, 의학 등의 여러 문헌들이 번역되었다. 한때 티 쏭데짼 왕이 감춰진 보고의 문헌들을 중국인 메Me씨와 고Go씨, 학자 아난다Ānanda에게 번역하게 하였으나 이교도 신하의 방해로 번역하지 못하다 덕 높은 전계사 갸넨드라Jñānendra 등을 초빙하여 승원을 짓고 교법을 바르게 공부한 후에 인도와 중국의 다양한 경론들을 수집하여 본격적인 학습과 번역을 할 수 있게 되었다는 기록들도 있다.

나중에 정법의 종론宗論을 가리기 위해 794년경 삼예 승원의 논쟁[23]을 통해 샨따락시따와 까말라실라의 법이 티벳불교의 종론으로 인정받게 되면서 티벳불교의 교학체계는 주로 인도의 대논사들인 나가르주나, 바바비베까Bhāvaviveka, 슈리굽따Śrīgupta, 갸나가르Jñānagarbha 등의 가르침을 담은 경론들을 주로 받아들이게 되었고, 인도의 비말라미뜨라Vimalamitra, 붓다구히야Buddhaguhya, 샨띠가르Śāntigarbha, 위슛다싱하Viśuddhasiṁha와 티벳인 역경사 최끼 낭와Chis kyi snang ba(Dharmāloka), 반데 남카Bande nam kha', 도 린첸데sGro Rinchen sde,

---

22 Hakuju Ui(1934). (이하, 동북판목록 No.~)
23 중암(2006), pp.90-116.

남빠르 미똑빠rNam par mi rtog pa, 샤꺄 외Śākya 'od 등이 이 시기의 경론과 산스크리트어 문헌을 번역하고 교정하였다.

또 밀법 전문가인 다르마끼르띠Dharmakīrti가 초빙되어 『유가금강계(瑜伽金剛界, Yogavajra-dhātu)』 등을 뒤될 응악빠링bDud 'dul sngags pa gling에서 전승한 기록이 있다. 또 카슈미르 학자 지나미뜨라 Jinamitra, 다나실라Dānaśīla 등은 남닥 팀캉링rNam dag khrims khang gling에서 승가계율을 확립하였고, 다조르 창뻬링brDa sbyor tshangs pa'i gling에서는 문법서와 사전류가 편찬되었으며, 바이로짜나 Vairocana의 승원에서는 수많은 경전들의 번역이 진행되었다. 그리고 용龍의 해에 역경사 반데 뺄쩩Bande dpal brtsegs과 반데 나겐드라Bande Nāgendra (kLu'i dbang po) 등이 댄 까르kan dkar 궁전에 모여 그간에 수집하고 역경한 문헌들의 목록을 분류하고 편찬하였다는 내용도 있는데, 이 목록을 『댄까르마Dan kar ma 목록』이라고 부른다. 전기 전파시기의 역경사적 흐름은 이 『댄까르마 목록』의 구성을 통해 자세히 살펴볼 수 있다. 하지만 이러한 노력에도 불구하고 교법의 정론에 대한 논쟁이 많았던 시기였기 때문에 역경의 질적인 문제와 표준화에 한계가 있었다는 지적도 있다.

이 시기에 번역된 교학적 문헌들을 살펴보면, 나가르주나, 아리야데바Āryadeva, 바바비베까, 짠드라끼르띠의 『중관부(dBu ma)』 문헌 (동북판, No.3824~) 대부분과 샨띠데바Śāntideva의 『입보리행론(入菩提行論, Bodhisattvacaryāvatāra)』 (동북판, No.3871) 등이 있으며, 『아비달마부(mNgon pa)』 (동북판, No.4086~) 문헌들도 대부분 이 시기에 번역된 것들로서 후기 전파기에 다시 교정한 것들이 많다.[24]

이 시기(9세기)에 주목해야 할 또 다른 산스크리트어 문헌군은 학식

있는 역경사와 비구들 사이에 널리 알려졌던 까브야(Kāvya, 詩文學) 문헌이다. 9세기 초, 티벳불교의 어휘들은 까비kavi와 까브야kāvya 문헌을 위한 신조어들을 포함하고 있다. 찬탄(讚歎, stotra, bstod pa)과 서간(書簡, lekha, spring yig)문은 8세기 후반[25]에서 9세기 초에 티벳어로 번역되었는데, 마뜨르세타Mātṛceṭa와 짠드라고민Candragomin의 저작들을 포함하고 있다. 이 외에 최고의 문학작품으로 꼽히는 아리야슈라 Āryaśūra의 『본생담(本生譚, Jātaka-mālā)』은 예외적으로 11세기부터 영향력을 발휘하기도 하였다.[26]

10세기 후반에 이르러 다시 한 번 인도의 불교문화를 받아들여 전승한 티벳불교는 새로운 역동의 시기를 맞이하게 되었다. 대규모의 경론들을 번역하기 시작하였고 몇몇 역경사들은 인도를 방문하여 수년간씩 머물면서 공부하기도 하였다. 또한, 이 시기에는 인도와 네팔의 불교 학자와 수행자들이 직접 티벳을 방문하기도 하였는데, 그 중에 아띠샤Atiśa 존자는 1042년에 시작하여 원적에 든 1055년까지 긴 시간을 티벳에 머물면서 티벳인 제자들을 양성하고 불법을 전파하였다.

11세기와 12세기 초에는 교학적 문헌들은 아주 드물었지만, 이 시기의 특징은 인도 불전을 수행적으로 소화해낸 티벳인 성취자들의 주석서가 출간되기 시작하였다는 것이다. 인도식 주석서보다는 티벳식 주석서가 더 많이 출현하였고 주된 관심은 티벳인 제자들을 위해

---

24 안성두(2006), pp.42~44.
25 이 시기의 고전 티벳어 문학에 영향을 미친 것은 『라마야나Rāmāyaṇa』이다. 또한 생사윤회의 관념을 포함한 문헌들이 널리 알려졌다. Sheldon Pollock (ed.), Matthew T. Kapstein(2003), pp.758~768.
26 Sheldon Pollock (ed.), Matthew T. Kapstein(2003), pp.757~758.

경론의 내용을 분명히 밝혀 가르침을 구전 전승하는 것이었다. 또 다른 유형의 교학적 문헌들은 '보살도菩薩道'에 대해 주로 다루고 있는데, 티벳인들이 보다 접근하기 쉬운 방식으로 교학의 핵심적인 내용을 방편을 통해 전달하고 있다. 번역된 인도의 경론과 티벳인의 이해수준 사이를 좁혀주는 가교적 문헌들이 구축된 것이다.

그와 동시에 새로운 문학 장르들이 산스크리트어 문화의 영향을 담아 여러 유형으로 발전하였다. 11세기에서 12세기 사이에는 밀교요가의 성장과 관련한 여러 유형의 저술들이 발전하였다. 이에 반응하여 인도의 밀교적 성취자의 전통과 관련한 특유의 새로운 형태의 문헌들이 출현하였다. 특히 까규파(bKa' brgyud pa)의 스승들은 티벳인 요기의 깨달음을 노래한 시문학 장르와 전기문학, 자전적 문학 장르들을 발달시켰다. 이러한 문헌들은 현몽現夢적 각성 경험을 주로 담고 있다. 예를 들면 밀교의 전계사이자 위대한 역경사인 마르빠 최끼 로뙤(Marpa chos kyi blo gros, 1012~1097)는 꿈속에서 인도의 대성취자(mahāsiddha) 인 사라하Saraha로부터 가르침을 받았다.[27]

이 시기의 현교적 문헌은 전기 전파시기에 번역된 중관이나 아비달마, 논리학의 문헌들을 다시 번역하거나 교정하여 인쇄한 문헌들이 많으며, 종파적 교학체계가 발달함에 따라 티벳인들이 자체적으로 저술한 관련 논소들의 편찬이 적극적으로 이루어지기 시작하였다.[28]

한편, 12세기 초에는 인도와 티벳의 문화적 관계성을 더 혼합한 양상의 새로운 장르가 나타났다. 이 시기에 자신의 법력을 널리 알리게

---

27 Sheldon Pollock (ed.), Matthew T. Kapstein(2003), pp.760~770. Tulku Thondup Rinpoche(1987), pp.23~70.
28 안성두(2006), pp.44~46.

된 티벳인 스승들의 전생담이 유포되기 시작한 것이다. 이러한 장르의 문학이 13세기부터 시작[29]된 튈꾸'phrul sku(化身) 개념의 위계질서를 승가에 자리 잡게 한 원인이 된 것은 의심할 여지가 없다. 주목할 만한 것은 많은 티벳인 스승들이 전기나 자서전에서 자신의 전생을 석가모니 이래 인도의 불교적 수행자나 보살로서 기술하고 있다는 점이다. 이것은 자신의 정통성이 인도의 불법佛法에서 비롯된 것임을 증명하고자 하는 것이기도 하다.

12세기와 13세기는 자비의 화현인 관세음보살에 관한 문헌들이 인상적인 증가를 보인다. 문헌 속에서 7세기경 쏭짼 감뽀 왕은 수세기에 걸친 관세음보살의 화현으로서 인정받고 있는데, 이러한 내용은 단순히 티벳 역사의 맥락에서 뿐만 아니라『불설대승장엄보왕경(佛說大乘莊嚴寶王經, Karaṇḍavyuha)』[30]과 같은 인도 불전의 내용과 결합하여 전생을 소급하기도 한다. 14세기 될뽀빠(Dolpopa, 1292~1361)의 전기에는 그를 달라이 라마와 같은 관세음보살의 화신으로 간주하고 있다. 이와 같은 방식으로 이후에는 새롭게 탄생하는 티벳인 스승들의 전생이 인도와 티벳을 연결하는 보살의 행적으로 묘사되는 것이 보편적 전통으로 자리 잡게 되었다.

이렇게 11세기에서 13세기에 걸친 티벳인 문학의 전반적인 특징은 인도와의 관계성을 통해 정통성을 재편하고 있다는 것이다. 이 시기 동안 티벳은 석가모니 붓다 외에 누구도 대치될 수 없는 관세음보살의 토양으로서 자기 정체성을 확립하였다. 이렇게 해서 티벳은 더 이상

---

29 티벳의 환생('phrul sku, 幻身)제도는 13세기 까규파의 까르마빠Karmapa로부터 시작된 것으로 알려져 있다.
30 Kakuju Ui(1934), no.116.

아리안족(Āryadeśa)의 성역인 불교 성지의 주변부에 머물지 않고 석가모니 불국토의 일부가 된 것이다. 같은 맥락에서 감뽀빠(sGam po pa, 1079~1153)는 『삼매왕경(三昧王經, Samādhi rājasūta)』에서 석가모니의 대담자로 나오는 월광보살(Candraprabha)로 간주되기도 하고, 그의 손제자인 디궁 꼽빠('Bri gung skyobs pa, 1143~1217)는 용수보살의 현신으로 간주되기도 하였다. 이 시기에 나타난 이러한 유형의 문헌들은 지금도 티벳인 스승들의 전집류에 다양하게 나타나고 있다.[31]

한편, 불법의 후기 전파시기가 시작되고 티벳에 불교의 법맥이 다시 살아나면서 티벳인 학자와 역경사들은 인도불교의 논소에 따른 전통을 재정비하기 시작하였다. 이 과정에서 절실히 요구되었던 것은 경론에 대한 정교한 이해체계이다. 종파적 학파체계가 성립되면서 인도불교의 법맥에 정통성을 둔 견해를 따르게 되었고 교학체계 역시 인도식 학습과정을 재구성하는 방식으로 이루어졌다. 이러한 경향은 싸꺄 빤디따 뀐가 걜챈(Saskya paṇḍita kundga' rgyalmtshan, 1182~1251)의 『학자입문(學者入門, mKhas pa 'jug pa'i sgo)』[32]에서 그 본질적인 문제들이 구체적으로 논의되고 있다.

싸꺄 빤디따의 역할에 대한 중요성은 전통적인 티벳 역사서들에 잘 나타나 있다. 특히 인도불교의 교학체계(vidyāsthāna, rig-gnas)를 티벳에 정착시킨 5대 달라이 라마의 평가가 두드러진다.[33] 싸꺄 빤디따의 삶과 공헌은 현대의 학자들도 많은 부분을 할애하여 언급한다.[34]

---

31 Sheldon Pollock (ed.), Matthew T. Kapstein(2003), pp.774~776
32 Sa-skya Paṇḍita Kun dga' rgyal mtshan(1992), pp.503~23.
33 Sheldon Pollock (ed.), Matthew T. Kapstein(2003), p.757, no. 85(재인용).
34 ibid, p.757, no.86(재인용).

그만큼 후기 전파시기의 불교적 교학체계와 학자적 양식, 문헌문학의 방향성 등에 지대한 영향을 끼쳤다는 의미이다. 『학자입문』에서 싸꺄 빤디따는 학자의 자질과 역경의 구체적 문제점을 개선하는 방법 등 다양한 교육적 논술을 시도하고 있다. 이를 통해 이전 시대의 교학과 교육체계의 모순을 제거하고 정법을 바로 세우고자 하였던 것이다.[35]

이와 같은 싸꺄 빤디따의 영향으로 새로운 번역작업의 토대가 형성되었는데, 슝똥 도제 갤챈(Shong stong rdo rje rgyal mtshan, 13세기)의 산스크리트 어휘집인 『아마르꼬샤Amarakośa』, 단딘Daṇḍin의 『까브야다르샤Kāvyādarśa』, 갸나슈리미뜨라Jñānaśrīmitra의 『위릇따말라스뚜띠Vṛttamālāstuti』, 하르샤Harṣa의 『나가난다Nāgānanda』, 끄셰멘드라Kṣemendra의 『아와다나깔빠라따Avadānakalpalatā』, 깔리다사Kālidāsa의 『메가두따Meghadūta』 등이 그 시기에 번역되었다. 이로부터 티벳인들은 인도의 까브야Kāvya류의 시문학 작품들을 친근하게 접할 수 있게 되었으며, 쫑카빠Tshongkhapa의 제자인 샹슝빠 최왕닥빠(Zhangzhung-pa Chos dbang grags pa, 1404~1469)는 『라마나 똑죄Ramaṇa'i rtogs brjod』와 같은 정교한 까브야류의 문학작품을 쓰는 등 까브야류의 문학장르는 근세에 이르기까지 티벳문학의 한 흐름을 형성하고 있다.

분명한 것은 일반인들도 잡지나 애가愛歌 등의 개인자료나 정부문건 등에 이와 같은 문학적 기교를 사용하였는데, 이러한 작품들은 거의 출판되지 않는 채 개인적 취미로 남아 있는 경우가 대부분이다. 이와 같은 전통은 1959년 중국의 티벳 점령과 함께 급속도로 쇠퇴하게 되었지만, 1976년 중국문화혁명(Chinese Cultural Revolution)이 끝나면

---

35 ibid, pp.776~782.

서 세속문학에 담긴 인도의 까브야류의 문학전통은 재조명을 받아 다시 관련된 출판물이 나오기 시작하고 있다.[36]

더불어 역경사적 전개의 내용은 티벳문헌문학 안에 포괄된 경론의 구성양식 중 후기부분에 해당하는 편찬 후기(mjug bsdu)에서도 구체적으로 살펴볼 수 있다. 주로 역경의 시기와 참여자, 개정과 교정의 과정 등이 구체적으로 기술되어 있기 때문에 역경의 연대기적 순서와 편찬과정을 재구성해볼 수 있다. 예를 들면『입보리행론』의 맨 마지막에 나오는 편찬 후기에는, "이상의『입보살행론』은 전계사 샨띠데바께서 지어 완성하신 것을 인도의 친교사 사르바갸나데바Sarvajñānadeva와 슈첸(Zhuchen, 主校)의 역경사 벤데 뺄쩩Bende dpal-brtsegs의 판본에서 편집하여 펴낸 것이며, 나중에 인도의 전교사 다르마 슈리바드라Dharmaśrībhadra와 슈첸의 역경사 벤데 린첸 상뽀Bende rinchen bZangpo와 싸꺄 로되Saskya blogros께서 마가다Māgadha 판본과 주석에 맞게 교정하여 번역 편찬한 것을, 다시 인도의 전교사 수마띠끼르띠Sumatikīrtī와 슈첸의 역경사 비구 로댄 쎄랍bLodan shesrab께서 교정을 보고 번역하여 제대로 펴낸 것이다."와 같은 내용이 들어 있다.

3. 경전번역의 과정과 의의

1) 고전티벳어[37]와 번역용어

티벳어의 기원에 대해서는 대략 두 가지 설이 있다. 언어학적으로는 인도-차이나(Indo-China)어족이지만, 하나는 원시 티벳-버마어(Proto

---

36 ibid, pp.782~794.
37 Miller, Frederic P. Vandome Agnes F, McBrewster John (Ed.)(2009), pp.44~103.

Tibeto-Burman) 계통에서 기원했다는 것이고, 다른 하나는 원시 중국-티벳어(Proto Sino-Tibetan) 계통에서 기원했다는 설이다. 고대 티벳인의 언어가 정확히 어떤 방식으로 사용되었는지 남아 있지 않기 때문에 두 가지 기원설은 가설일 수밖에 없다. 하지만 실제 고전 티벳어로 써진 문장의 구조와 언어학적 특성은 두 가지 계통을 다 포함하고 있다.[38]

티벳어의 시조始祖로 알려진 퇸미 삼보타는 티벳어의 창제와 함께 문법적 기초를 다지기 위해 최초의 문법서를 직접 남긴 것으로도 유명하다. 지금의 북인도 일대에서 유학한 퇸미 삼보따가 티벳으로 돌아온 다음, 굽따Gupta 문자를 본떠서 티벳 문자를 창제하고 그에 준하는 문법서를 남긴 것이다. 일설에 의하면 퇸미 삼보타가 남긴 문법서는 총 8권에 이른다고 한다. 하지만 지금까지 남아서 전해지는 것은 『쑴쭈빠Sum cu pa(三十頌)』와 『땅죽(rTags kyi 'jug pa, 音勢論/性入論/入聲法)』 2권뿐이다. 이유는 티벳불교사에 있어 가장 큰 법란法亂의 주인공이었던 랑 다르마(gLang darma, r. 838~842) 왕의 훼불행위 때문이라고 하는데, 원래부터 2권뿐이었는지 아니면 랑 다르마 왕의 시기에 나머지 6권이 없어진 것인지에 대해서는 이견이 있다.

그럼에도 불구하고 위의 현존하는 퇸미 삼보타의 근본문법서 2권은 1,300여 년이란 장구한 세월 속에서도 고스란히 그 원문을 전하고 있어 티벳어 경전經典 연구를 위한 충실한 길잡이 역할을 하고 있으며, 이후에 이루어진 티벳어 문법학자들의 주석적 연구의 지침이 되었다. 이 2권의 문법서는 티벳 대장경의 논소부論疏部인 땐규르bsTan 'gyur

---

[38] Beyer, Stephan V.(1992), p.8.

(동북판 No. 4348, 4349) 안에 들어 있다.

  티벳문자의 기원은 산스크리트어 계통에서 온 것이고 문법적 이론도 산스크리트어에서 유래하지만 실제 문장의 구조는 한국어나 일본어와 같은 교착어 형태를 띠고 있으며 단어의 의미를 함축하는 형태는 중국어와 유사한 고립어의 경향을 나타내고 있다. 이것은 고전 티벳어가 성립된 역사성과 맞물려 있는데, 티벳의 국가적 성립과 함께 문자문화를 활성화하기 위해 의도적으로 창제한 고전 티벳어는 주변 국가의 선진 문화를 자국의 문화에 흡수 융화하고 국가적 통합이념을 위해 문헌들을 번역하고 편찬하기 위해 만들어진 언어이기 때문에 그 특성도 주변국의 다양한 언어와 문화를 흡수할 수 있도록 복합성을 수용할 수 있는 구조로 발달한 것이다. 그래서 고전 티벳어로 기록된 문헌들은 의학, 점성, 건축, 문예 등을 포함한 중세 중앙아시아의 선진적인 문화와 역사상 최고의 문명 시기를 보내고 있었던 중국과 인도의 선진 문화를 흡수 융해하고 있다.

  지금도 티벳어는 인도[39], 네팔 북부지역, 부탄[40], 파키스탄 북부[41] 지역 등의 남아시아 일부 지역과 중국에 의해 부족 중심으로 분할 귀속된 5개 성省[42] 등지에서 사용하고 있다. 이들 지역은 티벳어를

---

39 잠무-카시미르Jammu-Kashmir의 라닥Ladakh 지역, 히마찰 쁘라데쉬Himachal Pradesh, 시킴Sikkim, 웨스트 벵갈West Bengal의 다르질링Darjeeling, 아루나찰 쁘라데쉬Arunachal Pradesh의 5개 주를 포함하여 남인도와 북인도 일부의 티벳인 망명 정착촌 등은 티벳어 문화권이자 현재도 티벳어 문헌문학을 생산지이기도 하다.

40 부탄Bhutan은 티벳어를 국가공용어로 사용하고 있다.

41 발티스탄Baltistan 주민들은 티벳어를 사용한다.

42 라사Lhasa를 중심으로 한 티벳자치구(TAR; Tibet Autonomous Region), 칭하이

실제 교육 언어로 사용하고 있으며, 티벳불교의 역사와 함께 17세기까지 몽골, 만주 등의 내 아시아 지역의 표준어로 사용된 것은 물론, 20세기 초에는 서쪽으로 카스피 해(Caspian Sea)로 흐르는 볼가Volga 강 유역의 아스트라칸Astrakhan에서 동쪽으로 중국의 북경까지 사용지역이 확대되었고 최근에는 몽골이나 러시아 아스트라칸의 칼미키아 Kalmykia에서 다시 교육 공용어로 등장하기 시작하였다.[43] 인도문화에서 기원한 티벳어가 현재도 다양한 지역에 읽고 쓰는 공용어로 문화적 매개 역할을 하고 있다는 것을 알 수 있다.[44]

한편, 고전 티벳어는 티벳의 국가적 기반이 완성된 이후 약 7세기에서 9세기까지 강력한 구사력을 구축하고 티벳이라는 나라의 문화적 정체성을 확립한 중앙 티벳의 야르룽Yar-klungs 왕조 시기에 주로 사용된 언어를 말한다. 약 2세기에 걸친 이 시기 동안 티벳은 얼굴에 붉은 칠을 한 강성한 군사력을 바탕으로 중국 당나라의 수도였던 장안長安은 물론, 중앙아시아 깊숙이 그 영향력을 행사하기도 하였다. 이 시기에는 또한 당나라와의 수교와 협약을 담고 있는 기념비에 통일된 문자 체계를 남기기도 하였는데, 이 돌기둥은 고전 티벳어로 남긴 가장 오래된 기록물이기도 하다.

인도의 위대한 학자 샨따락시따와 까말라실라를 초청하고 최초의

Qinghai(青海省), 쓰촨Sichuan(四川省), 간쑤Gansu(甘肅省), 윈난Yunnan (雲南省) 등지에 약 550만 명의 티벳인들이 거주하고 있다.

[43] 서구에 진출한 티벳의 스승들과 망명객들에 의해 유포된 티벳불교와 문화가 영어권의 문헌문학에 급속히 전파되면서 티벳문학은 다시 한 번 세계사적인 흐름 속에 자립잡기 시작하고 있다.

[44] Sheldon Pollock (ed.), Matthew T. Kapstein(2003), pp.753~754.

사원인 쌈예 사원을 건립한 티 쏭데짼 왕의 재위 기간 동안에는 이 문자 체계를 적용하여 인도와 중국 등지에서 들여온 불교문헌들을 번역하고 기록하였다. 9세기 초에는 번역 용어의 통일성을 기하기 위해 티 데쏭짼 왕이 시작한 사전적 작업이 티 쭉데짼(Khri gtsung lde btsan, 805~836?) 왕의 시기에 완성되는데, 그 결과 『번역명의대집』[45]과 그 주석서에 해당하는 『이권본역어석』이 편찬[46]되었고, 이를 토대로 번역의 이론과 실제를 정립하였다. 이에 따라 새로운 어휘체계에 맞추어 문헌을 정비하고 이전의 판본들을 폐기하였다. 이렇게 해서 이전의 문헌들은 물론, 이후에 새롭게 번역된 문헌들도 통일된 고전 티벳어의 문자와 문법 체계에 따라 현재까지 유지 전승될 수 있었던

---

[45] 『번역명의대집(飜譯名義大集, Mahāvyutpatti)』은 9세기 티 랠빠짼(Khri Ralpacan) 왕의 재위시기에 편찬되었다. 산스크리트어 문헌을 역경할 때 티벳어에 상응하는 어휘들이 많지 않았기 때문에 역경사들마다 어휘사용의 혼란이 있을 수밖에 없었다. 그래서 왕은 범어에 상응하는 티벳어 신조어나 동의어 등을 모아 어휘집을 만들어 역경의 통일성을 기하도록 하였다. 이 어휘집에는 범장대조梵藏對照 불보살의 명호나 교학 용어들이 들어 있으며, 이후에 역경 어휘의 표준화 작업의 근간이 된 것은 물론, 불교용어의 정립에도 크게 기여하였다. 이 어휘집의 티벳어 이름은 『제닥뚜 똑제첸모(Bye brag tu rtogs byed chen mo; 원제, Lo paṇ mang pos mdzad pa'i bye brag tu rtogs byed chen mo)』이다. 영어로 출간된 것은 1834년 헝가리의 탐험가이자 티벳학자인 알렉산더 알렉산더 초마 드 쾨뢰스Alexander Csoma de Körös가 벵갈 아시아학회(the Royal Asiatic Society of Bengal)에서 출판한 것이 처음이다(2판 1910년, 최종판 1944년). 이외에도 러시아 산스크리트어 학자인 미나예프Minayev와 미르노프Mironov의 편집본과, 일본의 진언종교토대학 장판眞言宗京都大學藏版 등의 편집본이 있고, 2002년에 소개된 토니 더프Tony Duff의 전자출판본 등이 있다. Tony Duff (ed.)(2002), preface.; 京都文科大學藏版, 『飜譯名義大集(Mahāvyutpatti)』, 東京: 臨川書店, 昭和48年(大正5年), 2권본 참조.
[46] 이 문헌들의 편찬 순서에 대해서는 학자들 간에 이견이 있다. 안성두(2006), p.40.

것이다.

한편, 이 시기에 남겨진 고전 티벳어를 살펴볼 수 있는 세 가지 중요한 자료가 남아 있는데, 첫 번째는 중국 둔황Dunhuang의 천불동에서 발굴된 자료들로 8세기와 9세기 문헌들이 주를 이루고 있다. 역사물, 번역물, 신화, 의례, 점성법, 어록 전집류 등을 포함한 거대한 문헌군이 동굴에 봉인되어 있었던 것이다. 이들 자료에는 중국어 음가를 사용한 어휘들이나 중국불교 문헌의 어휘를 음역한 티벳어 어휘들이 포함되어 있다. 두 번째 자료는 중국 서부 사막 지역에 있는 오아시스 도시 코탄Khotan에 프레스코fresco와 스투코stucco 부조들이 장식되어 있었는데, 그 안에 창고로 사용되던 별채에서 티벳 군대가 점령하면서 남긴 병사들의 인사기록, 군대 위치표시, 군사 행정자료, 서신 등이다. 둔황 자료들과 마찬가지로 이 자료들도 그것을 기록한 사람들의 어휘와 철자법에 대한 정보를 제공해준다.

세 번째는 라싸 근처에 세워져 있는 석주로서 가장 초기의 티벳어 문자를 그대로 간직하고 있다. 냔람 딱다 루공Nyan lam stag sgra klu gong에 의해 767년 쇨Zhol에 세워진 이 기둥은 중국을 상대하여 승전한 왕의 기념비이다. 또 다른 석주는 821년에 세워진 중국-티벳 협약을 담은 당번회맹비唐蕃會盟碑로 그 시기의 라싸 방언이 가지고 있는 음운 체계를 재구성해볼 수 있는 중요한 자료이다. 이 문자체는 지금까지도 그대로 사용되고 있다."[47] 이와 같은 자료들을 통해 고전 티벳어와 통일된 문자 체계에 의해 남겨진 티벳의 고문헌들을 좀 더 체계적으로 접근할 수가 있다.

---

[47] Beyer, Stephan V.(1992), pp.28~31.

762년경 티벳에 불교가 공인된 이래, 불교경론을 포함한 산스크리트어 문헌을 티벳어로 번역하기 위한 작업이 광범위하게 이루어진 것은 9세기 초의 티 쏭데짼 왕과 후대 왕들에 의한 국가적 관심에 따른 것이었다. 814년에 편찬된 일종의 불교용어집인 『이권본역어석』[48]은 그 시대의 문학을 다루고 있는 티벳인들의 방식을 보여주는 대표적인 문헌이다. 이 문헌의 편찬과정은 티 데쏭짼 왕이 군사문제와 조세징수, 신하들의 상벌을 논하기 위해 소집한 왕정회의와 관련이 있는데, 왕은 왕정회의에서 박트리아인Bactrian과 티벳인 불교 전교사들에게 '대승과 소승의 산스크리트어에서 유래한 티벳어 번역어와 신조어에 대한 목록'을 편찬할 것을 권고한다. 그는 선대의 역경사들에게, "교리관련 문헌도 아니고 문법(vyākaraṇa, lung ston pa) 서적들도 아닌 것 중에 새롭게 만들어진 많은 종교적 어휘들은 티벳인들에게 낯설다. 이에 잘못된 것은 바로 잡아야 한다. 이러한 용어들은 모두 대소승의 근본 경론에 따르거나 나가르주나, 바수반두와 같은 선대의 위대한 전교사들의 해설에 따른 것이며, 혹은 문법적 체계에 기초한 언어적 관습에 따른 것이다. 이 용어들을 하나의 문헌에 함께 쓰게 되면 그 내용을 논리적으로 이해하거나 단어 하나하나의 의미를 제대로 알아듣기가 쉽지 않다. 일상의 언어처럼, 많은 설명 없이도 알아들을 수 있도록 문학적 방식으로 적절하게 번역된 용어들을 선택하여 단어의 의미를 나타낼 수 있는 어휘를 선정해야 한다."라고 역경과 용어선택을 위한 비교적 구체적인 방향성을 제시하고 있다.[49]

---

[48] 안성두(2006), p.40.

[49] Ishikawa, Mie(1990) 참조. Sheldon Pollock (ed.), Matthew T. Kapstein(2003), pp.755~756, no.26(재인용).

7. 티벳불교의 역경사적 이해 375

또 티 데쏭짼 왕은 번역의 여러 가지 기술적인 문제에 대해서도 분명하게 설명하고 있다. 예를 들면, 산스크리트어와 티벳어의 단어순서나 구문적 차이로 인해 발생하는 문제점을 다음과 같이 언급하고 있다. "불법佛法을 티벳어로 번역할 때는, 산스크리트어의 어순에서 벗어나지 않으면서도 단어와 의미 사이의 안정된 관계성을 벗어나지 않도록 번역해야 한다. 만약 〔원래 구문의 순서에서〕 벗어난 경우라도 이해하기가 쉽다면, 4구 게송이든 6구 게송이든 안정된 형식을 따라 게송의 내용을 재구성하여 번역하도록 한다. 운문의 경우, 의미가 완전해질 때까지 안정된 형식을 취하여 단어와 의미를 재배열하면서 번역하도록 한다."[50] 더불어 번역 어휘를 확정하는 구체적인 어려움에 대해서도 비교적 길게 논의하고 있다. 여기에는 유의어와 동음이의어의 문제, 산스크리트어에서 차용한 단어들을 위해 티벳어 동의어나 신조어(neologism)[51]를 우선적으로 사용해야 하는 경우, 큰 숫자[52]를

---

[50] ibid, no. 27(재인용).
[51] 예를 들면, 가우따마Guatama의 경우, 가우gau라는 단어에는 구절, 방향, 토양, 빛, 금강, 소, 하늘 등을 포함한 다양한 의미가 들어 있다. 까우쉬까kauśika의 경우, '꾸샤kuśa풀(길상초)에 부속된', '방편' 등의 의미가 있고, 빠드마padma의 경우, '기쁨', '올빼미', '보물을 지닌(寶藏)' '적련(赤蓮)' 등의 의미가 있다. 이와 같이 한 단어가 다양한 의미를 내포하고 있기 때문에 하나의 번역어에 그 의미를 다 담기는 불가능하다. 굳이 한 단어에 의미를 한정해야 할 이유가 없을 때는 번역하지 않고 산스크리트어를 그대로 사용한다. 하나의 어휘가 다양한 방식으로 번역되어 나타난다면, 일방적으로 번역하지 말고 보편성을 띄도록 만들어야 한다. 예를 들어 나라, 종족, 꽃, 식물 등의 이름을 번역할 때, 잘못하게 되면 어색한 어휘가 될 것이다. 비슷하게 번역했다고 해도 의미가 바른지는 불확실하다. 그런 경우, 단어 앞에 그 단어가 무엇을 지칭하는지 언급한다. 예를 들면 바라나시와 같은 도시 이름을 언급할 때, 바라나시라는 단어만으로는 티벳인들이 무엇을 의미하

묘사하는 방식에 있어서 산스크리트어와 티벳어의 차이, 수식어의 위치[53]에 대한 바른 사용 등이 포함된다. 이러한 번역 어휘의 선별은 그 당시의 사회적 지위가 티벳어의 공식적 사용의 층위를 강하게 대변하고 있었기 때문에 더욱 중요한 문제였다. 또한 어떻게 이것이 불교 경론 번역으로 이행되었는지를 보여주고 있다.

티 데쏭짼 왕은 주목할 만한 권고와 함께 이것을 소개하고 있는데, "이러한 방식으로 결정된 언어의 형식은 이후로 누구도 자신만의 방식으로 신조어를 만들거나 교정하는 것을 용인하지 않는다. 각각의 승원에서 새로운 언어로 용어를 선정하여 번역하거나 주석할 필요가 있을 경우, 모든 승원은 사전에 그 용어를 새롭게 규정할 수 있는지 문의하고 경론과 문법 체계에서 유래한 원리에 따라 고찰하여 고찰의 결과를 법맥의 전승자와 승원의 공식적인 교법의 교정자가 배석한 왕궁에 보고하며 청문을 요청해야 한다. 이렇게 해서 제안된 어휘의 가치가 인정된 후에 그 어휘는 어휘집 안에 바로 수록될 수 있다." 라고 권고한

는지 이해하기 힘들기 때문에 단어 앞에 도시나 국가를 의미하는 율yul(지역, 경계)이라는 단어를 함께 붙여 율yul 바라나시(yul wā-rā-ṇa-sī), 즉 바라나시 지역이라고 한다. 메똑me-tog(꽃) 짬빠(me-tog tsam-pa-ka), 즉 짬빠꽃 또한 같은 경우이다. ibid, no.28(재인용).

52 예를 들면, 산스크리트의 '13의 백과 반의 비구들'을 티벳어로는 '1천 2백 50의 비구들'이라고 번역하는데, 의미상의 차이가 없을 뿐만 아니라 티벳어가 더 이해하기 쉽기 때문에 티벳어의 방식으로 요약하여 번역할 수 있다.

53 빠리pari, 쌈sam, 우빠upa와 같은 불변화사(不變化詞; 관사, 접사, 전치사 등)나 수식적인 표현들을 번역할 때는 어의語義적으로 적절한 방식을 취하여 용쑤yong-su(전적으로, 완전히), 양닥빠yang-dag-pa(진실로, 바르게), 녜빠nye-pa(대략, 가깝게) 등으로 번역한다. 하지만 의미를 확장하기 위한 접두어가 아닌 경우는 불필요한 단어를 사용할 필요가 없이 의미에 맞게 번역한다.

것이다.[54]

티벳의 고대 왕국이 붕괴된 것은 서부 티벳의 구게Guge 왕국이 여전히 꽃피고 있던 9세기 중반에서 10세기 후반 사이인데, 그 이유는 아직도 모호한 채로 남아 있으며, 전통적인 티벳 역사서에서는 이 시기를 티벳문화의 실질적인 암흑기로 묘사하고 있다. 하지만 이 시기의 티벳어는 기본적으로 불교적인 틀 속에서 문학적인 언어로서 살아남아 있기 때문에 지금도 그 면모를 살펴볼 수 있다. 결과적으로 이 시기까지의 문학적인 티벳어는 10세기 이후에도 경전 번역을 위한 언어로 다시 한 번 주목받게 된다. 그와 동시에 고어체 티벳어가 둔황과 고대 왕실 비문碑文, 그 외 초기자료들로부터 알려져 있지만, 황실과 군사행정에서 주로 사용하던 이들 고어체 언어들은 폐기되고 불교 언어로서 사용되던 티벳어가 점차로 표준어로 자리 잡게 되었다. 이후 행정 관료들은 역사 기록 같은 세속적 분야에도 불교 언어를 채택하기 시작하였다. 이와 함께 전국가적으로 불교를 숭상하게 되었으며, 불교가 기원한 인도의 학식과 문화를 가장 품격 높은 것으로 인식하게 되었다.

하지만, 10세기 후반에 시작된 새로운 문학적 티벳어는 독특한 티벳인의 표현양식과 함께 채택되었는데, 여러 면에서 8세기에서 9세기 사이의 저술가들이 사용했던 티벳어의 성격과는 차이가 있었다. 이에 따라 11세기에는 티벳인의 고유한 의식이 담긴 티벳어가 문헌적으로 성립하였다. 또한 13세기에는 산스크리트어 내용들도 티벳어를 매개로 더욱 명료하게 나타나게 되었다.[55]

---

[54] ibid, no.32(재인용).
[55] ibid, pp.768~769.

한편, 고전 티벳어의 문법과 관련하여, 10세기 랑 다르마 왕의 훼불사건 이후 한 동안의 혼란기를 보내고 나서 티벳어 문법에 대한 본격적인 논의가 다시 이루어진 시기는 약 12세기 무렵으로 퇸미 삼보타 이후 무려 약 500여 년간의 공백이 있은 다음이었다. 그 사이에 여러 가지 문법적 연구가 없었던 것은 아니지만 일정한 성과를 가지고 큰 영향력을 발휘한 흔적은 찾아 볼 수 없었다.[56]

이후 티벳어 문법 논의에 실질적이며 통합적인 영향력을 발휘한 연구는 17세기 말의 시뚜 최끼 중내(Si tu'i chos kyi 'byung gnas, 1700~1774; 까르마 까규빠Karma bka' brgyud pa의 대학자)의 『시뚜 델첸 (Si tu'i 'grel chen; Si tu'i sum rtags 'grel chen mkhas pa'i mgul rgyan mu tig 'pheng mdzes, 司徒文法廣釋)』에서 그 완성된 모습을 갖춘다. 내용적인 완성은 이미 퇸미 삼보타에 의해 이루어진 것이지만 구체성과 통합성에 있어서 완성을 본 것은 시뚜 최끼 중내가 이루어낸 결실이라고 할 수 있다. 시뚜 최끼 중내의 『델첸'Grel chen(廣釋)』은 워낙 방대하고 자세하여 분량이나 세밀한 분석적 내용에 있어서 일반 사람들이 접근하

---

[56] 퇸미 삼보타의 근본 문법서 2권에 대한 주석서에는 알려진 것만 해도 나르탕 로짜와(Narthang lotsawa)의 『쑴땅 델와Sum rtags 'grel ba』, 샬루 로짜와 최꽁 상뽀(Zhalu lotsawa chokyong zangpo, 1441~?)의 『쑴땅 델와Sum rtags 'grel ba』, 빤첸 쇠남 남걀(Panchen sodnam namgyal)의 『쑴땅 델와Sum rtags 'grel ba』, 로첸 남카 상뽀(Lochen namkha zangpo)의 『쑴땅 델와Sum rtags 'grel ba』, 오퉁빠 까르마 랍계(Othrungpa karma rabgye)의 『쑴땅 델와Sum rtags 'grel ba』, 수르카르 로되 갸초(Zurkhar lotro gyatso)의 『쑴땅 델와Sum rtags 'grel ba』, 빠오 쭉락 텡와(Pawo tsuglag threngwa)의 『쑴땅 델와Sum rtags 'grel ba』, 다띠 게쉐 린첸 된둡(Drati geshe rinchen dontrub)의 『쑴땅 델와Sum rtags 'grel ba』 등 다양한 주석서('Grel ba, 註釋)들이 있다.

기에는 너무 전문적이다. 그래서 지금도 이 주석서는 티벳어 문법을 전문적으로 연구하는 학자들이 주로 이용한다.

19세기 말에 와서, 응월추 최끼 상뽀dNgul chu chos kyi bzang po와 그의 외종질인 20세기 초의 응월추 양짼 둡dNgul chu dbyang can grub이 시뚜 최기 중내의『델첸(廣釋)』을 지금의 유통본[57] 형태로 정리하였다.[58] 응월추 최끼 상뽀가 남긴『시뚜 섈룽Si tu zhal lung』은 시뚜 최끼 중내의『델첸』에 대한 핵심을 간추린 문법 개론서인데, 이『시뚜섈룽』을 계승하여 게송 형태의 문법서 2권을 저술한 이가 바로 응월 추 양짼 둡이다. 그가 퇸미 삼보타의 근본 문법서 형식을 그대로 따라서『쑴쭈빠Sum cu pa(三十頌)』를 정리한『렉섀 쑴쭈빠 죈왕Legs bshad sum cu pa'i ljon pa'i dbang pa』과『땅끼죽빠rTags kyi 'jug pa(音勢論)』를 정리한『땅죽 닝뽀 된도 짼죄 까내 쎌와 메롱rTags kyi 'jug pa'i snying po'i don mdo tsas brjod dka' gnad gsal ba' me long』을 저술한 것이 바로 지금도 각급의 티벳 승원과 학교에서 고전티벳어를 공부하기 위해 채택하고 있는 문법서이다.

응월추 양짼 둡이 그의 삼촌인 응월추 최끼 상뽀의 업적을 함께 모아 편찬한 이 문법 강요서綱要書[59] 안에는 논란이 될 만한 문법적

---

[57] dNgul chu dbyang can grub(2001), 유통본 참조.

[58] 최연철(2009), pp.163~167.

[59] 응월추 최끼 상뽀dNgul chu chos kyi bzang po의 강요서인『캐촉 응월추 얍쌔끼 재빠 시뚜 섈룽 쏙 쑴땅 촉 뎁 슉소mKhas mchog dNgul chu yab sras kyis mdzad pa' Si tu' zhal lung sogs sum rtags phyogs bsdebs bzhugs so)』는 응월추 다르마바드 라dNgul chu Dharmabhadra, 양짼 둡뻬 도제dByangs can grub pa' rdo rje, 겔롱 까첸 빼마dGe slong dka' chen padma, 주 미팜'Ju Mi pham, 땐 다르 하람빠bsTan dar lha ram pa 등의 톤미 삼보따의 근본송에 대한 주석註釋들을 모은 강요서이다.

의문 사항에 답하는 내용과 19세기 닝마빠 성자로서 백과사전적 업적을 남긴 미팜 린포체의 격格에 대한 문법 해설, 그리고 18세기경에 '알라샤' 라고 불리던 몽골의 대학자(lHa ram pa) 땐 다르의 『양죽Yang 'jug(재후가 자再後加字)』해설 부분 등이 함께 담겨 있다. 이 문법 강요서는 특히 1959년 이전 티벳 본토와 그 이후 티벳 망명 공동체의 승가와 일반 모두에게 가장 권위 있는 티벳어 문법서로 인정받고 있는데, 현재도 각급 교육 기관의 티벳 어문법 교재로 널리 보급되어 있다.

2) 경전 번역의 학적 의의[60]

불교의 역사 안에서 가장 잘 알려진 수행자들은 대부분 대단한 선정가였을 뿐만 아니라 위대한 학자이기도 하였다. 불교에서는 흔히들 붓다를 스승(bsTan pa)이라고 부르고 그의 가르침은 그가 걸었던 길로 향하는 자들을 인도하는 전형(role-model)이자 법(Dharma)이라고 생각한다. 따라서 승가공동체(Saṅga)의 구성원들은 그 법을 수행하고 가르치는 제자이자 선생이며 수행자들이다. 승가의 가장 주도적인 구성원들은 선정뿐만 아니라 확고한 지성을 갖추어야 한다. 붓다 역시 논쟁에서 승리할 수 있는 능력과 그의 정신적인 위대함의 대가代價로 다양한 개종자들을 확보하는 두 가지 능숙함을 동시에 갖추고 있었다. 물론 이러한 현상적인 지성은 절대적 차원에서는 큰 가치가 없는 것이다. 무지한 상대자들을 일깨우기 위한 방편의 시설일 뿐이기 때문이다. 그래서 붓다는 논쟁의 내용 자체에 모순이 발생할 때는 오해를 차단하기 위해 침묵(無記)을 통해 답하기도 하였다.

---

[60] 이하, Jonathan C. Gold(2008), pp.25~39 참조.

붓다의 다양한 방편의 시설은 불교역사 안에서 다양한 수행의 전통으로 확장되게 되는데, 한편으로는, 침묵을 통한 붓다의 가르침 속에서 붓다의 절대적 진리에 계합하고자 했던 중국의 선禪불교와 같이 불립문자不立文字의 이심전심以心傳心을 스승과 제자 사이의 주요한 법의 전승방식으로 삼아온 전통이 있다. 심지어 중국 선종의 남종南宗 계열에서는 경전공부 자체를 부정함으로써 그로 인한 분별망상에 빠지는 것을 경계하기도 하였다. 하지만 이 역시 실제로는 근기가 되는 수행자가 스승의 혹독한 훈련에 적절히 부응할 수 있을 때 가능한 것이었다. 즉 지적인 이해능력을 전제로 하여 물리적 한계를 견뎌낼 수 있는 강인한 근기를 요구했던 것이다.

또 한편으로는, 고도의 선정능력을 키우는 것 못지않게 지적인 학식을 갖추는 것을 중요시한 전통도 있다. 승가구조 안에 이러한 전통을 적극적으로 구축한 티벳불교에서는 호교護敎와 전교傳敎의 목적을 적극적으로 실천할 수 있는 지성과 논쟁능력을 동시에 갖춤으로써 붓다의 실천적인 삶에 접근하고자 하였다. 이러한 전통은 티벳의 승가 교육 구성과 경전번역의 역사에서도 충분히 살펴볼 수 있다.

그와 동시에 티벳의 수행문헌들에는 지적인 학습에만 너무 몰두하여 논리와 언어의 맹목적 신념에 빠진 채 오만과 질시를 일삼는 학자들을 경계하는 다양한 일화들이 있다. 일례로 밀라래빠(Mila ras-pa, 1052~1135)의 전기[61]에는, 학자 짝뿌와Tsagpuba가 밀라래빠에게 도전하면서 교학의 논전에 대해 해설해볼 것을 요구하는 장면이 나온다. 이에 대해 위대한 요기였던 밀라래빠는 "나의 위대한 스승 역경사

---

61 Lhalungpa(1977), pp.153~157.

마르빠시여, 저를 이 논쟁에서 지키고 가피하소서. 내 스승의 가피가 나의 마음에 비추나니, 내 마음은 결코 산란에 빠지지 않노라. …… 비밀스런 가르침의 전통에 따라 수행하노니, 나는 논리학의 책들을 잊었노라. 청정한 자각을 유지하노니, 나는 무지의 환幻들을 잊었노라. …… 변함없는 본성에 머무노니, 위선의 길들을 잊었노라. 몸과 마음이 겸허하나니, 위대함의 오만과 불편을 잊었노라." 라고 노래하였다. 위대함의 명성과 교양에 집착하는 학자의 위선과 오만에 정면으로 대응한 것이다. 학자 짝뿌와는 끝내 이에 굴복하고 분노하며 떠나가지만, 그는 결국 학자적 오만을 버리지 못하고 설욕을 위해 다시 돌아오려 할 것이다. 그래서 밀라래빠는 또 다른 일화에서 언어와 논리의 훈련에만 매진하는 학자들의 한계를 한층 더 강력하게 지적한다. "오, 위대한 학자와 교사들이여, 진리인 양하는 공허한 이론과 무의미한 말에 집착하지 마오. 외도조차도 그렇게 유희하지 않던가. 생의 삼분의 이를 아무것도 얻지 못하고 허비해도, 마음은 결코 언어를 따라가지 않더라. 그러니 아만과 위선의 마군을 정복해야 하리라. 말, 말, 말뿐인 그것에 낭비할 시간이 없나니, 나는 논리도 모르거니와 주장명제를 상정할 줄도 모르노라. 그러니 그대가 오늘의 논쟁에서 승자일세!"[62] 라고 노래한다.

　이것은 티벳불교의 수행전통이 단순히 학자적 전통에만 매달린 것이 아니라 실제 수행전통에서는 문자를 뛰어넘는 실질적인 성취를 요구하는 전통을 이어왔음을 보여주는 증거이기도 하다. 또한 이러한 수행적 전통은 철저하게 공증된 교학적 정통성에 기반을 두어야 한다는

---

[62] Chang(2006), pp.381~382.

의미이기도 하다.

밀라래빠의 스승이었던 마르빠(Marpa, 1012~1097)는 성취자로서 뿐만 아니라 인도의 정통성을 이어받은 수많은 경론을 번역한 위대한 역경사(Lotsāba)로서도 오늘날까지 그 명성을 떨치고 있다. 만약 마르빠가 위대한 학자이자 성취자가 아니었다면, 밀라래빠에게 전한 마르빠의 가르침 역시 그 정통성을 상실했을 것이다. 그런 면에서 학자의 모순을 넘어설 것을 요구한 밀라래빠의 지적은 역으로 학자들이 가야할 길을 직설적으로 표현하고 있는 것이기도 하다. 학자의 오만과 질시를 경계하고 붓다의 가르침 그대로 자신과 세상의 해탈을 인도하는 인도자로서 진정한 불교적 학자상을 역설하고 있는 밀라래빠를 통해 스스로 극한의 성취수행에 매진했던 위대한 요기의 진심어린 충고를 들을 수 있는 것이다. 인도의 위대한 학자이자 성취자였던 나로빠, 그리고 그의 법을 전승한 마르빠와 밀라래빠의 전승법맥에서 학자적 자질과 수행적 성취가 둘이 아님을 확인할 수 있는 것처럼, 가르침의 법맥은 두 가지가 상보적으로 완성될 때 정통성을 인정받는 것이다.

이와 같이 전설적으로 표현된 밀라래빠의 일화는 10세기경 티벳불교의 암흑기와 11~12세기의 새로운 불교전파시기를 거치면서 이전에 티벳에서 자생한 모든 형태의 비정통적인 불교형태를 자정하고 인도불교의 정통성을 확보하기 위한 '신보수적인' 불교운동의 동력인이 되기도 하였다. 티벳불교의 역사가 말해주듯, 이러한 운동은 이전 시대의 모순을 극복하고 진정한 붓다의 가르침을 제대로 실천하고 공부하기 위한 당연한 움직임이라고 할 수 있다. 이러한 목소리를 담은 불교의 형식을 적극적이고 체계적으로 제시한 가장 영향력 있는 인물이 바로 13세기 위대한 학자 싸꺄 빤디따 꾼가 걜챈(Saskya paṇḍita Kundga' rgyalmtshan, 1182~1251)이다. 싸꺄 빤디따는 그의 저서 『학자입문(mKhas pa ´jug pa´i sgo)』에서 아주 구체적이고 실질적인 방식으로 새로운 시기에 걸맞은 불교적 학자상에 대해 묘사하고 있다. 싸꺄 빤디따는 그의 저서와 삶 속에서 지나치게 자기 오만에 빠져 있었던 이전의 학자상을 버리고 불법을 구하는 모든 제자들에게 정법에 대한 바른 영감을 줄 수 있는 존경받을 만한 불교적 학자상을 구현하였다.

티벳의 불교사를 살펴보면, 티벳에 불교가 전파된 초전기에는 인도불교의 경론을 그대로 역경하는 전통이 강하게 자리 잡고 있었다. 그러다 점차로 인도적인 것과 티벳인 고유한 사유가 혼합된 양상의 종교문헌들이 출현하게 된다. 여기에는 순수하게 불교적인 것도 있지만, 기존의 티벳문화에 불교적인 것이 흡수되어 나타난 변형된 형태의 이교도들의 문헌도 있다. 이런 과정에서 불교적 이론에 도움을 받아 종교적 힘을 키운 뵌(Bon)교도 랑 다르마 왕의 훼불사건과 같은 일이 발생하고, 이것은 곧 티벳불교의 암흑기로 이어지게 된다. 그 이후 계맥戒脈의 회복과 함께 시작된 티벳불교의 후기 전파시기에는 불교 안에서도 티벳인들이 저술한 문헌들이 본격적으로 편찬되기 시작한다. 이러한 저술들은 11~12세기에 시작된 후기 전파시기의 특성상 주로 자기종파의 정통성을 확립하는 방향에서 편찬되고 보급되는 경향을 보였다.

이와 같이 실제 불교언어를 사용하고 있거나 활용하고 있는 티벳어 문헌들은 크게 ①인도의 원전을 그대로 역경한 것과 ②인도의 원전을 그대로 흡수하여 자신들의 언어로 재구성한 티벳인 고유의 저술 등으로 구분할 수 있다. ①의 경우는 깐규르와 땐규르 안에 포함된 대부분의 불전에 해당하고, ②의 경우는 땐규르에 포함된 일부의 경론과 티벳인 스승들의 어록(gSung 'bum/bka' 'bum)들, 그리고 이교도들의 문헌들이 여기에 해당한다.

여기서 문제가 되는 것은 ②의 경우인데, 랑 다르마 왕의 훼불사건처럼, 이교도적인 것의 모순이 발생하거나 불교 내부에서도 자기종파의 정체성을 확보하기 위해 교조적으로 해석하는 경우 정법에 대한 왜곡이 발생할 수도 있다는 점이다. 이것은 결국 법맥에 대한 정통성의 문제와 새롭게 편찬된 티벳인 저술에 대한 공증의 문제를 일으킬 수밖에 없었고, 그것은 곧바로 양심 있는 불교적 학자상에 대한 재정립을 요구하게 된 것이다.

그런 면에서 13세기에 저술된 싸꺄 빤디따의 『학자입문』은 티벳불교 후기 전파시기에 대두된 법맥의 정통성과 정법에 대한 공증 문제를 정면으로 다루고 있는 진정한 불교적 학자상에 대한 교과서라고 할 수 있다. 싸꺄 빤디따는 모든 학자는 이교도의 훼불로부터 정법을 수호하고 불교 내부에서 발생하는 정법의 왜곡을 막는 것이 본연의 임무라는 것을 강조한다. 그는 불교의 가르침은 다른 사상이나 종교적 이론과 끊임없이 경쟁해왔으며, 불교 자체 내에서 발생할 수 있는 정치적 목적으로 인해 법에 대한 왜곡이 언제든지 일어날 수 있다는 점을 잘 알고 있었다. 따라서 그는 진정한 학자는 자신들의 지성과 학식을 도구로 정법을 수호해야 하기 때문에 인도불교 전통의 어문법, 문헌해석, 철학적 교리에 능통해야 한다고 생각한다.

『학자입문』에서는 이러한 내용의 학자적 훈련에 대한 기본적인 내용을 구체적으로 해설하고 있는데, 주로 인식론, 언어철학, 번역연구, 해석학, 문학이론 등을 왜, 어떻게 공부해야하는지에 대한 내용을 담고 있다. 이것은 또한 경론의 번역능력과 그 내용을 직접적으로 강론하고 전승할 수 있는 스승의 자질을 모두 담보하고 있는 확장된 역경사의 개념과도 일맥상통한다.

싸꺄 빤디따는 역경사는 단순한 번역가(譯經士, translator)나 통역사가 아닌 설법가이자 제자를 정법의 길로 인도하는 스승(譯經師, Lotsāba)이어야 한다고 생각한다. 그런 의미에서 티벳어 '로짜와Lotsāba(譯經師)'라는 말은 경론을 직접 번역하지 않았더라도 그 내용을 설법하고 전승할 수 있는 스승들에게 부여하는 호칭이 되기도 한다. 싸꺄 빤디따의 학자상에 대한 분석은 실질적인 해석자(interpreter)에 대한 방향성과 함께 역경론의 틀을 제공한다. 그는 역경사는 번역의 내용을 생산하는 생산자일 뿐만 아니라 번역한 텍스트의 내용을 독송하고 가르치는 해설자(expositor)여야 한다고 말한다. 번역이론에 대해 주로 논하고 있는 『학자입문』의 제2장 「설자입문(說者入門, bshad pa la 'jug pa)」에서, 그는 학자의 역할은 단순한 저술가나 논쟁가가 아니라 성취자의 눈으로 경론을 설하는 스승이어야 한다고 말한다. 그래서 역경사의 역할 역시 성취자의 눈으로 경론을 설하는 스승이 되어야 한다는 관점에서 논하고 있는 것이다.

티벳불교 전기 전파시기의 학자적 자질과 역경사로서의 역할이 불교언어에 대한 정통함과 표준화된 역경용어의 적용을 능숙하게 하는 것에 있었다면, 싸꺄 빤디따는 전기 전파시기에 표준화된 역경사의 자질에 덧붙여 그 역경의 내용을 어떻게 현재의 시점에 맞도록 올바른 해석적 의미를 부여할 것인가에 더 초점을 맞추고 있다. 예를 들면, 싸꺄 빤디따는 『이권본역어석(Mdhyavyutpatti)』에서, "티벳어 표현의 존칭어 적용은 이해하기 쉽게 번역한다."라고 규정한 티 데쏭짼 왕의 '신정어(新定語, skad gsar bcad) 규칙'을 인용하면서, 존칭어를 어떻게 적용할 것인지에 대해 설명하고 있다. 계급적 구분 없이 일상어처럼 사용하는 티벳어의 존칭어는 실제 계급적 구분을 위해 사용하는 산스크리트어의 존칭 어미와 다를 때가 많다. 따라서 계급적 구분을 위한 다른 수식어를 사용하지 않고 산스크리트어에서 사용하는 그대로 존칭어만 붙여서 번역하는 경우는 번역상의 오류가 발생할 수도 있다. 그래서 역경사에게는 산스크리트어의 특성은 물론 다양한 번역의 형태에 대한 경험과 그 내용을 잘 이해하여 현재에 적용할 수 있는 해석적 능력이 요구된다. 그런 의미에서 싸꺄 빤디따는 처음부터 갖추어야 하는 역경사의 두 가지 자질에 대해 강조한다.

첫째는 언제나 발생할 수 있는 번역상의 어려움 때문에 때로는 역경사만을 탓할 수 없는 부분이 있지만, 반면에 그렇기 때문에 더욱 분명한 번역의 전략과 그로부터 발생할 수 있는 잠재적 오류를 충분히 고려해야 한다는 것이다. 싸꺄 빤디따가 당시 역경의 흐름을 비판한 것은 티벳어의 의미를 쉽게 하기 위해 산스크리트어의 의미를 한정해서 번역하는 경향 때문이었다. 번역자는 산스크리트어에 있는 법의 의미를 있는 그대로 티벳어로 옮겨와야 한다. 그래서 그 내용을 이해하고 설명할 수 있는 스승의 지위에서 그 의미를 전달해야 한다. 그것은 번역된 경론을 공부하고 수행한 학자나 역경사 모두 그것을 성취한 스승의 지위에서만 그 내용을 온전히 전달할 수 있기 때문이다. 따라서 번역자는 번역단계에서 번역의 방법상의 문제 때문에 그 내용을 왜곡해서는 안 된다는 것이다. 즉 원칙에 충실하면서 의미를 왜곡하지 않는 눈을 가진 역경사의 자질이 필요하다는 것이다.

둘째, 싸꺄 빤디따는 이와 같은 역경사의 자질이 필요하다고 해서 불법의 내용을 충분히 수행하여 설법이 가능한 티벳인 스승도 반드시 산스크리트어 원문을 알아야 하는 것은 아니라고 말한다. 비록 몇 가지 해석상의 문제가 발생할 때 원문에 대한 지식이 요구되는 것이 사실이라고 해도, 그 의미를 해석할 수 있다면 큰 문제가 되지 않는다고 보는 것이다. 그런 의미에서 싸꺄 빤디따가 더 중요하게 생각한 것은 설법가들이 이러한 어려움에 직면하지 않도록 의미가 잘 드러난 원문번역이 필요하다는 것이다. 결국 역경사는 의미가 잘 드러나도록 번역할 줄 아는 자질과 스스로 스승이 되어 설법할 수 있는 자질을 동시에 갖출 수 있을 때 진정한 역경사가 될 수 있다. 원문번역 능력만으로 역경사가 되는 것도 아니고 원문을 번역할 수 없다고 해서 진정한 의미의 역경사가 되지 않는 것도 아니다. 그래서 티벳에서는 원문번역 능력과 설법의 능력의 다 갖춘 역경사에게 '위대한 역경사(Lotsāba chenpo)'라는 호칭을 부여하곤 한다.

경론의 내용을 잘못 읽는 것은 단순한 번역의 기술이나 해석상 오류의 문제가 아니다. 번역자에게도 설법자에게도 실제 요구되는 것은 자신의 관점에서 읽어내는 아전인수식 번역이나 해석이 아닌 붓다의 가르침을 있는 그대로 드러내는 청정한 눈이다. 번역이 아무리 매끄러워도 자신의 문학적 재능에 의한 것이라면 그것은 제대로 된 번역일 수 없다. 또한 설법이 제 아무리 매력적이라도 그것이 자신만의 말솜씨에 의한 것이라면 그 역시 제대로 된 해석일 수 없다.

싸꺄 빤디따가 말하는 진정한 불교적 학자의 길은 이와 같은 두 가지의 모순을 스스로 배제하면서 인간해방과 중생구제의 진실을 말하고 있는 붓다의 가르침을 있는 그대로 드러낼 줄 아는 '위대한 역경사'의 길이다. 그래서 그는, "[해석상의 오류를 발생시키는] 법은 법을 왜곡하는 희론일 뿐이다. 아무런 이익도 없는 그러한 가르침은 정법을 파괴할 뿐이다."라고 말한다. 그러므로 진정한 불교적 학자상은 정법을 수호하고 왜곡하지 않으려는 모든 노력에서 담보되는 것이다.

3) 티벳대장경의 편찬 과정

7세기 초 퇸미 삼보타가 지은 최초의 문법서 두 권을 포함한 수많은 경론을 담고 있는 티벳 대장경은 티벳불교의 초조에 해당하는 샨따락시따와 그 외 12인 등이 실질적인 불교경론의 번역을 시작한 이래 약 13세기까지 인도, 네팔, 티벳, 중국 등의 역경사들에 의해 번역된 수많은 경론들이 포함된 것이다. 경율론 3장은 티 쏭데짼과 티 쭉데짼 왕의 시기에 국가주도의 사업으로 대부분 완성되었다. 티벳 대장경은 국가적 지원과 관심으로 인해 원전에 충실한 축어적逐語的 번역으로 잘 알려져 있지만, 번역 사업을 시작한 초기에는 불전에 대한 이해 부족과 상이한 번역용어의 적용으로 인해 오역과 통일성의 문제가 자주 생겨났다. 그래서 38대 법왕 티 쏭데짼과 40대 법왕 티 쭉데짼 왕의 시기에 『번역명의대집(飜譯名義大集, Bre brag tu rtogs par byed pa)』과 『이권본역어석(二券本譯語釋, sGra sbyor bam po gñis pa)』 등의 불교용어 어휘집을 편찬하게 되었는데, 이들 문헌은 당시 역경에 참여한 실제 인도와 티벳의 역경사들이 직접 번역 용어의 통일을 위해 불전에 사용된 기본 어휘와 용어들을 산스크리트어와 티벳어 대조와 부분적인 해설을 담아 새롭게 확정(新定譯語, skad gsar bcad)한 불전 해설 어휘집이다. 이 문헌들은 결과적으로 역경의 통일성과 정확성을 확보하는 데 큰 기여를 하였으며, 중앙 티벳에서 둔황에 이르기까지 수많은 티벳불전에 영향을 주기도 하였다.

한편, 가장 초기의 불전목록은 39대 법왕 티 데쏭짼(Khri lde srong

btsan/Sad na legs mjing yon, 776~815)의 시기에 편찬된 것으로 알려져 있는데, 실제 이름이 남아있는 목록은 824년경 티 쭉데쩬(Khri gtsug lde btsan/Ral pa can) 왕의 시기에 초기 번역물 목록을 정리한 『댄까르마 lDan kar ma 목록』[63]과 최근에 다시 발견된 『팡탕마 Phang thang ma』 목록,[64] 이름만 남겨진 『침푸 목록(dKar-chag bsam-yas mchims-phu-ma)』 등이 편찬된 것으로 알려져 있다. 이들 목록은 경전과 논소를 함께 다루고 있으며, 오늘날과 같은 티벳 대장경의 구성과 비슷한 형태를 보여주는 최초의 문헌들이기도 하다. 이외에도 닥빠 걜챈(Grags pa rgyal mtshan, 1147~1216), 쫌댄 릭댈(Bcom ldan rig dral, 13세기), 팍빠 로걜챈('Phags pa blo gros rgyal mtshan, 1235~1280) 등이 출간한 목록이 알려져 있다.

---

[63] 『까르착 댄까르마dKar chag ldan dkar ma(lhan-dkar); Pho brang stod thang ldan dkar gyi chos 'gyur ro cog gi dkar chag(뙤탕의 댄 까르마 궁宮의 경전 목록)』(북경판 No.145-143~153/ 동북판 No.5205=sna tsogs-Jo; dPal-brtsegs, kLu'i dbangpo, Nāgendrakṣita, Nam-mkha'i snyingpo 등이 편찬). 이 목록은 왕의 칙명에 의해 댄 까르마 궁전에 머물고 있던 역경사들이 당시까지 번역되었거나 혹은 번역 중에 있는 대승과 소승, 현교와 밀교의 모든 경론의 제목을 기록한 것이다. 현존하는 티벳대장경의 약 4,500여 부와 비교하면 많이 부족하지만 『법화』, 『열반』, 『십만송 반야』, 『능가』, 『비나야』, 『심밀深密』 등의 대승경전 및 석론釋論 중 중요한 것과 밀교 경전 중 일부가 번역되었다는 것을 알 수 있으며, 경율론의 순서와 양이나 지역에 따른 분류방식을 취하고 있다. 특히 티벳역과 한역에 포함되지 않은 경론의 제목도 들어 있기 때문에 티벳과 중국불교 사상사 연구에 참조할 수 있다. 정승석 편(1989); 야마구치 즈이호, 야자키 쇼켄(1990), pp.204~223 참조.

[64] 『팡탕마 목록dKar-chag 'Phang-thang-ma』은 중앙 티벳의 팡탕에서 작성된 목록이다. 또 『침푸 목록dkar-chag bSam-yas mChims-phu-ma』은 쌈예에서 작성된 것으로 알려져 있다.

『댄까르마 목록』에는 현교의 주요한 경론들이 거의 대부분 수록되어 있는데, 불설(佛說, bka´) 과 논소(論疏, bsTan)의 2부 체제로 나누어 총 27항 734부에 해당하는 목록을 수록하고 있다. 이러한 분류 방법은 이후에 편집된 모든 티벳 대장경의 분류 방식에도 그대로 적용된다. 이 문헌들에 기록된 목록의 불전번역과 함께 훼불 왕인 랑 다르마 이후 약 200여 년에 걸친 암흑기에 접어들면서 불법의 전기시대가 마감된다.

10세기가 지나면서 린첸 상뽀와 전계사 아띠샤에 의해 새롭게 전개된 불법의 후기 전파시기를 맞으면서 불전번역도 새롭게 시작되었다. 후기 전파시기의 번역은 국가의 보호와 도움 없이 사찰과 개인을 중심으로 이루어졌으며, 덕망 있는 인도의 학승들이 초대되어 번역에 동참하기도 하였다. 후기의 번역서들은 전기에 번역이 되지 않은 현교의 유식, 중관계의 일부 논소들과 밀교 경전들 그리고 전기의 번역에 문제가 있다고 판단된 경론들을 새롭게 번역하거나 교정하여 편찬한 것이다. 이 시기에는 산스크리트어 문헌뿐만 아니라, 중국, 코탄, 몽골 문헌 등이 티벳어로 번역되기도 하였다.

티벳대장경을 정의하는 데는 여러 가지 이의가 있을 수 있다. 특히 역경을 통해 편찬된 경론들뿐만 아니라 티벳 자체 내에서 저술된 수많은 불교의 논소들을 무시하고는 티벳불교의 특징을 말하기가 쉽지 않기 때문에 티벳대장경은 티벳인들의 저술을 포함하는 광의의 개념으로 정의해야 하는 경우가 많다. 하지만 부뙨 린첸둡이 분류한 2부 체제의 범주 안에서 살펴보면, 깐규르는 기본적으로는 산스크리트어 원전에서 번역된 붓다의 말씀을 의미하고, 땐규르는 대소승을 망라한 불교의 주석서들인 논소들을 의미한다. 또 일부이기는 하지만 깐규르와 땐규르에는 중국어와 다른 언어들에서 번역된 경론들도 포함되어 있다.

13세기 중후반에 들어 쫌댄 릭댈bCom ldan rig dral과 그의 제자인 우빠 로쎌(bBus pa blo gsal byang chub ye shes), 쇠남 외세르(Lotsāba bsod nams 'od zer), 걍로 장춥붐rGyang ro byang chub 'bum 등이 티벳 각지에서 번역된 불전들을 수집하여 나르탕sNar thang 승원 문수전文殊 殿에서 불설부와 논소부의 2부 형태로 분류하고 『땐빠 걔빠 목록(dKar chag bstan pa rgyas pa)』과 『니마 외세르 깐규르 목록(dKa' 'gyur gyi dkar chag nyi ma'i 'od zer)』을 작성하였다. 이 목록의 내용을 침 잠뻴양 'Chim 'jam dpal dbyangs이 집성하여 완성한 것을 나르탕 판본 티벳대장 경 고판古版이라고 하는데, 이것이 현존하는 티벳대장경의 모태이다.

이와 같은 기나긴 역경의 여정을 거쳐서 결과적으로 깐규르bKa' 'gyur(佛說部)와 땐규르bsTan 'gyur(論疏部)[65]의 2부 체제로 구성된 현재 의 티벳대장경이 실질적으로 편찬된 것은 14세기 부뙨 린첸둡 (1290~1364)에 의해서였다. 1334년경 부뙨은 그가 주석하던 샬루Zha lu 승원에서 나르탕 판본을 저본으로 하여 장경의 순서를 정하고 복본複 本은 하나를 폐기하여 단본으로 하고 제목이 없는 경우는 제목을 붙여서 깐규르를 재편하였다. 1335년에 편찬된 땐규르 목록은 부뙨의 전집 「La」항에 수록되어 있다.[66]

① 깐규르(bKa' 'gyur, 佛說部)

깐규르에 관한 연구는 헬므트 에이머Hemut Eimer[67], 폴 해리슨Paul

---

[65] 이 두 가지를 합해서 통칭, 『까당 땐쬐규르로쪽bKa' dang bstan bcos 'gyur ro cog(經論譯集)』이라고 부르기도 한다.
[66] 안성두(2006), pp.46~48.

Harrison, 이마에다요시로(今枝-由郞), 미마끼카츠미(御牧克己) 등에 의해 이루어졌는데, 나르탕 고판과 부뙨의 샬루 판본에 의거하여 다양한 깐규르 판본들이 편찬된 것으로 보고된다. 그중에서 가장 많은 판본을 형성한 것이 챌빠Tshal pa 계통의 깐규르이다. 챌빠 깐규르는 챌빠 뀐가 도제(Tshal pa kun dga´ rdo rje, 1309~1364)와 『뎁테르 까르뽀Deb ther dkar po(白史)』의 저자인 게웨 로되dGe ba´i blo gros의 후원으로 1347~1349년에 챌 궁탕Tshal gung thang 승원에서 편찬된 것이다. 챌빠 계통의 깐규르는 다음과 같은 것들이 있다.

나르탕 판본 깐규르가 실제로 판각된 것은 티벳이 아닌 중국 북경北京에서인데, 1410년 명明의 영락제(永樂帝, r. 1402~1424) 시기에 깐규르 105권과 땐규르 224권 규모의 영락판으로 판각되었다. 이 판본은 1605년 만력제(萬曆帝, r. 1572~1620) 시기에 교정되어 만력판으로 개판開版되었다. 이어서 리탕판(Lithang. 理塘版. 麗江版, 1608~1621)이 개판되었으며, 또 나르탕 판본은 청대淸代의 강희제(康熙帝, r. 1661~1722) 시기인 1629~1684년, 1700년, 1717~1720년에 강희판으로 각각 복간되었는데, 흔히 북경판이라고 부른다. 그리고 1732년에는 제7대 달라이 라마 깰상 갸초(sKal bzang rgya mtsho, 1708~1757)의 칙명에 의해 대규모로 개판되었다. 이 판본을 나르탕 판본 티벳대장경 신판新版이라고 부른다.

같은 시기에 데게sDe dge(德格版)의 땐빠 체링(bsTan pa tshe ring, 1678~1738) 왕은 1731년부터 1744년까지 깐규르 102권과 땐규르 208권 규모의 데게판 대장경을 조성하였고, 1733년부터 1773년까지 쪼네

---

67 Helmut Eimer (ed.)(1995) 참조.

Co ne(卓尼版) 승원에서는 깐규르 107권과 땐규르 208권 규모의 쪼네판 대장경이 판각되었다. 이렇게 해서 18세기까지 나르탕, 데게, 쪼네의 3대 판본 티벳대장경이 판각되고 인경되었다. 이 밖에도 1820년에 캄Kham 지역에서 판각된 깐규르 104권의 라갸Rwa rgya판, 1910년에 판각된 깐규르 104권의 우르가Urga(拉加版)판, 1934년에 판각된 깐규르 99권의 라사Lhasa(拉薩版)판, 1940년에 암도Amdo 지역에서 판각된 깐규르 206권의 와라Wara(瓦拉版)판, 1950년에 판각된 참도Cha mdo(昌都版)판 등이 있다.[68] 이와 같이 후대로 갈수록 깐규르 위주로 대장경이 조성된 것은 깐규르의 가치를 더 크게 여기고 그 공덕의 중요성을 인식하였기 때문으로 보인다.

또한 샬루 판본을 기초로 판각된 것으로 알려진[69] 걜체rGyal rtse,(걍체)의 뺄 코르최데dPal 'khor chos de 승원에서 개판된 템팡마Them spangs ma 계통의 판본들로는 쎌 까르(Shel dkar, 1712)판본, 카와구치(河口. 東京版, 1858~1878)판본, 똑 궁전(sTog, 1729)판본, 울란 바토르Ulan Bator판본 등이 있다. 그리고 나르탕 고판 계통과는 달리 지방에서 편찬된 깐규르들로는 바탕Bathang판, 무스땅Mustang판, 푹닥(Phung drak, 1696~1706)판, 따보Tabo판, 따왕Ta dbang판 등이 있다.[70]

깐규르의 내용 구성을 살펴보면, 각 판본에 따라 조금씩 차이를 보이기는 하지만 크게 둘로 나누면, 계율부에서 시작하는 것과 비밀부에서 시작하는 것으로 나눌 수 있다. 기본적인 배열은 '삼전사분교판(三

---

[68] 최종남 외(2006), pp.20~22 참조.

[69] D.S. Ruegg(1966), pp.34~35.

[70] Bu ston, Trans. Obermiller E., 1996(1932)b, No.48. pp.181~224; 오노다 슌죠(2008), ibid.

轉四分敎判, 三時敎判)'이라고 불리는 것에서 유래하는데, 즉 석가모니 붓다의 일대기를 삼시三時로 나누어서, 계율을 제1전법륜, 반야를 제2전법륜, 화엄과 보적을 제3전법륜으로 하고, 대승의 모든 경전을 제4전법륜으로 배열한 것이다. 비밀부에서 시작하는 분류는 각 판본을 편찬한 주요 종파의 수행적 기반과 관련이 있는 것으로 보인다. 계율부로부터 구성을 시작하는 리탕판, 나르탕판, 데게판, 우르가판, 라싸판 등의 깐규르는 계율부戒律部와 반야부般若部로 시작하여 화엄부華嚴部, 보적부宝積部, 제경부諸経部를 배열순서만 바꾸어 구성하고 그 뒤에 비밀딴뜨라부秘密怛特羅部와 목록부目錄部를 주로 배치하고 있다. 또 비밀부로부터 구성을 시작하고 있는 북경판이나 쪼네판 등은 비밀부秘密部와 계율부戒律部의 앞뒤 순서만 바뀔 뿐 큰 틀에서는 계율부에서부터 시작하는 판본들과 구성이 다르지 않은 것을 알 수 있다.

깐규르와 땐규르의 내용 구성에서 한 가지 유의할 점은 판본에 들어 있는 목록부의 내용과 실제의 수록된 경론이 완전히 일치하지는 않는 경우가 있다는 것이다. 이와 관련하여 부뙨 린첸둡이 붓다가 설한 경론의 순서를 살피기 위해 저술한『불교사』에는 아직 번역중인 경론의 목록까지 열거하고 있는 점이나, 아비달마 문헌과 같이 이전의 판본들을 자세하게 분석하여 정리하고 있는 점은 주목할 만한 내용이다.[71]

② 땐규르(bsTan 'gyur, 論疏部)

깐규르와 마찬가지로 땐규르도 현재의 형태로 구성된 것은 14세기 부뙨 린첸둡의 노력으로 이루어진 것이다. 나르탕 고판본의 땐규르

---

71 ibid.

부분과 그에 관련된 기타의 자료들을 수집하고 재구성하여 샬루 승원에서 편찬한 것이 현재 유통되고 있는 땐규르의 모본이다. 이것을 제5대 달라이 라마의 섭정이었던 쌍개 갸초(Sangs rgyas rgya mthso, 1653~1705)가 재교정하여 편찬한 것을 기초로 하여 중국에서 최초로 판각한 것이 북경판北京版(雍正, 1724) 땐규르이다. 이 판본에는 티벳인 스승인 쫑카빠(Tsongkhapa, 1357~1419)의 전집 20권과 짱꺄 응악왕 촉댄(lCang skya ngag dbang mchog ldan, 1642~1714)의 전집 9권이 포함되어 있다. 이 땐규르의 목록은 튀깬 최끼 갸초(Thu'i bkan choi kyi rgya mtsho, 1680~1736)가 섭정의 자료에 의거하여 주로 작성한 것으로 다른 판본들에 비해 훨씬 많은 자료들을 담고 있다. 이와 함께 티벳에서도 데게판(1737~1744)과 쪼네판(1753~1773) 땐규르 등이 개판되었다.

데게판 땐규르는 데게판 깐규르의 후원자인 땐빠 체링bsTan pa tshe ring의 아들 퓐촉Phun tshogs의 후원으로 슈첸 췰팀린첸Zhu chen tshul khrims rin chen이 감수하여 완성한 것으로 샬루판을 근거로 한 것으로 보인다. 같은 시기에 나르탕 고판에 의거하여 푸르촉 응악왕 잠빠Phur lcog ngag dbang byams pa가 목록을 만든 나르탕 판본 땐규르가 개판되었다. 1773년에는 직메 왕뽀'Jigs med dbang po가 지은 목록과 쪼네판 땐규르가 완성되었다. 또 나르탕판 땐규르는 제7대 달라이라마의 시기에 간댄dGa' ldan 사원에 금사金寫로 깐규르와 함께 봉헌되었는데, 이 금사 땐규르는 1988년 중국에서 영인본으로 출판되기도 하였다.

땐규르의 내용 구성은 북경판, 나르탕판, 금사판, 데게판 등은 거의 비슷하고 쪼네판만 약간 다르다. 북경판은 찬송부讚頌部, 비밀소부秘密疏部, 반야경소부般若經疏部, 중관소부中觀疏部, 제경소부諸経疏部, 유식부唯識部, 아비달마부阿毘達磨部, 율소부律疏部, 본생부本生部, 서한부書翰部, 인명부因明部, 성명부聲明部, 의방명부醫方明部, 공교명부工巧明部, 수신부修身部, 잡부雜部, 목록부目錄部로 구성되어 있는데, 나르탕판은 마지막 목록부 앞에 아티샤(阿底沙)소부집小部集이 따로 편입되어 있다. 쪼네판은 반야경소부般若経疏部, 중관소부中觀疏部, 제경소부諸経疏部, 유식부唯識部, 아비달마부阿毘達磨部, 율소부律疏部, 본생부本生部, 불전부佛傳部, 서한부書翰部, 인명부因明部, 성명부聲明部, 의방명부醫方明部, 비밀소부秘密疏部로 약간 다르게 구성되어 있다.

이와 같이 깐규르와 땐규르로 집성된 티벳대장경은 산스크리트어 원전을 번역하는 데 있어서 의역, 첨가, 축역 등이 없이 통일된 용어를 적용하여 축어적으로 번역한 것이다. 따라서 의역, 첨가, 축역, 오역, 판각 시의 오류 등을 최소화한 점이 돋보인다. 또 티벳대장경에는 산스크리트어 원전이 분실되어 현존하지 않거나 한역대장경에 현존하지 않는 경전들이 많이 수록되어 있기 때문에 산스크리트어 원전을 축어적으로 재구성하거나 소실된 경전들을 추적하여 연구할 수 있다. 그리고 중관, 인명, 밀교 등을 중점적으로 연구해온 티벳불교의 장점을 다양한 논소와 장외문헌藏外文獻으로 남아 있는 티벳인 스승들의 방대한 저술을 통해 수용할 수 있다.[72]

③장외문헌과 돈황문헌

티벳대장경을 광의의 개념으로 정리하면, 티벳인이 저술한 문헌을

---

[72] ibid.

포함할 수 있다고 했는데, 그것은 주로 번역문헌들을 담고 있는 깐규르와 땐규르 이외에 불교와 관련한 티벳인 저술의 문헌들을 망라한다는 의미이다. 이것을 흔히 장외문헌藏外文獻이라고 총칭하는데, 보통은 티벳인 스승들의 어록이나 개별적 저술들을 집성한 전집류(gSung 'bum/bKa' 'bum)들을 의미한다.

이러한 문헌들의 주제는 현교와 밀교에 대한 해설서는 물론, 역사, 점성학, 의학, 예술 분야에 이르기까지 다양하다. 예를 들면 부뙨 린첸둡이나 쫑카빠와 그의 두 제자의 저술(Yab rje gsung 'bum)을 모은 전집류나 제1대 달라이 라마 겐뒨 둡dGe 'dun 'grub, 제2대 달라이 라마 겐뒨 갸초dGe 'dun rgya mtsho, 제7대 달라이 라마 깰상 갸초bsKal bzang rgya mtsho, 역대 판첸Paṇchen 라마의 전집류 등이 있다. 또 최근에 라싸에서 발견된 『까담빼bKa' gdams pa 전서』 등에도 중관과 인명에 관련된 귀중한 자료들이 들어 있다.

또한 전통적으로 티벳문화와 가까이 있었던 돈황 등지에서 발견된 불교문헌 중에도 티벳어 문헌이 다수 포함되어 있는데, 처음 이들 자료를 발견한 탐험가들은 극히 일부분을 제외한 나머지 대부분의 문헌들을 유럽으로 가지고 갔다. 런던에 소장된 스타인(A. Stein) 문헌과 파리에 보관된 펠리오(P. Pelliot) 문헌이 그것들인데, 이들 문헌의 개요는 푸생(La Valle Poussin)이나 랄루Lalou의 목록에서 살펴볼 수 있다. 이 자료들은 현대의 학자들이 연구 작업을 위한 판본 비교 등에 주로 사용하고 있다. 특히 돈황 자료에는 현존하는 티벳대장경과 다른 판본이 있으며, 중앙 티벳에서는 번역이 금지되었던 밀교 문헌이나 미수록 문헌들이 보고되고 있어서 그 연구의 가치를 더해주고 있다.[73]

4. 티벳문헌문학 개관

불교의 가르침은 수세기 동안 티벳인들의 삶과 문화의 모든 방면에 깊은 영향을 주었다. 그래서 불교는 티벳인의 삶, 역사, 문화 그리고 문학 등의 모든 분야에 가장 중요한 요소로 자리 잡고 있다. 티벳 사회를 넘어 현대의 전문 지식인들의 세계에서도, 그 범주 안에 담겨진 불교문학의 풍부함 때문에 티벳문학의 중요성은 더욱 큰 의미를 갖는다. 티벳문학을 문헌에 담고 있는 티벳어는 산스크리트어, 빨리어, 중국어와 더불어 불교의 4대 주요언어에 속한다.

인도에서 불교문학의 귀중한 주요 문헌들은 주로 산스크리트어로 써졌다. 이 문헌들은 주로 대승에 관한 중요한 자료들을 담고 있는데, 역사적 상황들 때문에 소중한 산스크리트어 원전들이 많이 소실되고 말았다. 또 고대 마가다Magadha의 언어에서 파생된 빨리어는 소승권 부파 불교문학의 주요한 매체가 되었고, 수세기가 지난 후에도 소승문학의 풍부한 보전寶典들은 그대로 남아 상좌부上座部(주로 南傳) 국가들의 풍부한 자산이 되었다. 서력기원이 시작되면서 많은 불교문헌들이 중국어로 번역되었는데, 이를 기반으로 하여 중국은 불교문학의 주요한 산실이 되었다. 대장경으로 엮어진 중국의 불교문학은 지금도 불교문학의 보고로 남아 있다.

티벳의 불교문학은 중국의 불교문헌에 결여되어 있는 인도의 산스크리트어 불전을 그대로 옮겨 놓은 것만 해도, 깐규르(佛說部)에 670여 편, 그리고 땐규르(註疏部)에 3,450여 편이 담겨져 있을 정도로 그

---

73 ibid.

풍부함을 자랑한다. 이와 같이 티벳어는 오늘날 세계에서 가장 풍부한 불교문학의 자료를 담고 있는 언어이며, 이 범주 안에는 소승, 대승, 금강승 등 거의 모든 불교 전통의 문헌들이 망라되어 있다.

일반적인 티벳의 문헌문학전통에서 서구식 문학의 개념[74]을 발견하는 것은 쉽지 않다. 용어적으로 유사한 것을 찾으면, '쫌릭Tsom rig(構文學)'의 개념을 만나게 되지만, 이것은 기본적으로 문학의 유형이나 특성에 대한 이론적 분석 또는 가장 일반적인 문헌들의 모음이라기보다는 문학적 작품을 만드는 실기 강의에 해당한다. 더 좁혀보면, '릭내(rig gnas, Vdyāsthāna)'[75]라는 용어가 있는데, 이것은 '학문을 위한 문헌'들을 의미한다. 즉 배워서 얻는 지식의 교재(shes par bya ba'i gnas)를 나타내는 용어이다. 이러한 점에서 보면, 가치 있는 지식을 얻기 위해 공부하는 책들이라기보다는 실용적이고 기능적인 문학의 정의가 되는 셈이다.

---

74 "문학(Literature)은 서구유럽(EuroAmerican)인들의 지식문화(intellectual culture)에서 나온 이론적 구성체이므로, 그것을 무비판적으로 다른 시간과 공간속에 적용할 수는 없다. 영어의 *Literature*는 다양한 의미들을 가지고 있다. 가장 넓은 의미에서 보면, 문자로 씌어졌거나 구전으로 전승된 수많은 주제들에 대한 모든 자료들을 말한다. 좀 더 의미를 좁혀보면, 탁월한 형식이나 표현을 가진 작품들이나 영원성을 나타내는 사상들 또는 보편적 관심사들에 대한 것들을 담아 산문散文이나 운문韻門으로 구성한 저작著作들"로 볼 수 있다. 그들 중 대부분은, 아마도 '영문학'이나 '비교문학'과 같은 대학의 학과들에서 다루는 기본적인 주제들이기 때문에, 과학이나 역사, 미술 등에 관한 저술들에서 쓰는 방식인 '사실적'인 것과는 다르게 '사실적'인 것에 포함되지 않는 특별한 가치를 지닌 것으로 인정되는 운문과 산문 작품들을 나타내는 것으로 보는 것이 더 적합할 것이다. 간단히 말해, 서구에서 문학으로 칠 수 있는 것의 범위는 아주 좁혀진 문학의 개념으로 '상상적'인 요소의 산물이다. http://www.merriam-webster.com/ Webster's 672a 참조.

75 '릭내끼 죄 첸모Rig gnas kyi mdzod chen mo(學門의 大典籍)'의 줄임말.

더 구체적으로, 티벳에서 문학은 현자들의 가르침을 담고서 개인을 긍정적인 방식으로 변화하게 하는 텍스트 전통을 의미한다. 따라서 13세기 위대한 티벳인 학자 싸꺄 빤디따는 모든 학문의 주제를 인도 전통에 따라, 문법, 논파술(논리학적 토론, 正理學), 치유학治愈學, 수공手工 기술들로 구성된 외학外學과 불교의 교의敎義와 수행을 포괄하는 내학內學의 다섯 가지 릭내(五明學)로 분류하였다.

현대의 서구학자들은 '릭내rig gnas'를 영어의 Culture와 동의어로 사용하는데, 보통은 일반적인 문화의 개념으로 쓰이지만, 어떤 경우에는 특정한 고전 문학에 대해 사용한다. 그러나 열 가지 '릭내'들을 모두 터득하고 위대한 학자가 된 사꺄 빤디따는 아래와 같이 학문들을 분류하고 있다. 이 분류의 맥락에서 보면, '릭내'는 현대 '문화학'의 한 의미로 사용하고 있다고 볼 수 있다. 이것을 한역漢譯한 것을 보면, 모두 합해 십과十科 또는 십명十明으로 기술하고 있다:

5대 보조 문화학들: 소오명小五明

(1) 역산학(曆算學, sdeb sbyor)

(2) 시학(詩學, snyan ngag)

(3) 성율학(聲律學, sgra)

(4) 극문학(劇文學, zlos gar)

(5) 어휘학(語彙學, mngon brjod)

5대 주요 문화학들: 대오명大五明

(1) 성율학(聲律學, sgra rig pa), 언어 등

(2) 정리학(正理學, gtan tshig rig pa), 논리 등

(3) 의학(醫學, gso ba rig pa), 의술, 연금술 등
(4) 공교학(工巧學, 外學, bzo rig pa), 물리, 기술, 그림, 조각 등
(5) 불학(佛學, 內學, nang don rig pa), 불교학.

서구의 눈으로 보면, 실용 학문들에 해당하는 이들 과목은, 티벳인들 스스로가 장경藏經의 문학적 양식을 분류하는 방식이기도 한데, 이것은 일종의 티벳의 문헌분류학에 해당한다. 이것은 상상적 산물의 문학적 개념 안에 있었던 서구적 문학이 '문화학'으로서의 새로운 문학에 정의를 내리기 위해 다양한 시도를 하고 있는 요즈음, 하나의 대안적 개념으로 다루어질 수도 있는 것이다. 위의 분류에서도 알 수 있듯이, 어떤 의미에서 보면, 티벳의 문학 분류는 서구의 문학적 개념보다 훨씬 광범위한 개념으로 쓰이고 있다.[76]

이와 같은 문학적 개념을 염두에 두고 본문에서는 티벳문학을 종교와 세속의 두 가지 큰 범주로 나누고 있다. 실제 종교적 개념에 영향 받지 않은 티벳 문헌들은 거의 없지만, 문법文法, 의학醫學, 세속법世俗法과 같이 비종교적 주제를 다루고 있는 주제별 문헌들도 있기 때문에, 여기서는 이 문헌들을 '세속문학'으로 분류하였으며, 기본적으로 종교적인 주제를 다루고 있는 것들은 모두 '종교 문학'의 범주 안에 분류하였다.[77]

---

[76] 이와 같은 용어적 비교에도 불구하고, 사실 서구적 문학 개념에 상응하는 정확한 용어가 티벳어에는 없다. 이를 위해 문학의 개념에 대한 비교 연구와 좀 더 다양한 분석적 접근들이 필요하겠지만, 서로 풍요로워지는 측면에서 모든 것을 다루어야 할 것이다. 결과적으로 서구의 한정적 문학의 개념보다 티벳의 문헌 분류가 훨씬 포괄적이라는 것은 분명하다.

[77] 본문의 내용은 툴꾸 된둡 린포체(Tulku Thondup Rinpoche)의 조사자료를 주로

1) 티벳의 종교문헌문학

종교문학宗敎文學은 두 가지 방식으로 분류해볼 수 있다. 기원에 따른 분류와 주제에 따른 분류가 그것이다. 기원에 따른 분류는 첫 번째로 인도 자료에서 티벳어로 번역된 문학의 대전大全, 두 번째로 티벳인 학자들이 저술한 대량의 종교적 문헌 군이 있다. 주제에 따르면 종교문학은 네 가지로 세분하여 종교, 역사와 전기, 시작詩作과 수행 문학, 그리고 미술, 음악, 무용 등으로 나눌 수 있다.

① 종교문학 – 기원별 분류

ㄱ) 인도 자료에서 번역된 문헌

깐규르는 수뜨라(Sutra, 顯敎)와 딴뜨라(Tantra, 密敎)의 경전 모두를 담고 있다. 많은 수의 수뜨라들이 불법의 후기 전파시기에 번역된 것이지만, 그들 중 대부분은 초기 전파시기에 티벳어로 번역되어, 후기 전파시기에 교정을 거친 것들이다. 깐규르에 포함된 대부분의 딴뜨라들은 신역新譯 딴뜨라(gSang sngags gsar ma, 新密)에 들어 있지만, 이 안에는 구역舊譯 딴뜨라의 경전도 어느 정도 담겨 있다. 신 딴뜨라들은 로첸 린첸 상뽀와 함께 시작하여 번역된 것들이다. 구 딴뜨라들은 7세기에 시작하여 11세기 초 아짜리야Ācārya 스므르띠갸나Smṛtijñāna 의 시기까지 번역된 딴뜨라들을 말한다. 구 딴뜨라의 대부분은 『닝마 규붐rNying ma rgyud 'bum(古派藏經)』에 담겨 있다. 깐규르에 담긴 내용들은 다음과 같이 도표화할 수 있다. 그리고 땐규르는 인도 학자들과 티벳 학자들이 쓴 소승, 대승, 금강승의 논소論疏 문헌들이 모아져

활용하였다. Tulku Thondup Rinpoche(1987), 참조.

있다. 땐규르는 또한 세속적 주제들에 대한 문헌들도 담고 있으며, 이 문헌들은 본문의 '세속문학' 부분에 따로 분류하였다.

티벳대장경의 깐규르와 땐규르의 구성에 대한 대강의 내용은 다음과 같은 도표를 통해서 살펴볼 수 있다.

깐규르bKa' 'gyur(佛說部藏經)

일련번호	과명科名	책冊수*	편篇수*
1	딴뜨라(Tantra, rGyud; 密藏)	24	729
2	반야부(Prajñāpāramitā, Sher phyin; 般若部)	23	30
3	보적경(Ratnakūṭa, dKon brtsegs; 寶積經)	6	1
4	화엄경(Avataṃsaka, Phal chen; 華嚴經)	6	1
5	수뜨라(Sūtra, mDo; 經藏)	32	269
6	율장(Vinaya, 'Dul ba; 律藏)	13	16
		총 104	1046
7	닝마규붐(rNying ma rgyud 'bum; 닝마藏經)	33**	375**

*는 북경판(北京版, Peking Version)에 기초하였고, **는 델리 출판본에 기초한 것이다.

땐규르bsTan 'gyur(論疏部: 註疏部藏經)

일련번호	과명科名	책冊수*	편篇수*
1	찬송집(Stotras, bsTod tshogs; 讚頌集)	½	63
2	딴뜨라소(Tantra, rGyud 'grel; 密藏疏)	85½	3120
3	반야부(Prajñāpāramitā, Sher phyin; 般若部)	16	40
4	중관(Madhyamaka, dBu ma; 中觀)	17	257
5	수뜨라소(Sūtraṭīkā, mDo 'grel; 經藏疏)	10	40
6	유식(Cittamātra Yogacarya, Sems tsam; 唯識)	18	45
7	구사론(Abhidharma, mNgon pa; 俱舍論)	11	19
8	율장(Vinaya, 'Dul ba; 律藏)	18	66

9	본생만론(Jātakamālā, sKyes rabs; 本生鬘論)	$3\frac{1}{2}$	8
10	서간(Lekha, sPring yig; 書簡)	$\frac{1}{2}$	42
11	공통(Thun mong; 共通)과 희유론(Sādhārana Śāstra, Ngo mtshar bstan bcos;稀有論)	5	86
12	기타	$12\frac{1}{2}$	143
		총 85	3786

*는 북경판(北京版, Peking Version)에 기초한 것이다.

ㄴ) 티벳 학자들이 저술한 문헌

티벳문학에는 산스크리트어나 다른 언어에서 번역된 문헌들과 함께 티벳인 학자와 성자들이 쓴 막대한 양의 문헌들이 있다. 이 문헌들은 기본적으로 수뜨라와 딴뜨라, 그리고 인도 학자들의 저술을 주석한 것들이다.

티벳인 저술의 문헌들로 이루어진 티벳 고유의 문학을 이해하기 위해서는, 티벳에서 발달된 불교 학파들에 대한 이해가 필요하다. 이 학파들은 명망 있는 티벳인 학자와 성자들의 지혜와 경험을 모아 거대한 문학 군群을 일구었다.

티벳에는 닝마, 까규, 싸꺄, 겔룩을 포함한 4개의 주요 종파와 수많은 군소 학파들이 발달하였는데, 이들 학파 간에는 딴뜨라 수행과 수뜨라 해석에 대한 미묘한 이해의 차이가 있다. 구 딴뜨라 또는 전기번역(sNga 'gyur)의 전통을 따르는 이들을 닝마파(古派)라고 부르며, 후기에 번역(Phyi 'gyur)된 딴뜨라를 따르는 이들을 사르마파gSar ma pa(新派)라고 부른다. 까규, 싸꺄, 겔룩의 3대 종파 법맥들은 모두 이 싸르마 전통의 딴뜨라에 속한다.

ⓐ 닝마파의 문헌

닝마파의 가르침은 전체 불교의 체계를, 일반적인 수뜨라의 길인 (1) 성문승(小乘), (2) 연각승(小乘), (3) 보살승(大乘)과 삼부외전三部外傳 딴뜨라의 길인 (4) 끄리야요가Kriyāyoga(事部), (5) 짜리야요가 Cariyāyoga(行部), (6) 요가딴뜨라Yogatantra(瑜伽部), 그리고 삼부내전 三部內傳 딴뜨라의 길인 (7) 마하요가Mahāyoga(大瑜伽), (8) 아누요가 Anuyoga(攝髓瑜伽), (9) 아띠요가Atiyoga(大圓滿, rDzogs chen) 등 모두 구부승九部乘으로 분류하여 구분한다.

일반적으로 수뜨라의 근본 경전과 주석들은 깐규르와 땐규르 안에 포함되어 있으며, 전기와 후기시기에 번역된 딴뜨라들 중에 모든 학파들이 공유하고 있는 일반적인 딴뜨라들 역시 깐규르와 땐규르 안에 포함되어 있다. 이 외에도 학파들 간에 특히 강조하는 딴뜨라들이 있는데, 이 딴뜨라들은 특정한 법맥의 특별한 수행의 내용을 담고 있다.

특히, 닝마파의 특화된 딴뜨라들에는 마하요가, 아누요가, 아띠요가 가 있는데, 이 가르침의 대부분은 『닝마 규붐Nying ma rgyud 'bum(古派 藏經)』안에 들어 있다. 구 딴뜨라를 세 가지 주요한 내용으로 분류하면, (1) 까마bKa' ma(佛經), (2) 떼르마gTer ma(伏藏經), (3) 닥낭Dag snang (淨相/淸淨之見)으로 나눌 수 있다.

(1) 까마 계열의 딴뜨라들은 세 가지 내전內傳 딴뜨라들로 이루어져 있는데, 구루 빠드마삼바바, 빤디따 비말라미뜨라와 여러 학자와 역경 사들에 의해 티벳어로 번역되어 오늘날까지 끊임없이 전승되고 있다. 이 계열에 속하는 딴뜨라의 주요한 문헌들은 마하요가 계열의 딴뜨라인 『마야잘라딴뜨라Māyājālatantra(sGyu 'phrul drva ba, 幻網經)』와 『딴뜨

라 첸뽀 데 쪼걔Tantra chen po sde bco brgyad(十八大密部)』, 의궤(儀軌, Sādhana) 문헌인 『팔대만다라의례차제第八大曼茶羅儀禮次制第』의 경전들과 아누요가 계열의 딴뜨라인 『뒤빠 도'Dus pa mdo(僧伽經)』, 아띠요가 계열 중에 쎔데Sems sde(Cittavarga, 心識部)의 『쎔매 쪼걔Sems smad bco brgyad(十八種子母經)』, 롱데kLong sde(Abhyantarvarga, 空行部)의 『롱구kLong dgu(九種空界部)』, 맨응악데Man ngag sde, Upadesavarga(訣竅部, 秘訣部)의 『쭙뒨귀bCu bdun rgyud(十七種密部)』 등이 있다.

까마 문헌들은 민링 떼르첸(1643~1714), 민링 로첸, 걀쌔 샌팬 타예 등이 주로 편찬하였다. 후대의 몇몇 닝마 승원들에서는 13개의 까마의 궤(bKa' ma'i mchod khang bcu gsum, 佛法十三法堂儀式)를 한 곳에 모아 승원 세시의식歲時儀式으로 행하기도 하였다. 의식에 사용되는 열세 가지 의례차제 문헌들은; ①『뒤빠도'Dus pa mdo(僧伽經)』, ②『규튈 시토sGyu 'phrul zhi khro(幻網靜猛)』, ③『쌍걔 냠조르Sangs rgyas mnyam sbyor(佛平等圓滿)』, ④『따촉 뢸빠rTa mchog rol pa(寶馬享受)』, ⑤『나락 동퉁Na rag dong sprungs(地獄消滅)』, ⑥『신제 셰루췬 마르낙gShin rje gshed ru mtshon dmar nag(閻羅大王命鬼赤黑軍旗)』, ⑦『양닥 쏘룩. 싸룩 Yang dag so lugs. Sa lugs(正索宗. 薩迦派)』, ⑧『푸르빠 롱룩. 록룩. 싸룩 Phur pa rong lugs. Rog lugs. Sa lugs(金剛橛 山谷派. 黑派. 薩迦派)』, ⑨『룽룩 체둡Lung lugs tshe sgrub(教派長壽儀軌)』, ⑩『구루 닥마르 오댄룩Guru drag dmar 'o bran lugs(上師赤勇武[78]小派)』, ⑪『규괸 렉댄rGyud mgon legs ldan(續護具善[79])』, ⑫『민링 도르쎔sMin gling rdor sems(熟洲金剛心)』, ⑬『착쑴Cha gsum(三部分)』인데, 마지막 두 문헌은 나중에 더해진

---

[78] 勇武는 大自在天의 다른 이름.
[79] 具善은 大自在天의 다른 이름.

문헌들이다.

(2) 떼르마 문헌은 구루 빠드마삼바바가 미래 제자들의 이로움을 위해 스스로 감추어둔 비밀경전의 가르침을 의미한다. 그는 다양한 가르침을 그의 제자들에게 전수하였는데, 자신과 배우자인 다끼니 예셰 초걜Dakini ye shes mtsho rgyal 등의 신통력으로 미래에 그것들을 발견할 제자들의 마음속에 수많은 가르침을 감추어 두었다고 한다. 이 가르침들은 100명의 위대한 떼르뙨gTer ston(伏藏師; 법보 발견자)들과 그 외의 떼르뙨들에 의해 몇 세기 동안 점차적으로 발견되었는데, 떼르뙨 쌍계 라마와 다빠 응왼 쎄쩬(1012~1090)에 의해 시작되어 오늘날까지도 계속되고 있다. 떼르마에는 싸떼르Sa gter(土間伏藏)와 공떼르dGongs gter(心間伏藏)의 두 가지 형태가 있다.

싸떼르와 공떼르는 시기가 되어 떼르뙨들이 그들의 마음속에서 가르침들을 끌어낼 완전한 조건이 성숙되면 발견되는 것이 일반적이다. 하지만 싸떼르는 바위나 호수, 하늘같은 다양한 곳에서 발견된 짧은 상징적 문자나 문헌으로 된 가르침들이기 때문에 쉽게 해독할 수가 없다. 그래서 처음 발견한 떼르뙨들이 그것을 읽은 후, 그들 마음의 자성에 담겨진 가르침들을 깨우쳐서 발견하게 된다. 그래서 싸떼르는 땅에서 발견된 상징적 문자 등을 통해 실제 가르침을 발견하기 위한 '열쇠'라고 부른다. 가장 중요한 싸떼르는 두 가지 범주로 나눈다.

그것은 떼르최gTer chos(伏藏教法) 문헌들로 라마bLa ma(上師), 족첸rDzogs chen(大圓滿), 툭제 첸뽀Thugs rje chen po(大悲心)의 세 부분으로 이루어져 있다. 그중에 라마의 평화와 분노의 구루 의례차제에는; ① 구루 최왕(1212~1270)의 『라마 쌍뒤bLa ma gsang 'dus(上師密集)』, ② 릭진 괴뎀(1337~1408)의 『툭둡Thugs sgrub(心成就)』, ③ 빼마 링빠

(Padma gling pa, 1450~?)의 『라마 노르부 갸초bLa ma nor bu rgya mtsho(上師寶海)』, ④ 라뜨나 링빠(1403~1478)의 『툭둡Thugs sgrub(心成就)』, ⑤ 냥 니마 외세르(1124~1193)의 『구루 닥마르Guru drag dmar(上師赤勇武)』, ⑥ 라뜨나 링빠의 『구루 닥마르Guru drag dmar(上師赤勇武)』 등이 있다.

족첸 가르침의 경전들은; ① 당마 휜갤lDang ma lhun rgyal의 『비마 닝틱Vima snying thig(毘摩精義)』과 주석서인 뀐켄 롱첸빠(1308~1363)의 『라마 양틱(bLa ma yang tig, 上師精要)』, ② 뻬마 래델쩰(1291~1351?)의 『칸도 닝틱mKha''gro snying thig(空行精義)』과 주석서인 뀐켄 롱첸빠의 『칸도 양틱mKha''gro yang tig(空行精要)』, 그리고 ①과 ② 둘 다의 주석서인 뀐켄 롱첸빠의 『삽모 양틱Zab mo yang Tig(深大精要)』, ③ 릭진 괴뎀의 『공빠 상탈dGongs pa zang thal(心意直入)』, ④ 뻬마 링빠의 『뀐상 공뒤Kun bzang dgongs 'dus(全善思集)』가 있다.

또 툭제 첸뽀의 관세음보살 경전들은; ① 둡톱 응오 둡/냥의 『마니깐붐Mani bka''bum(末尼全集)』, ② 구루 최왕의 『양닝 뒤빠Yang snying 'dus pa(要義集成)』, ③ 민링 떼르첸의 『데쎅 뀐뒤bDe gshegs kun 'dus(如來全集)』 등이 있다.

또 다른 중요한 떼르최gTer chos(伏藏敎法)는 까개bKa' brgyad(八大法), 공뒤dGongs 'dus(思集), 푸르빠Phur pa(金剛橛)의 세 부분으로 이루어져 있다. 그중에 둡빠 까개Grub pa bka' brgyad(八大法行)에는; ① 응아 닥냥의 『까개 데쎅 뒤빠bKa' brgyad bde gshegs 'dus pa(八大法如來集成, 13권)』, ② 구루 최왕의 『까개 쌍와 용쪽bKa' brgyad gsang ba yongs rdzogs(八大法秘密一切, 6권)』, ③ 릭진 괴뎀의 『까개 닥뽀 랑중 랑샤르 bKa' brgyad drag po rang byung rang shar(八大法勇武自生自東, 4권)』의

세 가지 주요 문헌이 있다. 그리고 공뒤 문헌은 쌍계 링빠(1340~1396)의 『라마 공뒤bLa ma dgongs 'dus(上師思集, 13권)』가 있으며, 푸르빠 문헌은 ①구루 최왕의 『뿌디sPu gri(利刀)』, ②라뜨나 링빠의 『양쌍 라메 Yang gsang bla med(無上大圓滿)』 등이 있다.

공떼르의 가르침들은 특정한 장소에서 발견된 상징적 문자 같은 열쇠가 없이 떼르뙨 자신들의 마음의 자성으로부터 직접 발견한 것들이다. 그래서 이 문헌들은 공떼르, 즉 심간복장(心間伏藏; 마음에 감춰진 것)이라 부르며, 문헌들은 ①뀐켄 롱첸빠의 『죄뒨mDzod bdun(七寶)』, ②미규르 도르제의 『남최gNam chos(天法)』, ③뀐켄 직메 링빠 (1729~1798)의 『롱첸 닝틱kLong chen snying thig(悟境精義)』 등이 있다.

(3) 닥낭 문헌은 청정한 명상 상태에서 보인 것으로 본존本尊들과 스승들로부터 떼르뙨들에게 전해진 것이다. 문헌으로는 ①유톡 왼땐 괸뽀의 『닝틱sNying thig(精義書)』 문헌, ②하쬔 남카 직메(1597~ 1650?)의 『릭진 독둡Rig 'dzin srog sgrub(持明直行)』 등이 있다.

이 외에도 수뜨라를 연구하기 위한 근본 경론經論과 주석서의 주요 문헌들은 『파르친Phar phyin(般若部)』, 『우마(dBu ma, 中觀)』, 『뒬와 'Dul ba(律藏)』, 『응왼빠(mNgon pa, 俱舍論)』 등이 있다. 주요 딴뜨라를 연구하기 위한 문헌들로는 『구히야가르바Guhyagarbha(秘密胎藏)』딴뜨라와 주석서들, 뀐켄 롱첸빠의 『죄뒨mDzod bdun(七寶)』, 응아리 빤첸(1487~1542)의 『돔쑴sDom gsum(三律儀)』, 민링 떼르첸, 로첸 다르마 슈리 등의 『까마bKa' ma(佛經)』와 『떼르마gTer ma(伏藏經)』 등이 있다.

근세에 주로 연구되는 닝마파의 주요 수뜨라 문헌들은 『슝첸 쭉쑴 gZhung chen bcu gsum(十三大正典)』과 그에 대한 주석서들로서 뺄뛸

린포체(1808~1887)가 저술한 6권, 미팜 남걜(1846~1912)이 저술한 32권, 특히 섄팬 최끼 낭와gZhan phan chos kyi snang ba 등이 저술한 것들이 있다. 닝마파의 『슝첸 쭉쑴gZhung chen bcu gsum(十三大正典)』의 구성은 ① 석가모니붓다의 『쏘쏘르 타르빼 도So sor thar pa'i mdo(Pratimokśasūtra, 別解脫經)』, ② 구나쁘라바Guṇaprabha(6세기경)의 『뒬와 도짜와'Dul ba mdo rtsa ba(Vinayasūtra, 律經根本釋)』, ③ 아상가의 『응왼빠 뀐뛰mNgon pa kun btus(Abhidharma-samuccaya, 阿毘達摩集論)』, ④ 바수반두의 『응왼빠 죄mNgon pa mdzod(Abhidharmakośa, 阿毘達摩俱舍論)』, ⑤ 나가르쥬나의 『우마 짜와 셰랍dBu ma rtsa ba shes rab(Prajñānāmamūlamadhyamaka, 般若名根本中論)』, ⑥ 짠드라끼르띠의 『우마라 죽빠dBu ma la 'jug pa(Madhyamakaavatāra, 入中論)』, ⑦ 아리야데바의 『우마 시걔빠dBu ma bzhi brgyad pa(Catuḥśatakaśāstra, 四百論)』, ⑧ 샨띠데바의 『장춥쎔빼 쵸빠라 죽빠Byang chub sems dpa'i spyod pa la 'jug pa(Bodhicaryāvatāra, 入菩提行論)』, ⑨ 아상가의 『파르친 응왼똑걘Phar phyin mngon rtogs rgyan(Abhisamayālamkāranāma-prajñāpa-ramitā, 般若名現觀莊嚴)』, ⑩ 아상가의 『텍빠첸뾔 규라마(Theg pa chen po'i rgyud bla ma, Mahāyānasūtrālamkāra, 大乘莊嚴經論)』, ⑪ 아상가의 『위타 남예dBus mtha' rnam 'byed(Madh-yāntavibhaṅga, 中邊分別論)』, ⑫ 아상가의 『최당 늬남예Chos dang chos nyid rnam 'byed(Dharma-dharmatāvibhaṅga, 法法性分別論)』, ⑬ 아상가의 『텍빠첸뾔 규라마Thegs pa chen po'i rgyud bla ma(Mahāyānottarantantra, 大乘無上密部)』의 문헌들로 이루어져 있다.

ⓑ 싸르마gSar ma(新) 학파

까규, 싸꺄, 겔룩을 포함한 싸르마 학파의 3대 주요 종파들은 연구와 수행을 위한 근본 문헌들을 많은 부분 서로 공유하고 있다. 학파간의 차이점은 가르침의 법맥이 다르다는 점과 경전을 해석하는 데 있어서 티벳 학자와 주석가들의 해석상의 미묘한 차이 정도이다. 또한 이 학파들은 까규파의 '착캬 첸뽀Phyag rgya chen po(Mahāmudra, 大印)'나 싸꺄파의 '쑹응악 람대gSung ngag lam 'gras(道果)'와 같이 인도 성취자들로부터 직접 전수받은 그들만의 독특한 가르침을 가지고 있다. 티벳불교의 후기 전파시기를 열면서 처음 싸르마 문헌들을 번역하고 전파했던 티벳인 스승들로는 위대한 티벳 역경사들인 린첸 상뽀(958~1051)와 독미 상뽀(993~1050), 마르빠(Marpa, 1012~1099) 등이 있다.

싸르마 학파들은 수뜨라 3부와 딴뜨라 4부의 교학체계를 가지고 있는데, 그중에 3부 현교승(顯敎乘, Sūtrayāna)은 ①성문승, ②연각승, ③보살승이며, 4부 금강승(金剛乘, Vajrayāna)은 ①끄리야요가, ②짜리야요가, ③요가딴뜨라, ④부계딴뜨라(父係部, Pitṛtantra), 모계 딴뜨라(母係部, Matṛtantra), 불이딴뜨라(不二部, Advitīyatantra)로 구분되는 아눗따라요가딴뜨라Anuttarayogatantra(無上瑜伽部)이다.

싸르마 학파들의 기본교재들은 깐규르와 땐규르 안에 있는 불경佛經과 위대한 인도학자의 저서들이다. 하지만 각 종파에 따라 인도와 티벳학자들이 저술한 수많은 주석서들에 대한 해석이 조금씩 다르기 때문에 기본교재들을 구성하는 방식과 해석상의 차이를 조금씩 보이기도 한다. 또한 대규모 승원들 중 일부는 각 승원에 속한 부속 대학인 다창(Grva tshangs)들을 가지고 있으며, 같은 종파 안에서도 각자 자파自派의 전통을 연구 수행하고 계승하기 위한 자파의 해설서인 익차(Yig cha)를 가지고 있기도 하다.

수뜨라의 주요 문헌들은 디그나가의 『집량론集量論(Pramāṇa-samu-ccaya)』, 다르마끼르띠의 『불교논리佛敎論理(正理) 7부작七部作』[80], 나가르쥬나의 『중관中觀에 대한 6부작』, 마이뜨레야나타Matreyanātha와 아상가의 『대승사상에 대한 5부작』, 아상가의 『아비달마집론阿毘達摩集論』, 바수반두의 『구사론俱舍論』, 구나쁘라브하의 『율장律藏』 등이 있고, 주요 딴뜨라는 부계딴뜨라의 『구히야삼마자Guhyasamāja(秘密集會)』와 『바즈라바이라와Vajrabhairava(金剛大威德)』, 모계딴뜨라의 『짜끄라상와라Cakrasaṁvara(總攝輪)』, 『마하마야Mahāmāyā(大幻)』와 『헤바즈라Hevajra(呼金剛)』, 불이不二딴뜨라인 『깔라짜끄라Kālacakra(時輪)』와 『만주슈리물라딴뜨라Mañju-śrīmūlatantra(文殊師利根本儀軌)』 등이 있다.

㉠ 까규파의 문헌

까규파의 개조는 위대한 역경사이자 성자인 마르빠 최끼 로되(1012~1099)이다. 그는 인도를 세 번 방문했는데, 대성취자인 나로빠Nāropa와 마이뜨리빠Maitrīpa 등으로부터 딴뜨라의 가르침을 전수 받고, 이 가르침들을 해석하여 티벳에 전하였다. 까규 법맥의 유명한 학자와 성자들로는 요기 밀라레빠(1040~1123), 학자 감뽀빠(1079~1153), 제1대 까르마빠 뒤쑴 켄빠, 디궁 직뗀 쑴괸, 짱빠 갸레, 시뚜 땐뻬 닌첸, 꽁튈 왼땐 갸초 등이 있다.

교학연구를 위한 기본 문헌들은 일반적인 싸르마파의 전통과 같다.

---

[80] 『Pramāṇavarttika』, 『Nyayabindu』, 『Pramāṇa Viniscaya』, 『Hetubindu』, 『Sam-bandhparikṣa』, 『Santanantarasiddhi』, 『Vadanyaya』

까규의 가장 수승한 사상적 교의는 마하무드라Mahāmudrā(Phyag rgya chen po, 大印)의 독특한 가르침이다. 마르빠는 이 가르침을 인도의 대성취자 마이뜨리빠로부터 전수받았다. 여기에는 수뜨라 마하무드라(顯敎的大印)와 딴뜨라 마하무드라(密敎的大印)의 두 가지 형태가 있다. 이 학파의 다른 중요한 가르침들로는 나로빠의 나로육법六法 수행이 있다. 여기에는 뚬모gTum mo(臍輪火. 生熱), 규뤼sGyu lus(幻身), 밀람rMi lam(夢), 외셀'Od gsal(光明), 바르도Bar do(中有), 포와Pho ba(傳移)의 여섯 가지 수행이 있다. 까규파는 수행의 기본으로 성문승의 윤회로부터의 출리(出離, Nges 'byung) 수행, 대승의 보리심(菩提心, Byang sems) 수행, 금강승의 서언(誓言, Dam tshig)[81] 수행을 모두 강조한다.

교학연구와 수행을 위한 까규파 문헌들로는, ①마르빠와 밀라레빠의 게송과 전기들, ②감뽀빠의 3부작과 팍모 두빠의 6부작, ③까르마빠 뒤쑴 켄빠, 짱빠 갸레, 그리고 미꾀 도르제의 저작들, ④링 레빠, 짱빠 갸레(1권), 디궁 직뗀 괸뽀, 둑빠 뀐렉Drugpa kunleg, 뻬마 까르뽀(14권), 왕축 도르제(1555~1603), 샤마 르 카최 왕뽀(1350~1405), 뀐촉 왼뗀, 쭉락 텡아와(1454~1556, 9권), 시뚜 최중(12권), 꽁툴 왼뗀 갸초(90권) 등의 저서들이 있다.

ⓛ 싸꺄파의 문헌

쾬 뀐촉 걜뽀는 싸꺄파를 세우고, 1073년 싸꺄 승원을 창건하였다. 위대한 학자이자 역경사였던 독미 예쎼는 인도의 날란다 대승원(Nālandā Mahāvihāra)과 그 외 여러 곳에서 수년간 공부하면서, 성취자

---

[81] 이 말은 산스크리트어의 '싸마야Samayaḥ', 즉 불퇴전의 결의 또는 맹서의 遵守를 의미한다.

샨띠빠Śāntipa, 나로빠Nāropa, 구히야가르바Guhyagarbha 등의 스승들로부터 전수받은 많은 가르침들을 티벳에 전하였다. 독미는 또한 인도의 스승 가야다라Gayadhara에게 전수 받은 『쑹응악람대gSung ngag lam 'bras(親口道果)』를 번역하고, 제자인 쾬 꾄촉 갤뽀에게 그 내용을 전수하였다. 이렇게 성립된 싸꺄파에는 싸꺄 5조(五祖, Gong ma rnam lnga)라고 부르는 다섯 명의 뛰어난 학자이자 위대한 스승들이 있는데, 각각 싸첸 뀐가 닝뽀, 쐬남 쩨모, 닥빠 갤첸, 싸빤 뀐가 갤첸, 팍빠 로되 갈첸을 말한다. 다른 위대한 싸꺄 학자들로는 약툭 쌍계 뻴(1348~?), 롱된 쎼차 뀐릭, 응오르첸 뀐가 상뽀, 종빠 고 랍잠 쐬남 쎙게(1429~1489), 그리고 싸꺄 촉댄(1428~1507) 등이 있다.

교학연구 수행을 위한 주요 문헌들은 싸르마 전통의 문헌들과 다르지 않다. 수뜨라 연구를 위한 주요 문헌으로는 『뻬첸둑dPe chen drug(六大書)』이 있는데, 각각 싸꺄 빤디따의 『채마 릭떼르Tshad ma rig gter(量理寶藏)』, 다르마끼르띠의 『쁘라마나와릇띠까Pramāṇavarttika(認識方法評釋)』, 구나쁘라브하의 『율장律經』, 바수반두의 『구사론俱舍論』, 아상가의 『반야명현관장엄般若名現觀莊嚴』, 짠드라끼르띠의 『입중론入中論』과 그 외에 수뜨라와 딴뜨라에 관한 일반 문헌들이 있다.

싸꺄파의 특별한 가르침은 『쑹응악람대gSung ngag lam 'bras(道果)』와 『십삼황금교의十三黃金敎義』이다. 『도과道果』의 가르침은 윤회와 열반의 불이성(不二性, 'Khor 'das dbyer med)에 대한 깨달음을 드러내기 위한 것으로 수뜨라와 딴뜨라의 두 가지 모습을 다 가지고 있다. 『십삼황금교의』는 까최마bKa' chos ma(口授敎法)의 삼교의三敎義, 마르첸dMar chen(大赤) 본존들의 삼교의三敎義, 마르충dMar chung(小赤) 본존들의 삼교의三敎義, 쎙동 응왼모, 잠뺄 낙뽀, 치메 도제 흐라모와

잠발라 마르뽀의 교의教義들이다. 싸꺄의 주요 문헌들은 ①5대五大 스승의 저작들(15권), ②응오르첸 뀐가 상뽀의 저작들(4권), ③고랍잠 쐬남 쎙게의 저작들(15권), ④잠양 켄쩨 왕뽀, 1820~1892)의 저작들(10권)이 있다.

ⓒ 겔룩파의 문헌

제 쫑카파 롭상 닥빠는 겔룩파의 개조이자 티벳불교사를 통틀어 가장 유명한 스승 중의 한 명이다. 이 법맥은 아띠샤(Atīśa Dīpaṁkāra-śrījñāna) 존자가 시작한 까담빠에서 유래한 전통이다. 제 쫑카파는 수뜨라와 샤스뜨라Śastra(論書), 딴뜨라에 대한 유명한 저서와 주석서들을 썼으며, 1409년 간덴 승원을 세웠다. 이 학파의 수많은 저자들과 학자들 중에 가장 널리 알려진 이들은, 걀참 다르마 린첸(1346~1432), 캐둡 겔렉 뻴상(1385~1438), 될진 닥빠 걜짼(1374~?), 빤첸 겐뒨둡(제 1대 달라이 라마, 1391~1474), 잠첸 최제(1354~1435), 잠양 최제(1379~1449), 매 쎄랍 상뽀, 규첸 쎄랍 쎙게rGyud chen shes rab senge 등이 있다.

교학연구를 위한 문헌들은 앞에서 언급한 것처럼, 대부분 싸르마 학파들이 공유하고 있는 문헌들과 같다. 겔룩파가 수행과 경전연구를 위해 주로 강조하는 내용은 승가 계율의 엄격한 준수, 정리正理의 논리학적 훈련을 통한 문헌연구, 귀류논증중관歸謬論證中觀의 철학적 교의에 대한 견지, 보리도의 3단계[82] 체계에 대한 가르침의 수행이다. 또 딴뜨라 수행은 주로 『구히야삼마자Guhyasamāja』, 『짜끄라상와라

---

[82] 하사도, 중사도, 상사도로 이어지는 근기에 맞는 점차적 수행차제를 의미한다.

Cakrasaṁvara』,『바즈라바이라와Vajrabhairava』,『헤바즈라He-vajra』, 『깔라짜끄라Kālacakra』,『바즈라요기니Vajrayogini(金剛瑜伽母)』등의 두 차제(Rim gnyis; 生起와 圓滿次第) 수행을 통해 구생지(俱生智, Lhan skyes kyi ye shes; 본래의 지혜)와 환신(幻身, sGyu lus)을 성취하는 것이다.

겔룩파의 거대한 문헌 군群에는; ① 제 쫑카빠의 저작(20권 210여 편), ② 캐둡 겔렉 뺄상의 저작(10권), ③ 걀찹 다르마 린첸의 저작(8권), ④ 될진 닥빠 걜짼의 저작(2권), ⑤ 빤첸 겐뒨 둡(제 1대 달라이 라마)의 저작(1권), ⑥ 빤첸 쐬닥의 저작, ⑦ 제쮠 최끼 걜첸의 저작, ⑧ 빤첸 롭상 최끼 걜첸의 저작(5권), ⑨ 걀왕 응아빠의 저작(30권), ⑩ 짱꺄 뢸뻬 도르제(1717~?)의 저작(5권), ⑪ 잠양 셰빠의 저작(15권), ⑫ 롱될 라마(1719~1794)의 저작 등이 있다.

㉣ 군소群小학파의 문헌

① 시제Zhi byed학파: 남인도의 위대한 성자 파담빠 쌍게는 티벳을 다섯 차례(마지막은 1098년경) 방문하며, 수승한 지혜(般若波羅密多經, Prajñāparamitā)의 교의教義인『시제Zhi byed(苦의 鎭靜)』를 가르쳤다. 그래서 그의 전통은 시제파로 알려져 있다. 이 전통에 속하는 티벳의 가장 유명한 요기니(Yogini, 여성 수행자) 성자 마칙 랍된(1031~1129)은 『반야바라밀다般若波羅密多』를 통해 무명無明을 끊는 '쬐gCod(斷)'의 수행을 가르쳤다. 까마bKa′ ma(佛經)와 떼르마gTer ma(伏藏經書) 전통 모두 여러 가지 '쬐gCod' 문헌들을 가지고 있으며, 이 방법은 까규파와 닝마파들 사이에서 아직까지 수행되고 있다.

② 조낭Jonang학파: 이 법맥의 계승자였던 뀐빵 툭제 쬔뒤(1243~?)

는 조모낭Jomonang이라는 지역에 한 승원을 지었는데, 그곳이 조낭파 가르침의 근거지가 되었다. 그의 걸출한 제자인 될뽀 쎄랍 걜쩬(1292~1361)은 특히 깔라짜끄라딴뜨라의 대가로서 당대當代에 아주 유명한 학자가 되었다. 후대의 꾄가 될촉과 따라나타(1575~?)도 이 법맥의 위대한 스승이자 학자들이다.

③ 샹빠Shangpa 까규학파: 위대한 요기이자 성취자인 층뽀 낼졸빠(978~1079, 凉波大師. 층뽀의 요기)는 인도, 네팔, 티벳 등지에서 50여 년간을 수뜨라와 딴뜨라를 공부하였다. 그는 수카싯디Sukhasiddhi(具樂成就), 라훌라굽따Rahulagupta, 그리고 니구마Niguma의 육법六法, 대성취자 나로빠Nāropa의 배후자를 포함한 수많은 스승들로부터 가르침을 전수받고서 그 내용을 티벳에 전하였다.

④ 샬루Zhva lu학파: 유명한 티벳인 학자 부뙨 린첸 둡Bu ston rin chen grub(1290~1364)은 깔라짜끄라딴뜨라와 70여 종의 교의敎義에 통달하였다. 그는 티벳대장경을 현재의 형태로 분류하고 편집하였다. 그의 전통은 또한 부룩Bu lugs파로 알려져 있으며, 샬루는 샬루 승원의 이름에서 나온 것이다.

⑤ 보동Bo Dong학파: 보동 촉래 남걜Bo dong phyogs las rnam rgyal(1376~1451)은 이 전통을 세운 위대한 학자이자 저술가였다. 그는 다양한 주제들에 대한 문헌과 주석들을 132권이나 남겼다.

이상의 군소 학파들 대부분은 그들의 스승들이 생존했을 때는 독자적인 학파로서의 기능을 다했지만, 현재는 그들 중 대부분이 주요 종파에 합해졌거나 부파가 되었다. 현재는 독립된 학파로서의 모습을 잃어버린 경우가 많지만, 그들의 저서들과 가르침은 지금도 끊임없이 연구되고 있다.

② 종교문학 - 주제별 분류

티벳의 종교문학은 주제에 따라 종교, 역사와 전기, 시작詩作과 수행문학, 그리고 음악, 무용, 미술과 건축 등을 포함한 예술분야 등 크게 4개의 범주로 나누어 볼 수 있다. 대부분은 종교에 관한 문학이 주류를 이루고, 나머지 범주의 것들은 그에 대한 보조학적 기능을 가진 것이 대부분이다.

ㄱ) 종교

종교라는 광범위한 티벳문학의 주류主流를 정리하는 데는 여러 가지 방식이 있을 수 있지만, 전체적으로 불교학적 용어인 계정혜 3학을 이용하여 세 가지 범주로 묶어 볼 수 있다. (1) 혜慧의 범주 안에 드는 견(見, lTa ba, darśāna)에 대한 문헌들은, ① 소승에서 바수반두의 『구사론』, ② 대승에서 나가르쥬나의 『중관』, ③ 금강승에서 빠드마삼바바의 『맨응악 따텡Man ngag lta 'phreng(秘法見解鬘)』 등을 들 수 있다.

또 정定의 범주 안에 드는 수행(修禪, bsGom pa)에 대한 문헌들은, ① 수뜨라에서는 아띠샤의 『보디빠타쁘라디빠Bodhipathapradīpa(菩提道燈論)』, ② 딴뜨라에서는 제 쫑카파의 『응악림첸모sNgag rim chen mo(秘密道次第論)』 등을 들 수 있다. 그리고 계戒의 범주 안에 드는 행위(行爲, sPyod pa)에 대한 문헌들은 ① 별해탈계에 대한 구나쁘라브하의 『율경律經』, ② 보살계에 대한 산띠데와Śāntideva의 『입보리행론入菩提行論』, ③ 딴뜨라계(金剛戒)로는 다르마슈리Dharmaśrī의 『돔쑴남응에sDom gsum rnam nges(三律儀論)』에 있는 『응악돔sNgags sdom(密乘律儀)』 등을 들 수 있다.

ㄴ) 역사와 전기

불교사(佛教史, Chos 'byung; 宗教史, 佛教源流) 문헌들은 법의 전승에 대한 주요 사건들과 스승과 제자들의 활동에 관한 기록들이다. 주요 최중Chos 'byung(佛教史) 문헌들은, ① 둡톱 응오둡/냥의 『마니깐붐Ma ni bka' 'bum』, ② 외겐 링빠의 『뻬마까탕Padma bka' thang』, ③ 롱첸 랍잠의 『툽땐 쎌와르 제뻬 늬외Thub bstan gsal bar byed pa'i nyi 'od』, ④ 부뙨의 『최중린포체 죄Chos 'byung rin po che'i mdzod』, ⑤ 꾄가 쐬남의 『싸꺄 둥랍Sa skya'i gdung rabs』, ⑥ 뻬마 까르뽀의 『뻬마갸뻬 늰제Padma rgyas pa'i nyin byed』, ⑦ 쭉락 텡와의 『카뻬 가뙨mKhas pa'i dga' ston』, ⑧ 따라나타의 『괴되 뀐중dGos 'dod kun 'byung』, ⑨ 쌍게 갸초(1653~1705)의 『와이두르 쎄르뽀Ba'i dur ser po』, ⑩ 직메 링빠의 『잠링타두 캽뻬 갠'Dzam gling tha gru khyab pa'i rgyan』, ⑪ 직댈 예쎼 도르제의 『하왕귤래 걀외 응아보체 다양Lha dbang gyul las rgyal ba'i rnga bo che'i sgra dbyang』 등이 있다.

남타르rNam thar(傳記) 문학에는, 『뻬마까탕Padma bka' thang(蓮花記; 빠드마삼바바의 전기)』와 바이로의 『다박'Dra 'bag(假面)』, 그리고 아띠샤, 마르빠, 밀라레빠, 싸꺄 빤디따, 초갤 팍빠, 롱첸 랍잠, 쫑카파, 갤왕 응아빠 등의 전기와 제14대 달라이 라마의 『응외끼 율당 응외끼 미망Ngos kyi yul dang ngos kyi mi mang(나의 조국 나의 국민)』등의 문헌들이 있다.

ㄷ) 시작詩作과 수행문학

티벳종교의 시문에는 시(詩, sNyan ngag)와 수행의 노래(道情, mgur)로 된 두 가지 형태가 있다. 땐규르 안에 있는 종교시가詩歌들은 ① 끄셰멘드라Kṣemendra의 『보디삿뜨와다나 깔빠라따Bodhisattvādāna Kal-palatā』, ② 아슈바고샤Aśvaghoṣa의 『붓다짜리따Buddhacarita(佛所行讚)』, ③ 아리야슈라Āryaśūra의 『자따까말라Jātakamālā(本生鬘)』 등이 있고, 티벳인 저자들의 작품은 까르마 미꾀 도르제, 따라나타, 빠오 쭉락 텡와, 갤왕 응아빠 첸뽀(제5대 달라이 라마), 민링 로첸 궁탕 뗀뙨, 도 카르와, 미팜 남걜 등이 쓴 시문학들이 들어 있다. 그 외에 수행의 즐거움과 깨달음을 노래한 도정시가道情詩歌들은 ① 사하라Sahara의 『도하꼬샤기띠Dohākoṣagīti』, ② 땐규르에 있는 다른 대성취자들의 『도하Dohā(歌)』, ③ 밀라레빠의 『구르붐mGur 'bum(道情十萬頌, 十萬頌)』, ④ 미꾀 도르제의 『까규 구르초bKa' rgyud mgur mtsho』, ⑤ 둑빠 뀐렉의 『구르붐mGur 'bum』, ⑥ 짱꺄 뢸뻬 도르제의 『구르mGur』, ⑦ 하쥔 남카 직메의 『구르mGur』, ⑧ 샵까르와(1781~1850)의 『구르붐mGur 'bum』 등이 있다.

ㄹ) 음악, 무용, 미술, 건축 등의 예술분야

음악과 무용은, 수뜨라 전통에서는 악기(樂器, Rol mo. Rol cha)와 성악(聲樂, dByang. 梵唄念誦)이 종교 의식을 집전할 때 함께 사용되지만, 딴뜨라에서는 수행 그 자체로 활용되는 중요한 부분이다. 의례에 사용되는 무용들 역시 자신을 본존本尊의 의식으로 변화하기 위해 행해지며, 그 변화를 다른 이들에게 시연하기 위한 것이다. 음악(dByang yig)과 무용('Cham yig)에 대한 문헌들은 그 의미와 상징에 대한 해설 등을 포함하고 있다.

미술과 건축은, 율장律藏과 딴뜨라 문헌들에 절, 승원 그리고 탑(Stūpa)을 건축하는 데 필요한 안내 지침서들이 문학의 한 형태로 편찬되어 있다. 이러한 문헌들에는 만달라Maṇḍala나 짜끄라Cakra, 그

외의 다양한 종교적 상징물들을 만들고 그리는 데 필요한 구성안構成案과 적절한 비율들이 자세하게 기록되어 있다.

2) 티벳의 세속문헌문학

티벳문학에서 땐규르에 있는 몇몇 문헌들을 제외하고, 종교적 개념에 영향 받지 않은 것은 거의 없다. 그중에서도 주로 세속적인 주제를 다루고 있는 문헌들은, 논리학에 67편(21권), 문법학에 28편(2권), 의학에 7편(5권), 미술에 18편(½권), 그리고 기타 일반적인 주제들에 대한 57편(7½권) 등이 있다.

주제에 따른 여러 다른 중요한 문학 작품들도 세속문학으로 분류되어 있다. 이 문헌들은 주로 역사와 문법,[83] 시작詩作, 운문학韻文學과 사전류, 논리학, 점성학, 수학, 의학, 천문학, 법, 정치서, 음악과 무용, 연극, 그리고 미술과 공예와 같은 제목들로 정리되어 있다.

① 역사

티벳문학에서 역사(Lo rggyus, 編年史)는 세속사(rGyal rabs; 王朝史)와 종교사(宗敎史, Chos 'byung)의 두 가지 형태가 있다. 세속사는 주로 왕위의 계승과 그 외 다른 정치적 사회적 사건들과 관련된 것이다.

티벳의 고대사와 근대사를 다루고 있는 역사 문헌들은 ① 쏭짼 감뽀 왕의 유촉遺囑인 『까첸 까퀼마bKa' chen ka khol ma(大命柱間史)』, ② 바 쎌낭과 바 쌍씨의 『바섀 샵딱마rBa bzhed zhabs btags ma』, ③ 바 쎌낭과 바 쌍씨의 『바섀 딱마rBa bzhed gtsang ma』, ④ 챌빠 뀐가 도르제의

---

[83] 티벳 역사와 티벳어 문법서에 대한 개괄적으로 정리된 문헌의 목록은, Alexader Csoma De Kőrös(1912; 1991), pp.81~87 참조.

『뎁테르 마르뽀Deb ther dmar po(紅史, 1346년)』, ⑤ 오겐 링빠의 『걀뽀, 뢴뽀, 쮠모 까탕rGyal po/ bLon po/ bTsun mo bKa' thang』, ⑥ 쇠남 딱빠(1478~1554)의 『뎁테르 응왼뽀Deb ther sngon po(gSar pa, 新紅史, 1538년)』, ⑦ 골로 쉰누 뺄의 『뎁테르 응왼뽀Deb ther sngon po(靑史, 1392~1481년)』, ⑧ 쭉락 텡와의 『캐뻬 가뙨mKhas pa'i dga' ston의 뵈끼 걀랍Bod kyi rgyal rabs(티벳사)』, ⑨ 싸꺄 쐬남 걀챈의 『뵈끼 걀랍 쌜외 메롱Bod kyi rgyal rabs gsal ba'i me long』, ⑩ 제5대 달라이 라마의 『뵈끼 뎁테르 치끼 걀뫼 루양Bod kyi deb ther dpyid kyi rgyal mo'i glu dbyangs』, ⑪ 딱곤 샵둥(1801~?)의 『뎁테르 갸초Deb ther rgya mtsho』, ⑫ 겐뒨 최펠(1905~1951)의 『뎁테르 까르뽀Deb ther dkar po, 1946년(白史)』, ⑬ W. D 샤꺄빠(1907~?)의 『뵈끼 씨된 걀랍Bod kyi srid don rgyal rabs』 등이 있다.

② 문법

문법문학에는 인도 자료에서 번역된 산스크리트어 문법과 티벳어 자체의 문법서 등에 대한 문헌과 주석서들을 담고 있다. 수많은 문헌이 산스크리트어에서 티벳어로 번역되었고, 티벳어 문자, 문법, 문형 등이 산스크리트어의 형태를 기본으로 하여 만들어졌기 때문에 학자들은 산스크리트어 문법을 이해해야만 했다.

티벳어로 번역된 주요 산스크리트어 문법서들은 ① 빠니니Pāṇini의 『빠니니 비야까라나수뜨라Pāṇini Vyākaraṇasūtra(文法經)』, ② 짠드라고민Candragomin의 『짠드라 비야까라나수뜨라Candra Vyāka-raṇasūtra』, ③ 샵따와르만Śāptavarman의 『깔라빠 비야까라나수뜨라Kalāpa Vyāka-raṇasūtra』, ④ 아누부띠Anubhūti의 『사라스와따 비야까라나Sārasvata

Vyākaraṇa』 등이 있다.

땐규르 안에도 산스크리트어 문법서들에 대한 인도학자와 티벳학자들의 주석서들이 많이 있다. 『짠드라 비야까라나수뜨라Candra Vyāka-raṇasūtra』에 대한 주석서들은 로첸 툭제 뺄, 샬루 최꽁 상뽀와 시뚜 최중 등이 쓴 문헌들이 있으며, 빵로는 『깔라빠Kalāpa』에 대한 주석서를 썼고, 따라나타는 『사라스와따Sārasvata』에 대한 주석서를 썼다. 또 티벳어 문법서는 퇸미 삼보타의 『룽뙨빠 쑴쭈빠Lung ston pa gsum cu pa』와 『땅끼 죽빠rTag kyi 'jug pa』, 덴뻬 예셰의 『마외 공첸차sMa ba'i sgo mtshen cha』, 쩨키 둑의 『내개첸뽀 짜와gNas brgyad chen po'i rtsa ba』 등이 있다. 이 중에서 『룽뙨빠 쑴쭈빠』와 『땅끼 죽빠』는 티벳어의 근본 문법서들이다. 이를 토대로 티벳어 문법을 체계적으로 연구한 주석서들로는 나르탕 로짜와의 『쑴땅 델와gSum rtags 'grel ba』, 샬루 로짜와 최꽁 상뽀(1441~?)의 『쑴땅델와』, 빤첸 쐬남 남걜의 『쑴땅델와』, 로첸 남카 상뽀의 『쑴땅델와』, 오퉁빠 까르마 랍계의 『쑴땅델와』, 수르카르 로뙤 갸초의 『쑴땅델와』, 빠오 쭉락 텡와의 『쑴땅델와』, 다디 게쎄 린첸 된둡의 『쑴땅델와』, 시뚜 최끼 낭와의 『쑴땅델첸 캐뻬 굴걘 무띡 텡제Sum rtags 'grel chen mkhas pa'i mgul rgyan mu tig 'phreng mdzes』 등이 있다.

③시작, 운문학과 사전류

티벳에는 아주 광범위한 시문학이 있다. 또한 고대 인도시가詩歌류의 체계나 규칙들을 다루는 문헌들도 많다. 특히 단딘Daṇḍin의 『까브야다르샤Kāvyādarśa』와 깔리다사Kālidāsa의 『메가두따Meghadūta』는 중요한 작품들이다. 『까브야다르샤Kāvyādarśa』에 대한 잘 알려진 티벳 주석서들은 빵로 잠양 카체, 린뽕빠, 라오, 제5대 달라이 라마, 삐케빠, 민링 로첸, 캄빠 최끼 니마, 미팜 남걜과 오겐 뀐상 땐진 등의 저서들이 있다. 싸꺄 빤디따, 뀐켄 룽첸빠, 제 쫑카파, 까르마빠 미꾀 도르제, 제5대 달라이 라마, 도카르빠와 뀐켄 직메 링빠 등의 저술 속에도 티벳인들의 시가 들어 있다.

운문학을 다루고 있는 운율(韻律, sDeb sbyor)에 대한 주요 문헌은 라뜨나까라샨띠빠다Ratnākaraśāntipāda의 『찬도라뜨나까라Chandorat-nākara』이다. 운율에 대한 티벳 문헌들은 미꾀 도르제, 민링 로첸, 규르메 땐진 등이 쓴 주석서들이 있다.

주요 사전(mNgon brjod, 辭調學. 어휘모음)으로는 티벳 학자들이 쓴 티벳어-산스크리트어 사전(藏梵辭典)인 『제닥뚜 똑빠르제빠Bye brag tu rtogs par byed pa(飜譯名義大集)』가 있고, 산스크리트어에서 번역한 아마르싱하Amarsiṁha의 『아마르꼬샤Amarkoṣa('Chi med mdzod, 甘露藏)』와 그에 대한 주석서인 『까마데누Kāmadhenu('Dod 'jo'i ba)』와 슈리다나세나Śrīdhanasena의 『아비다나묵따말라Abhi-dhānamuktāmālā(mNgon brjod mu tig phreng ba)』 등이 있다. 주요 티벳어 문헌들은 싸꺄 빤디따Sakya Pandita의 『응왼죄 칙기 떼르mNgon brjod tshig gi gter)』와 싸꺄빠 땐진 걜챈Sakyapa Tendzin Gyaltshen의 『쁘라즈냐Prajñā(Shes rab, 智慧)』 등이 있다. 특히 사전류는 현대에 이르기까지 지속적으로 교정과 편찬이 이루어지고 있는데, 근대에 이루어진 티벳어 사전편찬의 역사 속에서 그 흐름을 살펴볼 수 있다.

1881년 영국 런던에서 현대 티벳어 사전의 원형에 해당하는 사전을 편찬한 예쉬케(H. Jäschke)가 정리한 근대 티벳어 사전의 성립과정을 살펴보면, 근세에 처음으로 티벳어 사전을 출간한 사람은 인도 캘커타 근교의 세람포르Serampore에서 『티벳어사전(Tibetan Dictionary)』를 출간한 익명의 로마 가톨릭 선교사이다. 이 사전은 근대 티벳어 사전으로서는 최초라 할 만하지만 어휘의 수나 내용에 있어서 큰 의미가 있는 것은 아니었다.

이에 비해 영국의 식민지 관료 무어(William Moorecroft)의 도움으로 라닥Ladakh에서 티벳어를 공부한 헝가리 출신의 인도-티벳학자 쾨뢰스(Csoma de Körös)가 벵갈 아시아학회(Asiatic Society of Bengal)의 주도 아래 『티벳어 문법과 사전(Grammar and Dictionary of the Tibetan language)』를 저술하였다. 이 사전은 불교 용어와 『번역명의대집』에 포함된 어휘들을 범어와 대조하여 발간한 것으로서 이후 연구자들이 티벳 문헌에 접근할 수 있는 기초를 제공하는 데 큰 공헌을 하였다.

그 뒤로 쵸마 드 쾨뢰스의 사전을 독일어로 개정 증보하여 슈미트(I.J. Schmidt) 교수가 1870년대에 편찬한 『티벳어-독일어 사전(Tibetisc-Deutsches Wörterbuch)』을 포함하여, 예쉬케가 자신이 수집한 어휘들을 좀 더 풍부하게 담아낸 것이 예쉬케의 『티벳어-영어 사전(A Tibetan-English Dictionary)』 사전이다. 이후 예쉬케의 작업을 계승하여 좀 더 체계적인 주제어 선택과 범어 비교를 통해 편찬한 것이 1902년에 출간한 다스(S. Chandra Das)의 『티벳어-영어 사전(Tibetan-English Dictionary)』이다. 이를 바탕으로 인도와 중국, 서구 여러 나라들에서 지난 1세기 동안 다양한 티벳어 사전들이 편찬되었다. 이 시기에 주로 편찬된 사전 자료들은 2001년에 골드스타인(Melvyn C. Goldstein)이 출간한 『현대티벳어 신新 티벳어-영어 사전(The New Tibetan-English Dictionary of Modern Tibetan)』의 표제어와 내용을 편집하기 위해 서문에 열거한 사전과 어휘집들을 통해 살펴볼 수 있다.[84] 이 외에도 일본이나 대만 등 아시아권의 다양한 사전과 목록자료에서 동구유럽의 연구자료에 이르기까지 티벳의 정신문화와 고전에 대한 세계적 관심은 지금도 각국의 언어로 편찬되고 있는 티벳어 사전의 출판 현황에서 그 열기를 느낄 수 있다.

④ 논리학

이 분야에는 인도와 티벳 논사들이 쓴 수많은 주석서들이 있다. 디그나가와 다르마끼르띠 등의 불교 논리학 저서들은 비불교도의 철학을 논박하고, 불교의 가르침을 수호하기 위해 지은 것들이다. 논쟁의 방식을 사용하는 것은 신념이나 경전에 호소하기보다 논리적 정리正理

---

84 중국 본토에서는 게쎼 최닥dGe bshes chos kyi grags이 편찬한, 『다닥 밍칙 쎌와brda dag ming tshig gsal ba bzhugs』(중국, 1957)을 필두로 60~70년대의 여러 티벳어 사전과 가장 방대한 탕위쑨Krang dbyi sun이 편찬한『뵈갸 칙죄첸모Bod rgya tshig mdzod chen mo』(藏漢大辭典; 중국, 1985) 이후, 『뵈갸라 쑴기 뵈맨 밍죄Bod rgya la gsum gyi bod sman ming mdzod』(중국, 1998)까지 80~90년대를 거쳐 오늘에 이르기까지 다양한 티벳어 사전편찬이 이루어지고 있다. 이 외에도 다스(S.C. Das)의 『Tibetan English Dictionary』(인도, 1902), 벨(C.A. Bell)의 『English-Tibetan Coloquial Dictionary』(인도, 1905), 『뒤쑴레우 믹쏨 뉘 다죄빼 랠디 숙쏘Dus gsum re'u mig som nyi'i dra gcod pa'i ral gri bzhugs so』(인도, 1964), 다걉(L.S. Dagyab)의 『뵈다칙죄Bod brda' tshig mdzod』(인도, 1966), 쎙게와 릭진(Acharya Sengye T. Naga and Tsepak Rigzin)의 『뵈인 쎈자르기 칙칙당 땀빼Bod dbyin shan sbyar gyi tshig tshigs dang gtam dpe』(인도, 1994), 빠상(Pasang Yonden Arya)의 『Dictionary of Tibetan Matria Medica(醫藥)』(인도, 1998), 왕중(mKhar stod rdo rjes dbang phyug)의 『뒤쑴 레우 믹투 미공떼르Dus gsum re'u mig thu mi'i dgongs gter』(인도, nd), 스미쵸프(B.V. Semechov)의 『Russian-Tibetan Dictionary』(러시아, 1963), 리히터(E. Richter)의 『German-Tibetan Dictionary』(독일, 1966), 벅(S.H. Buck)의 『Tibetan English Dictionary』(미국, 1969) 등이 있다.

를 바로 세우기 위한 것이다. 디그나가를 포함한 불교 학자들은 논리학을 세속적 주제 또는 일반적 범주로 분류하고 있으며, 대체로 이 주제에 대한 문헌들은 종교적 경전들로 간주하지 않는다.

논리학 분야에는 인도문헌들을 번역한 디그나가의 『쁘라마나사뭇짜야Pramāṇasamuccaya(集量論)』, 다르마끼르띠의 『쁘라마나와룻띠까 까리까Pramāṇa-varttika Kārikā』 등 7부작, 샨따락시따의 『땃뜨바상그라하 까리까Tattvasaṁgrha Kārikā(攝眞實論, 眞理綱要)』와 티벳인 저술의 차빠 최끼 쎙게의 『채마뒤빠 의끼문쎌Tshad ma bsdus pa yid kyi mun sel』, 싸꺄 빤디따의 『채마릭떼르Tshad ma rig gter』, 보동 촉레 남걀의 『채마릭낭Tshad ma rig snang』 등이 있다. 또 티벳 저자들이 저술한 위의 논리서들에 대한 주요 주석서로는 걜찹 제, 롱뙨, 고 랍잠빠, 미팜 남걀 등의 저서들이 있다.

⑤ 점성학

티벳 점성학의 주요 문헌으로는 깐규르에 수록된 『깔라짜끄라딴뜨라 Kālacakratantra』와 그에 대한 주석서들이 있다. 또 깐규르 안에 있는 『랄리따위스따라Lalitavistara(普曜經)』와 『뻴 칸도 갸초dPal mkha' 'gro rgya mtsho(Śrī ḍākārṇava, 吉祥天空海)』도 점성학에 관한 몇 가지 자료들을 담고 있다.

60년 주기(Rab byung, 生週)의 역법曆法은 1027년에 깔라짜끄라딴뜨라가 티벳으로 들어오면서 알려지게 되었다.[85] 유명한 학자 부뙨(1290~1364)과 될뽀(1292~?)는 깔라짜끄라딴뜨라에 대한 수많은 논

---

[85] 실제 티벳 점성학은 중국, 인도, 페르시아의 자료들까지 두루 포괄하고 있다

문을 썼다. 이들의 전통이 시간이 지나면서 다음과 같은 4개의 주요 점성학 전통으로 발전하게 되었다. (1) 푹룩Phug lugs(푹氏家의 曆算法. 푹빠家의 전통): 이들은 『빼까르 샬룽Pad dkar zhal lung』과 그의 관한 보유서補遺書을 쓴 노르상 갸초(1423~1513)와 풍빠 훈둡 갸초의 책들에 근거한 전통을 따른다. (2) 추르룩mTshur lugs(추르家의 전통): 이는 추르푸 된둡 외세르가 쓴 점성학적 문헌을 추종하는 이들의 전통이다. (3) 푹룩 둡찌Phug lugs grub rtsis: 이들은 데시 쌍계 갸초가 쓴 『베이두르 까르뽀Ba'i dur dkar po』와 민링 로첸의 『닌제 낭와Nyin byed snang ba』를 기본 문헌으로 한 후기 점성학적 전통이다. (4) 추르룩 둡찌 mTshur lugs grub rtsis: 이 전통은 응에렉 땐진Ngeleg Tendzin이 쓴 『녜르코 붐상Nyer mkho bum bzang』에 기초한다.

이 외에도 티벳 점성학자들이 저술한 주요 문헌들은 부뙨의 『찌끼땐 최 캐빠 가예rTsis kyi bstan chos mkhas pa dga' byed』, 될뽀의 『응아뒤 락렌lNga bdus lag len』 외, 케둡 제의 『뒤코르 델첸Dus 'khor 'grel chen』, 랑중 도르제의 『찌뀐 뒤빠rTsis kun bsdus pa』, 노르상 갸초의 『빼가르 샬룽Pad dkar zhal lung』, 미팜 남걀의 『뒤코르 델첸Dus 'khor 'grel chen』 외, 켄랍 노르부(1890~1962)의 『찌슝 릭댄 닝틱rTsis gzhung rig ldan snying thig』 등이 있다.

⑥ 수학

수학은 점성학의 기본적 핵심 분야인 만큼, 수학에 대한 전통적인 자료들은 『깔라짜끄라딴뜨라Kālacakratantra』에 대한 주석서들에 들어 있다. 『구사론』과 『랄리따위스따라Lalitavistāra』도 역시 수數적 체계에 관한 자료들을 담고 있다. 수적 체계에 대한 티벳 문헌들은 아난다

Ānanda의 『델찌짜와 레우걔빠rDel rtsis rtsa ba le'u brgyad pa』, 쩬토와의 『퀸팬메롱Khun phan me long』, 응악왕 최조르의 『튈익데믹'Phrul yig lde mig』 등이 있다.

⑦ 의학

의학 분야에는 인도 문헌을 포함한 많은 양의 티벳 문헌들이 있다. 율장律藏 안에도 의학적 치료 방법들의 근거가 될 만한 자료들이 있으며, 티벳어로 번역된 인도 의학문헌으로는 와그바타Vāgbhaṭa의 『아쉬탕가흐리다야 상히따Aṣṭāṅgahṛdaya Saṁhitā』와 나가르쥬나Nā-gārjuna의 『요가샤따까Yogaśataka』가 있다.

가장 위대한 티벳인 의사는 20세기에 살았던, 후기後期[86]의 유톡 왼땐 괸뽀로 알려져 있으며, 티벳 의학에 대한 주요 문헌 자료는 『맨기 규시sMan gyi rgyud bzhi(醫學四續, 4種의 의학딴뜨라)』가 있다. 이 딴뜨라들은 『짜규rTsa rgyud(本딴뜨라)』, 『섀규bShad rgyud(釋딴뜨라)』, 『맨응악규Man ngag rgyud(秘訣딴뜨라)』, 『규치마rGyud phyi ma(後딴뜨라)』이다. 이 4종 딴뜨라의 출처에 대해서는 이견이 있지만, 일반적으로 바이로짜나가 산스크리트어에서 티벳어로 번역한 것이 쌈예 승원에 복장伏藏 되었다가 발견된 것으로 알려져 있다. 11세기에 위대한 떼르 뙨인 다와 응온 쎄쩬(1012~1090)에 의해 발견되어, 후기의 유톡 왼땐 괸뽀에게로 그것들이 전해졌다고 한다.

유톡은 4종 딴뜨라를 공부하고 가르치며, 그 외의 다른 내용들에 대해 20여 편의 글을 썼다. 여기서 이어진 두 개의 전통이 계승되고

---

[86] 같은 이름의 또 다른 위대한 의사가 9세기에 있었기 때문에, 9세기의 인물은 전기前期의 유톡 왼땐 괸뽀gYu Thog Yon Tan mGon Po라고 부른다.

있는데, 장빠Byang pa 전통과 수르Zur 전통이다. (1) 장빠Byang pa : 이 전통은 장빠 릭댄Byang pa rig ldan이 세웠으며, 그와 그의 제자들은 의학 문헌을 많이 남겼다. (2) 수르Zur: 이 전통은 4종 딴뜨라의 편집자인 위대한 의사 수르카르 냠니 도르제가 세웠다. 그와 그의 추종자들은 의학적 주제에 대한 광범위한 글들을 썼다.

또 데시 쌍계 갸초Desrid sangye gyatsho는 유명한 『바이두르 응왼뽀Ba'i dur sngon po』 외에 수많은 책들을 썼다. 그는 라싸Lhasa에 의과대학을 세우기도 했다. 수르 전통의 의학 문헌으로는 유톡 왼땐 괸뽀의 『맨슝차락쪼개sMan gzhung cha lag bco brgyad』, 짱빠 릭댄 첸뽀의 4종 딴뜨라에 대한 논문들, 수르 냠니 도르제의 『예와링쎌Bye ba ring bsrel』, 수르카르 로되 갸초의 『메뾔섈룽Mes po'i zhal lung』, 디궁의 『쩨뒤gCes bdus』, 다르모 멘람빠의 『까갸마bKa' rgya ma』, 데시 쌍계 갸초의 『바이두르응왼뽀Ba'i dur sngon po』와 『핸탑Lhan thabs』 등이 있다.

⑧ 지리학과 천문학

전통적인 티벳의 지리학地理學과 천문학天文學은 종교 문헌들 속에 포함되어 있으며, 따로 분류된 문학이 없다. 이들 주제에 대해 논의하고 있는 문헌들은 『깔라짜끄라딴뜨라Kālacakratantra』 제1장, 깐규르의 『직뗀샹빠'Jigs rten gzhag pa』, 바수반두의 『구사론』 제3장, 뀐켄 롱첸빠의 『이신린포체죄Yid bzhin rin po che'i mdzod』 그리고 이들에 대한 다양한 주석들이 있다. 지리학에 대한 후기 시대의 문헌은 첸뽀 라마의 『잠링걔쌔'Jam gling rgyas bshad』가 있다.

⑨ 법

티벳의 사법司法과 일반법一般法은 7세기 쏭짼 감뽀 왕이 발전시킨 것이다. 사법은 곽모 두빠 왕 시절에 확대되었는데, 이것이 최근까지 유일한 국가 성문법成文法이었다. 이후 1963년 3월 10일, 현 제14대 달라이 라마는 새로운 헌법을 공포했다. 국가 사법과 일반법에 관한 문헌들은 쏭짼 감뽀의 『하최 게와쭈Lha chos dge ba bcu(佛十善法, 종교법)』, 쏭짼 감뽀의 『미최 짱마쭈둑Mi chos gtsang ma bcu drug(人淸淨十六法, 사회법)』, 쏭짼 감뽀의 『팀익 섈쩨쭉쑴Khrims yig zhal lce bcu gsum(古代法律十三條, 司法)』, 곽모 두빠(14세기)왕의 『팀익 섈쪼응아빠Khrims yig zhal lco lnga pa(古代法十五條, 14세기 司法)』, 1963년 제14대 달라이 라마에 의해 공포된 티벳의 신헌법 등이 있다.

⑩ 정치서

정치와 관련한 인도와 티벳 문헌들은 나가르쥬나의 『쁘라갸샤따까Prajñāśataka』, 『니띠샤스뜨라쁘라갸단다Nītiśāstraprajñādaṇḍa』, 『라자빠리까타라뜨나왈리Rājaparikathāratnavāli, 4장』, 『니띠샤스뜨라잔뚜뽀샨빈두Nītiśāstrajantupoṣaṇbindu』와 라위굽따Ravigup-ta의 『가타꼬샤Gathakośa』, 와라루찌Vararuci의 『샤따가타Sata-gāthā』, 아모가와르마Amoghavarma의 『위말라쁘라슈놋따라라뜨나말라Vimalapraśnot-tararatnamālā』, 짜나꺄Cāṇakya의 『짜나꺄라자니띠샤스뜨라Cāṇakya-rājanītiśāstra』, 마수락샤Masūrakṣa의 『니띠샤스뜨라Nītiśāstra』, 싸꺄 빤디따의 『렉빠르 섀빠 린포체 떼르Legs par bshad pa rin po che'i gter』, 제5대 달라이 라마의 『룩니끼 랍쟈 무툴리텡와Lugs gnyis kyi bslab bya mu thuli phreng ba』, 미팜 남걜의 『걜뽀 룩끼땐쬐 싸시 꽁외 걘rGyal po lugs kyi bstan bcos sa gzhi skong ba'i rgyan』 등이 있다.

⑪ 음악, 무용, 연극, 미술, 공예

티벳의 악기와 성악 전통은 다양한데, 범패와 의례용 악기(Rol tshig/Nga tshig)를 채보해 둔 문헌들은 많이 있다. 그러나 이 음악의 대부분은 세대에서 세대로 구전된 것이다. 세속음악은 기록된 것이 거의 없다. 근래에 들어 다음 세대에 전하기 위한 기록 작업이 요청되고 있다. 무용 역시 종교 의례용과 민속적인 것들이 다양하게 지역의 특성에 따라 행해져 왔다.

연극은 땐규르에 있는 두 작품인 짠뜨라고민의 『로까난다나타까 Lokānandanāṭaka』와 하르샤데와Harṣadeva의 『나가난다나마나타까 Nāgānandanāmanāṭaka』, 그리고 티벳인 작품인 『숙끼니마gZugs kyi nyi ma』, 『디메뀐댄Dri med kun ldan』, 『도와상모'Gro ba bzang mo』와 빼툴 린포체의 『빼메챌기되가르Pad ma'i tshal gyi zlos gar』 등이 있다.

또한 티벳에는 도안圖案, 그림, 글씨, 직조織造, 바느질, 조각, 금속공예, 목공예, 구성構成 같은 다양한 공예 전통들이 전승되고 있다. 미팜 남걜의 『쇠빠타bZo'i pa khra』과 같은 몇몇 교재들이 남아 있기는 있지만, 대부분은 도제식徒弟式의 구전 방식으로 지식을 전달하고 있다.

3) 문헌연구와 역경자세

앞에서 살펴본 티벳문헌문학의 개관과 함께, 티벳불교의 문헌문학을 좀 더 깊이 있게 연구하기 위해서는 무엇보다 티벳대장경에 대한 구체적인 분석이 선행되어야 한다. 지금까지의 선행연구들은 티벳대장경을 개괄적으로 살펴볼 수 있는 대장경목록[87]들을 잘 정리해놓고 있다.

예를 들면, 티벳불교의 승원교학체계에서 활용하는 가장 일반적인 분류방식에 따라 분류된 티벳대장경의 문헌분류는, 다음과 같이 수뜨라(顯敎)와 딴뜨라(密敎)로 구분한 형태 등이 있다.

먼저 수뜨라에는 ① 반야부(Sher phyin) (동북판 No. 8, 9, 12, 13, 16, 21)와 해설서인 『현관장엄론Abhīsamayālaṁkara』 (No. 3786, 3793), ② 중관부(dBu ma) (No. 3824, 3828, 4158, 4182; 3846; 3861~62, 3871, 3939~40, 3884~85), ③ 유가행부(rNal 'byor spyod pa/sems tsam)는 『대승장엄경론Mahāyanasūtrālaṁkāra』 (No. 4020, 4021, 4022, 4024, 4049), ④ 아비달마부(mNgon pa)는 『아비달마구사론Abhi-dharmako-śkārikā』 (No. 4089~90), ⑤ 율부('Dul ba)는 『율장Vinayavastu』(No. 1, 2, 5, 3721, 3952, 4117, 4118, 4477), ⑥ 계경契經, 본생本生, 비유譬喩 등에는 『임종지명대승경(臨終智名大乘經, Ātya-jñāna-nāma-mahāyana-sūtra』(No. 122, 264, 275, 269, 95, 258, 3982~84, 4003~4; 4150; 4155), ⑦ 인명(因明, Tshad ma)은 『집량론Pramāṇasamuccaya』(No. 4203~4, 4210~11, 4214~15, ⑧ 성명(聲明, sGra)은 『빠니니 성명경(聲明經, Pāṇini Vyakaraṇsūtra)』(No. 4420, 4297, 4282; 4348~49; 4301, 4459), ⑨ 의방명(醫方明, gSo rig)과 점성명(占星明, sKar rtsis)은 『요가백론(瑜伽百論, Yogaśataka)』(No. 4306), ⑩ 논구(論究, upadeśa)에는 『보리도등론Bodhipatapradīpa』(No. 3947, 4465) 등이 있다. 이 외에도 다양한 논주論註 등과 역사, 전기, 목록 등의 문헌이 티벳인 스승들의 전집류에 많이 수록되어 있다.

그리고 딴뜨라에는 ① 무상요가부(Anuttarayoga)에 『깔라짜끄라

---

87 아래의 내용은 동북판목록 번호를 중심으로 한 것이다. Yensho Kanakure 외 (ed.)(1953), Classified Index of Contents Part A & B 참조.

(Kālacakra, Dus 'khor)』(No. 362, 1346; 845, 1347; 361), 『헤루까(Heruka, He ruka'i rigs kyi rgyud)』(No. 368, 369, 370, 372, 1419; 375), 『헤바즈라(Hevajra, Kya'i rdo rje)』(No. 417, 418; 381; 424, 425; 1579), 기타(No. 428, 453, 438, 681 등), 『구히야삼마자(Guhyasamāja, gSang 'dus)』(No. 1785; 445~47; 1810, 1796, 1803), 『갸나빠다Jñānapāda』(No. 1865, 1880, 1885) 등이 있는데, 이외의 『야마리(Yamāri, gShin rje'i gshed)』, 『끄리슈나 야마리Kṛṣṇa Yamāri』, 『락따 야마리Rakta Yamāri』(No. 2019), 『나로 샷다르모빠데샤Naro Ṣaḍdharmopādeśa』(No. 2330) 등은 거의 대부분 티벳인 스승들의 전집류에서 다루어지고 있다. ② 요가부(rNal 'byor)에는 『땃뜨바상그라하(Tattvasaṁgraha, De nyid bsdus pa)』(No. 479; 2510, 2503; 2516; 480~82), 『나마상기띠(Nāmasaṁgīti, mTshan yan dag par brjod pa)』No. 360) 등이 있다. 이외에도 『두르가띠 빠르쇼다나(Durgati parśodāna, Nyan song sbyong ba)』(No. 483; 485), 『빠라마디야(Paramādhya, dPal mchog dang po)』(No. 87~88; 490), 『악쇼비야(Akṣobhya, Mi 'khrugs)』 등이 있다. ③ 행부(行部, spyod pa)에는 『와이로짜나비삼보디딴뜨라Vairocanābhisaṁbhodhitantra』(No. 494), ④ 작부(作部, Bya ba)에는 『따타가따 까야 꿀라Tathāgata 〔kāya〕 kula』(No. 503~5; 21; 141, 526, 916; 557), 『빠드마 와쯔 꿀라Padma 〔vāc〕 kula』(No. 674, 675), 『바즈라 찟따 꿀라Vajra 〔citta〕 kula』, 『라뜨나삼바바 꿀라Ratnasambhava kula』와 다라니Dhāraṇī 계통의 『드와자그라께유라Dhvajāgrakeyūra』(No. 612, 923) 등이 있고, 헌공법(Pūjā), 성취차제(Sādhana), 구루요가(Guru yoga, bla ma'i rnal 'byor)(No. 1579) 등을 포함한 다수의 딴뜨라 행법이 티벳인 스승들의 전집류에 포함되어 있다.

전통적인 티벳대장경 분류와 함께 최근에는 문학적 장르별로 수집된 내용과 종파적 분류에 따라 전공별로 세분화된 연구를 하고 있는 문헌문학 연구서들도 만날 수 있다.[88] 또한 인터넷을 통해 티벳불교와 관련한 다양한 문헌자료와 번역물을 제공하고 있는 서구 유수의 대학들 사이트와 연구소, 티벳불교 수행센터들은 물론, 중국의 티벳어권 지역 전문출판사의 출판물과 최근에 발표된 티벳학과 티벳불교에 관한 방대한 연구 자료들을 통해 최근의 연구경향과 방향성 등을 살펴볼 수 있다. 이 외에도 대장경목록을 재정리하거나 분야별 문헌을 수집하고 검토하여 분류하는 작업들은 최근에도 꾸준한 학자적 노력의 결실이 맺어지고 있다. 특히 최근에 중국에서 출판된 티벳어본 『중화대장경中華大藏經』은 기존의 4종 깐규르와 8종 땐규르에 대한 판본비교를 마친 역작으로 티벳대장경 연구를 위한 문헌적 접근을 한층 쉽게 하고 있다.

이와 같이 선행적으로 잘 정리된 장경목록과 자료 분석을 통해 역경은 물론 학문적 연구를 위한 티벳의 문헌문학연구와 티벳불교의 현교와 밀교에 대한 연구 등 관심분야에 따라 연구의 방향성을 계획하고 결정할 수 있을 것이다. 지금도 꾸준히 발표되고 있는 티벳문헌문학의 양적 풍부함과 질적 우수성은 여전히 인류문화의 보고로 남아 있다. 특히 불교문학의 뛰어난 보존성은 아직도 다양한 연구의 손길을 기다리고 있다.

한편, 한국과 티벳의 불교교류사를 살펴보면, 고려시대에 이미 개성에서 티벳승려들이 활동한 흔적들이 남아 있다.[89] 더 거슬러 올라가면

---

[88] Cabezón, José Ignacio., Jackson Roger R. (ed.)와(1996); Smith, E. Gene(2001)는 기존의 서양학자들이 문헌문학의 각 장르별로 연구의 흐름을 개괄하고 있는 티벳문헌문학의 입문이론서에 해당한다.

신라 성덕여왕의 셋째 아들이자 중국 당나라 때 정중종淨衆宗의 개조로 알려진 김무상(金無相, 684~762)[90] 스님은 티벳불교의 최초기에 티벳에 불법을 전한 것으로 알려져 있다. 이 기록은 특히 티벳 최초의 불교사원인 쌈예사의 사지寺志인 『바셰sBa bshed』에 그 기록이 남아있다. 또한 유식학의 대가였던 원측(圓測, 613~696)[91] 스님은 그의 저서인 『해심밀경소解深密經疏』를 티벳대장경(동북판 No. 4016)에 남기고 있다.[92] 당시 티벳인 역경사였던 최둡('Gos lotsāba chos 'grub)이 번역한 원측스님의 『해심밀경소』는 지금도 티벳불교에서 유식학을 공부하는 주교재로 쓰일 뿐만 아니라 달라이 라마와 같은 티벳인 스승들이 대중법문을 할 때 자주 등장하는 이름이기도 하다.

이와 같이 이전의 역사 속에서 티벳불교와 대장경에 한국인 출신의 승려들이 공헌한 바 있었던 것처럼, 오늘날 밀교와 불교논리학의 분야에서 티벳불교는 인도불교의 장점을 그대로 승계하고 있다. 그런 면에서 양국의 불교는 서로의 장점을 상보적으로 수용하고 연구하는 사명감을 가져야 할 것이다.

끝으로 티벳어본 경론에 대한 역경에 임할 때 유의해야 할 몇 가지 고려사항[93]을 소개하면 다음과 같다. 티벳어, 특히 논리적 순차를 가지

---

89 이와 관련한 기록은 '문두루(mūdra)비법'을 연구한 논문들에서 살펴볼 수 있다. 서윤길(1993), 서윤길(2006), 참조.
90 박정진(2007), 제3장 참조.
91 남무희(2009), 참조.
92 중암(2006), pp.17~45, 83.
93 최연철(2009), pp.163~167.

고 내용을 전개해 나가는 티벳불교 경론에 쓰인 티벳어는 티벳어만의 고유한 논리적 서술 구조가 있다. 이것은 어문학적 차이라기보다 철학적 사유 구조에 따른 것으로 20세기 현대어의 논리적 서술 구조만으로는 그 뜻을 다 드러내기 어려울 때가 많다. 더욱이 대부분의 티벳어 불교경론들이 톤미 삼보따의 고전 문법에 기초하여 써졌거나 산스크리트어에서 번역되었다는 사실에 비추어보면, 고전 문법의 정확한 문법적 적용을 통해 티벳어적 사고에 따른 해석을 먼저 시도하는 것이 중요하다. 그런 다음 우리가 이해할 수 있는 문장 구조로 전환하는 것은 번역 상의 선택적 문제일 것이다.

　티벳어 경론을 번역하고 전강傳講하기 위해서는 소위 잘 읽히는 문장만으로는 한계가 있다. 부드럽고 매끄러운 문장들은 대중들이 읽기에 유익한 측면이 있지만, 많은 부분 경론의 저자들이 보여주고자 했던 본래의 사유구조와 의미를 상실하고 있기 때문에 원문에 대한 확인 작업을 다시 거치지 않고서는 그 내용을 다 이해하기 힘든 경우가 많다. 티벳어 경론을 번역하는 경우에는 고전 문법의 사유구조를 따라 그대로 직역하는 것이 저자들의 사유구조를 파악하기에 용이하다. 특히 견성의 내용을 드러내고 있는 저자들의 사유구조는 그대로가 지혜바라밀을 수행하는 방법이 되기 때문에, 많은 부분 직역을 고수하게 된다. 이러한 방식은 역경사가 직접 전강하는 방식에서 더욱 유익하다고 생각된다.

　또 문법 용어와 내용을 먼저 파악한 후에 근본 문법송을 전통적인 학습 방법에 따라 염송念誦하면서 읽어 나가면, 실제 티벳어 원전의 독해와 역경을 할 때 필요한 정확성이나 통일성을 기하는 데도 많은 도움이 될 것이다. 티벳어 경전이나 티벳인의 논리적 사고 전개 방식은 영어식 사유구조와는 근본적으로 다르다. 그러므로 티벳어 문법을 습득하는 초기 단계에서부터 영어식 문법 용어보다는 티벳어 문법 용어의 본래 의미에 익숙해지는 것이 번역 작업을 하거나 문장을 이해하는 데 훨씬 유용할 것이다.

참고문헌

남무희, 신라 원측의 유식사상 연구, 민족사, 2009.
마츠모토 시로, 이태승 외 공역, 티베트 불교철학, 불교시대사, 2008.
R.A. 슈타인, 안성두 역, 티벳의 문화, 무우수, 2004.
박정진, 불교인류학, 불교춘추사, 2007.
샨띠데바, 최로덴 역, 입보리행론 역주, 하얀연꽃, 2006.
안성두, 티벳에서의 범어불전번역과 대장경 편찬과정에 대한 보고서, 세계 각국의 경전번역 실태 및 체계에 관한 연구 발표(자료집), 경전연구소, 2006.
야마구치 즈이호, 야자키 쇼켄 저, 이호근, 안영길 역, 티베트불교사, 민족사, 1990.
서윤길, 고려밀교사상사연구, 불광출판사, 1993.
서윤길, 한국밀교사상사, 운주사, 2006.
정승석 편, 불전해설사전, 민족사, 1989.
중암, 까말라실라의 수습차제 연구-쌈예(bSam yas)의 논쟁 연구, 불교시대사, 2006.
최로덴, 아시아지역(3), 티벳, 한국불교세계화 모색을 위한 제5차 국제정책세미나, 대한불교조계종 총무원 사회부, 2009a.
최연철, 티베트(西藏) 어 근본 문법 송 톤미의 三十心頌 譯註, 불교원전연구 제10호, 동국대학교 불교문화연구원, 2009b.
최종남 외, 대장목록집, 고려대장경연구소, 2006.
京都文科大學藏版, 飜譯名義大集(Mahāvyutpatti), 東京: 臨川書店, 昭和48年(大正5年).

Halkias, Georgios, *Tibetan Buddhism Registered: An Imperial Catalogue from the Palace Temple of 'Phang-thang*, Eastern Buddhist, XXXVI, 1 & 2, 2004.

Kawagoe Eishin, *dKar chag 'Phang thang ma*, Sendai: Tōhoku indo chibetto kenkyū kai. 2005b.

Wylie, T. V., *A Standard system of Tibetan transcription*, Harvard Journal of Asiatic Studies, 1959, vol.22.

Alexader Csoma De Kőrös, *Tibetan Studies*, New Delhi: Gaurav Publishing House, 1991(1912).

Beyer, Stephan V., *The Classical Tibetan Language*, Delhi: Sri Satiguru Publications, 1992.

Bu ston, *bDe bar gshegs pa'i bstan pa'i gsal byed chos kyi 'byung gnas gsung rab rin po che'i mdzod ces bya ba bzhugs so: Bu ston chos 'byung gsung rab rin po che'i mdzod*, Karnataka: Drepung Loseling Library Society Publication, 1996(1991)a,

Bu ston, Trans. Obermiller E., *The History of Buddhism in India and Tibet*, Delhi: Sri Satiguru Publications, Bibliotheca Indo-Buddhica Series, 1996(1932)b, No. 48.

Cabezón, José Ignacio, Jackson Roger R. (ed.), *Tibetan Literature: Studies in Genre*, New York: Snow Lion, 1996.

Chang, Garma C. C. (tr.), *The Hundred Thousand Songs of Milarepa*, Whitefish, Mont: Kessinger Publishing, 2006.

CRCA, *Chos dbyang*, Dharamsala: the Council of Religious and Cultural Affairs of H. H. the Dalai Lama, 1991.

Hakuju Ui 외 (ed.), 『A Complete Catalogue of The Tibetan Buddhist Canons(bKa' 'gyur & bsTAn 'gyur)』, Sendai: Tohoku Imeprial University, 1934.

Ishikawa, Mie. *A Critical Edition of the sGra sbyor bam po gnyis pa, An Old and Basic Commentary on the Mahāvyutpatti*, Studia Tibetica 18. tokyo: The Toyo Bunko, 1990.

Helmut Eimer (ed.), *Transmission of the Tibetan Canon*』, 『7th Seminar of the International Association for Tibetan Studies, Graz, 1995.

Jonathan C. Gold, *The Dharma's Gatekeepers: Sakya Paṇḍita on Buddhist Scholarship in Tibet*, New York: State University, 2008.

Lhalungpa, Lobsang P. (Tr.), *The Life of Milarepa*, New York: Dutton, 1977.

Lopez, Jr. Donald S. (Ed.), *The Royal Way of Supreme Compassion, Religions of Tibet in Practice*, 1997a.

Lopez, Jr. Donald S. (Ed.), *Atiśa's Journey to Tibet*』, Religions of Tibet in Practice, 1997b.

Matthew T. Kapstein, *The Tibetan Assimilation of Buddhism-Conversion, Contenstation, and Memory*, USA: Oxford University Press, 2000.

Matthew T. Kapstein, *Reason's Traces*, USA: Wisdom Publications, 2001.

Matthew T. Kapstein, *the Tibetans*, USA: Blackwell Publishing, 2006.

Miller, Frederic P., Vandome Agnes F., McBrewster john (Ed.), *Tibet*, USA: Alphascript Publishing, 2009.

dNgul Chu dByang Can Grub, *Legs bShad Sum Cu Pa'i lJon Pa'i dBang Pa dang rTags Kyi 'Jug Pa'i sNying Po'i Don mDo Tsas brJod dKa' gNad gSal Ba' Me Long*, Dharmasala: Sherig Parkhang(TCRPC), 2001(유통본).

Roerich, George N., *The Blue Annal*, Delhi: Motilal Banarsidas, 1976(1949).

Ruegg, D. S., *The Life of Bu sTon Rin Po Che with the Tibetan Text of the Bu ston rNam thar*, Roma: Instituto Italiano Per Il Medio Ed Estremo Oriente, 1966.

Sa-skya Paṇḍita Kun dga' rgyal mtshan, *mKhas pa rnams 'jug pa'i sgo zhes bya ba'i bstan bcos(in Sa Paṇ Kun dga' rgyal mtshan gyi gsung 'bum. Lrgs bam dang po)*, Lhasa: Bod ljongs bod yig dpe rnying dpe skun khang, 1992.

Sheldon Pollock (ed.), Matthew T. Kapstein, *Literary Cultures in History-Reconstructions from South Asia*, USA: University of California Press, 2003.

Smith, E. Gene, *Among Tibetan Texts: History & Literature of The Himalayan Plateau*, New York: Wisdom, 2001.

Thu'u bkwan blo bzang chos kyi nyi ma, *Thu'u bkwan grub mtha'*, India: Ser byes dpe mdzod khang, 2006(1984).

Tony Duff (ed.), *Mahāvyutpatti Glossary*, Kathmandu: Padma Karpo Translation Committee, 2002.

Tucci, Giuseppe, Trans. Geoffrey Samuel, *The Religions of Tibet*, London: routledge & Kegan Paul Ltd, 1980.

Tucci, Giuseppe, *Rin Chen bZang Po and the Renaissance of Buddhism in Tibet around the Millenium*, New Delhi: Aditya Prakashan, 1988(1932).

Tulku Thondup Rinpoche, *Buddhist Civilization in Tibet*, New York & London: Routledge & Krgan Paul, 1987.

Yensho Kanakure 외 (ed.), *A Catalogue of The Tohoku University Collection of*

Tibetan Works on Buddhism(西藏撰述佛典目錄), Sendai: The Seminary of Indology Tohoku University, 1953.

Yoshimura, Shyuki, *The Denkar-ma: An Oldest Catalogue of the Tibetan Buddhist Canons*, Kyoto: Ryukoku University, 1950.

찾아보기

【ㄱ】

가끼구다시(書き下し) 328, 331
가라시마辛嶋靜志 124
『가람연기병류기자재장伽藍緣起幷流記資財帳』 309
각필角筆 186
각필角筆 구결口訣 231, 299
각현覺賢 147
간경도감刊經都監 213, 233, 234
간다라Gāndhara어 23
간다리Gāndhārī 116
감호대사監護大使 134
개산인징開山忍徵 315
『개원록開元錄』 169
개원사본開元寺本 172
『개황록開皇錄』 165
『개황삼보기開皇三寶記』 165
『개황삼보록開皇三寶錄』 165
거란대장경 171
겔룩파dGe Lugs 354, 356
격의格義의 방법 136
겸익謙益 182, 186
경전연구소 298
계미자癸未字 232

계현(戒賢, Śīlabhadra) 146
고남순차랑高楠順次朗 318
『고려본목록』 203
『고려장목록』 203
『고려판목록高麗版目錄』 203
『고승법현전高僧法顯傳』 114
고역古譯 130
관세음보살의 화현 349
교감校勘 134
교상판석敎相判釋 65
교장도감敎藏都監 210
구 터어키어 113
구결口訣 186, 213
구나빨라Guṇapāla 355
구신句身 194
구역舊譯 130, 151
구역舊譯 딴뜨라 403
구히야삼마자Guhyasamāja(秘密集會) 359
국민문고간행회國民文庫刊行會 327
굴내窟內결집 50
굴외窟外결집 42, 50
권자卷子(두루마리형) 174

권자경卷子經 171
『균여전』 188, 192
그륀베델Albert Grünwedel 119
근본분열根本分裂 45
금강지(金剛智, Vajrabhodhi) 151
김무상金無相 437
김태흡 251
까규파bKa' brgyud pa 354, 359, 364, 412, 413
까담빠bKa' gdams pa 357
까르마빠Karma pa 357
까말라실라Kamalaśīla 350, 353
『까타왓투Kathāvatthu』 48, 52
깐규르(bKa' 'gyur, 佛說部) 346
깔라짜끄라딴뜨라Kālacakratantra(時輪) 359

【ㄴ】

나란다사那爛陀寺 146
날란다 에디션Nalanda Edition 53
남선사南禪寺 215
남송판대장경南宋版大藏經 311
『남전대장경목록 총색인總索引』 336
『남전대장경목록南傳大藏經目錄』 336
『내전록內典錄』 167
『니마 외세르 깐규르 목록(dKa' 'gyur gyi dkar chag nyi ma'i 'od zer)』 392
『닝마 규붐rNying ma rgyud 'bum(古派藏經)』 403, 406

닝마파 352, 359, 405, 410

【ㄷ】

다르마빨라Dharmapāla 355
단역單譯 133
담마까티까Dhammakathika 26
담마다라(Dhammadhara, 持法師) 26
담엄曇嚴 181
『대당동경대경애사일체경론목大唐東京大敬愛寺一切經論目』 167
『대당서역기大唐西域記』 114, 151
대보녕사본大普寧寺本 173
대사파(大寺派, Mahāvihāra) 76
대장도감大藏都監 216, 219
대주술사大呪術師 152
대중부大衆部 22, 45, 58
『댄까르마Dan kar ma 목록』 345, 362, 390, 391
데게sDe dge(德格版) 393
데게판 396
『델첸(廣釋)』 379
도변해욱渡邊海旭 318
도상부圖像部 320
도어度語 133
도전번근島田蕃根 313
도전좌병위稻田佐兵衛 314
독미 싸꺄 예쎄'Brog mi sakya ye shes 353
『동국이상국집』 225

동대사東大寺 211
동선사본東禪寺本 172
될뽀빠Dolpopa 365
디지털삼장개발팀(Digital Tipitaka Development Team) 101
『땃뜨바상그라하 까리까Tattvasaṁgrha Kārikā(攝眞實論, 眞理綱要)』 428
『땅끼죽빠rTags kyi 'jug pa(音勢論)』 379
『땅죽 닝뽀 된도 짼죄 까내 쎌와 메롱 rTags kyi 'jug pa'i snying po'i don mdo tsas brjod dka' gnad gsal ba' me long』 379
땐규르(bsTan 'gyur, 論疏部) 346
『땐빠 개빠 목록(dKar chag bstan pa rgyas pa)』 392
띨로빠Tilopa 359

【ㄹ】
랄루Lalou 398
레비Sylvain Lévi 119
『렉섀 쑴쭈빠 젼왕Legs bshad sum cu pa'i ljon pa'i dbang pa』 379
리탕판Lithang 393
릭내(rig gnas, Vdyāsthāna) 400
린첸 상뽀Rin chen bzang po 353
린포체 빠드마삼바바Padmasam-bhava 349

【ㅁ】
마라난타摩羅難陀 182
마르빠Marpa 383
마르빠 최끼 로되Chos kyi blo gros 353, 413
마하까싸빠(Mahākassapa, 摩訶迦葉) 37, 38, 71
마하깟짜나Mahākaccāna 23
마하니까야Mahā Nikāya 99
마하다투사원Wat Mahadhatu 98
마하라슈뜨라Mahāraṣtra어 22
마하무드라Mahāmudrā(大印) 359
마하시 사야도Mahasi Sayadaw 92
마하연(摩訶衍, Mahāyana) 350, 352
만력판 174, 313
만력판대장萬曆版大藏 174
망월신형望月信亨 316
명신名身 194
목록부 320
무림판武林版 174
무본無本 133
묵호자墨胡子 183
문수묘음文殊妙音의 화현 349
문신文身 194
미얀마 삼장 위원회(Burma Pitaka Association) 95
밀라래빠Mila ras-pa 381

【ㅂ】

바나까bhāṇaka 27
바사석탑 182
『바셰sBa bshed』 437
바우어 사본(Bower Manuscript) 115
바이링궐 문헌 113
반두달다槃頭達多 142
발레 푸쌩Louis de La Vallée Poussin 120
발트슈미트Ernst Waldschmidt 121
백운종白雲宗 173
백파 긍선白坡 亘璇 240
번경원飜經院 148
『번역명의대집飜譯名義大集』 345, 372, 389
범단벌(梵檀罰, Brahma-daṇḍa) 41
범패梵唄 134
『법경록法經錄』 167
법심法深 181
법장부法藏部 58
『법화경法華經』 27
『베다』의 시구 21
『보리도차제론』 295
보현(普賢, Samantabhadra) 348
복전행계福田行誡 314
뵌(Bon; 토속종교) 347
부뙨Bu sTon 360
부뙨 린첸둡 392, 395
부인사符仁寺 215
북경판北京版 396

『북위승혜생사서역기北魏僧惠生使西域記』 114
북장본 174
불교 혼성 산스크리트 31
불교경전정보검색(BUDSIR: Buddhist Scriptures Information Retrieval) 101
『불교대사전佛敎大辭典』 316
『불교사』 360
붓다고사Buddhaghosa 87
붓다자얀띠Buddha-Jayanti 80
붓다자얀띠판 88, 103
브라프John Brough 115
비끄라마실라Vikramaśīla 354
비말라미뜨라Vimalamitra 349
빈가장頻伽藏 314
빌레Klaus Wille 123
『빠사디까 숫따Pāsādika Sutta』 34
빠이샤짜Paiśāca어 22
빤차 네까이까Panca-nekāyika 26
뻬따낀Peṭakin 26
쁘라갸빨라Prajñāpāla 355
『쁘라마나사뭇짜야Pramāṇasamuccaya (集量論)』 428
『쁘라마나와룻띠까 까리까Pramāṇa-varttika Kārikā』 428

【ㅅ】

사계판思溪版 172
사두빨라Sādhupāla 355

사르마파gSar ma pa(新派) 405
『사만따빠사디까Samantapāsādikā』 60
『사십이장경四十二章經』 130
사의 64
사자광師子光 148
산동직지山東直砥 314
삼불역三不易 156
삼장개정심의회(The Council edition of the Tipitaka) 98
삼장의 번역과 편집위원회(The Tipitaka Translation and Editorial Board) 81
『상기띠 숫따Saṁgīti Sutta』 35
상기띠Saṁgīti 33, 40, 71
상좌부上座部 22, 45
색천성일色川誠一 314
샤꺄슈리Śākyaśrī 355
샨따락시따 353, 389
샨티데바 295
서명각西明閣 142
서역남도 109
서역북도 113
『서유기西遊記』 151
서하西夏 114
『석보상절釋譜詳節』 233
『선가귀감禪家龜鑑』 253
『선견율비바사善見毘婆沙』 60
선원사禪源寺 224
설일체유부 22, 58
설일체유부의 사본 126

섭도진聶道眞 140
섭론종 145
섭승원聶承遠 140
세나Émil Senart 115
세속사(rGyal rabs; 王朝史) 422
소그드어 113
『소나경(Soṇa Sutta)』 23
소요원逍遙園 143
소장小藏 4대부 173
속장續藏 320
『속장경續藏經』 175
송본문삼랑松本文三郎 317
수리야소마須利耶蘇摩 142
수야홍원水野弘元 336
수진竪盡법계 192
수험도修驗道 318
순도順道 181
『숫따니빠타Sutta Nipāta』 25
숫딴띠까Suttantika 26
스리랑카 불자회의 81
스므르띠갸나Smṛtijñāna 352
스타인 소장품 123
승군勝軍 148
『승우록僧祐錄』 164
『시뚜 섈룽Si tu zhal lung』 379
시암종(Siam-Nikāya) 97
시암판(Siam-Rath edition) 100
신 아라한Shin Arahan 90
신국역대장경新國譯大藏經 331

신역新譯 130, 151
신역新譯 딴뜨라 403
『신편제종교장총록』 211
실역失譯 133, 163
실크로드Silk Rord 109, 111
십사(十事: dasavatthuni) 44
십직사랑辻直四郎 332
싸꺄 빤디따 꾼가 걜챈Saskya paṇḍita kundga' rgyalmtshan 366, 384
싸꺄파Sa skya pa 354, 356, 359, 412
싸르마 학파 412
쌈예bSam yas 349
쌍걔 갸초Sangs rgyas rgya mthso 396
『쑴쭈빠Sum cu pa(三十頌)』 379
『쑹응악람대gSung ngag lam 'bras(道果)』 415

【ㅇ】

아도阿道 181, 183
아띠샤Atiśa 354, 363
아마라식阿摩羅識 146
아빠브람샤Apabhraṁśa어 22
아완띠Avanti 23
아유타국阿踰陁國 182
안진호 250
알루비하라Aluvihāra 사원 77
「앗타까왁가Aṭṭhakavagga」 25
『양고승전梁高僧傳』 165
『양죽Yang 'jug(재후가자再後加字)』 380

『양출삼장집기梁出三藏集記』 164
『언종록彦琮錄』 167
『여본목록』 203
『여장목록麗藏目錄』 203
역주譯主 133
『열장지진閱藏知津』 314
오꾸리가나送り假名 331
오실본五失本 154
오종불번五種不飜 157
올덴부륵Sergej F. Oldenburg 115
용장본龍藏本 174
우빨리(優波離, Upali) 40, 72
『우속장경又續藏經』 175
우정백수宇井伯壽 332
운허 용하耘虛 龍夏 254
원측圓測 437
원통圓通의 인식방법 192
원판대장경元版大藏經 311
『월인천강지곡月印千江之曲』 233
위경僞經 133, 163
위나야다라(Vinayadhara, 持律師) 26
유기난(維祇難, Vighna) 139, 153
유본有本 133
유역有譯 133
윤문潤文 134
을해자乙亥字 233
음운학音韻學 152
의경疑經 163
의연義淵 181

찾아보기 **451**

『이권본역어석二券本譯語釋』 345,
　　372, 386, 389
이두吏讀 186, 231, 299
이불란사伊弗蘭寺 181
이역異譯 133
인경원印經院 171
『인수록仁壽綠』 167
『일본서기日本書紀』 309
일체경一切經 161
『입보리행론』 295, 368

【ㅈ】
『작법귀감作法龜鑑』 240
장경서원藏經書院 315
『장방록長房錄』 165
장정진금長井眞琴 332
장판龍藏版 175
적사판磧砂版 173
적주비구(賊住比丘, theyyasaṁvāsaka)
　　47
전기 전파(前傳佛敎) 345
전기번역 딴뜨라 352
전전혜운前田慧雲 315
접장摺帳(병풍형) 174
접장摺帳의 형식 174
정국기념사업靖國記念事業 316
정량부正量部 22, 148
정안鄭晏 222
정자正字 135

정장正藏 320
『정태록靜泰綠』 167
『제악견론制惡見論』 148
족첸(Dzog chen, 大圓滿) 359
종교사(宗敎史, Chos 'byung) 422
주측周側법계 192
중관자립논증학파 353
중야달혜中野達慧 315, 317
증범證梵 134
증의證義 134
지론종 북도파 146
지욱智旭 314
진복사眞福寺 211
짜끄라상와라Cakrasaṁvara(總攝輪)
　　359
짝뿌와Tsagpuba 381
쪼네판 396
쪼네판 대장경 394
쫑카빠Tsongkhapa 396
쫑카빠 롭상 닥빠bLo bzang grag pa 356
쭐라왁가Cullavagga 43

【ㅊ】
천산남로天山南路 108
천산북로天山北路 108
철안鐵眼 도광道光 312
철위결집鐵圍結集 51
초기불전연구원 298
초문사肖門寺 181

최둡('Gos lotsāba chos 'grub) 437
최중Chos 'byung(佛敎史) 420
최행귀崔行歸 188, 192, 196, 197
축법승竺法乘 140
축장염竺將炎 139
『칠권경목록七卷經目錄』 167
칠엽굴(七葉窟, Sattapaṇṇiguhā) 38
『침푸 목록(dKar-chag bsam-yas mchims-
　phu-ma)』 390

【ㅌ】
타림분지 108
탄허 택성呑虛 宅城 254, 255, 259
토카라어 113
퇸미 삼보타 369
투르키스탄 107
투르판 발굴품(Turfanfunde) 121

【ㅍ】
팔리불전연구소 298
『팔만대장경 해제』 279
『팡탕마Phang thang ma』 390
펠리오Paul Pelliot 120
펠리오 소장품 124
푸생La Valle Poussin 398
피노Louis Finot 120
피쉘Richard Pischel 119
필수필수筆受 133

【ㅎ】
하르트만(Jens-Uwe Hartmann) 123, 126
『학자입문學者入門』 366, 384, 386
한국불교전서편찬실韓國佛敎全書編纂
　室 228
한국팔리성전협회 298
해동역경원 249, 252
해리슨(Paul Harrison) 126
향찰鄕札 186, 231, 299
허황옥 182
헤바즈라딴뜨라Hevajratantra(呼金剛)
　359
혁련정赫連挺 188, 192
호탄어 114
홍교서원弘敎書院 313
화산신승花山信勝 325
화지부化地部 58
황금의 땅(Suvaṇṇabhūmi) 89, 96
회른레A. F. Rudolph Hoernle 115
회른레 컬렉션Hoernle Cllection 121
『회종론會宗論』 148
횡진橫盡법계 192
후기 전파(後傳佛敎) 345
후리가나(ふりがな) 328

고영섭　(동국대 불교학부 교수)

이병욱　(고려대·중앙승가대 강사)

정준영　(서울불교대학원대학교 불교학과 교수)

정진일　(독일 괴팅겐학술원 산스크리트불교사전편찬소 연구원)

조준호　(고려대학교 철학과 연구 교수)

최로덴　(동국대학교(경주) 티벳장경연구소 전문연구원)

최종남　(중앙승가대학교 역경학과 교수)

역경학 개론

초판 1쇄 발행 2011년 9월 9일 | **초판 2쇄 발행** 2015년 3월 13일
지은이 최종남 외 | **펴낸이** 김시열
펴낸곳 도서출판 운주사

　　　(136-034) 서울시 성북구 동소문로 67-1 성심빌딩 3층
　　　전화 (02) 926-8361 | 팩스 0505-115-8361
ISBN 978-89-5746-284-3　93220　　값 23,000원
http://cafe.daum.net/unjubooks 〈다음카페: 도서출판 운주사〉